清华社会科学前沿系列教材

丛书主编 彭凯平 刘涛雄

区域国别学

赵可金 主编　尹一凡 副主编

International
and Area Studies

清华大学出版社

北京

版权所有，侵权必究。举报：010-62782989，beiqinquan@tup.tsinghua.edu.cn。

图书在版编目（CIP）数据

区域国别学 / 赵可金主编 .—北京：清华大学出版社，2023.4（2025.5重印）
清华社会科学前沿系列教材
ISBN 978-7-302-62437-0

Ⅰ.①区… Ⅱ.①赵… Ⅲ.①国际关系 – 高等学校 – 教材 Ⅳ.① D81

中国国家版本馆 CIP 数据核字 (2023) 第 016934 号

责任编辑：纪海虹
封面设计：崔浩原
责任校对：王荣静
责任印制：杨　艳

出版发行：清华大学出版社
　　　网　　址：https://www.tup.com.cn，https://www.wqxuetang.com
　　　地　　址：北京清华大学学研大厦 A 座　　邮　编：100084
　　　社 总 机：010-83470000　　邮　购：010-62786544
　　　投稿与读者服务：010-62776969, c-service@tup.tsinghua.edu.cn
　　　质量反馈：010-62772015, zhiliang@tup.tsinghua.edu.cn
印 装 者：三河市天利华印刷装订有限公司
经　　销：全国新华书店
开　　本：188mm×260mm　　印　张：17.25　　字　数：362 千字
版　　次：2023 年 5 月第 1 版　　　　印　次：2025 年 5 月第 3 次印刷
定　　价：68.00 元

产品编号：092914-01

作者简介 About The Authors

赵可金，1975年生，复旦大学法学（国际关系）博士，现为清华大学社会科学学院副院长、全球共同发展研究院副院长、教授。兼任教育部区域国别基地专家委员会委员、中国国际关系学会常务理事、中华美国学会常务理事、全国港澳研究会理事、中国人民争取和平与裁军协会理事、中国高等教育学会国际政治专业委员会常务理事、金砖国家智库联盟中方理事会专家委员会副主任等社会职务，2012年入选教育部新世纪优秀人才，2015年入选北京市四个一批人才。主要从事外交学、公共外交、中美关系等研究，先后出版《营造未来：美国国会游说的制度解读》《中国国际关系理论研究》《公共外交的理论与实践》《全球公民社会与民族国家》等著作11部，在SSCI、CSSCI国内外期刊发表论文120多篇，荣获省部级科研奖励一等奖3项、二等奖3项。

尹一凡，1995年生，现为北京外国语大学区域与全球治理高等研究院讲师，研究国别为泰国。2013年9月进入北京外国语大学学习泰语专业，获文学学士学位；2017年9月前往英国伦敦大学亚非研究学院学习东南亚研究专业，获文学硕士学位；2019年8月进入清华大学学习政治学专业，攻读博士学位，导师为赵可金教授。主要研究领域为泰国研究、东南亚研究、政治发展、王室与民主政治等。

序 言 Preface

受制于不同自然环境、气候特征、风土人情、生产方式和生活方式差异，不同地理区域、不同种族族群、不同历史经历的人们创造了不同的伟大文明。从苏美尔文明开始，到地中海文明、埃及文明、波斯文明、印度文明、中华文明、玛雅文明等，文明犹如银河系之点点星光、百花园之花团锦簇，彼此争奇斗艳，相映成辉，构成了人类文明多姿多彩的斑斓画卷。

置身于人类文明的百花园中，如何睁眼看世界，正确地理解和认识其他文明，历来是一个引发各方争论的话题，而且文明之间的对话、摩擦、冲突甚至对抗被不少思想家称为文明进步的动力。反观历史，每一种文明都形成了独特的文明观和域外知识体系。无数游侠、僧侣、商贾、使者奔走于各大文明之间，成为跨文化交流的使者和跨文明互动的知识搬运工，推动了各文明的交流、互鉴、对话和融通，为人类文明发展作出了重大贡献。从某种意义上可以说，越是开放的文明，越是强调通过建立域外知识体系获得文明发展的强大动力，越是有可能成为世界上最具竞争力的文明，地中海文明如此，中华文明如此，世界上至今仍有影响的不同文明皆是如此。

一、区域国别学是大国的标配

中华文明是一个具有世界眼光的文明。作为人类文明的重要组成部分，中华文明开放包容、吐故纳新，在历史上创造了璀璨的古典文明瑰宝。中华文明之所以薪火相传、绵延不绝，一个重要的原因就是对域外文化保持开放包容的姿态。最早可以追溯到中国古代对于方外世界的探索，比如《山海经》中记载了约40个邦国、550座山、300条水道、100多位历史人物、400多个神怪异兽，虽然没有区分域内域外，但毫无疑问达到了当时人们认识和理解的极限。此后，二十四史中的《四夷志》《外国志》等史料记载以及游侠、高僧、商贾对海外经历的著述，虽多有零散未成系统，但的确形成了中国古代对域外知识的谱系。因此，中国对域外知识体系的构建，并非是近代以来在西方坚船利炮冲击下"刺激—反应"的外部产物，而是有着深刻的文明基因和内在动力。中华文明并不排外，历来是有边疆而无边界，始终保持着对外部世界的对内吸引力和对外辐射力，这才是中华文明的本来面貌，也是中华文明长盛不衰的文化密码。

近代中西力量对比的变化推动了中国区域国别学的觉醒。近代以来，文艺复兴、启蒙运动、工业革命、市场经济、民族国家等一系列革命性变革的持续发展，极大地推动了西方世界强势群体性崛起，并在世界各地进行殖民扩张，中华文明遭遇"千年未有之大变局"。受此影响，长期以来一直存在的"中原先进、四夷落后"的华夷秩序格局被颠覆，呈现出西强我弱的殖民秩序格局。与奥斯曼土耳其帝国、莫卧儿帝国等其他文明一样，中华文明开始遭受一轮轮欧风美雨、西学东渐的涤荡，国土沦丧，主权被辱，经济凋敝，民生艰苦，一步步陷入半封建半殖民地社会的悲惨深渊。面对这一来自域外文明的冲击，以林则徐、魏源、徐继畬等为代表的早期先贤，积极探索外部世界，主持编纂了《四洲志》《海国图志》《瀛寰志略》等著述，开启了中国人睁眼看世界的先河，创立了现代意义上的区域国别知识基础，激励了大量留学生、外交官、学者、商人等奔走世界各地，带回一大批救国方案、济世主张、科学技术、思想观点，成为中国区域国别知识的重要推动者和贡献者。

中国共产党是当代中国区域国别学的领导力量。中国共产党是一个为中国人民谋幸福的党，也是一个为人类进步事业而奋斗的党。中国共产党的产生，从根本上来说是马克思主义与中国工人运动相结合的产物，是中国与世界互动的结晶。自成立以来，中国共产党将马克思主义基本原理同中国具体实际相结合，同中华优秀传统文化相结合，不断推进马克思主义中国化、时代化。走一条中国特色社会主义道路，一直是中国共产党从胜利走向胜利的重要法宝。无论在革命战争年代、和平建设年代，还是在改革开放年代，中国共产党都是一个具有世界眼光的政党，始终把关心天下大事、把握世界形势作为制定政策策略的基本依据。中华人民共和国成立以来，中国的外国问题研究逐渐形成了中国特色的国际问题研究学科体系。20 世纪 60 年代，为适应亚非拉被压迫民族实现政治独立的需要，中国共产党专门制定了《中共中央关于加强外国问题研究的指示》（中发 [63]866 号），并成立了以廖承志为组长的"中央国际研究指导小组"，在北京大学、中国人民大学和复旦大学建立了国际政治系，大大加强了中国的外国问题研究。除此之外，全国各地的外语类院校、党校（行政学院）和社会科学院系统的国际问题研究机构也纷纷建立起来，中国的域外知识体系逐步形成了相对稳定的学科基础。尽管这一势头在"文化大革命"期间受到冲击，但改革开放以后，在邓小平等中央领导支持下，从"补课"到"自主"，中国的域外知识体系越来越成熟、越来越完善。到 2021 年 9 月，全国各类高校、党校（行政学院）、社会科学院、智库等从事区域国别学的专家队伍已经达到数万人，成为当今世界仅次于美国的区域国别学队伍。

中国与世界关系的变化要求中国建立强大的区域国别学学科。改革开放 40 多年以来，中国与世界的关系发生了历史性的变化，中国越来越从国际体系中的边缘地带走近世界舞台的中心。这在客观上要求中国不仅要参与国际事务，更要在全球治理变革中发挥引领角色，要求中国不仅要在办好自己事情的过程中让自己强起来，更要在办好世界大事的过程中让自己强起来。当今世界正经历百年未有之大变局，中国特色社会主义进入新时代，人民日益增长的美好生活需要和不平衡不充分的发展之间的矛盾成为我国社会的主要矛盾，如何围绕解决社会主要矛盾，加快形成以国内大循环为主体、国内循环与国际循环相互促进的新发展格局，是中国在较长一段时期内面临的重大战略课题。2013年，习近平总书记在中央经济工作会议上指出，从宏观经济稳定和转变经济发展方式的要求看，加快走出去步伐是大势所趋。国际市场是个大空间，虽然说"海阔凭鱼跃，天高任鸟飞"，但有没有风浪、往哪飞也是要搞明白的，不能往漩涡里钻，更不能漫无目的乱飞。政府要加强宏观指导和服务，做好全球投资需求的规模、领域和国别研究，提供对外投资精准信息，简化对外投资审批程序。因此，为适应中国日益成长为全球大国的客观需要，区域国别学在近年来受到各方面的重视，越来越多的有识之士强调培养区域国别学人才的战略意义，加快培养中国的"区域国别通"和各国的"中国通"的步伐，并不断夯实人才培养的理论基础、学术基础和学科基础。

二、坚持自主创新、开放引领的理念

改革开放是改变中国命运的关键之举。经过40多年的持续快速发展，中国已经从大踏步赶上时代向引领时代转变，日益走近世界舞台的中央。中国的一举一动、一言一行都会受到域外社会的高度关注，都会对域外世界产生巨大的影响，也就越发需要域外知识体系的武装。然而，与改革开放之初邓小平在域外知识建构上的"补课"态度不同，当今中国域外知识建构需要确立自主创新、开放引领的理念，坚持以我为主、兼收并蓄、融合提炼、自成一家的指导方针，认真解决好谁研究、研究谁、如何研究、为谁研究的基本问题，在区域国别学上干在实处，走在前列，走出一条中国特色、中国风格、中国气派的区域国别学发展之路。

一是坚持以我为主，精准定位。谁研究，是界定区域国别学的出发点，只有解决了谁研究的定位问题，才能真正站稳区域国别学的基本立场。不同国家的国情不同、历史文化传统各异、面临来自域外世界的挑战也存在很大不同，决定了其域外知识关注的侧重点存在差异。因此，与近代以来中学西学的体用之争、改革开放以来的不争论不同，新时代中国的区域国别学必须坚持以我为主，精准定位，坚持区域国别学作为中国的域外知识体系的定位，明确中国的区域国别学是中国人主导的域外知识体系建设。我们要广泛学习世界上一切文明的有益成果，吸收一切国家的知识养分，但必须汇入中国人主导的区域国别学主流之中，推动区域国别学与国学、全球学的对话交流、深度融通，实现域外知识体系与域内知识体系互联互通，共同汇入中华文明创造性转化和创新性发展的伟大复兴进程之中。

二是坚持兼收并蓄，开放创新。研究谁，是界定中国区域国别学的研究对象和研究内容，只有解决了研究谁的问题，才能明确区域国别学的攻关重点。当今世界上有200多个国家和地区，且存在非常大的差异，哪些国家和地区应该优先研究，以及哪些国家可以视作一个地区，所有这些问题都需要区域国别学进行合理的顶层设计，集中有限研究资源，分清主次轻重。新时代中国区域国别学坚持兼收并蓄、开放创新的原则，将所有国家和地区都列入区域国别学对象，但不囿于已有发达国家的研究图谱，立足于开放创新的精神，在研究视角、研究重点、研究方法等方面进行合理配置，梯次推进。既要聚焦国家战略重点，优先加强主要大国、重点地区、关键小国的研究，也要侧重支持冷门绝学和基础性研究。既要聚焦对象国基本国情、历史、文化、社会、政治、经济、法律、外交、族群、宗教等全面研究，也要优先加强薄弱环节和短板弱项的研究。既要重视短平快的智库类和政策类研究，也要关注基础理论、基础学科和基础知识的研究。总之，要不拘一格开展研究，不拘一格选拔人才，培养更多的"国别通""地区通""中国通"和"全球通"，为中华民族伟大复兴服务，为推动构建人类命运共同体服务。

三是坚持融合提炼，优势互补。如何研究，是界定中国区域国别学的基本途径和研究方法，只有解决了如何研究的问题，才能明确区域国别学的主要工具。区域国别学本质上是一门交叉学科，文、史、哲、艺、经、社、政、法等人文社会科学学科的方法均可对区域国别学作出贡献，且随着经济全球化将整个世界联为一体，不同国别和区域日益被卷入一个共同的漩涡之中，研究对象的一体化和研究方法的复合化并行不悖。因此，新时代的区域国别学必须坚持融合提炼、优势互补的原则，推动跨学科融合对话，鼓励理论研究与实践研究相结合、定性研究与定量研究相结合、先验研究与田野调查相结合，共同推进区域国别学交叉一级学科建设，为区域国别学提供全面的研究方法支持。当然，大学、研究机构、智库、民间团体等受制于各自的资源基础，决定了在研究方法和研究途径上存在侧重，但都是区域国别学的重要组成部分。

四是坚持体用并举，自成一家。为谁研究，是界定中国区域国别学的前进方向和价值标准，只有解决为谁研究的问题，才能明确区域国别学的中国特色。中国的区域国别学必然坚持以中国为中心，但也必须具有世界眼光，既要能站在中国看世界，也要能站在世界看世界、看中国。从这个意义上来说，区域国别学虽有立场之别，却无门户之见，要打破学术和政治藩篱，坚持天下一家、自成一体的方针，不断推进理论创新和实践创新。新时代的中国区域国别学必须鼓励中国之世界的研究与世界之中国的研究彼此为体、相互为用，实现体用并举、自成一家，真正以开放自信的面貌巍然屹立于世界民族之林。

三、建设中国特色、中国风格、中国气派的区域国别学

环顾世界，中国的区域国别学已经取得了显著成就，成为世界区域国别学大家庭的重要一员。目前，推动建立区域国别学一级学科，建设中国特色、中国风格、中国气派的区域国别学，已经成为中国学界的共识。在区域国别学一级学科统筹下，应注重域外知识体系的学科建设、学术建设、话语建设和教材建设。

面对当今充满复杂性和不确定性的世界局势，区域国别学研究需要不断瞄准战略需要和社会需求，不断深化和拓展学科布局。自国务院学位委员会和教育部批准设立

区域国别学为交叉学科门类下的一级学科后，如何从中国视角构建区域国别学自主知识体系就成为一个重要任务。在总结多年区域国别学教学科研经验的基础上，清华大学社会科学学院构建了一个以中青年教师和博士生为主体的写作团队，并列入了清华大学出版社新推出的文科教材计划。根据分工，赵可金负责起草研究框架与写作大纲，并与团队成员进行了反复讨论后确定教材章节大纲，各个成员分头进行写作，其间进行了多次讨论。具体分工如下：导论，第一、二、三、四、五、十三章和结语部分（清华大学教授赵可金）；第六章（清华大学博士后刘丽娜；对外经济贸易大学助理教授翟大宇）；第七章（清华大学博士生赵远、孔裕善、秦紫晓、赵丹阳）；第八章（清华大学发展中国家博士项目博士生尹一凡）；第九章（清华大学国际和地区研究院助理研究员雷定坤）；第十章（北京语言大学教授罗林；北京语言大学博士生南北宝）；第十一章（北京外国语大学教授孙晓萌；中共中央对外联络部干部张伟杰）；第十二章（北京外国语大学西班牙葡萄牙语学院博士后史艳）。除了北京外国语大学的孙晓萌教授、北京语言大学的罗林教授和他们的博士生外，其他人均为我在清华大学指导的博士生。这是一个比较紧密且有着师承关系的团队，很多章节大家彼此讨论，已经不分彼此。在初稿提交后，尹一凡负责对全书进行了后期统稿、修订和润色，并补充了每一章的思考题，整理了参考文献，出力最多。

值此教材出版之际，我代表参与撰写本教材的所有作者向关心和支持本教材的领导、前辈、同仁表达衷心的感谢，尤其是清华大学社会科学学院和清华大学出版社的各位同事。本书的责任编辑纪海虹女士对全书倾注了巨大的心血，她的巧手雕琢和严格审读让本书增色很多。感谢本书的审读专家张小劲教授，他的很多充满智慧的意见让本书有了大师的加持。感谢钱乘旦、张蕴岭、姜锋、杨丹、刘鸿武、罗林等前辈的推荐，令本书增色良多。其他领导和专家的帮助，也令我们念兹在兹，恕不在此一一提及。当然，本书中的所有缺漏，完全是由于我们学力之未逮，责任完全由我们承担。

本书是我们作为后来者初入区域国别学之门而抛砖引玉的作品，很多方面还不成熟，非常盼望学界同仁多多批评指正。面对百年未有之大变局，新时代的中国风华正茂，正大踏步走在世界舞台上，为美好生活和美好世界而奋斗。在此时代背景下，中国的区域国别学正逢其时，大有可为。作为中国区域国别学领域的一员，我们重任在肩，使命光荣。让我们一起行动起来，为推进构建中国特色、中国风格、中国气派的区域国别学而共同奋斗。

赵可金

2023 年 5 月 1 日于双清苑

目 录 Contents

导论 1

  第一节　统一性与多样性的世界 1
    一、世界的统一性与多样性是区域国别学的哲学基础 1
    二、当今世界处于统一性与多样性并行不悖的时代 2
    三、区域国别学本质上是一门寻根立基之学 3
  第二节　区域国别学的学术基因 4
    一、地缘关系与区域国别学 4
    二、血缘关系与区域国别学 5
    三、心缘关系与区域国别学 7
  第三节　区域国别的形态：文明、文化及其类型 8
    一、区域国别学中的文化文明研究 8
    二、区域国别学中的发展模式多样性研究 9
  思考题 10

第一章　区域国别学概论 11

  第一节　区域国别学的内涵 12
    一、区域国别学的定义 12
    二、区域国别学的特征 14
    三、区域国别学的功能 16
  第二节　区域国别学的发展 19
    一、区域国别学溯源 19
    二、帝国崩溃、民族国家兴起与区域国别学 20
    三、冷战与美国区域国别学的发展 23
    四、冷战终结与区域国别学的重新定向 25
  思考题 26

第二章　区域国别学的学科基础 27

  第一节　区域国别学的学科建设 27

一、中国区域国别学学科的发展历程 ... 27
　　二、区域国别学的学科布局 ... 30
　第二节　区域国别学的知识体系 ... 33
　　一、域外知识体系的层次 ... 33
　　二、域外知识体系的变革 ... 35
　第三节　中国的区域国别学 ... 37
　　一、大国及其周边地区研究 ... 37
　　二、中国周边地区研究 ... 39
　　三、发展中国家和地区研究 ... 40
　思考题 ... 42

第三章　区域国别学的理论方法 ... 43

　第一节　区域国别学的范式转变 ... 43
　　一、文明主义范式 ... 44
　　二、国家主义范式 ... 46
　　三、全球主义范式 ... 48
　第二节　人文学科的理论与方法 ... 51
　　一、国别史区域史的研究 ... 51
　　二、全球史的研究 ... 53
　第三节　社会科学的理论与方法 ... 56
　　一、比较政治学的理论与方法 ... 56
　　二、比较政治经济学的理论与方法 ... 60
　　三、社会学的理论与方法 ... 64
　思考题 ... 66

第四章　大国研究（一）：美国与北美地区 ... 67

　第一节　美国的国家主题 ... 67
　　一、合众为一：美国的主题 ... 68
　　二、自由与平等的张力：美国的认同动力 ... 70
　　三、美国研究的学术议题 ... 71
　第二节　美国研究：学科与事业 ... 74
　　一、作为学科的美国研究 ... 75
　　二、作为事业的美国研究 ... 76
　第三节　美国研究：历史与范式 ... 77
　　一、美国研究的奠基时期：帕灵顿范式 ... 78
　　二、美国研究的成熟时期：神话—象征范式 ... 80
　　三、美国研究的反思时期：后现代—文化批判范式 ... 82

思考题 84

第五章　大国研究（二）：俄罗斯与欧亚地区 85

　第一节　欧亚地区概述 85
　　一、地缘政治的伟大博弈 86
　　二、经济发展的丝绸之路 88
　　三、文明交汇的十字路口 89
　第二节　俄罗斯研究：历史与范式 90
　　一、历史转型中的俄罗斯 90
　　二、俄罗斯研究的范式变迁：从斯拉夫研究到俄罗斯学 95
　第三节　转型国家发展模式 99
　　一、转型国家及其特征 99
　　二、转型国家的发展模式 100
　　三、转型国家研究及其趋势 101
　　思考题 104

第六章　大国研究（三）：欧洲大国与地区 105

　第一节　欧洲地区概述 105
　　一、欧洲文明及其内涵 106
　　二、欧洲研究的核心问题 107
　第二节　欧洲地区研究的学术范式 112
　　一、欧洲中心论范式 112
　　二、全球研究范式 113
　　三、地区一体化研究范式 116
　第三节　欧洲地区一体化发展模式 117
　　一、欧洲一体化的问题与背景 117
　　二、欧洲一体化的结构和过程 118
　　三、欧洲一体化的问题和挑战 120
　　四、欧洲一体化的理论解释 123
　　思考题 124

第七章　中国周边地区研究（一）：东北亚地区 125

　第一节　东北亚地区概述 125
　　一、东北亚地区及其内涵 125
　　二、东北亚地区研究的核心问题 126
　第二节　东北亚地区研究的学术范式 129
　　一、人文学科研究 129

二、社会科学学科研究 130
　　三、跨学科的范式 131
第三节　发展型国家模式 132
　　一、发展型国家及其特征 132
　　二、发展型国家的发展模式 132
　　三、发展型国家研究及其趋势 134
思考题 136

第八章　中国周边地区研究（二）：东南亚与南太平洋地区 137

第一节　东南亚地区概述 137
　　一、东南亚地区的历史结构 138
　　二、东南亚地区的多样性 140
第二节　东南亚地区研究的学术范式 141
　　一、东方主义范式 141
　　二、地区研究范式 142
　　三、全球研究范式 143
第三节　东南亚地区发展模式 144
　　一、认同建构与东盟方式的雏形 145
　　二、东盟方式的确立与发展 146
　　三、东盟方式的挑战及应对 147
第四节　南太平洋地区概述 149
思考题 150

第九章　中国周边地区研究（三）：南亚地区 151

第一节　南亚地区概述 151
　　一、印度文明及其韧性 152
　　二、印度文明的宗教基因 154
　　三、印度文明的族群基础 154
第二节　南亚地区研究的学术范式 157
　　一、18 世纪以来的东方主义 157
　　二、美国南亚研究的发展历程 158
　　三、中国南亚研究的发展历程 160
第三节　南亚地区发展模式 162
　　一、政治发展模式：外来与本土的杂糅 162
　　二、印度独立后经济发展模式 166
思考题 170

第十章　发展中国家研究（一）：中东地区 171

第一节　中东地区概述 171
- 一、中东文明及其特征 171
- 二、近代以来的殖民化与反殖民化 173
- 三、中东文明的特性 174
- 四、中东研究的主要问题 175

第二节　中东地区研究 177
- 一、欧洲资本主义扩张时期的中东地区研究 177
- 二、冷战期间的中东地区研究 178
- 三、冷战后的中东地区研究 179
- 四、中国的中东地区研究 180

第三节　伊斯兰发展模式 182
- 一、殖民模式及影响 183
- 二、殖民统治结束后的探索 184
- 三、探索新时期的发展模式 185

思考题 186

第十一章　发展中国家研究（二）：非洲地区 187

第一节　非洲地区概述 187
- 一、非洲文明及其特征 188
- 二、近代以来的殖民化与反殖民化 189
- 三、非洲文明的特性 191
- 四、非洲地区研究的主要议题 192

第二节　非洲地区研究的发展 194
- 一、传统殖民宗主国的非洲研究 194
- 二、冷战期间的非洲研究 195
- 三、冷战后的非洲研究 197
- 四、中国的非洲研究 198

第三节　非洲地区发展模式 200
- 一、殖民模式及其遗产 200
- 二、本土模式的探索 201
- 三、后殖民时代自主发展模式的探索 202

思考题 204

第十二章　发展中国家研究（三）：拉美地区 205

第一节　拉美地区概述 205
- 一、拉丁美洲文明及其内涵 205

  二、殖民体系及独立革命 ... 207
  三、拉美研究的主要问题 ... 209
 第二节 拉美地区研究的发展 ... 212
  一、拉美地区研究的兴起 ... 213
  二、拉美地区研究的范式变革 ... 214
  三、拉美地区研究的启示 ... 215
 第三节 拉美地区发展模式 ... 217
  一、拉美政治及其发展 ... 217
  二、拉美经济和社会发展 ... 218
 思考题 ... 220

第十三章 地区化、地区主义与地区学 ... 221

 第一节 地区化研究 ... 221
  一、地区化与地区一体化 ... 222
  二、地区化与全球化 ... 225
 第二节 主要的地区化模式 ... 227
  一、政治建设：欧洲地区一体化模式 ... 227
  二、经济社会合作网络：东亚地区一体化模式 ... 228
  三、地区内合作的尝试：南亚地区一体化 ... 229
  四、安全与经济合作：中东地区一体化 ... 231
  五、落后国家的复杂组合：非洲地区一体化模式 ... 233
  六、南北对话与南南合作：美洲地区一体化的模式 ... 236
 第三节 地区主义研究 ... 237
  一、地区与地区主义 ... 238
  二、从老地区主义到新地区主义 ... 240
  三、从新地区主义到地区间主义 ... 242
 第四节 地区学与全球学 ... 243
  一、国别学 ... 243
  二、地区学 ... 245
  三、全球学 ... 247
 思考题 ... 248

结语 ... 249

 一、中国区域国别学进入新时代 ... 249
 二、新时代中国区域国别学的学科景观 ... 250
 三、建设中国特色、中国风格、中国气派的区域国别学 ... 253
 思考题 ... 255

参考文献 ... 256

导 论

世界只有一个地球，人类共享一个家园。然而，受山川地理、交通不便、信息不通、文化差异等因素影响，人类社会被划分为不同的国别和地区（Area）。截止到2021年9月，世界上共有233个国家和地区（Territory），其中，共有197个国家（主权国家195个，准主权国家2个——库克群岛和纽埃，不含马耳他骑士团），地区（Territory）有36个。就地区分布来看，亚洲48个国家、欧洲44个国家、非洲54个国家、北美洲23个国家、南美洲12个国家、大洋洲16个国家。受文化差异和政治认同等因素影响，学界关于地区（Area）划分还存在着分歧，人们更倾向于把亚洲分为东亚、南亚、中东等不同地区，习惯把墨西哥及其以南地区称为拉丁美洲，常常把西欧和中东欧也区别对待。因此，从某一特定国别和地区视角出发，理解和认识世界的多样性及其背后的逻辑，是人类知识体系中不可缺少的重要组成部分。

第一节 统一性与多样性的世界

对于任何一个文明而言，重视区域国别学最根本的原因来自对世界性质的理解。人类赖以生存的地球家园是一个什么样的世界，如何认识和理解这一世界的性质，直接决定着人类社会对美好生活的选择，也深刻影响着世界的发展走向。因此，对世界性质的判断，是区域国别学的根本出发点。

一、世界的统一性与多样性是区域国别学的哲学基础

理解世界的统一性和多样性是区域国别学的出发点。世界是统一的，也是多样的，这是唯物辩证法的一个基本观点。世界的统一性问题，是回答世界上的万事万物有没有统一性，即有没有共同本质或本原的问题。马克思主义哲学认为，世界的本原是物质，即不依赖于意识并被意识所反映的客观实在。不仅自然界是物质的，人类社会也具有物质性，从一般意义上来说，世界是内在统一和普遍联系的，是一个不可分割的整体。同时，多样性是人类社会的基本特征，几乎所有文明

的哲学都得出了类似的结论。早在古希腊哲学中就得出过一个基本的判断,世界上找不出任何两片完全相同的树叶,人们不能先后迈进同一条河流。春秋时期孟子就认为,"夫物之不齐也,物之情也。"意思是指多样性是人类社会的基本特征。差异性和多样性是世界本来的面目,否认这一点等于无视世界本身的真实性。近代辩证法大师黑格尔既提出了事物的同一性原则,又强调事物的本身即包含有差别,凡物莫不本质上不同,差别就是矛盾,矛盾是推动整个世界的动力,说矛盾不可设想,那是可笑的。[①] 事物内在矛盾和事物之间矛盾的普遍性,以及事物之一般和个别的关系决定多样性本身是世界的一个重要特征,这一哲学基本观点构成了区域国别学的哲学基础。

  文明的多样性是世界多样性的一个重要特征。由于地理地貌、气候变化、资源禀赋等自然条件的差异,人类社会生产和实践活动也千差万别。在社会发展过程中,人类实践活动既不断地证实、把握着客观世界的多样性和复杂性,同时也在不断地改变和创造着客观世界的多样性和复杂性,在自然多样性、生物多样性基础上创造着文化和社会发展上的多样性。由生物性导致的社会性的、文化上的区别是一直存在的,种族文化的承袭、民族国家的同根性、不同性别的不同视角,构成了我们所称的不同的文明形态或者同一文明之下的各种亚文化,使人类文明呈现出丰富多彩的景象。当我们研究世界文明史的时候,历史上和当今世界具体有多少种文明并不重要,重要的是承认文明之间的差异性和历史上及现今多种文明的存在。不同的文明,在历史传说、文化传统、价值取向、性格特征、行为方式等各方面,都表现出互不相同的特质。按照历史学家奥斯瓦尔德·斯宾格勒(Oswald Arnold Gottfried Spengler)、汤因比(Arnold Joseph Toynbee)等人的观点,历史上的文明虽然有生长、强盛和衰亡的过程,但人类历史发展迄今,还没出现过一个文明一统天下的局面。

  社会制度和发展模式的多样性,也是世界多样性的表现形式。即便是处于同样的社会发展阶段,隶属同一文明系,不同的国家在具体的社会制度和发展模式上也是存在差别的。反观历史,人类社会发展并不是同步的,即便同步,在具体的制度安排和模式上也存在着很大的差别。即使在当今被统称为西方文明的欧美地区的发达国家,在政治制度上也有议会制、总统制、半总统制、委员会制等区别。不同的政治制度,其差异具有形式上的意义,也有实质性的内容。美国实行的是三权分立的制度,立法、行政、司法互相制衡。英国实行的是内阁制,立法和行政的权力基本上是统一的。如果撇开其他方面不谈,单就制度而言,在美国人看来,英国的制度显然很容易导致集权化,而英国人则认为美国的制度使权力过于分散。总之,差异性和多样性是人类社会的常态,这恰恰是开展区域国别学研究的必要性所在。

二、当今世界处于统一性与多样性并行不悖的时代

  当今世界处于统一性与多样性并行不悖的时代。一方面,天下一家,地球一村,成为当今世界的鲜明特征。随着发达的交通和通信技术覆盖世界,跨国公司遍布全球,世界空间正在缩小,人类社会在全球范围内的交流越来越密切。近代以来,在资本主

[①] [德]黑格尔:《小逻辑》,贺麟译,251~258 页,北京,商务印书馆,1980。

义生产方式的推动下，各个国家的民族史日益转变为世界史，各个民族的文学也日益转变为世界文学，人类社会越来越成为一个休戚与共的"地球村"。另一方面，差异化、多样化和多元化又日益成为全球化时代的特征，人们不得不面对更加紧张的多元文明、复杂差异和社会断裂而产生的深刻矛盾和频繁摩擦，甚至还出现了单边主义、本土主义、保护主义、排外主义甚嚣尘上的逆流，这些努力在不同国家和地区呈现出不同的样式，展现出越来越鲜明的差异性和多样性。

世界统一性与多样性并行不悖的发展，直接推动了全球学与区域国别学的共同发展。冷战结束以来，经济全球化进程快速发展，直接推动了全球学在世界范围内的活跃，形形色色的全球主义者提出了数不胜数的全球主义主张。与此同时，学界也涌现出了一大批从事区域国别学的学者，他们关注非洲、拉美、东北亚、东南亚、欧洲、欧亚、北美等不同地区的合作安排，还有大量学者关注中国近年来推动的地区合作倡议，注重讨论这些倡议和努力是如何影响地区发展以及未来的世界政治的。如何理解世界历史中根深蒂固的多样化区域国别现象及其背后的主导逻辑，一直是激励区域国别学学科发展的强劲动力。在21世纪的今天，区域国别学对世界各国均有着极为重要的意义。

三、区域国别学本质上是一门寻根立基之学

如果追溯区域国别学学术现象的最初源头，一直可以溯源到人类文明的轴心时代，从人类文明展露曙光的那一刻起，对于区域国别现象的探求就一直是人类社会的重要主题之一。区域国别学在本国人眼里是国学，在他国人眼里就是区域国别学，毋宁说区域国别学是一种对"他者逻辑"的理解与认可。

区域国别学受国际交流的程度影响，国际交流越活跃，区域国别学就越具有生命力。从西方早期传教士和商人在世界各地的游记，到东晋法显的《佛国记》和唐玄奘的《大唐西域记》，一直到近代以来欧洲各国关于斯拉夫世界的研究、亚洲和非洲的研究，区域国别学聚集在文明和文化的旗帜下百川入海，渐呈大端。二战后，为了服务冷战的战略需要，无论是美国领导的所谓"自由世界论"，还是苏联领导的"社会主义大家庭论"，均掀起一股服务冷战战略需要的区域国别学浪潮，依托大学、智库和研究机构，建立了一大批区域国别学机构和课题，大量在战争期间曾服务于作战需要的参谋人员、军事人员以及外围从事外语和国际研究的人员加入其中，汇集成为区域国别学的庞大团队。

尽管区域国别学在冷战后开始有所减弱，但其总体上仍然保持了一定的规模。归结起来，所有这些学术努力均围绕一个明确的主题，那就是锁定某一地理、国家/联邦、文化区域，通过开展人文和社会科学跨学科的综合研究，包括历史、政治学、社会学、文化研究、语言、地理、文学和相关学科等，努力解释该区域国别发展变化的内在规律，这一研究传统被称为区域国别学（Area Studies）。相比文化研究（Cultural Studies），区域国别学除了包括文化研究之外，还包括某一区域国别的族群（移民）、政治经济、地区合作和对外关系的研究。如何探寻区域国别的多样性基因和变革之道，为某一特定国家和地区寻根立基，是区域国别学的核心逻辑。

总之，区域国别学从根本上来说是对世界统一性和多样性研究的具体实现形式，

是一种全面的、综合的、复合的研究。区域国别学是一种全面的研究，既涉及地理景观和自然规律的研究，也涉及人类社会经济、政治、文化甚至宗教的研究，世事洞明皆学问。区域国别学是一种综合的研究，既要求进行一般性普遍性的理论研究，也要求进行个别性特殊性的经验研究，既要检验人类知识的一般科学规律，也要观照人类精神信仰和思想情感的文化价值观认同，始终在科学性和艺术性之间穿梭。区域国别学还是一种复合的研究，既支持纯理论的研究，也欢迎实践性、政策性的课题，是在理论和实践中自由飞翔的使者。

第二节　区域国别学的学术基因

区域国别学从一开始就存在着域内—域外内在的张力，本国与本国之外的差异、分化和矛盾越明显，区域国别学的意义就越大。因此，对于一国之内的研究只能称之为国情研究和某一学科领域的研究，而不能称为区域国别学。区域国别学必然意味着对"别国"和"别地区"的研究，本质上是一种"他者研究"。近代以来，在学术工业化的进程中，在一个国家人文社会知识体系中，对于本国范围以外的区域和世界的知识生产和知识组织活动，涵盖了国家之上、国家和次国家的地理和文化空间单位，通常被称为"国别和区域研究"（International and Area Studies），二战后曾一度被称为"区域研究"（Area Studies）。在中国知识界，很早就存在"外国""国际""世界"之类的研究设置。20世纪70年代以来，已经形成了"国际关系""国际政治"或"国际问题研究"等约定俗成的说法，且已经形成了比较成熟的国际关系学院、国际政治系等建制。因此，综合汉语中的习惯说法对"别国"和"别区域"的含义，我们将其称为"区域国别学"是比较合适的，这一概念设定了区域国别学的学术基因。

一、地缘关系与区域国别学

地理因素是形成区域国别的根本基因，其核心是人和自然之间的生态—生长关系。区域国别学的学术意义在于强调特定地理空间的社会意义，包括社会经济的（国家和地区发展）、政治的（国家和地区政治）、文化的（国家和地区文化）、安全的（国家和地区安全）、生态的（国家和地区生态保护）等，重视某一特定国家和地区作为社会行动单元的意义。因此，区域国别学意味着分析某一特定国家和区域的自然规律，自然孕育了人，人又反作用于自然，贯穿其中的是人与自然关系的知识性逻辑与技术性逻辑，而联结人与自然关系的纽带是一个物理、化学、生理和心理的过程。在这一过程中，科学技术扮演着第一推动力的角色，科学技术的每一个重大进步，都会深刻改变地理因素和地缘关系，从而改变区域国别的社会内涵。

从学术界的一般划分来看，人们将研究政治在空间中展开规律的学问界定为政治地理学。在政治学与地理学两个学科的交互激荡下，政治地理学力图将政治的逻辑和地理的逻辑有机结合起来，耦合成为一个相对独立的逻辑线索和理论体系，能够解释特定范围的政治现象，这应当是政治地理学的学术使命。地理的逻辑就是一种纯粹的自然科学逻辑，以确定的科学工具勘测地理空间发生发展的客观规律，以此回答人类生活于其间的天文地理环境运行的一般规律。将地理的逻辑应用于社会政治领域将意味着引入独断的排他性政治逻辑，地理逻辑毫不妥协的真理标准将在政治领域中呈现为排斥其他价值存在的合理性，这就是为什么人们把地缘政治学批评为服务于侵略政策的原因。

从政治逻辑与地理逻辑互动的角度，可以大致确定政治地理学是关于权力辐射范围的学问，主要研究政治逻辑在进入地理空间后发生了什么变化，或者地理逻辑在进入政治领域后发生了何种变异。事实上，这两个问题是同一问题的两个方面，从根本上都是考察政治的空间维度问题，政治如何在空间中展开的问题。

从国内政治空间维度来看，政治权力的空间结构表现为"首都—核心区—行政区划—边疆和边界"之间的权力关系。行政区划是政治权力在国家范围内的空间分布，不同政治管辖区分界线的划分必须遵循政治空间化的规律，否则将会影响国家的凝聚力乃至政治安定，不同的行政区划原则将会对国家政体、国家结构、政府体制等都产生直接影响。在国家的空间结构中，首都占有特殊的地位，它既是政府和权力的所在地，也是国家政治生活的核心。根据政治空间化规律确定核心区，对于国家的稳定和繁荣具有十分重要的意义。边疆和边界的政治意义不亚于首都，它们往往是政治权力辐射的边缘地带，对边疆和边界的确定，也是政治空间化规律的必然结果。

从国际政治空间维度来看，政治权力结构表现为"中心—半边缘—边缘和外围"之间的权力关系。在世界体系理论中，美国学者伊曼纽尔·沃勒斯坦（Immanuel Wallerstein）认为，世界体系有两个构成成分：一方面，资本主义世界经济体是以世界范围的劳动分工为基础而建立的，在这种分工中，世界经济体的不同区域（中心、边缘、半边缘）被派定承担特定的经济角色，发展出不同的阶级结构，因而使用不同的劳动控制方式，从世界经济体系的运转中获利也就不平等。另一方面，在劳动分工和资本积累的作用下，出现了世界经济中心区的强国和世界经济边缘区的弱国，强国之间相互竞争便形成了历史上的霸权国家，弱国对强国的不满便形成了资本主义世界体系内的"反体系运动"。尽管沃勒斯坦的理论被批评为过于僵化，但他对政治空间化研究路径的贡献是毋庸置疑的。

总之，政治权力和地理空间相互影响、相互制约，政治权力的空间结构对于社会政治秩序具有重要影响。人类所从事的政治活动都是在特定的地理区域内进行的，人类政治活动必然会形成各种各样的政治区域。具体表现在，任何一个政治系统必然受国内环境和国际环境的影响，诸如国内的经济、自然环境和资源、教育和技术体系、种族和文化体系，以及国家之间的贸易、外交、战争、交通和文化交流等都影响政治系统的功能。因此，以政治空间的权力结构为依托，构建理想的政治秩序和社会秩序，这是区域国别学中的地缘关系逻辑。

二、血缘关系与区域国别学

血缘关系以及在此基础上衍生出来的族群关系和人口构成，是构建国别和区域的基因，其核心是处理人与社会的关系。这一关系的主题是资源分配的斗争—合作，遵循社会科学的规律，即合理性逻辑或后果性逻辑，表现为经济规律、政治规律、社会规律和文化规律等。"人天生是一种政治动物。"① 区域国别学之所以有意义，从根本上来说还是在于理解人的本性和人的需要。区域国别现象是人的社会性的产物，是人自然分化和社会演化的产物。

（一）原生论与区域国别学

从自然分化来看，推动区域国别形成的首要基因是血缘关系的分化，以血缘关系为纽带的社会关系一直扮演着十分重要的角色。环顾世界，血缘关系在不同地区的社会建构效力存在差异，是导致区域国别多样化的重要基因。在学术界，强调血缘关系及其衍生的姻缘关系对区域国别意义的学术路线，被称为原生论（Primordialism）。原生论认为，区域国别现象从根本上来说是从历史根基上发展起来并经由生物性遗传得来的，把区域国别现象解释成是一种绝对的客观事实，是一种自然进化的历史进程，并主要受到生物学、生态学和进化论的影响。

根据原生论，区域国别学更多地遵循自然科学的研究路线，从根本上来说并非一门独立的学问，无论是形形色色的血统决定论，还是建立在血缘关系基础上的历史决定论，都在不同程度上否定社会建构的意义。尽管如此，在现代社会，血缘关系的社会意义仍然占有十分重要的地位，比如生物政治学、移民研究、性别研究等，仍然有不少学者强调血缘关系的影响。基于血缘关系而形成的族群现象、部落现象、宗教现象和区域国别现象，都成为古今中外学者们热烈讨论的焦点话题，也产生了众说纷纭的学术观点，成为区域国别学的一条学术路线。

（二）利益论与区域国别学

除了血缘关系外，区域国别学的形成也有赖于人的需要及其满足的利益关系的变化，对这一现象进行分析的学术路线被称为利益论。在经济学、人类学、地理学和政治学中，一大批学者坚持资源竞争理论。1798年，托马斯·马尔萨斯（Thomas Malthus）在《人口学原理》中认为，在既定的资源条件下，人口的快速增长必然会导致政治、经济、社会和精神领域的冲突。此后，一大批学者将该理论演变为资源稀缺和冲突理论，认为资源稀缺导致社会经济发展多样性，进而导致人类社会的竞争或冲突，人类历史就是群体间斗争为主轴的历史，争论的焦点是资源竞争。马克思（Karl Marx）批判了黑格尔法哲学关于政治运作在国家和法律之下的设定，认为社会阶级冲突对政治产生了决定性影响，强调生产力决定生产关系，阶级冲突是民族冲突的根源，解决办法是建立一个以生产资料公有制为基础的社会，在共产主义社会里，区域国别现象将随着阶级的消亡而消亡。

在利益论看来，区域国别学的意义在于分析本国与其他国家的复杂利益关系，为本国如何和其他国家与地区打交道提供政策和策略的支持。因此，利益论解构或者批评原生论，并不认为血缘关系对区域国别现象具有本质性影响，更看重复杂的利益关系和在此基础上形成的利益结构，将历史的变动解释为利益关系的竞争，无论现实主义的权力理论、自由主义的制度理论，还是马克思主义的阶级分析，从根本上都可以

---

① 亚里士多德：《政治学》，颜一．秦典华译，4页．北京，中国人民大学出版社，2003。

纳入利益竞争理论，构成了区域国别学的主要学术路线。

三、心缘关系与区域国别学

心缘关系也是界定国家内外之分和不同区域之别的基因，核心是人与自身认同的关系，这一关系的主题是信仰—认同规律。国家和地区之间之所以有内外之分，最根本的还是由人的立场和视角所决定的。无论是西方哲学中的"主客体二分"的认识论，还是中国哲学中的"民胞物与"的认识论，内外之分、远近之别，皆出乎人心，得民心者得天下。区域国别学的意义在很大程度上取决于人心所向、大势所趋，研究区域国别最重要的是理解其背后的文化、制度、规范乃至文明基因。

思想观念和意识形态因素在区域国别学中具有十分重要的地位。从马克斯·韦伯（Max Weber）强调思想观念在历史上的作用，到本尼迪克特·安德森（Benedict Anderson）和埃里克·霍布斯鲍姆（Eric Hobsbawm）、厄内斯特·盖尔纳（Ernest Gellner）、艾蒂安·巴利巴尔（Etienne Balibar）和沃勒斯坦等建构论学者，重视思想观念的认同论在社会历史中的意义形成了一条重要的学术路线。最典型的是从心理学角度解释精神需要的认同理论，认为区域国别现象是社会建构的产物和想象的共同体，文化多样性导致社会建构出多样的国家认同和地区意识，所有这一切在本质上都是一种认知建构。埃米尔·涂尔干（Emile Durkheim）也被视为"共识学派"的一员，认为传统社会的道德、信仰和价值观等"集体良心"等社会团结因素维系了社会，而现代社会则以劳动分工结合在一起，被称为有机团结（Organic Solidarity）。其中，最有影响的因素是宗教信仰、意识形态和科学。

宗教信仰是建构区域国别的重要力量。宗教是人类社会发展到一定阶段上的历史现象，有产生、发展和消亡的过程。宗教本身不具有政治意义，只有到了阶级社会，宗教才与政治产生关系。政治制约宗教，宗教影响政治，宗教作为一种社会调适机制，对于任何国家都不可缺少，问题在于应该调适到什么程度。从宗教信仰角度来说，当今世界的国家和区域可以大致分为信仰天主教、基督教、东正教、伊斯兰教、印度教、佛教，以及无明确信仰的国家和地区等。宗教信仰的差异在一定程度上界定了特定区域国别的社会属性和政治走向。

意识形态是除宗教之外影响区域国别研究的最重要因素。研究意识形态与区域国别的关系，也就是研究不同国家区域在处理公共事务方面所想、所说同所做之间的关系，意识形态只是影响公共政策的因素之一，并受到其他因素制约。从20世纪50年代开始，学界就开始争论"意识形态终结"，在二战后较长一段时期内，意识形态对抗塑造了基本的世界政治地图。冷战结束之后，意识形态对抗烈度下降，但当今世界意识形态并未远去，而且正在强势回归。冷战后各种民族分离主义运动、宗教原教旨主义运动、各国国内的"文化战争"以及所谓的"新认同政治"，都是全球化时代意识形态回归的重要标志，对区域国别的复杂性也产生了深刻影响。

科学知识以及世俗文化的发展，也对于区域国别研究具有重要影响。近代以来，科学技术成为推动世界变迁的重要动力。在现代国家建设过程中，如何有效平衡权力和知识之间的紧张关系，更决定着现代国家制度建设的成败。科学技术在按照一种非权力的逻辑塑造着一个不容国家权力染指的独立世界，这就是一些学者讨论的"现代政治的知识基础"。在现代社会，政治控制主要建立在文字、书写、档案、纪律等反思性手段的基础上，控制社会的行政力量主要来自训诫和监控，而不是直接的暴力，这种控制具有普遍性和深入人内心的特点。科学的普及、世俗化社会的成长以及政治知识化和理性化的浪潮，冲刷着区域国别赖以立足的基础河床，不断地进行与时俱进的重塑。

总之，包括科学技术、意识形态和宗教信仰以及在此基础上衍生出来的智缘关系和心缘关系，也是区域国别学的重要维度。只有通过不断探寻区域国别的合法性逻辑或适当性逻辑，探寻背后的宗教信仰规律和认同规律，区域国别学才能真正找到明确的方向。

第三节　区域国别的形态：文明、文化及其类型

区域国别学，说到底是对某一区域国别国情多样性的研究，也是对其文明和文化类型多样性的研究，区域国别学的落脚点是理解不同地区的文明差异和文化多样性及其根源。无论文化还是文明，都是人类在特定生产过程中智慧和创造的结晶，相比之下，文明在外延上要大于文化，文化偏重强调价值观的精神层面，文明则是一个涵盖价值观、行为和制度的综合体系。我们可以从文明的角度区分为农业文明、工业文明、后工业文明，但每一个文明体系都可以涵盖纷繁复杂的文化。研究不同文化之间关系的学问被称为跨文化交流学，而站在某一特定国家立场上，开展的对其他文明文化的研究，也是区域国别学的重要组成部分。

一、区域国别学中的文化文明研究

文化文明研究历来就是区域国别学的一个重点。文化人类学家露丝·本尼迪克特（Ruth Benedict）认为，人们总是一定社会文化下生活的人，他们的思想首先是他们的上一代手把手传承的结果。从人类社会文明发展史的角度而言，人类社会的历史是从不同文明体系分散发展开始的，由于山川地貌和大江大河的阻隔，人类文明大多都是独立发展的，几乎没有任何交往和碰撞。从 16 世纪开始，世界历史才从国别地区史走向全球史，而且是由欧洲文明为主体的西方文明主导的全球史。

近代以来的世界史，是一部西方文明在世界范围内扩张的历史。尤其是在社会发展史领域，西方文明挟技术、资本和权力优势在世界各地横冲直撞，打开了古老民族和封闭文化的坚固城墙，迫使他们卷入到各方面的相互依赖和各文明的相互往来中来。面对西方文明水银泻地般强大的压力，其他文明共同体也没有完全放弃寻求自主性的反击和抗争。特别是当西方文明内部陷入因争夺市场和原料来源引起的划分势力范围的世界大战之时，广大的殖民地和半殖民地国家和人民掀起了前仆后继的民族独立斗争，最终在 20 世纪五六十年代实现了民族独立，赢得了文化自主发展的政治基础。

非西方文明虽然在政治上赢得了民族独立和主权平等的自主权利，建立了现代民族国家，但在文化和价值观领域中的斗争并没有停止。西方文明的普遍主义与其他文

化寻求自主性的特殊主义之间形成了尖锐的矛盾：普遍主义往往以人和万物本质、本性的共同性、普遍性以及认识的真理性等观念为基础，进而在价值问题上持本质主义、绝对主义和一元论的观点，相信人类生活中存在着"终极"的、绝对合理的、普遍适用的一元化价值及其标准，只要人们通过恰当的方式发现并推广执行之，就能够基本解决世界上的大部分纷争；特殊主义则以人的个性、认识的主体性和价值的特殊性为基础，在价值问题上持个性化、相对主义和多元论的观点，认为世界上不存在唯一的、终极不变的价值体系及其标准，必须面对人类价值多元化的事实，依据主体的具体特殊性来处理各种价值问题，才能保持人类社会的平等、自由、和谐和安宁。① 这一普遍主义与特殊主义的争论，成为现代哲学的一个核心命题，也成为区域国别学的一条核心线索。

二、区域国别学中的发展模式多样性研究

冷战结束后，普遍主义与特殊主义之间的争论逐渐从价值观层面进入到组织行为、发展模式和社会政治经济制度等实践层面，推动社会制度与发展模式多样性研究，成为区域国别学中的一道重要的风景线。从社会制度、发展模式和发展阶段角度划分，全球化世界的多模式互动主要体现为三个方面：

（一）资本主义制度与社会主义制度的关系

资本主义和社会主义是当今世界上的两大基本社会制度，在相当漫长的一段时间里将长期共存。从马克思主义经典理论来看，"资产阶级的生产关系是社会生产过程的最后一个对抗形式。这里所说的对抗，不是指个人的对抗，而是指从个人的社会生活条件中生长出来的对抗；但是，在资产阶级社会的胞胎里发展的生产力，同时又创造着解决这种对抗的物质条件。因此，人类社会的史前时期就以这种社会形态而告终"。② 社会主义制度脱胎于资本主义制度，是资本主义高度发展后，其自身制度不能容纳此种发展的必然结果。在《共产党宣言》中，马克思论证了资本主义必然灭亡和共产主义必然胜利的人类社会发展规律。③ "随着大工业的发展，资产阶级赖以生产和占有产品的基础本身也就从它的脚下被挖掉了。它首先生产的是它自身的掘墓人。资产阶级的灭亡和无产阶级的胜利是同样不可避免的。"这一规律被学界称为"两个必然"。④ 然而，现实的社会主义制度都没有建立在资本主义高度发展的水平上，而是在相对比较落后的国家中建立起来，所以社会主义制度的发展还处于初级阶段。因此，在资本主义国家实践中还有很多符合社会化大生产规律的先进技术、管理经验和一些文明成果值得社会主义模式学习、吸收、消化和借鉴。"我们这里所说的是这样的共产主义社会，它不是在它自身基础上已经发展了的，恰好相反，是刚刚从资本主义社会中产生出来的，因此它在各方面，在经济、道德和精神方面都还带着它脱胎出来的那个旧社会的

---

① 李德顺：《全球化与多元化——关于文化普遍主义与文化特殊主义之争的思考》，载《求是学刊》，2002(2)，9~15页。
② 《马克思恩格斯选集（第2卷）》，3页，北京，人民出版社，2012。
③ 马克思、恩格斯：《共产党宣言》，4页，北京：人民出版社，2018。
④ 马克思、恩格斯：《共产党宣言》，40页，北京：人民出版社，2018。

痕迹。"① 同时,"无论哪一个社会形态,在它所能容纳的全部生产力发挥出来以前,是决不会灭亡的;而新的更高的生产关系,在它的物质存在条件在旧社会的胎胞里成熟以前,是决不会出现的。"② 长远来看,"两个必然"和"两个决不会"仍将是颠扑不破的真理。

(二)西方文明模式与非西方文明模式的关系

作为一种普遍的人类社会运动,现代化代表着人类社会发展的方向。在推进现代化的过程中,无论是西方文明国家,还是非西方文明国家,都必须从本地实际和具体国情出发,积极探索具有本地特色的现代化道路和社会模式。但是,非西方文明国家的现代化发展不同于西方文明国家的实践,而是在西方诸多现代国家的强势挤压下被迫进行后发生的建设过程,充满了对西方模式的模仿、抵制、适应和改造等多种矛盾的交错挤压。面对西方文明模式的强势地位和蛮横、傲慢、霸权及野心膨胀,非西方文明模式如何在强大的压力下探索自身发展之路,是全球化时代模式竞争的一个重要问题。近年来,中国式现代化道路、亚洲价值观和东亚模式、非洲一体化及非洲模式、拉美国家探索的拉美模式,都是非西方模式的重要发展。这些模式的提出和发展牵动着国际社会全局,一旦突发问题对整个世界的影响也是巨大的、全局性的。

(三)总体模式内部各种亚模式的竞争互动关系

除了资本主义社会模式与社会主义模式、西方文明模式和非西方文明模式之间的总体模式竞争之外,在每一种总体模式之下,还存在着众多亚模式的争论。几乎可以说,存在多少个国家,可能就存在多少种模式,经济全球化时代就是一个资本主义与社会主义两大体系长期并存、多元发展模式竞争共处的时代。

总之,区域国别学是一门相对独立的知识体系。世界是统一的,也是多样的,如何理解和适应世界的统一性与多样性,是当今时代人类社会生活的重要组成部分。尤其是随着经济全球化的发展,人类社会越来越成为一个互联互通的整体,区域国别的多样性对于整个世界的发展具有重要影响,区域国别之间的"蝴蝶效应"也越来越明显,准确理解特定区域国别的独特性及其内在逻辑,对于人类社会的生产生活来说,不仅是必要的,也是具有深远意义的。

思 考 题

1. 如何解释世界的统一性?
2. 如何解释世界的多样性?
3. 推动区域国别学发展的因素有哪些?分别起到什么作用?

---

① 《马克思恩格斯和白拉克通信集》,38页,北京,人民出版社,1978。
② 马克思:《〈政治经济学批判〉序言》,载《马克思恩格斯选集》第2卷,33页,北京,人民出版社,1995。

CHAPTER 1
第一章

区域国别学概论

作为一门学问，区域国别学（International and Area Studies）有其明确的研究对象，是关于一国对于其外部世界学术知识体系的总和。当整个世界被民族国家化之后，在一国国内知识研究逐步建立起了独立的学科体系，对于一国内部问题的研究往往会根据问题的性质归入某一明确的学科之下，比如对于一国经济现象的研究被视为经济学研究，而对于一国之外经济问题的研究则往往不被视为经济学研究，而是将其与某一区域国别联系起来而被称为区域国别学。由于对于一国外部问题的研究往往涵盖了语言、历史、哲学、政治、经济、社会、文化、人类、地理等诸多学科，很难被纳入某一学科之下，本质上是一种跨学科和交叉学科的研究，这样的研究则往往被宽泛地称为区域国别学。区域国别学尤其以语言文化、历史学、哲学、经济学、政治学、社会学和人类学为主要学科支柱。

从其学术使命来看，区域国别学以获得某一区域国别的地方性知识为目标，而并不以获取普遍性知识为目标。横看成岭侧成峰。从不同国家的立场和视角出发，其对于同一区域国别的研究往往有着多样化的解读，带有不同国家的特色和烙印。在多数情况下，区域国别学承担着形形色色的实用化目的，很多成果停留在描述性研究的层次，被批评为缺乏学理研究的基础。区域国别学的学术社群往往与各个学科社群格格不入，且互有批评和优势，当然也各有其生存之道。近代以来，受欧美发达国家殖民主义和海外扩张的影响，区域国别学带有很强的"欧洲中心主义"或"西方中心主义"的偏见，从而遭受了不少学者的鞭挞和指责，无论是基于人文学科的研究，还是基于社会科学的研究，概莫能外。随着经济全球化的深入发展，越来越多的国家被卷入到全球大循环中来，也面临着众多全球性问题。各国都纷纷重视推动全球研究背景下的区域国别学，且相互对话和深度融合，形成了多姿多彩的区域国别学社群，也涌现了大量优秀的学者和影响巨大的学术成果。毫无疑问，区域国别学已经越来越成为学科发展百花园中的一道亮丽风景线。

第一节 区域国别学的内涵

明确研究对象和研究范围，是一门学问首先要解决的问题，区域国别学也不例外。受制于特定的国家立场和视角，也受制于不同学科的综合性研究，区域国别学往往难以明确其研究对象和研究范围。宽泛地讲，凡是一国范围之外的知识建构活动，均可被纳入区域国别学，它既包括人文学科的研究努力，也包括社会科学的研究发现，甚至某些自然科学的研究也被纳入其中。然而，相比之下，学界普遍不把自然科学的研究视为区域国别学，倾向于把国别与区域研究的范围限定在人文社会科学领域。但是，对于某一地区地理特征和气候特征的关注往往对于理解该地区的社会文化具有重要意义，故而学界在提及区域国别学时也提倡文理交叉、协同攻关。尽管存在着形形色色的理解差异，区域国别学更关注某一区域国别对某一特定国家的意义，是一种相对意义的研究。不同的参照系则往往具有不同的区域国别学，而且不同国家对某一区域国别的研究彼此之间也存在对话，构成了区域国别学的多维画面。

一、区域国别学的定义

迄今为止，区域国别学仍然存在着不同的称呼，比如地区研究、区域研究、区域国别学、国际区域学、中国周边学、全球学等。最初，区域国别学来自英文中的"Area Studies"，泛指对西方之外的非西方地区的研究，既有战略上的考虑，也有文化上的内涵。但是，在中文语境中，地区和区域研究范围比较模糊，有国家之下的地区（比如美东地区、中国东北地区、俄罗斯远东地区等），也有国家之上的地区（比如东北亚地区、东南亚地区、中东地区、中东欧地区、拉美地区等），但并不特指某一国家之外的区域知识建构，至少并不突出国家的意义。在民族国家时代确立后，世界上绝大多数区域都已经实现了国家化，国家成为最具文化和战略意义的地理区域，有着明确的疆域和主权，在国际社会较少争议，故突出国别有利于人们对于某一特定地理区域的共享知识。尤其是对一些对地区事务具有重大国际影响力的大国来说，以国别（International）为研究对象具有十分重要的理论意义和现实意义。

在中文语境中，"国别"或"外国"和"区域"或"地区"之类的概念有一定的弹性，范围可大可小，无论是在学界，还是在社会各界，在不同情境下使用这一概念时，往往有着多重含义，并不一定专指中国以外的知识建构。当下对区域国别学的界定完全是一种约定俗成的概念，尤其是中国教育部近年来积极推动区域国别学基地所采取的称呼，在英文上被翻译成"International and Regional Studies"。据李晨阳考察，尽管教育部积极推动区域国别学，很多学校和研究机构在使用上仍然存在差异，反映了对不同侧重点的强调。比如，2017年9月20日，清华大学成立国际与地区研究院（Institute for International and Area Studies），将国际放到地区前面以突出国别研究的重要性。再如，2018年4月12日，北京大学成立了区域与国别研究院（Institute of Area Studies），特意将区域放在国别的前面以突出区域研究的重要性。还有一些学者提出了"国际区域学"（中国社会科学院张蕴岭研究员）、"中国周边学"（复旦大学石源华教授）和"全球学"（暨南大学庄礼伟教授）等概念，分别突出其学科性、周边地区对中国的首要性和全覆盖性等。

在国际学界，区域国别学的理解具有多种含义。2014年，英国政府启动的"优秀研究框架"（the Research Excellence Framework）的区域研究评审委员会在申报指南中将区域国别学定义为："对世界上所有的区域以及在区域中居住或与之相关的群体的研究。"根据这一定义，区域国别学是一个变动的学术领域，涵盖了包括但又不限于非洲研究、美国和英语国家研究（包括加拿大和美国及北美殖民地）、亚洲研究（包括中亚、含中国的东北亚、南亚、东南亚研究）、拉丁美洲和加勒比地区研究、澳大利亚和新西兰以及太平洋地区研究，欧洲研究（包括欧盟研究、俄罗斯和东欧研究和后苏联研究），中东研究（包括以色列研究和伊斯兰世界研究）以及这些地区和区域内种族与更广泛世界的互动，包括犹太人、穆斯林和其他移民族群。在方法论上来看，该机构认为对这些区域的历史、语言、文化、文学、宗教、媒体、社会、经济、人文地理、政治和国际关系的各个方面，以及区域间和全球化研究均属于区域国别学的范畴。美国学者艾伦·坦斯曼（Alan Tansman）对区域国别学给出了一个简洁的定义，认为区域国别学是一种在跨学科视野下认识、分析、诠释外国文化的事业。戴维·桑顿（David Szanton）认为"区域研究"涵盖了不同领域和研究活动的学术家族，包括高强度的语言学习，用当地语言深入实地研究，密切关注当地的历史、观点、材料和诠释，紧紧依靠详细的观察、测试、阐释、批判、发展基础理论，跨过人文学科和社会科学的界限进行跨学科对话等。很多学者在开展区域国别学的时候，往往会聚焦于一个或者几个相关国家，努力将其与更大的范围（比如所在的大洲）结合起来，获得对该区域国别的整体性认知。英国经济与社会科学研究理事会（Economic and Social Research Council）和艺术与人文科学研究理事会（Arts and Humanities Research Council）认为区域国别学包括三部分内容：一是以地区为主导的区域研究（比如东北亚地区研究）；二是以全球化为主导的区域研究（比如不同区域间的跨学科和比较研究）；三是以重要问题为主导的区域研究（比如恐怖主义、民主等）。尽管学界对区域国别学的理解各异，但均强调国别和区域研究的地域性、整体性、学科性等特点，区别只不过在于各自关注的重点不同而已。

综合国内外学界对区域国别的理解，可以将这一学问的名称确定为区域国别学，它是指对某一域外特定国家/联邦区域、地理区域和文化区域进行的人文和社会科学多学科研究领域和知识体系。典型的区域国别学往往涉及历史、政治学、社会学、文化研究、语言、地理、文学和相关学科的研究项目。除了特定国家和地区文化研究之外，区域国别学还包括特定地区海外侨民和移民研究。作为一门对域外国别和地区进行的知识建构体系，区域国别学从一开始就是域内和域外区分的地理属性、学理和实践并重的意义属性、人文与社会学科融合的方法属性的统一体。

二、区域国别学的特征

区域国别学具有明显的跨文化、跨学科、跨区域的特征,本质上是一门交叉学科。坦斯曼强调区域国别学所具有的翻译特征,称区域国别学"是一项通过多学科棱镜来寻求认知、分析和解释外部文化的事业"[①]。尽管不少学者怀揣追求科学化的梦想,但区域国别的多样性和彼此差异的复杂性,决定了这一研究更多属于不同文化转译的解释学,解释为什么彼此之间在同一议题上存在着迥然不同的看法和规律,以及为什么在处理彼此关系时必须要尊重和包容国别和地区的多样性等。因此,重视区域国别学,从严格意义上来说是作为一个世界大国的标配,也是走上世界舞台的"必修课"。一个国家区域国别学的发展,是国家综合实力的全球战略布局的体现,反之,区域国别学也能促进国家利益的海外拓展。

(一)跨地域研究

区域国别学是一个国家对其域外知识的建构,本质上反映了一个国家对域外知识探求的学术意图和战略意图,既有从一国出发经略疆土的地缘战略意图,也有不同地域之间友好交往的外交意图,跨地域性是区域国别学的首要特征。因此,区域国别学确立了明确的观察角度和观察方位,不仅确立了明确的地理意义上的研究对象,也设定了"谁研究"的基本视角和基本观察方位。

"谁研究"为区域国别学设定了出发点和判断标准,也赋予其特殊的研究偏好。区域国别学体现着某种国家战略意图,致力于满足国家在一定时期的战略需要。不管以国家为分析单位,还是以特定地理和文化区域为单位,区域国别学体现着研究者的偏好和意图。美国的东南亚研究与中国的东南亚研究是不同的,欧洲的非洲研究与中国的非洲研究也存在着很大的差异。同时,不同视角的区域国别学也从一个侧面折射不同国家之间的关系,可以借此比较不同国家对特定区域国别的战略走向。因此,区域国别学是一门行走在世界田野的经世致用之学,这一学问重视田野调查,重视文献考证,归根到底都是为了构建一个国家的域外知识体系,增进一个国家对方外世界的理解和认知。

当然,随着经济全球化的深入发展,世界上不同区域国别已经日益联结成为一个整体,从不同视角观察的特定国别和区域研究越来越重合,除了仍然存在各自视角的差异外,其重叠部分越来越多,区域国别学正在被纳入作为一个整体的全球研究(Global Studies)之中,国家治理与区域治理本身也日益成为全球治理的一个重要组成部分。

(二)跨文化研究

区域国别学在本质上重在进行一种跨文化比较研究,这一研究致力于解决局外人对该区域国别社会和文化相关假定、意义、结构、动力的问题,同时也为其创造了

[①] Tansman A. Japanese Studies: The Intangible Act of Translation. In Szanton D L, ed. The Politics of Knowledge: Area Studies and the Disciplines. Berkeley: University of California Press, 2004, 122.

一个通过比较研究来扩展反思自身文化和社会理解的机会。文化是打开区域国别学大门的真正钥匙，通过比较文化人类学和比较文明的渠道，区域国别学找到了通往域外世界的康庄大道。显然，从意义属性来看，区域国别学既是一项致力于解释特定区域国别现象的学理研究，也是一个国家推动与特定国别和区域关系互动的实践研究。

区域国别学承担着学理研究和战略研究的双重使命，设定了"为什么研究"的意义路线。在区域国别学社群中，有的学者倾向于以特定区域国别为案例，检验所谓的普遍理论在该地区的适用性，进而发展和修正理论。有的学者则倾向于锁定特定区域国别进行精雕细琢的调查研究，进而发现其背后的文化内涵和意义世界。还有的学者从纯粹实用的角度出发，为政府、企业、非政府组织、智库、媒体等机构提供咨询服务，更多进行政策性、实践性和操作性问题的研究，主要目的是满足现实实践的发展需要。不管采取哪一种研究路线，均可被视为区域国别学的重要内容，且随着研究的深入，这些不同研究路线会百川入海，共同汇入区域国别学的汪洋大海。

因此，决定区域国别学的关键不在于是否采取文学、历史、哲学的先验人文主义视角，也不在于是否贯彻社会科学的经验路线，而在于找到阐释区域国别文化意义的纹理脉络。举例来说，中国的拉美研究应该是什么？和美国的拉美研究有什么不同？要走一条什么样的道路？期待获得什么样的收获？对于这些问题的回答，既取决于拉美地区的客观现实，更取决于中国自身的发展需要。因此，区域国别学是一面镜子，通过观照区域国别学，间接镜鉴自身前进的方向。

（三）跨学科研究

区域国别学简而言之就是对其他国家、域外地区做研究。无论是早期英法等殖民国家的"东方学""埃及学""斯拉夫学"之类的研究，还是冷战期间美苏推动的区域研究，其共同特征就是跨学科性：它不属于某一个特定的学科，而是需要多个学科共同努力，比如民族学、人类学、宗教学、语言学、博物学等。最典型的例子就是伦敦大学的亚非学院和哈佛大学的东亚研究中心即费正清中心，基本上都是针对某一地区或某个国家做跨学科、综合性研究的学术基地，其成果涉及许多领域，"其新颖之处不在于开辟了一个新'学科'，而在于组建了一个新的平台。在这个平台上，各学科（包括人文、社会科学，甚至理工医农）只要有共同的研究对象（指地理对象，即某个国家或地区），都可以互相配合、互相支撑，共同对这个国家或地区做研究，最终拼出一幅关于这个国家或地区的'全息图'，达到为制定相关政策提供知识和学术基础的目的"[①]。因此，如果要尝试建立新学科的话，区域国别学应该是一个"跨学科"的学科或"交叉学科"的学科，多学科研究对于区域国别学是一个必要条件，因为任何单一的学科都无法真正抓住和解释另一个社会和文化真谛的全部画面。

从区域国别学关注的方法论来看，它既可以从人文学科视角对特定区域国别进行

---

① 钱乘旦：《构建中国特色的区域国别研究》，载北京大学区域国别研究学刊编委会：《区域国别研究学刊》（第一辑），1~2 页，北京，商务印书馆，2019。

文化意义的研究，也可以从社会科学视角对其进行科学意义的研究。最初，欧洲国家在殖民主义扩张时期开展的研究，多采取人文学科的视角，内容由一些传教士、旅行者、商人的个人经历和一些思想家对语言、文学、历史、文化、宗教等方面的研究构成。比如一些欧洲国家在研究中国时关注分析中国的语言和历史文献，形成了汉学的研究传统，就属于对中国采取的人文学科视角的研究，参加研究的学者更多出身于语言学、历史学、哲学等学科背景。爱德华·赛义德（Edward Said）对东方主义的分析，也是美欧等国家对非西方国家开展人文研究传统的集中体现。二战以后，尽管区域国别学的人文传统仍然保持稳定发展，但在美国区域研究浪潮的推动下，以经济学、政治学、社会学、心理学、人类学等学科背景出身的学者开始大规模卷入区域国别学中，社会科学视角的研究蔚然成风，提出了众多社会科学的理论模型和思想观点，尤其是在拉丁美洲研究、东亚研究、苏联研究、非洲研究等方面，所取得的成果最为丰硕，影响力也最大。相比之下，以中东研究、南亚研究为主要研究对象的学者仍然不得不面对印地语、阿拉伯语等语言研究以及宗教研究，人文学科的研究仍然根深蒂固。条条大路通罗马。区域国别学在学科和方法论上是开放的，只要有助于增进对域外国家和地区的文化理解，一切学科、方法和技术路线都是可以的。

三、区域国别学的功能

要而言之，作为一门由域外世界知识建构的学问，区域国别学承担了为某一特定区域国别生产学术知识、为本国提供咨询建议和塑造政府政策的双重功能。一方面，区域国别学属于一项学术事业，它通过积极参与对某一区域国别的学术研究，锁定一系列重要学理问题，采取多学科综合的方法，对复杂地区社会现象做出科学解释和文化阐释，构建和完善关于该地区的知识体系；另一方面，区域国别学也属于一项社会事业，它通过为政府、企业以及社会各界提供关于某一区域国别的咨询建议，帮助其解决与该地区发展关系时遇到的各类问题，发挥咨政建言的作用。因此，按照其所服务领域和对象划分，区域国别学的功能主要体现在四个方面：

（一）知识建构功能

知识建构是区域国别学的首要功能。所谓知识建构，是指人们通过累积相关的经验材料，通过一定的方法和手段对这些经验材料进行加工整理，进而识别出内在的、本质的和客观的规律性认识，并以此作为指导人们行为的思想工具。区域国别学能够帮助人们准确理解其他国家和地区，获取和积累必要的知识，成为人们应对和处理各种问题和挑战的强大工具。

最初，区域国别学在大学和研究机构中尚未成为一门学科之前，它就作为一种知识建构的事业在实践中逐步确立，古今中外皆有大量游侠、方士、僧侣、商贾、官员跨境远游，获取新知识和开拓新视野。在中国，先秦时期有徐福东渡，汉朝有张骞出使西域，东晋法显和唐朝玄奘赴天竺取经，历朝历代留下了《佛国记》《大唐西域记》《真腊风土记》《诸蕃志》《岛夷志略》《异域录》《东西洋考》《职方外记》《坤舆图说》

《西洋列国考》《艺文考》等大量关于域外知识的文献，一直到近代魏源的《海国图志》和徐继畬的《瀛寰志略》。所有这些文献构成了中国早期区域国别学的基础，对于中国对外关系史、航海史、民俗学、宗教学、考古学等综合性多学科研究具有极为重要的学术价值。在古代印度、古代巴比伦、古代希腊和罗马也都有大量关于异域文化和风土民情的相关记述。尤其是欧洲关于"埃及学""东方学""斯拉夫学"等研究成果，均属于区域国别学的重要宝藏，大大丰富了各自对域外地区的理解，组成了各自域外知识的体系。

二战结束以来，美国和苏联都热衷于推动区域研究或区域学，依托大学、研究机构建立起了形式不一且相对独立的学科系所、研究中心和研究项目，形成了比较研究、国际研究、区域研究等学科方向，持续性推进区域国别学成为一门专门的学科。同时，有的区域国别学还提出了若干理论模型，推动了学科基础的发展。一些学者也提出了大量新理论，例如基于拉丁美洲研究的依附理论、现代化理论、官僚威权主义、本尼迪克特·安德森的"想象的共同体"、格尔兹的"剧场国家"等。在20世纪五六十年代的民族独立运动中，亚非拉等一批国家获得民族独立，建立新兴国家，为区域研究提供了丰富的研究素材，为修正和发展现有理论或建立新的理论提供可能性。一个典型的案例是，1953年12月，美国社会科学研究理事会建立了比较政治学委员会，研究西方和非西方地区的政治，出版了多部政治发展研究系列丛书，很多都成为了政治学领域中的名著，推动了政治学学科和理论的发展。

（二）文化阐释功能

文化阐释也是区域国别研究的重要功能。所谓文化阐释，是指将某一区域国别的文化进行重新编码、转译、解释，进而转化为另一种文化体系所能理解的形态。文化阐释的根本任务是了解和理解其他区域国别的独特性，包容彼此之间的差异。自二战结束以来，世界各国的区域国别学为女性研究、性别研究、少数族裔研究、族群研究、文化研究以及一系列文化研究项目奠定了制度基础，大量以文化对象为主要内容的跨学科研究中心和研究项目在20世纪70年代以来有了快速的发展。区域国别学与文化研究相互依赖，相互促进，共同汇集成对域外研究的强大力量。

近代以来，随着整个世界步入民族国家时代，原本相互隔绝的大陆和海洋被联结为一个整体，过去的地方性、局部性的多样文化在全球互联互通进程中频繁接触碰撞，如何将各自文化差异在不同区域国别中进行阐释和转译，成为全球化时代的一个重要任务。区域国别学是一门针对某一特定国别和区域的外部研究，其本身就是一种文化交流和对话的过程。无论选择从人文学科的视角出发，还是选择走社会科学的路线，区域国别学所做的一切工作在本质上都致力于在不同文化之间进行解释、阐释和转译，进而让适用于某一区域国别的独特文化现象易于被其他国别和地区所理解。从这个意义上来说，区域国别学本身就是跨国人文交流的重要组成部分，它与外国语言文学、世界历史、国际关系、比较政治、世界经济、比较文化研究等学科都有着十分密切的联系，都属于推动中外人文交流的重要力量。

（三）咨政建言功能

服务国家战略需要，开展咨政建言，是区域国别学的内在使命，也是其承担的重要功能。《孙子兵法》云：知己知彼，百战不殆。只有真正准确理解你的敌人和对手，才能更有机会赢得优势和胜利。区域国别学是经世致用之学，一些国家之所以不遗余力地热衷于推动区域国别学，服务国家战略需要是一个重要的原因。尤其是二战结束后，无论是美国的区域研究，还是苏联的区域学，都具有服务冷战战略需要的使命，一些从事区域国别学的专家学者，也往往是政府决策会议和领导人决策咨询常来常往的座上宾。

当然，区域国别学与政府政策之间还是不完全相同的。与国家战略和政府政策保持适当的距离，是区域国别学得以持续发展的必要条件，完全与政府政策研究卷在一起，往往会受制于政治考虑或者意识形态约束，给区域国别学发展造成制约和束缚。当下，已经有越来越多的学者批评美国的区域国别学与美国战略需要和政府决策走得太近，沦为政府御用决策的婢女和一场"了解对手"的政治运动，甚至成为美国冷战战略的工具。随着冷战的结束，政府对区域国别学的支持力度大大下降，甚至有人认为区域国别学已经过时了，大大削弱了区域国别学的科学性和自身发展能力。近年来，中国国际化进程加快，尤其是"一带一路"倡议提出，对区域国别学也提出了新的战略需要，如何平衡知识建构功能和咨政建言功能，是中国区域国别研究面临的重要课题。

（四）社会服务功能

除了对政府的咨政建言之外，开展对企业和社会各界的社会服务，也是区域国别学的一项重要功能。最初，区域国别学主要为国家战略需要服务，但随着经济全球化的发展，越来越多的跨国公司、非政府组织和其他社会行为体开始成为世界舞台上的活跃角色。与国家和政府一样，这些经济和社会行为体在开展国际化经营和参与国际事务中也具有大量的咨询服务需求，如何为它们提供智力支持和社会服务，也是区域国别学的一项重要职能。

为经济和社会行为体提供社会服务也是区域国别学获得支持的一个重要渠道。从欧美发达国家的经验来看，20世纪以来智库，尤其是企业型智库、媒体型智库的兴起，就是区域国别学社会服务职能增强的一个集中体现。为了满足企业扩大国际化经营和媒体全球传播的需要，很多从事区域国别学研究的人员和团队通过为企业、媒体和智库服务，不仅获得大量研究经费的支持而设立了与区域国别学相关的研究项目和课题，而且也通过参与其国际活动而获得了大量的田野调查、第一手资料和亲身参与实践的机会，这对于推动区域国别学的发展也是一个巨大的助力。二战以来，以洛克菲勒基金会、福特基金会、麦克阿瑟基金会、卡内基国际和平基金会等为代表的一些机构，对美国的区域国别学给予巨大的资金支持；欧美发达国家的一些跨国公司也设立了大量的情报分析和研究团队，依托智库设立了大量区域国别学项目，在服务国家战略需要、经济和社会组织现实需求以及推动区域国别学科专业发展方面都发挥了举足轻重的作用。

自改革开放以来，随着中国企业走出去进程加快，中国海外资产已经超过7万亿美元，每年出入境人数已经超过1.7亿人次，中国大学、智库、媒体和社会组织走出去的步伐也在加快，在客观上也对中国的区域国别学提出了新的更高的要求。在服务国家战略需要的同时，通过加强区域国别学，提高服务社会的能力，也是区域国别学不可回避的一个重要使命。

第二节 区域国别学的发展

与其他学科发展一样，区域国别学也有自己的学科发展史。从学科发展史来看，区域国别学既是一门古老的学问，也是一门年轻的学问。通过考察区域国别学的学科成长史，有助于从整体上把握区域国别学的发展历程和未来趋势。

一、区域国别学溯源

区域国别学是一门古老的学问，其一些分支可以追溯到古代关于世界史、外国语言与文化等研究。在中国，战国时代只有一个空泛的"九州"观念和渺茫的"四方"地域观念，战国后才产生了具体的"九州""四极"说，"大世界说"和"海外三十六国"的记载。[①] 以古代中国、罗马帝国、莫卧儿帝国、哈布斯堡帝国、奥斯曼帝国和沙俄帝国等为代表的大帝国均设有外国语言、外国文化和史学机构，但其对区域国别的研究均具有我族中心主义的特征，不认为其他地区的知识是一种文明。

在欧洲，关于罗马研究和日耳曼研究的历史可以追溯到18世纪以前。比如英国有着历史悠久的东方研究，根据牛津大学东方研究学院网站的数据，该学院的希伯来语教学、犹太研究和阿拉伯研究已经有400年的历史。牛津大学的博德利图书馆、赛克勒图书馆及其他图书馆雄厚的馆藏文献是从未间断历史传承的结果。近代以来，关于外国语言和世界历史的发展步伐加快，一些旅行家、传教士、商人在世界各地行走，推动了区域国别学的发展。最早到中国和亚洲各国的意大利旅行家马可·波罗根据其见闻出版了《马可·波罗游记》，记述了公元13世纪他经行地中海、欧亚大陆和游历中国的见闻，讲述了令西方世界震惊的一个美丽神话，这是人类史上西方人感知东方的第一部著作，它向整个欧洲打开了神秘的东方之门。伴随着地理大发现后欧洲殖民主义向海外人肆扩张的进程，耶稣会开始派出一大批传教士赴海外传教，中国就是当时耶稣会海外传教的重点地区之一，比较有名的传教士有沙勿略、罗明坚、利玛窦、龙华民、罗如望、庞迪我、熊三拔、艾儒略、邓玉函、汤若望、理雅各等，他们在传教的过程中写下了一些与区域国别学相关的作品。比如葡萄牙人托雷多通搏的《国家档案馆中有关葡萄牙人海航与征服的文献》、亨利·玉尔的《古代中国见闻录》、巴罗斯的《亚细亚》、马礼逊的《中国大观》、苏扎的《葡属亚细亚》、布莱克斯的《中国与远东》、布莱尔的《菲律宾群岛》、克拉维约的《克拉维约东使记》、洛奈罗德的《荷

---

① 顾颉刚、童书业：《汉代以前中国人的世界观念与域外交通》，载《禹贡》，1936(3)、(4)。

兰人在中国》、揆一的《不可忽视的福摩萨》、南怀仁的《鞑靼旅行记》、古伯察的《鞑靼西藏旅行记》、弗·克·阿尔谢尼耶夫的《在乌苏里的莽林里》、马士的《中华帝国对外关系史》等，所有这些游记见闻性质和具有区域史意义的作品，对于欧洲世界史的发展也作出了贡献。

总体来看，尽管区域国别学可以追溯到古典时代，但一直到20世纪初并没有形成独立的学科，区域国别学从属于语言、文学和历史学等学科，而且在形式上非常贴近大学里与语言相关的核心学术标准。以1088年博洛尼亚大学建立为标志，欧洲大学陆续形成了大学学科化的传统，区域国别学也从治国理政的宫廷之学逐渐转向知识建构的教授之学，但区域国别学一直没有从语言文化和历史研究中独立出来。伏尔泰的《论世界各国的风俗与精神》（简称《风俗论》）一书，被学术界一致认为是近代意义上的第一步真正的世界史著作，叙述了自查理曼时代到路易十五时代的世界各国历史，目的是要说明"人类是通过哪些阶段，从过去的原始野蛮状态走向当代文明的"，具有了世界史的宏观视野，也成为区域国别研究的重要组成部分。从某种意义上来说，当代国际史学界提出的研究"总体史"或"全球史"的口号，实际上是以伏尔泰为代表的启蒙时代编史传统的复兴。比如布罗代尔的《地中海与菲利普二世时期的地中海世界》《15至18世纪物质文明、经济与资本主义》，以及斯塔夫里阿诺斯（Stavrianos）的《全球通史》皆是如此。不过，这一世界史的传统有一个根深蒂固的西方中心主义的缺陷，世界上的区域国别均是被放在欧洲中心论的探照灯下进行审视的。

第一次世界大战后，西欧中心论受到挑战。斯宾格勒在其著作《西方的没落》中，以生物生长过程的观念进行历史研究，把世界历史分成八个完全发展的文化，细致考察其各个时期的不同现象，揭示其共同具有的产生、发展、衰亡及毁灭的过程。汤因比继承和发扬了斯宾格勒的思想并向前推进，以文明为研究单位，从一个宏大的视角出发，将人类史作为一个整体加以考察。对已知的20多种文明，汤因比进行了分析和归纳，对文明的起源、成长、衰落、解体加以描述；同时，大一统国家和大一统教会的建立也进入了作者的视野；在此基础上，汤因比还广泛地考察了历史长河中各个文明在时间和空间上的接触、碰撞和融合，为区域国别研究的发展奠定了坚实的基础。

尽管区域国别学的历史可以追溯到古老的过去，但区域国别学的学科创建却是20世纪以来的事情，其学科化与传统帝国的崩溃和民族国家的兴起、与世界大战和冷战等因素有着紧密的联系。与早期服务帝国及其对外殖民需要的人文交流路线不同，20世纪以来的区域国别学逐渐走向了人文学科研究与社会科学研究交映成辉的新轨道。

二、帝国崩溃、民族国家兴起与区域国别学

反观历史，区域国别学在欧美发达国家的兴起，实质上是帝国崩溃与大量民族国家革命运动的产物。18世纪以来，随着西方殖民主义运动的扩张，以奥斯曼帝国、莫卧儿帝国、印加帝国等为代表的传统帝国崩溃，葡萄牙、西班牙、英国、荷兰、法国、德国等在海外建立起了大小不一的殖民帝国，也推动了海外殖民地的研究发展。到20

世纪初，殖民帝国之间争夺海外势力范围的斗争愈演愈烈，最终演化为第一次世界大战。第一次世界大战和世界经济危机严重削弱了殖民帝国的力量，导致了在亚洲、非洲、拉丁美洲等地区掀起了风起云涌的社会主义革命、民族独立运动和政治变革的浪潮。

面对世界范围内的民族独立国家兴起，欧美发达国家开始重视加强区域国别学。从发展重点来看，欧洲各国的区域国别学从最开始就依赖于外国语言研究。1936年，英国斯拉夫研究院理事会主席恩斯洛（Onslow）伯爵就强调加强学校俄语教学规模，以改变西欧人不了解东欧人的现状，更好地满足新的历史条件下英国国家利益的需要。俄语教学的发展就是一个典型的例子，尽管作为教授欧洲语言专门机构的泰勒学院（The Taylor Institution）成立于1835年，但俄语教育发展一直比较缓慢，直到第一次世界大战爆发和俄国在欧洲事务上的影响力日益上升才真正获得了快速的发展，因为在当时的英国人看来，俄国的未来比德国更具不确定性，俄国对外将更加开放。因此，英国要想利用好俄国开放的机遇，就必须"全面地研究俄国，研究它的语言、解剖它的社会、了解它民众的性格、知道它的地理方位、掌握它的经济状况和经济能力"[①]。和斯拉夫研究类似，英国很快也启动了非洲研究、亚洲研究、拉美研究等其他区域研究。作为一个重要标志，英国在1915年前后建立了一系列区域国别学机构，引领了区域国别学的学科化进程。

伦敦大学斯拉夫和东欧研究学院是英国第一家关于区域国别的教学、科研机构，其前身是伦敦大学国王学院1915年建立的斯拉夫系。1915年10月19日马萨里克教授（Thomas Garrigue1 Masaryk）（后为捷克斯洛伐克首任总统）在国王学院发表了题为"欧洲危机中的小国问题"（The Problem of Small Nations in the European Crisis）的演讲，并宣布出资成立斯拉夫和东欧研究学院（SSEES），该学院的主要任务是讲授并研究俄罗斯语言和文学。1932年，学院成为伦敦大学（University of London）直属研究机构，1999年，学院决定与伦敦大学学院合并，正式加入伦敦大学学院（UCL）。斯拉夫和东欧研究学院是英国最大的东欧及斯拉夫语系语言中心，该院重视语言教学，认为语言是民族文化沟通学习的重要桥梁，提供18种语言学习课程，包括俄语、捷克语、波兰语等。该院是伦敦大学学院最具影响力的核心研究机构，致力于世界范围内地缘政治和经济区域合作领域的研究。

伦敦大学亚非学院（School of Oriental and African Studies, University of London）是英国唯一一所专门研究亚洲、非洲、近东和中东的高等教育机构，也是享誉世界的区域国别学研究机构。1916年，伦敦大学成立东方研究院，其后因为增加了非洲研究方面的教学和研究项目而改为伦敦大学亚非学院，研究范围涉及亚洲、非洲、近东和中东的艺术和人文、语言和文化以及法律与社会科学。迄今为止，伦敦大学亚非学院是世界杰出、欧洲顶级的亚洲和非洲研究中心之一，是欧洲制定亚洲与非洲相关战略的重要智囊机构，是全世界研究东方以及非洲问题拥有学者最多的机构。伦敦大学亚非学院在亚洲、非洲国际关系、政治经济和东方语言学的研究在全英排名前五，仅

---

① Leathes S M. Report of the Committee Appointed by the Prime Minister to Enquire Into the Position of Modern Languages in the Educational System of Great Britain. HM Stationery Office, 1918.

次于牛津、剑桥、爱丁堡大学和伦敦大学学院。其中,《中国研究》由创办于 20 世纪 60 年代的当代中国研究所（Contemporary China Institute）和 1992 年成立的中国研究中心（China Institute）主办,重点皆放在中国现状的研究上,他们与英国政府相关部门保持联系,出版"当代中国研究丛刊",国际知名的《中国季刊》（The China Quarterly）就是他们的重要出版物。

英国皇家国际事务研究所是一家以国际问题研究为主的智库机构,在区域国别学上的影响力十分巨大。一战结束以后,1919 年英国和美国代表参加巴黎和会,英国政府官员莱昂内尔·柯蒂斯（Lionel George Curtis）倡导成立一个外交事务研究所来研究国际问题以防止未来的战争。因此,1920 年,英国皇家国际事务研究所成立,别名查塔姆研究所（Chatham House, The Royal Institute of International Affairs）,是一家位于伦敦的非营利、非官方的智库组织,也是目前英国规模最大、世界最著名的国际问题研究中心。查塔姆研究所既不从属于政府部门,也不接受政府拨款,属于国际事务中的独立智库,主要围绕能源、环境与资源治理、国际经济、国际安全、地区研究和国际法等领域进行研究,与英国政府、企业、媒体和学术界均有着广泛的联系,对政府的外交政策有一定影响,奠定了其在全球国际事务研究领域的权威地位。皇家国际事务研究所的主要研究项目包括非洲项目（Africa Programme）、美洲项目（US and the Americas Programme）、亚太项目（Asia-Pacific Programme）、欧洲项目（Europe Programme）、全球经济项目（Global Economy and Finance Programme）、国际法项目（International Law Programme）、中东和北非项目（Middle East and North Africa Programme）、国际安全问题项目（International Security Programme）、俄罗斯与欧亚项目（Russia and Eurasia Programme）、可持续发展项目（Sustainability Accelerator）等。该所每年举行 100 多场国际会议,推动对国际事务重大发展及其对策的讨论,对全球、区域和国别问题进行独立分析和探讨,为政府及相关部门提供决策咨询,特别是提供新的思路和想法。其中最为成功的两个品牌是伦敦会议和查塔姆研究所奖,在世界范围内都具有很大的影响力。在国际上享有较高赞誉的《国际事务》（International Affairs）和《今日世界》（The World Today）等杂志,即由查塔姆研究所编辑出版。该研究所每年发布的报告、书籍和其他研究成果,更是英国政府部门制定决策的重要参考来源。

在其他一些高等教育机构,也建立起了区域国别学机构,比如牛津大学的跨学科区域研究学院（School of Interdisciplinary Area Studies）和圣安东尼奥学院（St Antony's College）,聚集了一大批区域国别学的学者和研究生培养项目。牛津大学的全球和区域研究学院（Oxford's School of Global and Area Studies）成为全世界最大的区域国别学学院,设立了包括非洲、中国、拉美、中东、日本、俄罗斯和东欧、南亚等区域研究项目。牛津大学全球与区域研究学院是世界上最大的区域研究学者共同体,研究者从全球化和发展大局出发,研究地区、国家、区域和全球之间的互动,以更好地理解当代世界。在法国、德国、意大利、荷兰、比利时等国家,也建立了诸如巴黎政治学院（Science Po）、法国国际关系研究所（French Institute of International

Relations）、布鲁盖尔（Bruegel）研究所、德国全球与区域研究所（German Institute of Global and Area Studies）等从事区域国别学的有影响力的机构，致力于分析非洲、亚洲、拉美、中东的政治、社会和经济发展议题以及全球性议题。比如德国全球与区域研究所是一家独立的社会科学研究所，总部设在汉堡。它在非洲、亚洲、拉丁美洲和中东地区开展前沿比较研究，分析这些地区发展产生的系统性影响并将其与全球重大问题相关联。基于研究的政策建议是构成研究所使命的重要组成部分，该研究所拥有德国最大的区域和比较区域研究非大学信息中心。随着这些研究机构和项目的成立，区域国别学得以在各国落地生根，开枝展叶，逐步成长为重要的学科方向。

三、冷战与美国区域国别学的发展

最初，美国的区域国别学一直受到欧洲学术传统的影响。在19世纪时期，美国就有类似于欧洲"古典学"的区域国别学，主要是基于基督教会海外传教、商人和旅行家提供的非职业化域外知识的绵长传统，更关注古代典籍和古代问题、海外语言与文学等。1919年，詹姆斯·亨利·布雷亚斯（James Henry Breast）在洛克菲勒的资助下在芝加哥大学创立了东方研究所，致力于亚洲、非洲、拉美等地区的语言和文化研究，但对其他地区的研究基本上停留在浮光掠影的阶段。第二次世界大战打断了这一区域国别学欧洲传统，一大批从事外国语言学习和文化研究的学者被征召入伍，成为重要的军事参谋人员，为二战后美国区域国别学的爆发式发展奠定了基础。

二战结束后，美国的区域研究是政府需求直接催生的。面对美苏冷战对峙局面，美国急需加强对共产主义阵营和广大发展中国家的研究和分析，在联邦政府、私人基金会和大学共同推动下，从1943年开始，美国的区域国别学有了迅猛发展。作为美国社会科学的中枢组织，美国社会科学研究理事会（Social Science Research Council, SSRC）协同其他学术组织、基金会和高等教育机构，在美国发起构造区域研究的学术运动，目标是建立美国的区域国别社会科学学术体系。通过推动召开年会、开展专题讨论和推出专题报告，该理事会不断呼吁要实现区域研究的制度化，主张单独建立一个新的地区研究委员会，并为未来发展制定计划。最终，经过多方努力，建立了世界地区委员会和全国地区研究奖学金计划。同时，为加强与学科的对话，1954年建立了比较政治学委员会（Committee on Comparative Politics），为区域国别研究注入了新动力。总体来看，美国在冷战期间对区域国别学实现了空间上的全覆盖，也实现了跨学科的整合，形成了具有美国特色的区域国别知识体系。毫无疑问，冷战对于美国区域国别知识体系的建构产生了巨大影响。这一知识体系受到美国全球战略、意识形态和资金来源等多方面的影响，几乎可以说美国区域国别学的兴衰都与冷战相关。

首先，政府是美国区域国别学最强大的支持者。在第二次世界大战期间，许多常青藤联盟大学的专家成为美国战略服务办公室的情报分析人员，并帮助培训海外军事人员和战后占领部队。二战后，一些人加入美国政府安全和情报机构，大部分回归大学重启教职。为加强区域国别学的发展，美国政府启动了一系列诸如"马歇尔计划""第四点计划"等，加强欧洲的战后重建和发展中国家的现代化、民主进程，以保护美国的国家利益。1946 年，美国启动了富布莱特计划。福特基金会也成为美国区域国别学项目的主导角色。20 世纪 50 年代，福特基金会建立的海外区域学者项目是美国第一个大规模支持区域研究的项目，用于支持对某一国家或区域进行为期两年的跨学科和语言培训，再加上资助两年的海外学位研究，从 1951 年到 1972 年，该项目支持了 2 050 个博士生从事人文社会科学研究。1961 年，富布莱特项目中用于支持"共同教育和文化交流"的项目得以扩展，支持与区域国别相关的 1 000 多个博士学位和博士后研究和教学项目。同样，国家科学基金会和国家人文基金会也设立了类似的资助区域国别的研究项目。1972 年后，福特基金会转而与社会科学研究理事会、美国学术团体协会一起推动跨学科区域研究委员会，在此后的 30 多年内支持了 3 000 多名博士后学者的研究，还通过其他基金资助了 2 800 名博士后区域研究。1957 年的《国防教育法》、1965 年的《高等教育法》提供了专门的资金用于支持 125 所大学建设国家资源中心项目、外语和区域研究项目。所有这些支持计划，都对美国区域国别学作出了重大贡献。

其次，基金会在美国区域国别学中也功不可没。福特基金会（The Ford Foundation）、洛克菲勒基金会（The Rockefeller Foundation）和卡内基基金会（The Carnegie Corporation）召集了一系列会议达成了重要共识，认为美国在国际知识上存在赤字，必须加大对国际研究的投入，支持从事国际政治和经济事务的学者是服务美国国家需要的首要选择。不过，在与会者中间存在着一个核心的争论，一方认为应该突破西方的模型，社会科学与人文学科合作一起推进世界各地的文化和历史研究的相关进展；另一方认为社会科学家应该发展普遍化理论来解释不同地区的共同发展规律。受到此种争论的影响，前者发展为区域研究的积极倡导者，后者则成为现代化理论的热烈拥趸。一些私人基金会比如梅隆基金会（The Mellon Foundation）、亨利·卢斯基金会（The Henry Luce Foundation）等也对推动区域国别学提供了大量支持。福特基金会还提供了数百万美元用以支持工作坊、研讨会和出版项目，提供了 1 200 万美元直接支持 15 所美国研究型大学建设跨学科的区域研究中心。据统计，从 1951 年到 1966 年，福特基金会共计提供 2 700 万美元用于支持区域国别学相关的研究、培训和相关项目，资助形式涵盖了支持教师、学生奖学金、外语学习和课程、图书馆和研究基金等。

此外，大学是美国区域国别学的重要力量。在政府倡导和基金会资助下，大学建立起了大量区域国别机构。在加州大学伯克利分校、芝加哥大学、哥伦比亚大学、康奈尔大学、哈佛大学、密歇根大学、宾夕法尼亚大学、普林斯顿大学、威斯康星大学和耶鲁大学建立区域研究机构。哈佛大学是最早开展区域研究的大学之一，设有 72 种古代和现代语言课程，近 20 个跨学科区域研究组织。在过去的 50 多年里，美国已有 127 个外国语言及国别和区域研究国家资源中心，培养了约 10 万名具有语言技能和区域专业知识的博士和 30 万名硕士，拥有 9 大区域研究协会共有近 2 万名学者。美国已经成为当今世界上区域国别学知识体系建构最具规模的国家。

与美国的区域国别学类似，冷战背景下的苏联、欧洲、日本等其他国家也大力推动区域国别学。在苏联，依托莫斯科大学、圣彼得堡国立大学、莫斯科友谊大学、莫斯科国际关系学院、俄罗斯科学院等建立了一大批从事区域国别教学研究的学院、学系和研究所，奠定了俄罗斯国外区域学和俄罗斯区域学两个方向的学科基础。欧洲国家也围绕其前殖民地国家设置了大量的区域国别学中心和研究项目。澳大利亚的大学也积极建设其东亚和东南亚地区研究和培训中心，但对中东、非洲和拉美的研究项目投入较少。日本作为中国的近邻，长期注重亚非区域研究，日本国内排名前十的高校均设有区域研究或国际研究的中心或机构。日本东京的外国语研究大学也聚焦区域国别学计划。此外，印度的尼赫鲁大学是印度从事区域国别学研究的重要机构。

四、冷战终结与区域国别学的重新定向

随着冷战的终结，区域国别学步入了一个重新定向的全球区域研究新阶段，区域国别学开始越来越重视普遍理论和方法的研究，区域研究在美国逐渐衰弱，但在新兴市场国家和发展中国家却迅速上升。

在中国，随着"一带一路"倡议的推进，对区域国别学的需求大大提升。进入21世纪以来，教育部推动依托高校建立了美国、东南亚、东北亚、俄罗斯、中东、欧洲、南亚、亚太经济合作组织以及华侨华人等9个与国别和区域研究相关的人文社会科学重点研究基地。2015年1月，教育部出台了《国别和区域研究基地培育和建设暂行办法》，2017年下发了《国别和区域研究中心建设指引（试行）》，推动建立区域国别学培育基地和备案研究中心，并要求建立实体化组织架构。截至2021年9月，已经在全国181所高校建立了42家培育基地和402家备案研究中心，共计444家。其中，181所大学主要集中在四类学校："985"院校24所，建立了107个基地或中心；外语类院校18所，建立了130个基地或中心；师范类院校40所，建立了70个基地或中心；边疆地区综合院校19所，建立了40个基地或中心。从事区域国别学的人员总数已经超过1万人。在2020年的区域国别基地评估当中，48家基地或中心获得了教育部区域国别学高水平建设单位称号。中国区域国别学正在步入一个大发展的新时代。

在俄罗斯，自2000年起，区域学作为一门具有跨学科性质的新专业方向被列入俄罗斯联邦高等教育专业目录，并逐渐形成了国外区域学和俄罗斯区域学两个方向。2007年，在上海合作组织比什凯克元首峰会上，俄罗斯总统普京（Putin）倡议成立"上海合作组织大学"，得到各成员国一致赞同。据介绍，目前上海合作组织大学有区域学、生态学、能源学、信息技术和纳米技术5个专业方向，主要面向培养硕士研究生。其中，区域学方向的中方项目院校已于2011年开始招收首批硕士研究生，并根据双边合作协议，于2013年上半年首次实现了与俄罗斯合作伙伴院校的学生互换交流。

除此之外，在印度、巴西、南非、土耳其、越南、印度尼西亚、马来西亚、阿联酋、卡塔尔、伊朗等国家，区域国别学发展也非常迅猛，虽然各自关注的主题不同，研究方法各异，发展规模和专业化程度参差不齐，但都对区域国别学表现出来浓厚的兴趣，投入了更多的资源和力量，深刻地改变着区域国别学的学科地图。

在全球化和信息革命浪潮背景下，区域国别学方兴未艾，其所反映出的时代趋势是地方性知识的重新复苏。越是民族的，越是世界的。反之，越是全球化，越是地方化。

对于一个拥有70多亿人口规模的世界来说，所有地区不可能齐头并进，更不可能实现整齐划一。相反，多样性自古以来一直是世界的常态，世界的统一性是多样性基础上的统一，当然，多样性也离不开世界的统一性。区域国别学是世界与生俱来的学问，政治和战略因素可能会影响区域国别学的兴衰，但无法取消区域国别学，也无法长期维持源于某一地方性知识的文化霸权地位，这就是区域国别学的基本定位。

思 考 题

1. 请结合研究实际，谈谈区域国别学应如何平衡普遍主义和特殊主义？
2. 如何看待全球化时代背景与区域国别学发展的内在张力？
3. 请结合自身实际，谈谈对中国区域国别学的认识和展望。

CHAPTER 2
第二章

区域国别学的学科基础

区域国别学是一个涉及多学科联动的交叉学科领域，需要综合自然科学、人文学科和社会科学等众多领域的理论和知识，包括语言学、文学、历史学、哲学、经济学、社会学、政治学、法学、人类学、地理学、生态学等在内的众多学科均可对区域国别学的学科发展作出贡献。因此，如何适应党和国家事业发展需要，加快建设区域国别学一级学科，不断完善人才培养体系，加快培养国家急需的高层次人才，为坚持和发展中国特色社会主义、实现中华民族伟大复兴的中国梦作出贡献，是当前和今后一项重要的战略课题。

第一节 区域国别学的学科建设

长期以来，高等院校设立了各种专门从事外国语言文学、政治学、世界史等一级学科，中国的区域国别学一直在外国语言文学、政治学和世界历史等学科框架内发展，已经积累了一定的基础。其表现为外国语言文学一级学科下面的区域国别学二级学科，政治学一级学科下面的比较政治、国际关系等二级学科以及世界史一级学科下面的国别史研究等，同时在社会科学院系统也设立了众多专门从事区域国别学的研究所和研究中心。然而，总体来看，仅靠现有单一的某个一级学科设置，既无法适应国家对复合型区域国别人才培养的战略需要，也无法形成区域国别交叉一级学科发展的持续动力。

一、中国区域国别学学科的发展历程

任何国家都有了解他者和建构域外知识的需要。在中国，关于加强区域国别学学科化的努力已经持续了很长一段时间。最早可以追溯到中国古代对于方外世界的探索，比如二十四史中的《四夷志》《外国志》等史料记载以及游侠、高僧、商贾对海外经历的著述，然多有零散未成系统。直到近代以来面对欧风美雨西学东渐的挑战，以林则徐、魏源、徐继畬等人为代表，积极探索外部世界，主持编纂了《四

洲志》《海国图志》《瀛寰志略》等著述，开启了中国人睁眼看世界的先河。此后，大量赴海外留学生、外交官、学者、商人等陆续成为中国区域国别知识的重要推动者和贡献者。尤其是随着民国时期国立中央大学、国立清华大学、国立北京大学、国立武汉大学、国立浙江大学等一大批高校建立，关于域外知识建构的学科分散在文、理、法、工、农、医等各科之中。

中华人民共和国成立以来，关于区域国别学的最早学科化努力主要得益于军事、外交和涉外事务等发展需要。其中，为服务新中国外交、军事和对外交流需要，所有这些外语类院校一直是我国培养外语人才特别是培养外事翻译人才的主要基地。改革开放之前，中国的区域国别人才主要是由外语类院校培养的，各类国际人才都或多或少与外语类院校有着不可分割的联系。

作为学科化努力的重要里程碑，区域国别学真正确立相对独立的发展地位是 1963 年中共中央关于加强外国问题研究的文件，从此开始了中国高等学校正式设立区域国别学相关的专业，系统地组织国际问题的教学和研究，正规地培养专业人才。毛泽东在中央外事小组起草的《关于加强研究外国工作的报告》上批示，"这个报告很好"。此后，1964 年 5 月，根据周恩来总理的指示和中共中央《关于加强国际问题研究的决定》，经国家教育部批准，在北京大学、中国人民大学、复旦大学分别组建国际政治系，成为全国最早开展外国问题研究的机构。同时根据院校特点进行了分工：中国人民大学主攻国际共产主义运动和苏联东欧社会主义国家问题研究（建立了苏联东欧研究所）；北京大学主攻亚非拉民族解放运动问题研究（建立了亚非研究所）；复旦大学主攻美欧日等西方资本主义国家研究（建立了资本主义国家经济研究所）。此外，在中共中央对外联络部和中国科学院哲学社会科学部双重领导下设立了苏联东欧研究所、拉丁美洲研究所、西亚非洲研究所等研究机构，后来划归新成立的中国社会科学院，陆续建立起了中国社会科学院的八大国际研究所，包括亚洲太平洋研究所（后改为亚太与全球战略研究院）、西欧研究所（现为欧洲研究所）、苏联东欧研究所（现为俄罗斯东欧中亚研究所）、拉丁美洲研究所、西亚非洲研究所、日本研究所、美国研究所和世界经济与政治研究所。除此之外，南京大学、华东师范大学、山东大学、上海交通大学、云南大学、四川大学、湘潭大学、南开大学、厦门大学等院校也陆续建立了国际问题研究的院系所，成为从事国际问题研究和教学的重点学校。[①] 在改革开放之前，所有这些新设立的机构与包括外交学院、国际关系学院、北京外国语大学等外语、外交、外贸类院校一起，共同作为中国区域国别学学科建设的主要平台和人才培养的重要基地。

改革开放以来，中国对区域国别学的重视程度不断提高。从 20 世纪 80 年代初期邓小平提出的"世界政治研究要补课"，到 1986 年"软科学"受到空前的重视，到 2003 年中共中央发布《关于进一步繁荣发展哲学社会科学的意见》，一直到中国共产党十八大以来教育部加强对区域国别学的建设，标志着区域国别学朝着科学化方向作

---

① 任晓，孙志强：《区域国别研究的发展历程、趋势和方向——任晓教授访谈》，载《国际政治研究》，2020，41(1)：134~160。

出的巨大努力。自 20 世纪 80 年代中国社会科学重建之后，研究国际问题的学者就提出过建立"美国学""日本学""非洲学"等学科的主张，关于外国问题的研究不断得到加强。1986 年 7 月 31 日，万里在全国软科学研究工作座谈会上发表长篇讲话，首次提出软科学的概念，并认为决策民主化和科学化是政治体制改革的一个重要课题。邓小平同用"软科学"这样一个称谓，包括国际问题研究和区域国别学在内，被纳入了软科学的范畴，重视程度不断提高，表现为国际问题研究等相关学科的发展势头十分强劲。

进入 21 世纪以来，随着中国参与世界程度越来越深，国际问题研究越来越受到各方面的重视和加强。2000 年，教育部拨款 3 400 万元用于支持全国人文社会科学领域 100 家重点研究基地，其中有 9 家单位属于国际问题研究领域，包括复旦大学美国研究中心、中国人民大学欧洲研究中心、华东师范大学俄罗斯研究中心、吉林大学东北亚研究中心、厦门大学东南亚研究中心、四川大学南亚研究中心、南开大学 APEC 研究中心、暨南大学华侨华人研究中心、上海外国语大学中东研究所以及厦门大学台湾研究所。对于这些重点建设的研究基地，教育部明确提出了基地应该充分发挥"思想库""信息库"和"人才库"作用的建设要求。2003 年 2 月，教育部下达了《关于进一步繁荣发展高校哲学社会科学的若干意见》，将重点研究基地建设列为"高校哲学社会科学繁荣计划"的一个重要组成部分，提出："成立教育部社会科学委员会，发挥专家对高校哲学社会科学发展的参谋咨询作用。"2004 年，中共中央《关于进一步繁荣发展哲学社会科学的意见》提出，各级党委和政府要经常向哲学社会科学界提出一些需要研究的重大问题，注意把哲学社会科学优秀成果运用于各项决策中，运用于解决改革发展稳定的突出问题中，使哲学社会科学界成为党和政府工作的"思想库"和"智囊团"。教育部根据意见精神，启动 985 工程二期，依托各重点大学建设 50 个国家哲学社会科学创新基地，每个基地四年投入 2 000 万元，进一步为高校思想库的建设注入强劲的发展动力。此后，继"985 工程""211 工程"之后，中国启动"2011 计划"（高等学校创新能力提升计划），这是国务院在高等教育系统又一项体现国家意志的重大战略举措。"2011 计划"以协同创新中心建设为载体，协同创新中心分为面向科学前沿、面向文化传承创新、面向行业产业和面向区域发展四种类型。其中，中国南海研究协同创新中心是首批国家协同创新中心之一，由南京大学牵头，在外交部、海南省、国家海洋局的支持下，联合中国人民大学、海军指挥学院、中国南海研究院、四川大学、中国科学院、中国社会科学院等单位成立，2012 年 10 月正式揭牌，目标是打造综合研究南海问题的中心平台。

面对中国与世界关系的历史性变化，区域国别学的战略意义不断提升。尤其是党的十八大以来，随着"一带一路"倡议以及全球治理理念等在中国发展全局中的地位不断提升，区域国别学的战略地位也日益凸显。2010 年，民进中央主席严隽琪提出《关于加强我国高校国际研究中心建设的建议》，得到中共中央领导高度重视，教育部从 2011 年起在全国高校建立了 42 个"国别与区域研究基地"，力争将培育基地发展成能够为国家制定发展战略、政策措施提供智力支持的研究基地。2015 年 12 月 14 日，教育部国别和区域研究工作会议在北京语言大学召开，全国人大常委会副委员长严隽琪就推进国别和区域研究工作强调，要做些实实在在的研究，要和研究对象国家和地区做到"零（距离）接触"，围绕研究对象国家和地区的政治、经济、文化、法律等各个领域开展深入研究。她特别指出，高校作为学科门类齐全、高端人才聚集的科研机构，能够充分适应国别和区域研究前沿性、交叉性的特点，要以智库建设为突破口，打破学科之间的壁垒和障碍，以建设世界一流学科为目标，推动科研组织和管理方式的改革，尝试将咨政报告纳入职称考评体系中来，引导、激发广大高校科研人员的积极性，投入到国别和区域研究中来。2019年12月29日至30日，全国高校国别和区域研究2019年学术年会在上海外国语大学召开，这是教育部自2011年启动国别和区域研究工作以来的第一次全国性学术年会，来自全国158所高校400多家国别和区域研究中心的负责人及专家学者参会。教育部国际合作与交流司司长、港澳台办主任刘锦指出，高校国别和区域研究是新时代我国教育对外开放新的增长点，这不仅是高校落实人才培养、科学研究、社会服务、文化传承创新、国际交流合作等五大职能的需要，也是新时代高校服务国家战略、提升自身建设、适应国际形势变化、加强互学互鉴沟通交流的需要。高校国别和区域研究培育基地、备案中心在扩大建设规模、丰富成果产出、拓展交流平台和完善运作机制方面取得了一定成绩，但同时也存在着整体发展不平衡、不协调，转型重塑缓慢等问题，这些问题有待于进一步得到解决。

二、区域国别学的学科布局

在中国高等学校研究生教育体系设置中，一级学科是学科大类，二级学科是其下的学科小类，明确学科布局意味着确定一级学科的标准、内容、二级学科分类和布局。根据2011年修订版的学科分类，我国共设13个学科门类（哲学、经济学、法学、教育学、文学、历史学、理学、工学、农学、医学、管理学、军事学、艺术学）、110个一级学科。2015年新增研究生方面"网络空间安全"一级学科，2020年新增交叉学科大类。所谓获得一级学科博士学位授权，即是指在这个一级学科下的所有二级学科都有博士学位授予权，以反映一个大学或科研院所在这个学科的实力和水平。作为一门交叉学科门类的一级学科，区域国别学需要解决作为一级学科的学科对象与内容、二级学科分类、学科重点布局等问题。

（一）学科对象与内容问题

作为交叉学科门类的一级学科，区域国别学研究主要集中于一国对其他国家、域外地区的研究和知识建构，其研究对象是对他者的理解。早期欧洲殖民者为了有效治理海外殖民地，必须获得关于殖民地的相关知识，尽管当时并没有以区域国别学命名的学科出现，但相关研究已经具备了区域国别学的基本轮廓。二战后美苏两大强国推动的区域研究或区域学，从根本上也是服务于冷战的需要而建立的学科，其最大的特征是跨学科性，涵盖了外国语言文学、历史学、经济学、政治学、社会学、民族学、人类学、宗教学、博物学等众多学科，凡是有利于建构域外国家和地区知识的一切活动，均可纳入一国之区域国别学的范畴。

中国区域国别学内容涵盖了关于中国之外国家和地区一切知识的总和，也是中国与世界互动关系基础上一切实践经验的总结。新中国成立以来，中国的区域国别学被纳入外国语言文学和外国问题研究的框架，更多局限于对象国的语言和社会文化课程，局限于狭义的文化、历史、政治制度等方面的概况研究，核心内容还是紧密围绕语言训练展开的。随着中国改革开放的深入，过去以文学、翻译、语言学等为重点的师资、科研、生源、政策、资金分配体系难以满足为国家治理提供咨政服务的综合需求，各个学校开始将历史、法律、贸易、政治、民族、宗教和国际关系等纳入学科建设范畴，致力于培养跨学科复合型人才。然而，这一努力在拓展了区域国别学的同时，也受到其他一级学科发展框架的制约，尤其是在学科评估和资源竞争的背景下，区域国别学的种种努力往往徒劳无功。这不利于区域国别学的展开和知识体系的建构，中国的发展在客观上要求确立相对独立的交叉学科门类下的区域国别学一级学科。

近年来，为了适应培养经济社会发展急需的复合型创新型应用型人才需要，2020 年 8 月在北京举行的全国研究生教育会议决定建立"交叉学科"门类，并于 2021 年 1 月将"集成电路科学与工程"和"国家安全学"列入交叉学科门类的一级学科。2021 年 12 月，国务院学位委员会在下发的《博士、硕士学位授予和人才培养学科专业目录（征求意见稿）》中，拟在"交叉学科"门类下新增"区域国别学"一级学科，从而正式开启了中国区域国别学学科化的进程。2022 年 9 月 13 日，国务院学位委员会、教育部联合印发《研究生学科专业目录（2022 年）》，在新增的交叉学科门类下设立了区域国别学为一级学科，学科代码为 1407，可授经济学、法学、文学、历史学学位，这是区域国别学学科发展史的一个里程碑。因此，如何适应党和国家事业发展需要，加快建设区域国别学一级学科，不断完善人才培养体系，加快培养国家急需的高层次人才，为坚持和发展中国特色社会主义、实现中华民族伟大复兴的中国梦作出贡献，是当前和今后一项重要的战略课题。

（二）二级学科分类问题

作为一门交叉学科的区域国别学，需要确立明确的二级学科，并形成支撑一级学科的二级学科分类标准和体系。从中国的国家战略需要和知识构建、社会实践两个角度出发，区域国别学可考虑设立五个二级学科：

1. 区域国别理论与方法

作为区域国别学的理论基础，区域国别理论与方法是区域国别学下设的二级学科之一。区域国别学是研究一国之外国家和区域知识的学科，在区域国别学研究过程中，人们所持的立场、观点和方法不同，对区域国别现象的解释路径、理论主张和思维方法存在差异，从而形成不同的区域国别理论与方法论。迄今为止，北京外国语大学自设区域学和亚非地区研究两个二级交叉学科，中国政法大学和上海大学自设全球学二级交叉学科，还有众多大学尤其是外语类院校的外国语言文学一级学科下设区域国别学的二级学科。这些一、二级学科为区域国别学提供了强大的理论基础和方法论基础。

2. 大国与发达地区研究

大国与发达地区是中国对外关系的重点，也是区域国别研究的重点。所谓大国，是指在世界舞台上具有国际和地区影响力的国家，这些国家往往作为联合国和其他国际组织的重要成员，对中小国家具有比较大的影响力和号召力。而发达地区主要是以经济发展程度来界定的，意味着在经济发展程度上已经达到发达国家的水准。发达国家的普遍特征是较高的人类发展指数、人均国民生产总值、工业化水准和生活品质。根据国际货币基金组织2015年的统计资料，发达国家的GDP占世界60.8%，按购买力平价计算则占42.9%，人口占世界比率约16%。大国和发达地区研究作为区域国别学的二级学科，有助于深化和拓展区域国别学的格局。

3. 中国周边国家与地区研究

中国周边地区是中国安身立命之本，稳定繁荣之基。中国始终将周边地区置于外交全局的首要位置，视促进周边和平、稳定、发展为己任，很多重要的外交战略构想都是从周边先行起步。复旦大学国际问题研究院石源华教授提出"中国周边学"的概念，就是强调重视研究周边国家与地区，形成致力于解释周边国家与地区发展规律的理论认识。将周边国家与地区研究作为区域国别学的二级学科，有助于构建中国与周边地区的良性互动，为推动构建周边命运共同体提供强大的学科保证。

4. 发展中国家与地区研究

发展中国家（即第三世界）大多分布在西亚北非（阿拉伯-穆斯林世界）、撒哈拉以南非洲和拉丁美洲等国家和地区。与其他发展中国家一样，中国在历史上曾深受帝国主义侵略掠夺之苦，在新中国成立后也面临着巩固政权、发展民族经济和争取经济独立的共同任务。从20世纪50年代开始至今，中国一直把加强与第三世界国家的团结合作作为中国外交政策的立足点，形成了一系列与第三世界同呼吸、共命运的独特外交传统。广大发展中国家是中国在国际事务中的天然同盟军，中国坚持正确义利观，做好同发展中国家团结合作的大文章。无论发展到哪一步，无论国际风云如何变化，中国永远做发展中国家的可靠朋友和真诚伙伴，这是中国对外政策的基础，过去没有变，现在、将来都不会变。目前，浙江师范大学设立了非洲学、非洲教育与社会发展二级交叉学科，北京外国语大学设立了亚非地区研究的二级学科，还有很多学校依托世界历史一级学科设立了国别史和区域史二级学科，清华大学从2011年开始设立了发展中国家研究博士项目。这些学科和研究项目在很大程度上都是致力于开展对发展中国家的研究，服务于中国与发展中国家的合作。

5. 比较地区治理研究

区域国别学一级学科还需要加强对不同国家和区域的比较区域研究和区域化研究。近年来，区域合作进程加快，形形色色的区域主义和区域化合作框架风起云涌，如何比较不同区域和区域化的发展规律，对于更好地构建区域国别学的知识体系，更好地服务于中国与这些国别地区的合作发展是具有战略意义的。

当然，作为一门交叉学科，区域国别学在学科布局上并非仅仅局限于以上五个二级学科。面对当今充满复杂性和不确定性的世界局势，区域国别学需要不断瞄准战略需要和社会需求，不断深化和拓展学科布局。与此同时，要牢牢把握当今世界百年未有之大变局和中国进入新发展阶段的战略全局，积极推进学科改革和学科布局，为"一带一路"建设提供具有前瞻性的研究成果，提升中国深度参与全球治理过程中抵御风险的能力。

实践永无止境，学科发展也永无止境。只要坚持从中国发展全局和全球战略格局出发，不断推进学科交叉融合和创新发展，就一定会开辟区域国别学更加广阔的明天。因此，区域国别学学科建设应抓住机遇，借力教育部、高校、研究中心合力完成学科分级、课程设置改革，遵循学科自身的学术逻辑编写教材，构建完整的学科体系和明确的学科导向，最终推动大型和小型研究中心同时发展，吸引更多的青年教师投身国别和区域研究，不断为巩固和发展区域国别学一级学科提供助力。

第二节 区域国别学的知识体系

任何一门学问都是一定知识的综合，但这些知识之间的层次差异巨大。人类认识自然和社会的成果或结晶，包括经验知识和理论知识。在西方国家，自柏拉图（Plato）、亚里士多德（Aristotle）开始就对知识进行分类，比如逻辑学、物理学、哲学、宗教、政治学、灵魂、医学以及建筑等。区域国别学是一个知识体系，它提供了不同于本土知识的另类知识，大大丰富了多学科、跨地域的综合研究，反过来推动了本国人文学科和社会科学的发展，也引发了相应的学术、机构和政治争论。因此，如何建构域外知识、如何调适本土知识体系与域外知识体系，成为区域国别知识体系的重要内容。

一、域外知识体系的层次

一般来说，人类的知识主要是由经验积累而成的，只有通过专业化的手段获得普遍性必然性的知识才是真正的知识。因此，人类的知识是分层次的，最基础层次的知识是经验知识，它是通过直接经验和间接经验等多种渠道获得的相关信息和材料；第二层次的知识是专业知识，经验必须通过科学研究转变成超越自身局限性的知识才能变成专业化知识；第三层次的知识是抽象知识，它包括哲学、逻辑、文化价值观和宗教信仰等抽象具有广延性的知识。知识只有通过经验知识、专业知识、抽象知识三个阶段，才能转化成为真正的知识，才能具有普适性。从这个意义上说，一国的域外知识也是一个有层次的知识体系，通过区域国别学对这些信息材料进行加工整理，形成关于外界的规律性认识和理解，区域国别学形成的域外知识体系也可以划分为三个层次：

（一）经验知识：国情或区情调查

经验知识是区域国别学的基础。所谓知识，是人们对经验的积累和识别，知为接触，识为识别，一切通过人们直接或者间接接触并识别出的发现就是知识。对一个特定国别和地区的知识，首先来自对该国别地区的一切感性认识和经验材料，来自对其国情和区情等基础知识的了解。所谓国情，是指一个国家的文化历史传统、自然地理环境、社会经济发展状况以及国际关系等各个方面的总和，也是指某一个国家某个时期的基本情况。

国情或区情调查是区域国别学的立足点和出发点。只有对其国情或区情有了基本的了解，才能对特定区域国别进行更深入的研究。对于从事区域国别学的人来说，国情或区情研究是一项基本功，需要进行持续不断的积累，既包括收集来自各方面的数据材料和基本文献，也需要进行不间断的田野调查和直接体验，竭尽全力获得一切关于对象国或对象区域的基本情况，并对其进行分门别类的整理加工，形成区域国别学的基础知识。

（二）专业知识：区域国别的理论知识

专业知识是区域国别学的主体。对于一个特定的区域国别来说，在全面进行国情或区情调查的基础上，还需要进行更为深入的专业研究，将调查来的材料提炼成为专业化的规律性知识。无论是自然科学知识，还是社会科学知识，都是经过科学实验和社会实践形成的专业化知识，它不以任何人的主观意志为转移，是一种基于客观规律和法则的集中，能够反过来为人们改造世界的实践提供科学指导。

区域国别学是一门交叉学科，无论是自然科学，还是社会科学，一切关于区域国别学获得的理论知识，都属于区域国别的专业知识。迄今为止，关于区域国别的研究主要集中于社会科学与人文学科，关于自然科学的研究是否可以纳入区域国别学存在争论，但主流意见倾向于即使自然科学的研究不属于区域国别学，对特定区域国别的研究也应该进行文理渗透，不排斥自然科学相关学科对区域国别学的参与。因此，在人们谈到区域国别学时，在更多情况下主要包括外国语言文学、历史学、哲学、经济学、政治学、社会学、民族学、人类学、法学、管理学、新闻传播学、地理学等众多人文社会科学相关学科的研究及其理论发现。欧美发达国家的经验表明，专业知识是区域国别学的支柱，只有确立起专业理论体系，区域国别学才能为知识增长作出重大贡献。基于这些学科的交叉融合研究所得到的理论知识，则构成了区域国别学知识体系的主体。

（三）抽象知识：区域国别的文化智慧

抽象知识是区域国别学的最高境界，也是区域国别学最为困难的部分。对于任何国家和区域的了解，看得见的山川地理、气候变化、风土民情、社会运行、制度景观、生活方式等都非常容易理解，即便是一些领域中的专业知识也可以通过学科和专业手段获得发现，但真正洞悉其背后的文化价值观、民族心理、宗教信仰、区域文化等看不见的因素则要困难得多，需要长期的经验积累和直接感悟，是需要反复概括和提炼才能形成的思想和智慧。对于一个外国人来说，对某一国别和区域的经验、知识是可以学习的，但文化智慧是难以学习的，比如一个人有没有在该区域国别长期生活过，成为其是否能真正获得该国家和区域文化智慧的关键。

从根本上来说，文化是一种生活的智慧，每一种文明都具有长期生活实践沉淀累积而成的智慧，都有其独特的生存之道。比如中华文明之所以生生不息，在5 000年发展历程中历经劫难却始终延续，其强大的生命力背后有着天人合一、阴阳平衡、中和中庸等智慧。对于这些智慧，可能普通的中国人不用专门学习即可驾轻就熟或体会理解，但对于外国人来说，即便是国外汉学家、"中国通"经过皓首穷经的经年研究都未必真正洞悉其中的玄妙。同样，印度文明中也有外人难以理解的古老智慧，从婆罗门教到印度教，从佛教、耆那教到锡克教，印度政治文明的血管中流淌的是等级化的血液，复制的是宿命的基因。在印度人眼里这些都是命运的"正法"，这一"正法"千年不变，合则善，不合则恶，佛法广大，正法无边，这是古老的印度文明给世界贡献的伟大智慧，而这一智慧却是其他国家和地区难以理解的。同样，东正教文明、伊斯兰文明、基督教文明、非洲文明等各种文明争奇斗艳，都有其不为外人理解的智慧财富。而这些古老的智慧不仅有助于理解他者，更有助于启迪自我、指导实践，这也正是吸引区域国别学者们争先恐后探索研究的原因所在。

二、域外知识体系的变革

域外知识不仅是一个有层次的知识体系，也是一个不断发展的历史体系，不仅某一区域国别有着自身发生发展的历史，对这一区域国别学的研究也有一个发生发展的历史。从国别史和地区史的发展来看，区域国别学的知识体系存在着古代知识体系、近代知识体系和当代知识体系的三个发展阶段的景观。

（一）古代知识体系

从人类轴心文明开始，古代文明古国就已经开启了构建域外知识体系的历史进程。在《旧约圣经》《新约圣经》《坦萨尔书信》《治国策》《摩诃婆罗多》《罗摩衍那》《政事论》《左传》等早期宗教经典、神话传说、史诗、史料中，就零散见到对域外世界的知识碎片。中国史学家司马迁所著的《史记》是一部具有世界眼光的历史学著作，记述了中国、朝鲜、越南、印度以及中亚和西亚地区各国的历史。

在西方，足以与司马迁相媲美的是西方"历史学之父"希罗多德，他是第一个具有"世界眼光"的史学家。其所著的《历史》是西方最早的一部"世界史"，涵盖了古代希腊本土、北非、西亚、黑海沿岸、地中海沿岸和意大利等许多地方，遍及20多个国家和地区。自此之后，以国别地区史为主要代表的世界历史学逐渐发扬光大，成为世界历史的重要学科方向，比如古希腊的斯多葛学派、古罗马的波西多尼阿、狄奥多罗斯、尼古拉等。总之，古代域外知识体系的构建带有强烈的文明史和宗教史的特征，域外世界成为"想象的异邦"或者"上帝的领地"。

（二）近代知识体系

自从新航路开辟以后，整个世界才产生了真正意义上对世界历史的记载，逐渐形成了西方中心论的世界史观，即认为自1492年开始，欧洲在世界事务中处于前所未有的绝对统治地位，已经形成了具有共同文化、共同宗教和共同道德观的世界统一体，推动世界史编纂进入了欧洲中心主义的时代。对域外知识的建构主要是在欧洲中心主义的探照灯下进行的，世界各地的知识也无法摆脱欧洲化和西方化的强有力影响。

第一次世界大战后，随着帝国的崩溃和一大批殖民地国家革命运动的发展，区域国别学中的西方中心论受到挑战。1917年12月，斯宾格勒出版了《西方的没落》，道出了广大西方人感觉之中关于西方进步理想的沉重失落感，开创了一种新型的宏观的世界史编纂模式，为世界史研究从一元走向多元的发展奠定了基础。正如汤因比在《历史研究》一书中所言："我试图把人类的历史视为一个整体，换言之，即从世界性的角度去看待它。"①《历史研究》破除了西方中心论和单一历史线性发展的史观，在西方历史哲学著作中具有崇高的地位。联合国教科文组织合作编写的《人类科学与文化发展史》（简称《人类史》）就是把世界作为一个整体，增进世界各民族、国家之间的相互了解，以促进世界和平，但仍存欧洲中心主义的问题。

（三）当代知识体系

随着经济全球化的深入发展，世界越来越成为一个不可分割的整体，推动区域国别学开始向全球研究转变。在当代，运用全球观点来撰写世界史成为多数历史学家的一项重要课题，人们一般把英国历史学家巴勒克拉夫（Geoffrey Barraclough）看成是当代"全球史观"的理论先行者。他主编的那部享誉世界的《泰晤士世界历史地图集》就是采用全球观点来考察全球史的代表作。1987年，巴勒克拉夫的《当代史学主要趋势》中文版出版，原著中"a Universal View of History"一词被译为"全球历史观"，是为"全球史观"一词在中国首次出现。他也是主张把"去欧洲中心"的思想从思辨史学转入叙述史学的第一人。虽然他本人并未撰写贯彻全球史观的世界通史，但他的"公平对待各种文明，承认各自历史贡献"的思想渗透在他的许多著作当中。在巴勒克拉夫看来，斯塔夫里阿诺斯的《全球通史》和麦克尼尔（William McNeil）的《世界史》是"全球观"的代表作。这里所说的"全球史观"，主要是突破了早前西方学术界谈史的"欧洲中心论"，转而"将视线投射到所有的地区和时代，公正地评价各个时代和世界各地区的一切民族的建树"。②

斯塔夫里阿诺斯在全球史观方法论上进行了开创性尝试。他提出的"月球立场"和"非国家叙事单位"充分展示了努力克服"欧洲中心论"的决心，其《全球通史》开辟了世界史的新视野。以沃勒斯坦、麦克尼尔和本特利（Bentley）为代表的方法论创新走的是另一条路——解构"西方文明"。沙弗（Wolf Schafer）和马兹利什（Bruce Mazlish）所倡导的"全球化进程史"实际上是这种"世界体系说"的延伸。麦克尼尔的《世界史》是公认的全球通史开山之作，第一次完整讲述了从史前到21世纪全球文明互动的故事。麦克尼尔的贡献和独特之处在于认为世界史只有文明间的互动才有意义，他不断书写文明间的冲击与反冲击、征服与反征服。

迄今为止，区域国别学的当代知识体系越来越呈现出全球性的特点，但仍然存在着地区和国别研究不均衡的问题，欧美发达国家的区域国别学仍然居于主导优势，且区域国别知识仍然带有西方中心论的色彩。二战结束以来，世界各地雨后春笋般新兴

---

① [英]汤因比：《历史研究》，刘北成译，10页，上海，上海人民出版社，2005。
② [英]杰弗里·巴勒克拉夫：《当代史学主要趋势》，杨豫译，158页，北京，北京大学出版社，2006。

的许多地区和国别现状研究，没有很好地与作为学科基础的国别地区史进行有机结合，区域国别学作为一级学科，在配套的刊物和评价体系建设上也还有进步空间，还需要持续不断的努力。如何继续挑战和扩展对基于本土知识和既有理论的理解，如何调适本土知识与域外知识之间的张力，是驱动区域国别学前进的重要动力。

第三节 中国的区域国别学

自中华人民共和国成立以来，中国外交部设定的区域国别，主要包括亚洲地区、欧亚地区、西亚北非地区、非洲地区、欧洲地区、北美洲与大洋洲地区以及拉丁美洲和加勒比海地区等，几十年内没有发生根本变化。党的十八大以来，尽管这一国别地区框架没有发生重大变化，但在战略意义上逐步确立了大国及其周边地区、中国周边国家和地区、发展中国家和地区等三大板块，并随着议题显著度不同而有所调整。比如随着"一带一路"国际合作的推进，中亚地区被单独作为中国周边的一个地区成为丝绸之路经济带建设的重要合作伙伴。大洋洲地区开始被纳入东南亚地区，成为中国东南亚战略框架中的重要组成部分。中东欧地区被单独作为一个重要概念提出来，推动建立了中国—中东欧合作机制。整个非洲大陆也被作为一个地区来看待，推动建立了中非合作论坛。所有这些变化，都对中国的区域国别学产生了深刻影响。

一、大国及其周边地区研究

大国是世界战略格局中具有重大影响力的重要力量，在中国对外关系全局中举足轻重。自中华人民共和国成立以来，大国关系始终是中国外交战略走向的重要指标，从20世纪50年代的"一边倒"政策方针到20世纪60年代的"两个拳头打人"，从20世纪70年代的"一条线、一大片"策略方针到20世纪80年代以来的"独立自主不结盟"，大国关系都是决定中国外交全局的重要因素。大国之所以被视为大国，就是因为大国不仅自身实力强大，而且在地区和国际事务中发挥着显赫的作用。与大国打交道，不仅意味着在双边维度相互往来，更意味着在地区维度和国际维度频繁接触，既在联合国、二十国集团（G20）、国际货币基金组织（IMF）、世界银行、世界贸易组织（WTO）、世界卫生组织（WHO）等普遍性国际合作框架内开展合作，也依托亚太经济合作组织（APEC）、金砖国家合作、上海合作组织等地区合作框架开展合作。因此，大国及其周边地区的研究，是中国区域国别学的重要组成部分。按照其战略重要性划分，中国的大国及其周边地区，主要包括俄罗斯及其影响下的欧亚地区、美国及其影响下的北美地区，以及欧洲各大国及欧洲地区三部分。

（一）俄罗斯及欧亚地区研究

俄罗斯是中国的最大邻国，也是欧亚地区具有重大战略影响力的国家，中俄关系在中国外交战略全局和对外政策中占据优先地位。欧亚地区包括俄罗斯、东欧地区、外高加索地区和中亚地区。该地区远离沿海，深处内陆腹地，既是古丝绸之路必经之地，也是大国竞争的战略要地，战略地位十分重要。中国一贯高度重视发展同俄罗斯和欧亚地区国家之间的关系,是最早承认该地区各国独立并与之建立外交关系的国家。长期以来,在妥善解决历史遗留边界问题的基础上,中国同欧亚地区各国建立起良好的合作关系,是真正的好邻居、好朋友、好伙伴。

加强俄罗斯及欧亚地区的研究,是中国区域国别学的优先方向。自明清以后,俄罗斯研究在中国日益兴起,到冷战期间达到高峰。中国社会科学院俄罗斯东欧中亚研究所是国内最大的研究俄罗斯和东欧中亚的综合性学术机构。除该所外,华东师范大学俄罗斯研究中心、复旦大学俄罗斯研究中心、兰州大学中亚研究中心、黑龙江大学、大连外国语大学等机构的相关研究也具有相当实力。中国俄罗斯东欧中亚学会是由民政部登记、中国社会科学院主管的主要研究俄罗斯、东欧和中亚问题的全国性群众学术团体,1982年在上海成立。自成立以来,中国俄罗斯东欧中亚学会广泛联络国内外学界专家学者,为其开展学术交流创造有利条件。

(二)美国及北美地区研究

美国是当今世界最大的发达国家,中国是当今世界最大的发展中国家,两国在维护世界和平稳定、促进全球发展繁荣方面肩负着特殊的重要责任。美国研究在中国区域国别学中占据非常重要的战略地位。从早期中美商人、劳工和公派赴美留学生开始,美国研究始终是中国认识世界的重要窗口。

中华人民共和国成立后,美国从中国的反法西斯盟友转变为冷战对抗的敌手,美国研究更是被摆到突出位置。以新华社、人民日报社为代表的新闻宣传部门,以中国人民解放军相关研究部门为代表的信息情报部门和以外交部为代表的外交战略机构,是从事美国研究的主力军。1964年,在毛泽东主席和周恩来总理的直接支持下,复旦大学建立了国际政治系和世界经济研究所,美国研究是最主要的内容之一。中美建交之后,美国研究进一步加强。1981年5月,中国社会科学院成立美国研究所,成为全面研究美国政治、经济、社会文化、对外关系的国际问题研究单位,建立了50人左右的研究团队。与美国研究所相呼应,1985年,复旦大学建立了美国研究中心,2000年被批准为教育部人文社会科学重点研究基地,2017年被批准成为教育部中美人文交流研究中心。1986年,南京大学和约翰斯·霍普金斯大学共同创办的南京大学-约翰斯·霍普金斯大学中美文化研究中心,以中美两国的政治、社会、经济、法律、历史文化及当代国际问题等作为教学与研究的主要内容,致力于培养本科生和研究生,是中国改革开放以后最早的高等教育国际合作长期项目,被看作高等教育国际合作的典范。此外,北京大学美国研究中心、清华大学中美关系研究中心、中国人民大学美国研究中心、南开大学美国历史与文化研究中心等机构,也是美国研究的重要基地。全国从事美国研究的学者是区域国别学中规模最大的群体。除了美国研究外,以广东外语外贸大学加拿大研究中心、北京外国语大学加拿大研究中心等为代表,加拿大研究也有了快速发展。依托中国社会科学院美国研究所,1988年建立了中华美国学会,为国家一级学会,协调国内研究美国的各专业性团体和机构的学术活动,发展中国的美国学研究,设有美国经济研究分会、美国科技研究分会、青年分会三个分会,是中国从事美国研究的最重要学术社团，美国研究的学科基础日益巩固。

（三）欧洲大国及欧洲地区研究

中国与欧洲是当今世界两大力量、两大市场、两大文明。欧洲研究也是中国区域国别学的重要方向，既包括作为区域整体的欧盟研究，也包括作为某一个国家和次区域的英国研究、法国研究、德国研究、意大利研究、西班牙研究、爱尔兰研究、荷兰研究、芬兰研究、奥地利研究、波罗的海研究、巴斯克研究、拜占庭研究、古典研究、罗马研究、斯堪的纳维亚研究等。中国社会科学院欧洲研究所（前身为西欧研究所）成立于1981年5月，是专门从事欧洲政治、经济、法律、社会、文化、科技政策和国际关系综合研究及国别研究的国家级科研机构。此外，中国人民大学欧洲研究中心、复旦大学欧洲研究中心、同济大学德国研究中心等也是中国欧洲研究的重要基地。中国欧洲学会挂靠在欧洲研究所，是中国欧洲学界的全国性民间学术团体，致力于推动中国欧洲问题研究事业的发展。学会下设欧洲联盟研究分会、英国研究分会、法国研究分会、德国研究分会、意大利研究分会、西班牙研究分会、北欧研究分会、欧洲一体化史研究分会、欧洲经济研究分会、欧洲政治研究分会、欧洲法律研究分会等，是中国欧洲研究的重要学术社团。

二、中国周边地区研究

周边地区是中国安身立命之本，稳定繁荣之基，做好周边工作事关中国国家战略全局。党的十八大以来，以习近平同志为核心的党中央在保持外交大政方针延续性和稳定性的基础上，谋大势、讲战略、重运筹，积极运筹外交全局，提出了一系列周边外交的新理念新思想新战略，开展了一系列重大外交理论创新、战略创新和实践创新，奋发有为地推进周边外交工作，稳定了局势，明确了战略，争取了主动，确立在较长一段时期内周边外交的基本理念、战略框架和政策工具，对于推进新时代的周边外交具有很强的指导意义。

（一）东北亚地区研究

东北亚地区研究是中国区域国别学的重要组成部分。中国与东北亚地区的联系历史久远，中国对东北亚地区各国的研究卷帙浩繁，该地区也是中国文化影响最为深厚的地区。中国社会科学院日本研究所由国务院批准设立，成立于1981年5月，是中国社会科学院下属专门从事当代日本问题研究的学术机构，主要从事当代日本的政治、外交、经济、社会、文化等方面的研究，奠定了当代日本综合研究的引领地位。吉林大学是我国从事东北亚研究的重点机构。1994年4月，吉林大学将日本研究所、朝鲜韩国研究所、俄罗斯研究所、人口研究所、图们江国际开发研究所、区域经济研究所合并，成立了东北亚研究院。1999年10月，以东北亚研究院为依托，聘任了校内外从事世界经济、国际政治、东北亚历史等方面的研究人员，成立了吉林大学东北亚研究中心。1999年12月，吉林大学东北亚研究中心经国家教育部批准，成为首批15家普通高等学校人文社会科学重点研究基地之一，并于2009年11月被评为优秀重点研究基地。2005年，东北亚研究院入选"985工程二期"哲学社会科学创新基地。2011年6月，吉林大学以东北亚研究院为依托成立"东北亚区域研究协同创新中心"，通过国内外研究单位在人才、学科、科研方面的优势互补、协同合作，提升对东北亚间重大问题研究、人才培养、学科发展的综合创新能力。此外，山东大学、复旦大学、北京大学等也建立了东北亚研究的一系列机构，影响力日益壮大。

（二）东南亚和南太平洋地区研究

东南亚和南太平洋地区也是中国区域国别学的重要组成部分，该地区与中国山水相连、血脉相通，交往悠久，有着天然的亲近感，历来是中国周边外交的重点方向。中国对该地区的研究也有久远的历史，从古代的南洋研究到东南亚研究，包括缅甸研究、印度尼西亚（爪哇）研究、老挝研究、菲律宾研究、泰国研究、越南研究、柬埔寨研究等。中国社会科学院亚太与全球战略研究院是中国从事亚太地区研究的综合研究机构，2011年12月29日，在中国社会科学院亚洲与太平洋研究所基础上组建的亚太与全球战略研究院，聚焦亚太地区的经济、政治、安全、外交、社会和文化问题。此外，厦门大学东南亚研究中心、暨南大学国际关系学院/华侨华人研究院、广西大学中国—东盟研究院、北京外国语大学亚非学院（现已分别成立亚洲学院、非洲学院）、云南大学缅甸研究院等机构也是中国东南亚研究的主力军，广东外语外贸大学太平洋岛国战略研究中心、山东聊城大学太平洋岛国研究中心等是南太平洋岛国研究的重要机构。

（三）南亚地区研究

南亚地区与中国的文化联系源远流长。自古以来，中国对该地区的研究具有深厚的底蕴。东晋法显和唐朝玄奘等僧人多次远赴天竺拜佛求经，建立起了文明交流对话的桥梁和纽带。中国对南亚地区的研究也比较深入，包括印度研究（如达罗毗荼、孟加拉研究等）、巴基斯坦研究（如信德学等）和佛教研究等。北京大学外国语学院南亚学系是中国南亚研究的重要机构，在季羡林、金克木、刘安武等老一辈学者的带领下，南亚研究长期处于国内领先地位，在国际上也具有一定的学术影响。总体来看，北京大学南亚学系的南亚研究偏重文化、宗教和语言等研究。此外，中国社会科学院亚太与全球战略研究院、四川大学南亚研究所、中国现代国际关系研究院南亚所、云南财经大学印度洋地区研究中心、云南省社科院南亚研究所、复旦大学国际问题研究院南亚研究中心等机构更偏重政策研究。长期以来，该地区研究的期刊主要有《南亚研究》（国内南亚区域问题研究领域的顶级季刊）、《南亚研究季刊》、《印度洋经济体研究》等。中国南亚学会成立于1978年，是中国全国性的从事南亚研究的学术性团体。

三、发展中国家和地区研究

发展中国家（即第三世界）大多分布在西亚北非（阿拉伯-穆斯林世界）、撒哈拉以南非洲和拉丁美洲等国家和地区。巩固和发展同发展中国家的关系是中国对外政策的出发点和落脚点，加强发展中国家和地区的研究对中国具有极其重要的战略意义。

（一）非洲地区研究

非洲研究在中国起步较晚。中国真正对非洲的理解始于近代，尤其是林则徐和魏源编纂的《海国图志》和徐继畬等人开始介绍非洲相关情况。中华人民共和国成立之后，基于共同反对帝国主义、殖民主义和霸权主义的立场，为了更好地支持非洲民族解放运动，南开大学、华南师范大学、北京大学等陆续加强对非洲的研究。1961年4月27日，毛泽东主席在会见非洲朋友时承认自己并不了解非洲。"我们对于非洲的情况，就我来说，不算清楚。应该搞个非洲研究所，研究非洲的历史、地理、社会经济情况。我们对于非洲的历史、地理和当前情况都不清楚，所以很需要出一本简单明了的书，不要太厚，有一二百页就好。可以请非洲朋友帮忙，在一二年内就出书。内容要有帝国主义怎么来的，怎样压迫人民，怎样遇到人民的抵抗，抵抗如何失败了，现在又怎么起来了。"[①] 1961年7月4日，中国科学院亚非研究所正式成立，成为研究非洲的重要机构。2018年，为进一步加强非洲研究，中国决定设立中国非洲研究院，成为中国西亚非洲研究的重要机构。除了中国非洲研究院，北京大学也是从事非洲研究的中坚力量，历史学家杨人楩教授和他的弟子郑家馨教授、陆庭恩教授和何芳川教授是新中国最早开展非洲研究的学者群体，为中国的非洲研究和学科建设作出了开拓性的贡献。此外，2007年成立的浙江师范大学非洲研究院是中国高校首个综合性、实体性非洲研究院，经十余年发展，已成为有广泛影响力的中国非洲研究机构与国家对非事务智库，拥有教育部备案的"非洲学""非洲教育与社会发展"交叉学科及其博士点、硕士点和"政治学"一级学科硕士点。此外，湖南湘潭大学非洲法研究中心、南京大学地理系、云南大学均拥有一支专门进行非洲研究的队伍。成立于1979年的中国非洲问题研究会和成立于1980年的中国非洲史研究会是中国非洲研究的全国性学术团体，前者研究重点放在当前问题上，后者则侧重于非洲历史，任何对非洲研究感兴趣的人都可以申请加入这两个组织。在这两个学术组织的共同努力下，中国的非洲研究取得了巨大的进步。

（二）中东地区研究

与非洲研究类似，中国的中东地区研究虽源远流长，但真正确立制度化是毛泽东主席的指示和周恩来总理的报告，推动了20世纪60年代国内第一批专门研究中东非洲机构的建立，包括中国社会科学院西亚非洲研究所（初创时名为中国科学院哲学社会科学部亚非研究所）、北京大学亚非研究所、西北大学中东研究所（初创时名为伊斯兰研究所）、云南大学西南亚研究所等单位。改革开放以来，在中东地区研究上发展比较迅速的是1980年成立的上海外国语大学中东研究所，正呈现出领域研究与区域国别研究并重、学术研究与政策研究并举、传统平台与新平台并行发展的良好发展势头。此外，包括北京外国语大学、北京语言大学等外语类院校关于阿拉伯语、伊

---

① 中华人民共和国外交部、中共中央文献研究室：《毛泽东外交文选》，465页，北京，中央文献出版社、世界知识出版社，1994。

斯兰教、阿拉伯区域国别史的研究等，也是中东地区研究的重要力量，涵盖了亚述学（Assyriology）、高加索研究（Caucasology）或车臣研究（Chechen Studies）、亚美尼亚学（Armenology）或亚美尼亚研究（Armenian Studies）、格鲁吉亚研究（Georgian Studies）、伊朗研究（Iranian Studies）、伊斯兰研究（Islamic Studies）、犹太研究（Judaic Studies）、土耳其研究（Turkish Studies）等众多领域。今天中东研究的内涵已发生变化，从学科建设和智库建设两方面同时推进构建具有中国特色的中东学研究。

（三）拉丁美洲与加勒比海地区研究

"志合者，不以山海为远。"中国与拉美相距遥远，但双方同为发展中国家与地区，处在相似的发展阶段，肩负着相同的发展任务，彼此有着天然的亲近感。作为中国最大的拉丁美洲研究机构，中国社会科学院拉丁美洲研究所下设六个研究室：拉美经济研究室、马克思主义理论与拉美政治研究室、国际关系研究室、拉美社会文化研究室、拉美发展与战略研究室、拉美区域合作研究室。2009年，为了加强国别重点地区研究，该所先后成立了巴西研究中心、古巴研究中心、墨西哥研究中心、中美洲和加勒比研究中心、阿根廷研究中心，这是跨研究室非实体研究中心，是国别和地区综合研究平台，对提升国别研究水平和整合国内外拉美研究资源发挥了重要作用，推动了拉美研究事业的发展。除了社科院拉美所之外，北京大学拉美研究也实力强大，在罗荣渠、林被甸、董经胜等学者带领下，在现代化理论、拉美史和中国与拉美关系方面作出了重大贡献。2003年，北京大学成立了拉丁美洲研究中心，这是一个跨学科、跨院系的综合性研究机构，为推动中国的拉美研究做出了巨大的贡献。此外，西南科技大学拉美研究中心、上海大学拉美研究中心、北京外国语大学西班牙葡萄牙语学院等机构在拉美研究上也有快速的发展。

近年来，随着"一带一路"倡议的推进，区域国别学在中国有了长足的发展，特别是在教育部区域国别学基地培育计划推动下，高等院校、科研机构、社会各界都开始重视区域国别学，区域国别学的学科基础有了很大的提升。无论就队伍规模来讲，还是从人才培养项目和科研成果来说，中国在区域国别学上已经迅速缩小同美国、俄罗斯、欧洲等大国和地区的差距。尤其是跨学科区域研究成为中国区域国别学的重要特征，面对"一带一路"国际合作提出的紧迫要求，中国学界、政府、企业和社会各界越来越形成加强区域国别学科建设、学术研究和人才培养的共识，这一共识必将为区域国别学的发展注入更加强大的动力。

思 考 题

1. 区域国别学的学科基础有哪几个维度？分别是什么？
2. 简述中国区域国别学的发展史。
3. 简述区域国别学在当今时代的战略意义。

CHAPTER 3 第三章

区域国别学的理论方法

区域国别学是一个基于共同视角和标准的学术领域和学术活动的家族，涵盖了语言研究、地方化的深度领域研究、历史研究、文化研究、社会科学理论研究以及多学科的跨界研究等。尽管不同大学和不同系所机构在分类方面存在差异，但从某一国家域外知识建构的视角出发，可以将整个世界划分为不同的国别和地区板块。不同的国家所处的地理位置和战略视角不同，区域国别学的分类也就不同。事实上，国家是相对比较明确的，但如何把一组国家作为一个地区，需要综合考虑地理位置、经济形态、文化形态和战略意义等多种因素，没有十全十美的分类方法。在北京大学国际战略研究院院长王缉思教授看来，区域国别学的学科基础涵盖了四个维度：（一）空间维度，包括地理、环境、领土、网络等按照地域和空间划分的维度；（二）历史维度，即基于世界各个民族、国家和地区历史经验的维度；（三）文化维度，包含语言文字、宗教、文化等人文学科领域的研究；（四）社会维度，包含政治、经济等社会科学领域。因此，作为一门交叉学科，区域国别学需要在明确研究范式的基础上，广泛吸收多个学科的理论与方法资源，逐步建立起自成一体的理论体系和方法体系。

第一节 区域国别学的范式转变

区域国别学是一个自成体系的科学研究纲领，它经历了发生发展变化的不同阶段，在某一特定阶段上形成了独特的研究范式（Paradigm）。范式在本质上是一种理论体系，是一种对本体论、认识论和方法论的基本承诺，是科学家集团所共同接受的一组假说、理论、准则和方法的总和，这些东西在心理上形成科学家的共同信念。因此，范式的意义在于确立某一科学论域内关于研究对象的基本意向，界定什么应该被研究、什么问题应该被提出、如何对问题进行质疑，以及解释我们在获得答案时该遵循什么样的规则。尽管区域国别学不是某一个单一的学科，而是作为多学科融合的交叉学科，它在特定时期也形成了约定俗成的研究范式。

一、文明主义范式

区域国别学是一门古老的学问。无论是古代中国皇帝去海外寻求长生不老药方的朴素梦想,还是欧亚大陆各方打开丝绸之路的"凿空之旅",不论是欧洲传教士远赴海外传播教义的不懈努力,还是三保太监郑和率领大规模船队七次下西洋的历史壮举,当时各方对海外知识建构的努力都不同程度地承载着播撒宗教福音、炫耀天朝鼎盛的文化使命。在长期的历史发展过程中,持节承命的使节、云游四方的游侠、取经诵经的僧侣和教士、奔走谋生的商贾、逐水草而居的游牧部落,所有这一切对域外知识感兴趣的群体,都不同程度地扮演着"文化搬运工"的角色,其中主要以留学生、外国技师、传教士、贸易商、殖民者、观光客为代表,他们将瓷器、茶叶、丝绸、香料以及宗教、制度、习俗、观念等传递四方,推动了不同地区之间的文化交流和文明交融,形成了区域国别学的文明主义范式。作为区域国别学的第一个范式,文明主义范式在本体论、认识论和方法论上确立了比较完整的研究框架。

(一) 文明主义范式的研究框架

第一,在本体论上,文明主义范式将区域国别学界定为文明和文化的研究。所有域外的知识被理解为文明的等级化体系,普遍具有我族中心主义的色彩,一切本土文化被神圣化,而一切外来知识被定义为"海外世界"或"方外世界",本土文化的对外交流传播被看作是传教、布道之类的神圣事业。因此,礼治教化与王化未及、皈依者与异教徒、罗马法与万民法、文明古国与蛮族部落等形形色色的说法成为本土与域外的分界线。"忽闻海上有仙山,山在虚无缥缈间","海内存知己,天涯若比邻",在世界各地文明国家诸如此类的说法背后,集中反映出区域国别学的宗教和伦理视角,对于海外世界的新事物,往往被解读为"奇技淫巧"而已,不足为本朝所虑。

第二,在认识论上,文明主义范式坚持经验主义的认识论,认为域外知识是人类经验的产物。经验主义(Empiricism)是一种认识论学说,认为人类知识起源于感觉,并以感觉的领会为基础,认为感性经验是知识的唯一来源,一切知识都通过经验而获得,并在经验中得到验证。经验主义诞生于古希腊,距今已有 2 400 余年的历史。文明主义范式认为,域外知识的建构主要来源于旅行经验。在欧洲人的海外知识构建中,《马可·波罗记》具有十分重要的地位,这部游记有"世界一大奇书"之称,是人类史上西方人感知东方的第一部著作,它向整个欧洲打开了神秘的东方之门,其认识论的基础就是经验主义。

第三,在方法论上,文明主义范式强调人文学科的方法,强调归纳法和演绎法并重,强调知与行合一。在中国,从孔子开始,在求知的方法上强调学思结合,主张"博学""多闻""多见"。孔子明确提出"学而不思则罔,思而不学则殆"。根据这一原则,孔子还提出了"举一隅而以三隅反""叩其两端而竭"等方法。他还强调"毋意、毋必、毋固、毋我",即反对臆测、武断、固执、主观的思想方法。自孔子以后,百家争鸣,方法辈出。王夫之把前人所讲的格物致知分解为二:格物是从事物、经验中求得道理,即归纳法;致知是思辨推理的方法,即演绎法。而且,他认为两者是相互补充、不可割裂的,"非致知则物无所裁,而玩物以丧志;非格物则知非所用,而荡智以入邪。二者相济,则不容不各致焉"。西方自古希腊苏格拉底开始,就十分重视归纳与演绎并重,苏格拉底通过整理不同的概念,比较、分析、定义等,优先考虑思维的对话性,即共同实现真理。柏拉图重演绎之法,亚里士多德推崇归纳之法,两者交相辉映,确立了西方知识建构的千年传统。近代以降,在大工业革命和自然科学兴起的推动下,英国哲学家培根确立了近代方法论的基石,他推崇科学,反对宗教神学和经院哲学,在《新工具论》中,总结了科学实验的经验,提出了新的认识方法即经验归纳法。一直持续到 19 世纪以前,由于整个自然科学还处于搜集材料的阶段,西方对区域国别学的经验主义传统决定了只能走人文学科的方法路线,还没有形成系统的社会科学路线。

(二)文明主义范式的研究案例

集中体现文明主义范式的典型案例是长期持续影响西方人对世界理解的东方主义(Orientalism)。最早的区域与国别研究出现在欧洲,是人文学科路线的典型代表,它与欧洲殖民主义活动相伴随而生。当时,殖民者希望了解殖民地的风俗、人情、社会经济与政治,于是出现了对他者的研究,人类学的出现便是这方面的例证,并形成了东方主义的路线。"东方主义"或译为"东方学",原是研究东方各国的历史、文学、文化等学科的总称。赛义德在《东方学》一书中,将其界定为一种西方人蔑视东方文化,并任意虚构"东方文化"的一种偏见性的思维方式或认识体系。"Orientalism"本质性的含义是西方人文化上对东方人控制的一种方式,认为研究者抱着欧洲帝国主义态度来理解东方世界,又或是指外来人对东方文化及人文的旧式及带有偏见的理解。在"西方"的知识、制度和政治/经济政策中,长期将"东方"假设为异质且分裂的"他者"。在一些激进作品中,东方甚至被认为是西方的对立面;即将所谓的"他们"(They)表现成"我们"(Us)的反面。赛义德借用米歇尔·福柯(Michel Foucault)的话语概念考察了东方主义,并试图阐明权力如何通过话语起作用、权力如何产生认识,以及关于"东方"的认识本身如何表现了社会权力关系。最初,东方主义主要依靠宗教使命和宗教利益,而非政治经济利益;后来,逐渐发展成为完全以欧洲殖民者的政治、经济和文化利益为出发点,主要通过宗教和语言视角对东方的经验和历史进行研究,并忽视对现在和未来的研究。

在东方主义者看来,东方没有未来,只有西方有未来。因此,东方主义是以西方文明为中心的区域国别学,它对区域国别的研究不是以东方本身为出发点来理解,而是从西方资本主义和殖民主义扩张中遇到的问题来理解亚洲、非洲和斯拉夫世界,其实质是承载西方的文化使命,而不是东方的客观知识。事实上,很多国家都存在以自我为中心来构建海外知识的倾向,将自己所处的地区作为世界地图的中心,都以自身的视角出发来解读域外世界，所有这一切都不同程度地存在着类似于"东方主义"的问题，归根到底都是由文明主义范式所决定的。

在经历了长达数千年的文明主义范式洗礼后，区域国别学形成了以语言和文化为中心的学术景观，主要走的是人文学科的路线。国际学界形成了关于中国古代语言文化研究的汉学，主要研究古文和哲学、文学、音韵学、史学、政治、社会、经济、书法等，但不包括现代中国研究。从地理分布来看，汉学包括美国汉学、欧洲汉学、东亚汉学三大板块，主要是对于1840年以前或者1911年以前或者1949年以前中国的研究，这以后的时期则属于现代汉学的领域。同样，中国对区域国别的研究在新中国成立之前也呈现出类似的景观，相比中学，对外来之学称为"西学"，专指近代传入中国的自然科学和商务、教育、外贸、万国公法等社会科学，日本则称之为兰学。此外，还有来自印度的天竺梵学（佛学）、来自穆斯林世界的回学，均属于中国域外知识的重要代表。

二、国家主义范式

区域国别学是一门年轻的学问。自18世纪以降，民族国家成为区域国别学的主要推动者，也是区域国别学的主要对象。尤其是世界大战的爆发，出于服务战争的需要，原有的东方主义视角下的宗教和语言研究就难以实现战争的目的，人文学科的相关研究过多强调关注过去的语言、文学和历史的研究，而战争需要区域国别学侧重关注现在和将来的研究，一些情报研究、战场调查、战略战术分析、政策研究等内容开始成为区域国别学的重点，一些原来从事语言学习、外国文学、外国历史研究的学者也开始加入军队情报参谋体系，推动了区域国别学从文明主义范式转变为国家主义范式。尤其是第二次世界大战以后，殖民体系分崩离析，越来越多的殖民地国家实现了政治独立，且随着冷战的爆发，那种慢条斯理的东方主义学术路线的基础已经日渐衰落，走向了服务国家战略需要的国家主义范式。区域与国别研究重镇从欧洲向美国转移，区域国别学成为美国对外政策重要的知识支持。

（一）国家主义范式的研究框架

第一，在本体论上，国家主义范式将区域国别学界定为对民族国家的研究，区域国别学的相关知识被理解为国家战略资产，一切域外知识均强调服务于国家的战略需要。在文明主义范式那里，识别本土与海外的主要界限不是国家的领土线，而是文明的区域线。比如中华文明就一直比较淡化边界观念，而长期恪守边疆的概念，而边疆概念主要是一个文化概念，并没有一条清晰的分界线。相比之下，国家主义范式则十分强调国家边界，对域外知识也主要强调对其他国家相关情况的了解，强调其地缘安全、地缘经济和地缘文化的意义，最终的落脚点是服务国家的国际战略与外交需要。冷战期间，美国的区域研究和苏联的区域学是国家主义范式的典型代表，双方在世界范围内展开了激烈的争夺，每一方都投入巨大的资源和精力用于区域国别学，其所形成的知识主要服务于冷战的需要。在冷战对峙下，其他国家的区域国别学也很难逃脱国家主义范式，区域国别学被纳入国际问题研究，"中间地带理论""第三世界理论""边缘地带理论""多米诺骨牌理论"等，都是作为国际战略理论而出现的。一切域外知识都要被放到民族国家的战略需要上进行重新评估，承担了越来越多的战略使命。

第二，在认识论上，国家主义范式崇尚理性主义的认识论，认为域外知识是专业人士理性研究的产物。理性主义（Rationalism）是建立在承认人的推理可以作为知识来源的理论基础上的一种哲学方法，一般认为随着笛卡儿的理论而产生。理性主义17~18世纪间主要在欧洲大陆上得以传播，本质上体现科学和民主，是启蒙运动的哲学基础。典型的理性主义者认为，人类首先本能地掌握一些基本原则，如几何法则，随后可以依据这些推理出其余知识。因此，美国推动的区域研究重视西方理论和方法的普适性，区域国别学只不过是在不同程度地检验西方理论的适用性。比如在政治学关于区域国别学的发展进程中，自伍德罗·威尔逊和查尔斯·梅里亚姆开创现实主义政治学以来，美国政治学中就有一种理性主义追求，期望政治科学能够揭示一些像物理学那样清晰而确定的规律，这些规律得以帮助他们将这种政治制度传播到整个世界。二战后，加布里埃尔·阿尔蒙德（Gabriel A. Almond）等人推动的政治发展研究和白鲁恂（Lucian Pye）等强调推动政治文化的比较研究，就是以西方政治文化为蓝本，推动其他国家向着西方政治制度发展。冷战时期，受到苏联卫星发射成功的刺激，美国国内科学危机感盛行，美国通过《国防教育法案》，推动将区域国别研究置于社会科学学科之下，东亚研究、拉美研究、非洲研究、中东研究、苏联和东欧研究，都被置于经济学、政治学、社会学、人类学等社会科学学科之下，并导致美国陆续出现了一系列进行区域国别学研究的硕士、博士项目，至今没有根本性变化。同时，在《国防教育法案》的支持之下，在大学之外许多智库和社会研究机构也建立起来，使得区域与国别研究进一步深化。冷战之后，关于普遍主义和中国模式的争论，就是此种理性主义认识论的重要产物。

第三，在方法论上，国家主义范式更推崇社会科学的方法论。二战之前传统的区域与国别研究在很大程度上是基于人文学科方法的研究，这种方法强调语言为基础，理解区域与国别的历史与文化，这种方法至今仍然是区域与国别研究的基础。二战之后，区域与国别研究越来越倾向于政治学、经济学、社会学等社会科学的方法，试图以理论分析的方法、比较的方法，甚至量化的方法构建区域与国别研究的分析框架。1997年，美国政治学会主席罗伯特·贝茨（Robert Bates）指出："学术界已经形成共识，区域研究无法产生科学知识。他们看到区域研究的专家背离了社会科学，投入了人文学科的阵营……他们在统计知识和数学方法领域，在理论追求方面落后于社会科学其他学科。"[1] 贝茨这种态度很大程度上折射出社会科学家的理性主义傲慢，也凸显了社会科学方法论对区域国别学的深刻影响。当然，即便是在社会科学内部，社会科学的诸领域对区域与国别研究的态度并不相同。经济学的帝国主义倾向最为明显，其在方

---

[1] Bates R H. Area studies and political science: rupture and possible synthesis. Africa Today, 1997, 44(2): 123~131.

法论上高度依赖量化分析和规范性模式研究，往往倾向于将特定区域与国别的经济研究纳入统一的分析框架之中。相比之下，尽管也有不少社会学和政治学学者追求量化分析的路线，倾向于用一套分析模式去观察不同的国家和社会，考察这一特定的分析模式在不同区域国别的适用性，但更多的学者还是强调比较分析、历史分析、理论分析等研究方法，因为在不同文化、不同历史背景下的不同国家和区域的人们，其政治行为动机和行为模式可能全然不同。对于特定区域的分析必须建立在对于区域国别文化与历史背景的深入了解之上，离开这种了解，想要深刻理解该地区的社会政治秩序与社会政治变迁是不可能的。

（二）文明主义范式与国家主义范式的对比

文明主义范式和国家主义范式之间的区别是十分明显的。以西方的中国研究为例，汉学（Sinology）和中国研究（China Studies）是两门不同的学科，前者指中国以外的学者对有关中国的方方面面进行研究的一门学科，甚至也包括对于海外华人的研究。以人文方法研究中国问题的学者通常被称为汉学家，所谓的汉学家通常受过中国语言的训练，或者在语言基础上有较好的中国文学及历史知识。后者是由费正清创立，以外交、政治制度、国际关系等为核心内容的研究。用社会学方法研究中国问题的学者一般很不愿意被称为汉学家，甚至很鄙视汉学家这个称谓。他们是某一个学科的专家，只是碰巧在比较研究过程中选择中国作为研究对象而已。这类学者具有良好的某个学科的知识背景，但往往对中国的实际情形知之甚少。他们很少有人能够阅读中文，关于中国的研究在相当程度上依赖二手材料。此外，区域研究方法论的争论在很大程度上反映了关于演绎和归纳逻辑、普遍主义和特殊主义的争论。不过，我们必须明确，运用社会科学方法研究区域与国别问题不可能代替传统的人文式研究，对一个国家和区域的了解需要将理论分析和经验研究结合起来，文明主义范式与国家主义范式的区分只是为了比较二者在不同阶段的特征，并不意味着两者相互否定。

三、全球主义范式

20世纪90年代以来，随着冷战的终结，以战略目的驱动的区域国别学在欧洲和美国开始降温，但在新兴经济体，比如俄罗斯和中国，却开始崛起。对于这些国家来说，区域国别学的首要目的还是满足和服务国家战略。更重要的趋势是，随着经济全球化的发展和全球性问题的不断涌现，区域国别学越来越被置于全球主义视角下重新评估：一方面，区域国别学者开始聚集在全球化研究的旗帜下，从各自学科视角思考一些比如气候变化、生态保护、女性权利、少数族裔等全球性问题，尤其是在一些欧美发达国家，受现实社会领域和欧洲思想领域中的马克思主义、结构主义和后结构主义、后现代主义等思想的冲击，原先的区域国别学开始被一些亚问题的研究撕裂，步入了文化多元化发展的轨道，呈现为碎片化的场景；另一方面，区域一体化浪潮和区域合作日益升温，出现了基于身份认同的新区域主义，各种以非西方经验和框架为基础的新区域研究开始加强，中国推动的"一带一路"倡议以及很多地区形形色色的区域一体化努力，均表明区域研究也在进行新的努力。因此，我们今天面临的是社会科学研究从以西方经验和知识框架为基础，向以多元文化世界经验为基础转型的时代。在全球主义的观照下，以多元文化世界为对象，以区域一体化和区域合作为新的载体，区域与国别研究将会为社会科学发展作出巨大的贡献，推动建立一个全球主义的区域国别学范式。

与文明主义、国家主义范式不同，全球主义范式的分析单位是全球性和全球利益，强调以人类中心论和世界整体论来全球治理，认为全球治理就是通过具有约束力的国际规制解决全球性的冲突、生态、人权、移民、毒品、走私、传染病等问题，以维持正常的国际政治经济秩序。在学术界，以詹姆斯·罗斯诺（James Rosenam）、戴维·赫尔德（David Held）、罗德里克·罗茨（Roderick Rhodes）、罗伯特·基欧汉（Robert Keohane）等人为代表。乐观的人们认为，全球化和全球性公共问题的日益凸显，加速国际事务与国内事务界限的消退，取而代之的是"地球村"，人们将逐步确立一套共享信念、价值、制度、社会网络等的全球主义意识。不少学者认为，民族国家在全球化潮流中最终也将因为制度选择而被新的组织机构所边缘化，国家权威在防务、金融和提供福利三个层面正在逐步被销蚀。还有的学者甚至认为，"传统的民族国家已经成为全球经济中不和谐的、甚至不可能继续存在的活动单位"，特别是随着全球性问题的大量涌现，认为全球治理应该是一个规范的系统，主张所谓"没有政府的治理"，就是一个由共同的价值观和共同的事业来指导的管理体系，它通过共识建立权威，治理靠的是体现着共同目标的主动精神。一些政治家，比如前联邦德国总理勃兰特、美国前总统克林顿、英国前首相布莱尔、德国前总理施罗德以及法国前总理若斯潘等，都是主张全球治理的代表性政治领导人，他们在政策实践上走所谓"第三条道路"，以贯彻全球治理的思想。

在全球主义范式下，全球治理被视作是治理在世界范围内的放大，是包括国家和非国家行为体在世界范围内协商互动，制定全球政策并推动全球公共行政，应对全球公共问题和缔造全球治理的活动、形式、关系和过程。毫无疑问，符合全球主义范式最典型的实现形式就是世界政府。作为一种构想，古往今来有无数的思想家提出了关于世界联邦（World Federation）或世界政府（World Government）的思想，通过建立类似于一个国家中央政府那样的世界中央政府，作为消除国际无政府状态的最高统一权威。比如意大利文艺复兴运动的先驱者但丁（Dante Alighieri）关于《世界帝国》的构想，伊拉斯谟（Erasmus）、雨果·格劳秀斯（Hugo Grotius）、威廉·宾（William Bin）、圣·皮埃尔（St. Pierre）、卢梭（Jean-Jacques Rousseau）和边沁（Jeremy Bentham）等人也不同程度地期盼所谓的《永恒和平方案》、共和国家联盟和世界"邦联政府"，提出了和平主义（非战主义）、国际政府、国际警察部队、世界公众舆论法庭、全面裁军、建立国际法体系、消灭秘密外交、深化相互依赖等实施方案，这些在一战后引发了人们关于"乌托邦主义"的批评。冷战结束以后，关于世界政府的想法重新升温，比如英国学者罗伯特·斯基德尔斯基（Robert Skidelsky）主张打造所谓的"全球契约"，以此作为治理全球事务的共同规范。法国学者阿塔利（Jacques Attali）主张建立基于人类价值观上、获得普遍民众认同的全球性民主政府，更多的学者强调要建立世界主义的民主治理等，所有这些主张的目的都是致力于打造世界政府。当然，迄今为止，尽管世界政府论在国际思想界很有市场，但世界政府并没有出现。

尽管人们祈盼的世界政府没有出现，但具有世界政府雏形和轮廓的变体形态却已经初露端倪，在刑事司法、人权、气候变化等领域，已经开始涌现出形形色色具有管制国内事务能力的全球契约或国际机制。根据美国学者奥兰·扬（Oran Young）的看法，国际机制在当代世界秩序中创造了一种新的治理体制——或者更确切地说，是一种"没有政府的治理"的体制。不少学者经过研究发现，现代民族国家的组织、实践以及决策过程的国际化已经出现了一个非常清楚的脉络，一国政府被限制在全球性、区域性和多边治理体系的安排之中，形成为一些跨国网络行为体。这些跨国网络行为体往往不以国家主权为界，而以议题显著性为点，以跨国动员为线，以追求共同目标结网，形成具有跨国集体行动能力的社会网络，包括"议题联盟（Coalition of Issue）"、公私伙伴关系（PPP）、非正式制度安排和社会规范等形式。在其现实性上，主要包括跨国政府部门网络、跨国工商界联盟、跨国社会网络等形式，它们之间的区别主要是领域区别，在结构和行动逻辑上没有实质性差异。

在全球主义范式观照下，区域国别学在本体论、认识论、方法论等各层面都存在着激烈的争论。从本体论上来说，全球主义范式关注的对象既包括政治体的国家，也包括作为经济体的区域，还包括作为文明体的区域，是区域政治、经济、文明的复合体，一切与之相关的国别和区域议题均可在全球主义的观照下被重新定义。从认识论上来说，全球主义范式既强调理性主义的先验理论，也重视经验主义的经验理论，试图将两者加以调和成为和谐共处的整体。从方法论上来说，全球主义范式强调实现人文学科和社会科学的比翼齐飞。迄今为止，全球主义范式仍处于形成过程之中，还无法像文明主义、国家主义那样形成清晰可辨的轮廓，学科与地区之间的张力，是全球主义范式下的国别与区域研究面临的主要问题。作为一个从事区域国别学的学者，尽管可以栖身于经济学、政治学、社会学、人类学、语言学、历史学等不同学科，但其对于某一地区的兴趣的确是某一学科无法容纳的，其研究一直受到学科范式与地区经验的挤压。因此，对于这些从事区域国别学的学者来说，无论是战略目的的区域研究，还是学科目的的区域研究，都各有利弊。在此种学术张力和学术争论下，真正的以区域为本位的研究范式正在呈现出新的轮廓。说到底，区域首先是一个地理学概念，其实是一个人文和社会科学概念，事关区域的认同建构问题。为什么特定的区域被认定为一个区域？这是区域研究必须围绕的核心问题，区域地理景观和文化景观的多样性，两者之间的关系，以及区域主义的前景，都是区域研究令人倾倒的话题。

展望未来，要推动建立全球主义观照下的区域国别学，需要超越现有的各种争论，推动全球化与区域化的有机互动、区域国别与学科建设的深度融合、人文学科与社会科学的深度对话，不断完善全球主义范式，开展在理论指导下的并具有理论相关性的个案研究（Theoretically Informed and Theoretically Relevant Case Study），这一路线可能代表着未来区域国别学的方向。

第二节　人文学科的理论与方法

人文学科是区域国别学的基础学科之一。一般来说，人文学科包括"文（文学）、史（历史）、哲（哲学）"和艺术，广义的"人文学科"则还包括诸如现代语言和古典语言、语言学、考古学，乃至含有人道主义内容并运用人道主义的方法进行研究的社会科学，所有这些学科都可以为区域国别学提供基础学科支撑。然而，对区域国别学在理论和方法上作出贡献最大的还是历史学。读史使人明智。从历史中汲取智慧，是域外知识建构的最主要路径，文学、哲学、艺术等学科也有自己独特的历史，故可以涵盖在历史学特别是世界历史学科之中，其所形成的理论和方法也对区域国别学具有十分重要的意义。

一切历史都是思想史。在历史学的区域国别学中，不同的视角会构建不同的历史。尽管整个世界是一个整体，但人类文明最初是分散的历史，表现为不同国别史和地区史。随着近代工业革命的兴起和世界市场的形成，国别史区域史日益转变为世界史和全球史，从欧洲主导到美国主导的西方中心主义史学，到真正的全球史学，为区域国别学奠定了深厚的基础。2011年以来，复旦大学文史研究院、东京大学东洋文化研究所和普林斯顿大学东亚系多次围绕有关全球史、区域史或国别史问题举行国际学术讨论会，将有关论文结集于2016年出版的《全球史、区域史与国别史》一书，明确提出了全球史/世界史、区域史和国别史的研究路径，既承认各个国家历史学家观察世界的差异，又努力寻找彼此相容的共识，而且还希望从理论、方法到形式上，探索一个可能的理想型全球史/世界史。毫无疑问，在这一路径基础上形成的理论和方法，为区域国别学提供了重要的学科支撑和学术支持。

一、国别史区域史的研究

在世界历史一级学科中，国别史区域史是世界史的基础，也是区域国别学的重要支柱，离开了对国别史和地区史的研究，区域国别学就成为无源之水、无本之木。国别史是国别体史书的简称，是分国记载史事的史书，以国家为单位，分别记叙历史事件，也称国别体，是史书的一种体裁。中国第一部国别史为《国语》，共21篇：《周语》3篇、《鲁语》2篇、《齐语》1篇、《晋语》9篇、《郑语》1篇、《楚语》2篇、《吴语》1篇、《越语》2篇，共7万余字。另一部国别史为《战国策》，共33卷，它既是中国最早的一部国别史，又是我国先秦时代具有代表性的语录体散文著作之一。此后，二十四史、《资治通鉴》《续资治通鉴长编》等史书皆以中华通史为主题，开列专节以介绍区域国别历史。相比国别史的以国家为单位，区域史（Regional History）也称地域史，是与整体史或总体史相对的历史研究，比国家范围略小的区域历史研究和比国家范围略大的区域历史研究。学术界一般认为，20世纪50年代法国年鉴学派开创了区域史研究的理论与方法，而中国的区域史研究主要集中在国内各地区的历史，而非国外的区域史。16世纪以前的世界史，基本上是地区史或国别史的拼凑。之所以如此，绝不是因为历史学家们无能，而是由于那时的世界尚未联成一片，古代区域国别学的知识体系呈现出碎片化、分散化的特点，不同地区文明之间即使存在联系，也是比较零散的、微弱的和不成体系的，每个国别和区域总体上处于分散发展的状态。

在西方世界，尽管世界史从古罗马开始就已经略有基础，但自基督教史学产生后，世界史成为相对于神学史之外的宏观人类史，受到基督教很大的影响，且受制于欧洲中心论的影响。严格来讲，世界史不过是以欧洲为中心的"普世史""世界史""通史"等宏观世界史。随着新航路的开辟和工业革命的兴起，欧洲民族主义与绝对主义国家结合成为民族国家，欧洲史学自出现以来，宫廷档案和职业史学、以民族国家为中心的国别史和区域史开始兴盛起来，但仍然存在着以欧洲史为中心和将世界各地历史简单拼凑在一起的问题。自19世纪末起，国家史学开始受到官方重视，国别史区域史的编纂关乎民族国家的身份建构，通过编纂国别史区域史来建构国家认同。国别史区域史不仅是文明史，更是政治史。美国著名历史学家、汉学家杜赞奇（Prasenjit Duara）的《从民族国家拯救历史》集中反映了国别史区域史编纂背后的政治意图。在民族国家修史的浩大工程中，英国剑桥大学主持陆续出版的"剑桥三史"（《剑桥近代史》《剑桥中世纪史》《剑桥古代史》），代表着西方研究历史的最高水平。三部巨著问世后即被国际学术界奉为权威的历史著作，并开启了剑桥国别史和地区史系列的先河，此后陆续推出了剑桥国别史区域史系列，成为世界经典。

长期以来，中国的国别史区域史具有极强的华夏中心倾向，世界史被理解为外国史。受制于地理因素和"华夏中心"说的影响，中国史学传统存在根深蒂固的"天下"观，并没有"世界"和"国别"的概念。在中国人眼里，中原华夏为天下之中心，为礼治教化之文明中心，而周边国家和地区是蛮夷之地，往往以"外夷""番邦"之名鄙称之。自鸦片战争以后，面对西方世界的群体性崛起，中国陷入"千年未有之大变局"，开始睁眼看世界，中学西学之论渐开，国别史区域史研究开始逐步走上正轨，直到20世纪初，一大批留学生赴海外留学，"西洋史"和"东洋史"开始逐渐成长为大学的一门课程。

中华人民共和国成立后，中国的历史学学科借鉴了苏联的经验，将"中国史"与"世界史"分开，极大地推动了国别史区域史的发展。然而，此种学科设置将"中国史"和"世界史"分开，导致"世界史"中无"中国史"，而"中国史"中无"世界史"。长期以来的"世界史"学科并非整体意义上的世界史，本质上只不过是外国史，亦即中国之外的国别史和地区史，忽视从整体上对跨国家、跨地区现象的互动研究。为了加强世界史研究，1959年中国科学院哲学社会科学部历史研究所组建世界历史研究组（后扩建为世界历史研究室）。1964年5月，经国务院批准，在原有基础上正式组建世界历史研究所。改革开放以来，世界史学科在经济史、政治史、思想史、国际关系史等传统学科基础上，向世界主要地区、国家的经济史、政治史、思想文化史领域拓展，新史学范畴中的家庭史、性别史、医疗史、心态史等以及全球史、环境史的研究亦渐趋勃兴。1977 年，北京大学历史学系开始招收世界史本科专业，除了通史教学外，还开设诸多国别史、专门史以及西方史学理论、方法的必修课与选修课课程，吴廷璆、林志纯、周谷城、蒋孟引、吴于廑、齐世荣、庞卓恒、钱乘旦等一大批知名学者不断涌现，为世界史学科发展注入了强大动力。2009 年以来，由商务印书馆、中国大百科全书出版社和东方出版中心强强联手推出的大型汉译出版工程，在国家出版基金资助下，先后共计出版 76 种 90 册图书，是目前国内最新、最全的大型世界历史译丛。该译丛收录了一向广受瞩目的大国史、全球史和断代史，既涵盖了一些在地缘政治上较热的地区史，又涵盖了目前在国际史学界逐渐兴起的海洋史研究作品，更重要的是补足了在国内属于稀缺品种的若干中小国别史，如《奥地利史》《南斯拉夫史》《伊朗史》《希腊史》《墨西哥史》《爱尔兰史》《尼日利亚史》等，均属填补国内空白的史学译作，具有开拓性的价值。2011 年，在国务院学位委员会和教育部公布新的《学位授予和人才培养学科目录》中，世界史上升为一级学科，其下有世界史学理论与史学史，世界古代中古史，世界近现代史，世界地区、国别史，专门史与整体史五个二级学科，为区域国别学提供了强大的学科支撑。

20 世纪中后期以来，国别史区域史出现了新的发展趋势。受到冷战影响，各国均在战略高度重视国别史区域史研究，以适应冷战背景下国际形势发展的需要。冷战结束后，经济全球化不胫而走，形形色色的后现代主义、后殖民主义和文化批判理论席卷全球，人们对国别史区域史研究有了新的思考。对于欧洲国家来说，以"超越现代性"的视角重新书写国别史区域史，对于传统区域国别学具有颠覆性意义。对于曾经深受欧美殖民主义之苦的国家来说，重新书写国别史区域史意味着对欧美殖民主义的批判，从而可能重新确立区域国别学的时代意义。当然，对于原本就具有强大国家权威的东亚国家来说，国别史区域史的研究意味着批判欧洲中心主义，对于释放这些国家的国际能量是具有重大战略意义的。不管出于何种目的，国别史区域史的研究对于区域国别学的意义是重大的。总体来看，尽管国别史区域史的研究更多属于历史学的基本功，在理论方法上对史学理论（文明史观、全球史观、现代化史观、社会史观、唯物史观等）基础更有贡献，但其对区域国别学也具有夯基垒石的意义，为区域国别学提供了足够的历史材料，如果没有国别史区域史的支撑，区域国别学就缺少了历史厚度。

二、全球史的研究

与国别史区域史不同，全球史是历史学对经济全球化浪潮的反映，是针对某种自我中心主义立场特别是欧洲中心主义的世界史而来的，其理论基础是后现代理论。英国史学家杰弗里·巴勒克拉夫在 20 世纪中期首倡全球史观，标志着全球史在西方史学界的兴起。1963 年，美国学者威廉·麦克尼尔出版了《西方的兴起》一书，开启了从全球视野和互动视角来理解历史的路径。该书克服了此前从欧洲中心主义出发理解世界历史的缺陷，重点关注跨国家、跨地区、跨民族和跨文化的历史现象，逐渐在美国和世界各国被接受，被认为是"新世界史"（全球史）兴起的一个重要标志。

全球史研究具有独特的时空限定。从时间范畴来看，有学者认为全球史是自远古以来的人类历史，而其他一些学者认为全球史是 16 世纪以来的历史甚至是当代全球化进程。从空间范畴来看，全球史则并不限于西方，而是涵盖了各地方、各地区，大陆、海洋和大洋盆地直至全球的各种地理层次，只要是在全球视野下的跨文化互动研究，均属于全球史研究。因此，全球史的基本理念是致力于超越"欧洲中心论"，站在全球发展的宏观历史高度，通过多重的地理空间和社会网络研究人类各个群体之间的相互交流，在全球范围内分析人类文明的产生和人类社会生活的发展。具体来说，全球史研究的基本理念体现在三个方面：

（一）打破国家中心论，确立全球整体论

全球史突破国别史区域史的"民族国家中心"藩篱，将研究对象放在全球整体联动的宏观视野进行考察，侧重关注横向互联互通，关注跨国家、跨地区、跨民族、跨文化历史现象，致力于构建跨国、跨地区、跨大陆、跨半球、跨海洋直至全球的各种层次的地理空间范畴，并且构建出技术、文化、贸易、宗教、移民、国际组织等不同主题的社会交流网络，进而将局部的地方知识、区域知识与人类的整体知识结合起来，形成全球知识。中国世界史学科创建人吴于廑先生提出的整体世界史观，"强调从联系的、整体的高度把握世界历史的演进，以'分散到整体'概括其趋势，着重展示人类历史的横向剖面"，就是此种全球整体论的集中体现。

（二）打破欧洲中心论，确立人类互动观

全球史突破近代以来"欧洲中心论"的窠臼，从人类历史多起源说出发，探寻人类全球互动联通的历史进程，将区域国别的理解置于全球互动网络体系中，强调互动者互为主体。回顾全球历史进程，不难发现推动人类社会演变包括生产和交往两条主线，它们分别从纵横两个维度推动历史前进。在马克思世界历史理论的框架中，交往意味着一切社会关系，"包括单个人、社会团体以及国家之间的物质交往和精神交往"。北京大学罗荣渠先生构建的现代化史观，就是破除西方中心论的重要例证。在罗荣渠看来，"以生产力的发展和变革为立足点，认识到人类社会和文明发展的复杂性和多样性""宏观地架构起'一元多线'的历史发展框架"。因此，从人类交往互动的角度探讨历史进程，是全球史研究的内在逻辑。换言之，一切关于国别史区域史以及更加具体而微的专题研究，都需要放在人类交往互动的宏观视角下进行重新评估，才能洞悉全球史发展的秘密。

（三）打破历史中心论，确立学科对话论

从严格意义上来说，全球史研究已经不再是传统的历史学研究，而是力求运用跨学科的研究方法，更多地吸收政治学、社会学、人类学、考古学、生物学、经济学、

法学等学科理论与方法，打破学科壁垒、进行学科整合。彭树智的"文明交往论"和马克垚主编的《世界文明史》都从文明的高度来认识全球历史进程，超越了传统意义上的跨学科性。他们不仅从整体上研究人本身，而且从整体上理解作为人的集合形式的世界，从多学科的视野来考察历史长河中各文明的流动、发展、变化。

全球史研究是一个多维多层次研究体系，既包括宏观的全球通史研究，如斯塔夫里阿诺斯的《全球通史》、杰里·本特利（Jerry Bentley）和赫伯特·齐格勒（Herbert Ziegler）的《新全球史》等，也包括区域通史研究，比如沃勒斯坦的《现代世界体系》、安德烈·冈德·弗兰克（Andre Gunder Frank）的《白银资本》、米洛·卡尼的《世界历史上的印度洋》、彭慕兰的《大分流》等，还包括一些微观个案研究①。所有这些都不局限于某一个区域国别，而是从全球整体互动的维度进行研究，而且即使对同一主题的研究也存在多种切入视角的选择。

关于全球史的研究，与全球化进程是紧密联系在一起的。自 20 世纪 80 年代以来，全球化成为国内外学术界一个十分时髦的概念。全球化（Globalization）一词，是一种概念，也是一种人类社会发展的现象过程。全球化目前有诸多定义，通常意义上的全球化是指全球联系不断增强，人类生活在全球规模的基础上发展及全球意识的崛起。② 国与国之间在政治、经济贸易上互相依存。全球化亦可以解释为世界的压缩和视全球为一个整体。在关于全球化的理论争论中，一直存在着支持者和反对者两种声音。支持者倾向于认为全球化是客观趋势，认为全球化进程源于一个中心，全球化就是欧美等西方发达国家模式在全世界的扩张，最终形成一种全球范围的"无政府的治理"，最典型的是欧美新自由主义经济学和现代化理论。与支持者形成对立的是，反对者或怀疑者认为全球化是强势利益集团的霸权，加剧了社会不平等、南北差距、环境破坏等问题。他们认为，全球化的进程不是由某个"中心"，而是由众多主体推动的，全球化的结果不是一个模式的推广，而是众多模式的共存。近年来，全球逆全球化思潮上升，反建制主义崛起并占据了全球化理论的主导地位，但这一争论并没有结束，关于全球化历史进程的讨论会一直进行下去。

随着中国日益走近世界舞台的中心，迫切需要确立一种从超越国别史区域史的视野和中国与世界互动的角度理解世界的"全球史"。长期以来，中国在世界史研究上有了一定的发展，涌现出了以雷海宗、周谷城、吴于廑、陈翰笙、李显荣、罗荣渠、何兹全、齐世荣、庞卓恒、王绳祖、郭圣铭、刘远图、李纯武、王也扬等为代表的世界史大家，为建设中国特色的世界史学科作出了重要贡献，也为全球史的发展奠定了坚实的基础。2004 年，首都师范大学成立了中国第一个全球史研究中心，并于 2007 年

---

① 著名的全球史研究包括：唐纳德·怀特的《世界与非洲的弹丸之地：冈比亚纽米地区的全球化史》、罗斯·邓恩的《伊本·巴图塔的冒险经历：一个 14 世纪的穆斯林旅行家》、托尼奥·安德雷德的《一个中国农民、两个非洲男孩和一个军阀：迈向一种微观全球史》、斯文·贝克特的《棉花：一部全球史》等。此外，还有众多专题研究，比如大卫·阿米蒂奇的《独立宣言：一部全球史》、菲利普·柯丁的《世界历史上的跨文化贸易》、克莱夫·庞廷的《绿色世界史》、威廉·麦克尼尔的《瘟疫与人》等。
② 参考全球化智库关于"全球化"的定义。全球化智库，http://www.ccg.org.cn/yjlist/page/4?fjcat= 相关研究，访问时间：2022 年 9 月 1 日。

设立了全球史专业，招收和培养研究生。然而，迄今为止，中国的全球史研究仍然处于西学译介和理论探讨阶段，要想建立中国特色的全球史学科，为区域国别学提供强有力的历史基础，还需要长期的努力。

第三节 社会科学的理论与方法

社会科学是区域国别学的基础学科之一。社会科学诞生于18世纪，狭义上的社会科学包括政治学、经济学、社会学、法学、军事学等学科，广义上的社会科学还包括心理学、教育学、管理学、人类学、民族学、新闻传播学等，所有这些社会科学各学科都对区域国别学具有重要意义。从各学科对区域国别学的已有参与来看，政治学、经济学和社会学的参与程度最深，理论和方法的贡献也最大，同时社会科学各学科在理论方法上大同小异，各个学科之间的区别只不过在于侧重点不同，并无本质性的差异。为叙述方便，在此择要阐述政治学、政治经济学和社会学理论方法对区域国别学的意义。

一、比较政治学的理论与方法

政治学是区域国别学的基础学科之一，它以各种政治体系整体或组成部分之间的差异和共性为研究对象。比较政治学起源于古希腊，发展于第二次世界大战后，其研究范围甚广。比较政治学的一个主要任务就是构建科学的理论框架，不同的比较政治学者之所以具有不同的特点，就是因为理论分析的框架不同。在中国，比较政治的崛起也源自学术使命和政治使命的融合。王沪宁的《比较政治分析》是中国第一本比较政治学著作。张小劲和景跃进的《比较政治学导论》是中国第一本比较政治学教材。潘维的《比较政治学》意在重构比较政治体系。迄今为止，所有的比较政治学研究都具有一个共同特征，那就是把国家这个宏观的社会单元作为一个分析单位，至少是一个观察单位。同时，比较政治学通常把命题的普适化作为追寻目标，进而形成了比较政治学的内在紧张状态。国家的特殊性和普遍规律之间存在着难以解决的张力，这一张力也许是比较政治分析的动力，这一张力和动力推动比较政治学走向了中层理论的研究。

（一）老制度主义的比较政治学：历史—比较研究

早期的比较政治研究主要关注西方国家的制度和形式的历史研究，被称为老制度主义。20世纪50年代前的比较政治学研究由被后人称为"形式—法律"（Formal-legal Studies）的研究范式所主导，专注于比较政治体系的规范和法理层面，比如宪法、法律、联邦主义、地方政策、行政部门、议会和法院的权力，主要研究欧美发达国家的统治者和官僚制度。此种研究过分看重正式的和法律意义上的政治，而非实践意义上的政治，过分看重"官方说法"不利于"真实说法"。后来，一批学者又在此基础上加强现实政治运作过程的描述性研究，呈现为一种代替"法律主义"的"现实主义路径"（代表人物有威尔逊、梅里亚姆和拉斯韦尔等），更加关注那些并不很正式的机构以及政治过程，由于这种研究过分关注欧美发达国家的政治，故被批评为狭隘的种族中心视角。

老制度主义的理论路径关注政治系统的本质问题，比如总统制和议会制、单一制和联邦制、政党制和投票制、委员会制和选举制等。最初，制度主义发展源于对罗马共和国和罗马帝国的研究，经历了从古代法到自然法与实证主义的启蒙学说。老制度主义思想最早始于布赖斯（Bryce），其研究关注法律和宪政体制，以及政府、国家、主权、权限、法律和立法等手段，是基于对民主目的的信仰。老制度主义学派的经典课题是讨论理想国这一理性、智慧、合理的化身，讨论如何培养公民的美德。法典学派主要关注罗马法典等法条分析，社会契约论则更关注委托的合法性、个人与社会的关系、公民与国家的关系等，导致政治哲学和法律成为比较政治研究的基础内容。老制度主义的范式还重视对历史的研究，即从古代的城邦到中世纪的教会和近代的国家与社会斗争。政治哲学、法律和历史三者之间的联系导致了大陆学派和盎格鲁-撒克逊学派的分立。代表人物包括德国的卡尔·施密特，英国的艾弗·詹宁斯、欧内斯特·巴克、哈罗德·拉斯基，法国的里昂·杜吉特和安德·西格弗里德，美国的卡尔·弗里德里克希和赫曼·芬纳。后来，比较政治除了常规的制度分析方法外，也开始关注经济、社会、心理和组织因素等领域。

（二）比较政治学的行为主义革命

20世纪50年代开始，行为主义政治学席卷诸多领域，开始关注非规范和政治动因层面，比如政党、利益群体、舆论、政治过程、政治行为、决策过程等，重视分析而不仅仅是描述，重视实实在在的比较而非个别国家的个案研究，聚焦原先研究所忽视的第三世界国家和地区。在这一时期，亚非拉发展中国家纷纷独立，比较政治学研究对象开始大大扩展。发展主义、民主理论、多元主义和资本主义、中产阶级、中间道路等理论鱼贯而出。总的来说，新比较政治学是一种政治发展理论，认为美国和西欧的民主多元主义模式同样最适合第三世界国家的发展情况。比如，美国总统顾问罗斯托（Rostow）的经济增长阶段理论，将全世界的经济发展历史分为六个"经济增长阶段"，认为主导产业的更替和科学技术的进步是决定经济发展所处阶段的主导因素。哈佛大学的塔尔科特·帕森斯（Talcott Parsons）的结构功能主义，认为所有社会发展都是从先赋的、特殊主义的和功能弥散的社会转变为成就取向的、普遍主义的和功能特定的社会。还有西摩·马丁·李普塞特（Seymour Martin Lipset）提出了政治人的思想，认为那些有较高教育水平、较高经济发展程度和民众对政府行为采取较积极的参与性态度的国家，一般是民主的，反之则趋向于不民主。但是，这一判断仅仅是趋势性判断，有很多反例，比如哥斯达黎加很穷，但是一个民主国家；而阿根廷很富，但不是一个民主国家。李普塞特仅仅指出了经济发展与民主的相关性，而不是必然性。

新比较政治学关注增长和发展，形成于二战后的乐观气氛之中。无论是美国的"发展联盟",还是社会主义国家的经济合作计划,如何将去殖民化与民主分权结合起来,是比较政治的难题。20世纪50年代到60年代关注新比较政治学,以阿尔蒙德为代表在1954年成立的"美国社会科学研究顾问委员会比较政治分会"致力于更广泛的研究,注重模型建构和解释的普遍性,打破了将研究重点局限于发达国家特别是欧美国家的传统,致力于构建出一种涵盖和比较任何一种政治系统的框架(民主国家与非民主国家、西方国家与非西方国家),更关注政治制度脚底下的政治基础,特别是政党、利益集团和公众舆论等。1990年阿尔蒙德称,此种研究将那些"超法定的"(Extra-legal)、"类法定的"(Paralegal)以及"社会性的"政治机构都考虑在内,不仅研究这些机构有什么法定权力,更关注它们实际上做了什么,它们之间是如何相互联系的以及在制定和执行公共政策时遵循了什么样的规则,结构功能主义从此成为主导范式。左右的分野将发展政治学区分为现代化理论与依附理论两种不同的研究路径:

一是现代化理论。现代化理论的代表人物包括阿尔蒙德、萨缪尔·亨廷顿(Samuel Huntington)、戴维·阿普特(David Apter)、白鲁恂、迈伦·韦纳(Myron Weiner)、伦纳德·宾德(Leonard Binder)、爱德华·希尔斯(Edward Heath)、帕森斯等,这些人共同的理论渊源就是韦伯,核心正统公式是"去殖民化+经济增长+民主化",而且要在宗主国的监护下进行。

从现代化理论来看,在研究日程上,以往的研究解决的是失业、财政政策和经济周期控制等政治经济学问题,新的研究则关注前工业化国家向西方工业国家持续转型的问题,分析重点从国家转向社会——考察如何以最好的方式来倡导民主价值和文化原则并使之内化,关注西方社会的现代制度是如何演化的。比如从理论到现实,从特权到契约,从前资本主义到资本主义,从静态的社会变迁观念到演化的、有机和谐的社会变迁观念,从传统权威到法理权威,从法理社会到礼俗社会等;而国家的主要任务是控制和调解这一变化过程中出现的社会紧张因素,避免陷入威权体制和普力夺体制。在这一过程中,比较政治学研究受到了一些社会历史学家和人类学家的影响,也受到了心理学领域的学习理论、人类学领域中的价值观念理论的影响,比如埃里克森的身份理论、戴维·麦克伦德(David McClellend)的成就动机理论、约翰·多拉德(John Dollard)的挫折—进攻理论、艾森施塔特(Eisenstadt)的传统与现代性比较研究、霍洛维茨(Horowitz)的族群冲突理论、查尔斯·蒂利(Charles Tilly)的政治暴力理论、格尔茨(Geertz)的政治整合条件理论等。

二是依附理论。依附理论的代表人物包括保罗·巴兰(Paul Baran)、弗兰克、佩里·安德森(Perry Anderson)、霍布斯鲍姆、加文·基钦、科林·利斯、本尼迪克特·安德森等。他们共同的理论渊源来自卡尔·马克思,其核心正统诉求是反对霸权和脱钩。这种变化导致比较政治学开始关注欧美国家之外的国家,从"自上而下"和"自下而上"两个维度互动的角度进行制度建构,从制度和文化两个层面来推动民主化进程。

依附理论主要关注资本主义和帝国主义的批判,希望通过一党制国家来超越资本主义民主阶段,从而为社会主义提供新的思路,比如巴兰的《增长的政治经济学》、弗兰克的《资本主义和拉丁美洲的不发达》、卡多佐的《拉丁美洲的依附和发展》、汤普森的《理论的贫困》、普兰查斯的《政治权力与社会阶级》等。在研究方法上，两者之间陷入了功能主义和辩证分析的冲突，功能主义喜好资本主义背景下的平衡理论，认为资本主义是民主制度的基石；辩证理论则喜好冲突理论，最终导向了社会主义的前景。

总体来看，20世纪60年代，比较政治学、比较社会学和经济发展研究等领域，基本上被"发展主义"（Developmentalism）所主导，这一理论路径基于早期的文化人类学和社会学研究。美国对外政策热衷于建立一种有吸引力的非共产主义发展模式，用来替代马克思列宁主义，现代化理论成为主导范式。这一范式认为，所有不发达社会的根源是"内部障碍"，因此，可以通过采取与欧美发达国家大致相似的路径来实现现代化，走向多元化的民主和公民社会。但是，由于许多发展主义理论家根本没有去过第三世界国家，这一理论忽略了现代化过程中的不稳定现象。加之美国在越南战争的失败和水门事件的爆发，学术界对美国模式必然性的期望和信心大大降低。到了20世纪70年代，一大批反思现代化理论的学者开始另辟蹊径，依附论、统合主义（法团主义）、官僚权威理论以及自主化理论开始受到重视。于是，不可避免地出现了亚洲价值观、印度发展理论、非洲发展理论、拉美发展理论和伊斯兰发展理论。很多地方开始出现自行其是的局面，内生性发展理论非常流行。

（三）新制度主义的比较政治学：走向中层理论

20世纪80年代以后，新制度主义政治学开始兴起。新制度主义将老制度主义与发展理论结合起来，强调通过对政府结构、功能以及实际过程的详细描述，来刻画一个国家政治系统是如何运行的。新制度主义源自对多元民主理论的考察，主要关注政治行为，包括投票行为变迁、党派立场变迁以及对国家的影响、精英和民主问题。在议题上，从旧制度主义集中关注应对大萧条和福利国家建设，转为关注社会福利、替代威权主义的社会民主制度等。比较的重点是政党、政党的运行、政治结盟的形成、公众态度变迁、精英作用、行政官僚机构、不同体制下的政治人物等。

20世纪80年代以后，重新回归国家（西达·斯考切波，Theda Skocpol）和重新发现制度（彼得·豪尔，Peter Hall），要求重新对制度进行研究，恢复"国家"的首要地位，认为"变化无常的历史结构和制度"发挥着核心作用。他们反对阿尔蒙德等人把政治活动看作自我表达的功能而忽略制度，认为制度是国家第一位的相关因素，具有独立的影响，是真实政治的组成部分。同时认为制度对个人具有决定性影响，制度决定了政策选择，偏好就是通过制度获得并通过制度表达出来的。此外，制度和特定的制度变量对政治输出具有主要的影响，制度背景就是政治行动者表演的舞台。

新制度主义的最常用方法是用所谓的"后韦伯主义"的阶级和国家构建框架，基于历史事件进行广泛的分析，从事这方面研究的有莱因哈特·本迪克斯（Reinhard Bendix）、巴林顿·摩尔（Barrington Moore）、斯考切波、吉列尔莫·奥唐奈（Guillermo

O'Donnell)、施密特(Schmidt)和怀特黑德(Whitehead)。另外,统计分析得到了重视,开始关注教育、增长率和城市化等因素的统计比较分析,比如英科尔斯(Inkeles)和史密斯(Smith)的《迈向现代化》、阿普特对乌干达分裂政治的案例研究、阿伦·利普哈特(Arend Luphart)对20多个国家民主政体的研究。在比较政治学发展过程中,逐步出现了新制度主义三股势力,即理性选择制度主义、历史制度主义和社会学制度主义,分别代表了政治系统过程研究、政治发展研究和政治文化研究三个侧重点。理性选择制度主义主要关注"双市场"的研究(经济市场和政治市场之间的互动),安东尼·唐斯(Anthony Downs)和曼库尔·奥尔森(Mancur Lloyd Olson)将研究延续,赫克歇尔(Heckscher)、贝茨、莱廷(David Laitin)、罗森布鲁斯(Rosenblueth)等进行了扩展,普泽沃斯基(Preworski)对民主和资本主义携手并进的创造性研究,关注民主框架对制度巩固的作用。社会学制度主义主要延续了政治文化的研究,关注非正式的社会规范对行为塑造的作用,尤其是英格尔哈特(Inglehart)的世界价值观调查。同时,新比较政治学关注的不再是输入问题,而是输出问题,关注政治结果和政府表现,而不是政治的决定因素问题和对政府的要求。一些研究也开始反思以国家为分析单位的规则问题和对社会指标的盲目崇拜这一柏拉图和罗尔斯所提出的问题,认为作为一个体系,政府有必要保持财富和权力之间、统治者与被统治者之间的相互均衡,故而被称为后行为主义。

二、比较政治经济学的理论与方法

经济学是社会科学皇冠上的明珠。它起源自希腊色诺芬(Xenophon)、亚里士多德为代表的早期经济学,经过亚当·斯密(Adam Smith)、李嘉图(David Ricardo)、马尔萨斯、马克思、穆勒(John Stuart Mill)、凯恩斯(John Maynard Keynes)、马歇尔(Alfred Marshall)等经济学家的发展,历经重农学派、重商主义、古典经济学、社会主义政治经济学、新古典综合派、制度经济学、瑞典学派、演化经济学、行为经济学等流派,形成了现代经济学的理论体系。简言之,经济学核心思想是物质稀缺性和有效利用资源,它包括微观经济学和宏观经济学两大分支。其中,经济学对区域国别学的贡献主要体现在宏观经济学上,主要是因为关注发展问题。发展是一个多学科共同关注的领域,在经济领域中意味着经济增长和经济发展。宏观经济学有助于解释不同国家经济规律的宏观结构、制度乃至意识形态根源。

(一)比较政治经济学的理论图谱

第二次世界大战后,亚、非、拉美三洲广大地区的殖民地和附属国纷纷走向独立,经济上各自选择不同的道路和方式谋求发展,世界上出现了众多的发展中国家。为解释发展中国家的发展,经济学强调以西方经验为凭依,以对西方国家自身的发展道路和历史经验的理论概括和总结作为基本的学术资源和认知框架,确立了发展经济学的基本框架。发展经济学是经济学的一个重要分支,是20世纪40年代后期在西方国家逐步形成的一门综合性经济学分支学科，主要研究贫困落后的农业国家或发展中国家如何实现工业化、摆脱贫困，它的研究对象主要是发展中国家在各方面的经济发展问题。比如刘易斯（Lewis）提出了二元结构发展理论，认为现代生产部门不断扩张和传统生产部门不断萎缩，最终实现了经济的发展和现代化。罗斯托则在《经济增长的阶段》替换出了人类经济发展的六个阶段，包括传统阶段、起飞准备阶段、起飞阶段、向成熟推进阶段、高额群众消费阶段、追求生活质量阶段等。刘易斯和罗斯托的理论引领了发展经济学的理论研究路线。然而，由于发展经济学站在发达国家角度，集中于发展中国家经济问题的研究，没有涵盖发达国家的经济发展问题，故而区域国别学更倾向于使用比较政治经济学的框架。

比较政治经济学是一门新兴的学问，它是关于国家如何调整和发展经济的研究，即跨国家/地域的比较研究（Comparative Studies）和单一国家/地域的区域研究（Area Studies）。尽管比较政治经济学研究很早就存在，从斯密开始，政治经济学经过了古典政治经济学、新古典政治经济学、比较政治经济学和全球政治经济学等不同阶段。学术范式是分析问题和观察世界的共同视角，反映了学界对知识建构约定俗成的基本理论路径。根据朱天飚教授的总结，比较政治经济学主要形成了国家主义、新古典政治经济学、社会联盟和制度主义四个范式。相比较而言，国家主义以国家为中心探讨经济政策、经济发展和经济转型；新古典政治经济学以社会为中心、以个人理性为基础解释寻租现象对经济发展的消极影响以及解决策略，认为经济发展并非国家的自然行为；社会联盟范式则强调国家与社会的互动过程，重视解释不同社会利益组合对政策的影响；制度主义则集中关注制度对政策和行为的影响，与社会联盟模式以不同社会联盟来解释国家的不同政策取向相比，制度主义则更关注不同制度的影响。因此，四种理论范式也有其优缺点，需要针对不同情况有选择地运用。

（二）比较政治经济学对区域国别学的意义

在研究对象上，比较政治经济学主要集中于三类国家和地区：欧美发达经济体与福利国家、发展中经济体与发展型国家（包括新兴经济体国家）、转型经济体和转型国家。比较政治经济学对这些国家和地区的研究，对于深化区域国别学具有重要的意义，尤其是有助于深化对不同地区模式及其内在规律的理解。

1. 欧美模式

欧美发达国家的现代化道路、理论、制度和文化是一个完整的体系，尽管彼此之间也存在着很大差异，但总体上具有共同的知识谱系，大致经历了国家建设—民主化—福利化的类似进程，是一个先发内生的模式。20世纪70年代之后，各国在应对石油危机上推出了不同的策略，引发了比较政治经济学对不同亚模式的关注，新自由主义、经济全球化、欧洲区域一体化等议题受到主流理论的高度重视。不过，尽管欧美发达国家在一些具体模式上存在差异，但总体上仍然保持"华盛顿共识"，甚至认为这一共识代表着人类社会的"普世价值"，积极向其他国家政治经济输出改革方案，在世界范围内造成了许多严重的问题。尤其是在2008年全球金融危机和2020年新冠肺炎疫情中，欧美模式也陷入了新的困境。

2. 转型国家模式

在欧美模式眼里，在苏联解体废墟上承继下来的俄罗斯、东欧、高加索和中亚地区的国家是一些转型国家。转型国家，又被称为转轨国家，也称门槛国家，指的是正在向工业国过渡的发展中国家。20世纪八九十年代，俄罗斯和其他东欧国家一般采取了激进式的转轨（也被称为"休克疗法"），西方经济学家曾经把第二种类型的改革称为"Big Bang"，这是借用圣经语言形容上帝在7天之内就创造了一个美好的世界，以此来比喻这种类型的转轨国家。由于政治突变，旧体制一夜之间被摧毁，新体制随之被强制建立起来。然而，此后的发展并没有像预想的那样顺利，俄罗斯仍然是一个复杂难测的国家，一直在大西洋主义和欧亚主义之间徘徊，俄罗斯的问题源于族群、宗教、文化和民族方面的严重差别。尽管叶利钦认同西式民主道路和西方价值并得到西方的支持，但日里诺夫斯基（Zhirinovsky）和久加诺夫（Zyuganov）则坚持反对西方和亲斯拉夫的行动。普京基本上采取了欧亚主义，强调亲斯拉夫，强调威权主义、自上而下的统治、强国家和强军队，以及集体主义经济，推进欧亚经济联盟。迄今为止，俄罗斯尚未建构一个完善的、独特的俄罗斯发展理论。对于东欧、高加索和中亚国家来说，面临着比俄罗斯更大的分裂和两面特征：一些国家（比如捷克、斯洛伐克、波兰、匈牙利、斯洛文尼亚、克罗地亚）的历史、语言、宗教主要是西方的，冷战后这些国家在政治经济两方面都日益与西方对接。而另外一些国家（比如保加利亚、罗马尼亚、塞尔维亚、阿尔巴尼亚、马其顿、波斯尼亚和黑赛哥维那）则更为混合，西方和东方模式都有。迄今为止，还看不到一个独特的东欧发展模式，一些国家仍然处于混乱之中。因此，东欧国家更多的问题不是是否接受一种成熟的独立理论，而是怎样应对强大的常常造成对抗的民族主义、敌对族群和宗教忠诚，以及"西方"与"非西方"的边界在哪里。

3. 东亚模式

与自信满满的欧美模式和犹豫不决的转型国家模式相比，东亚模式发展势头强劲，似乎正在走出一条不同于欧美模式的道路。东亚地区强调儒家价值观和现代化并行不悖的方案取得了明显成效。新加坡领导人李光耀对亚洲价值观的强调分外引人注目，李光耀提出的亚洲价值观强调亚洲人自我意识的觉醒，那就是："我们都没放弃对妻子、孩子、家庭、祖辈等的基本态度。"尽管亚洲地区存在着儒家思想、道家思想、神道教思想、佛教思想等多元价值观，但强调家庭本位的"基因"是一致的。在许多学者看来，尽管东亚模式仍然被一些学者误解为将威权主义合理化和践踏人权，但越来越多的国家的确倾向于加入并倡导一种与众不同的亚洲模式。不过东亚模式的内涵仍然不清楚，比如国家的指导性作用，自上而下的权威治理体系和举止文明的社会规范等。尤其是中国实力的迅速崛起，"北京共识"和"中国模式"正在引发世界范围内的关注，"一带一路"、亚洲基础设施投资银行以及越来越多的"中国方案"引发了"当中国统治世界"的大讨论。

4. 南亚模式

与日本、韩国、东盟国家强调的发展型国家不同，印度似乎代表着亚洲模式的另一个版本。印度在某种意义上像中国，拥有古老的文明，有十几亿人口，但印度继承了英国的自由议会民主制度，内在文化是非常多样化的，今天的印度是一个充满活力的社会，一个本土与外来杂糅的混合体。长期以来，印度在极力维持种姓制度的基础上，更强调自己是一个最大的民主国家，致力于寻求将本土因素和外来因素结合起来，打造一种印度特色的南亚模式。就地区实力来说，尽管印度雄踞南亚地区之首，但其他南亚地区国家似乎并没有追随印度的道路，且不说巴基斯坦这样与印度有着激烈冲突的国家，即便是尼泊尔、孟加拉、斯里兰卡、马尔代夫这样的国家都在转向寻求中国式的发展。这对印度无疑是一个巨大挑战，也直接引发了印度与中国关系的紧张，自从中国启动"一带一路"的宏伟倡议之后，中印关系的紧张程度与日俱增。

5. 伊斯兰模式

面对现代化的压力，无论是欧美模式，还是转型模式和东亚模式，外来模式在伊斯兰世界一直不成功，这引发了伊斯兰世界对缺少国内和国际成就的强烈挫折感甚至愤怒。伊斯兰世界有着强大的伊斯兰教法，有着严密的信仰体系、律法体系和公众行为指南，这一切都巩固了伊斯兰的信仰和文化习俗的基础。但问题是伊斯兰现代化有着内在的根深蒂固的分歧，这一差别不仅存在于经济、政治和社会方面，也存在于对西方的态度和与西方的关系方面，因此，伊斯兰世界在兴起伊斯兰原教旨主义，而且更激进和更具进攻性，整个社会和政体日益按照伊斯兰模式重组。伊斯兰模式走向何方，还是一个未定之数。

6. 非洲模式

非洲是对本土模式喊得最响的地区，非洲曾经受到西方殖民主义和帝国主义的巧取豪夺，在独立后仍然保持着外来的政治经济模式，不适合非洲实际，导致了无数的灾难和破坏。总的来说，非洲强调部落现代化：非洲的部落主义开始受到宽容的对待。非洲领导人开始尝试在继续保留部落主义的同时，推动一些制度的革新。但是，非洲的本土化努力已经被证明在发展和改善非洲民族状况方面也没有更成功。非洲民主化一直步履蹒跚，其非集权化的努力也主要基于外来的模式。置身于经济全球化的洪流中，即便非洲国家联合起来团结自强，也很难抵挡来自外部世界的滚滚洪流。

7. 拉丁美洲模式

拉丁美洲的主要制度建构是西方的，但又伴随着半封建因素。拉美国家一直在寻求一种能够同时反映西方性和伊比利亚历史特性的政治经济模式，至今还没有找到。近几个世纪以来，拉美地区的一般趋势是越来越靠近西方的政治和经济模式，尽管产生了统合主义和依附理论，但基本上是二元本土化的东西，其中一种模式仍然试图以西班牙方式（天主教＋西班牙语）定义本地区的特殊性，另一种则代表日益增长的对本土主义或者印第安权利的要求，同时在政治民主和经济新自由主义方面越来越趋近于西方的潮流。拉美地区长期作为美国的后院，又孤悬西半球，即便拉美模式有寻求自主发展的心，也缺乏必要的力量支持，拉美地区一体化的前景仍不容乐观。

总体来看，迄今为止各种地方性的、本土的、民族主义的和草根型的发展模式，正在日益取代或者补充早先引进的常常不被信任的西方现代化模式。非西方国家越来越强调内生的或本土的发展理论，构建基于某种本土的或民族的制度和实践，本土化发展道路似乎正在成为区域国别学的新潮流。然而，冷战结束后，非西方国家在西方化、民主化和文化互联的背景下，本土化已经越来越困难。世界秩序成为一个十分重要的问题。

三、社会学的理论与方法

社会学是系统地研究社会行为与人类群体的学科，既包括微观层级的社会行动或人际互动，还涵盖宏观层级的社会系统或结构。该学科起源于19世纪30年代，它是一门通过定量和定性等科学方法，致力于完善一套有关人类社会结构及活动的知识体系以寻求或改善社会福利的学问。由于社会学的研究对象极其广泛，且由于人类活动的所有领域都是由社会结构、个体结构的影响塑造而成的，故而社会学除了研究社会阶级、社会分层、社会流动、社会宗教、社会法律、越轨行为之外，也拓展到教育、医疗、养老、就业、法律、军事、数字化转型等多个领域。因此，在区域国别学中，社会学是不可缺少的主力军之一。尤其是20世纪50年代开始，一些西方国家和发展中国家的学者运用西方经典社会学的思想方法和分析框架，考察现代社会的变迁问题，包括发达国家与发展中国家之间的关系，工业化、城市化对发展中国家的影响，发展中国家实现现代化的战略和模式，发展中国家在国际社会中的地位和作用等，被统称为发展社会学。

（一）发展社会学及其理论图谱

发展社会学是指研究现代化和社会发展问题的社会学分支学科，20世纪50年代兴起于欧美发达国家，在70年代初具规模。发展社会学的核心是立足于当今发展中国家的具体实践，在总结和借鉴发达国家现代化经验教训的基础上，对近代至今世界各国现代化发展过程的理论、途径、模式和经验等的综合性研究。早期发展社会学提出了"现代化理论"。20世纪60年代初，一些发展中国家的社会学者为探讨发展中国家的不发达问题，提出了依附理论和世界体系理论等，所有这些理论路径对于推动区域国别学都具有十分重要的意义。

作为一种理论和方法，世界体系理论（World System Theory）兴起于20世纪70年代的美国，其主要标志是美国纽约州立大学沃勒斯坦于1974年出版的《现代世界体系（第一卷）：16世纪资本主义农业和欧洲世界经济的起源》，这一理论创造性地融合了社会发展理论中的主流学派与非主流学派（即"经典现代化理论"与"依附论"），认为民族国家并不是近代以来社会变迁的基本单位，而具有结构性经济联系和各种内在制度规定性的、一体化的现代世界体系，才是考察16世纪以来社会变迁的唯一实体。

（二）构建中国特色的区域国别知识体系

迄今为止，区域国别学一直受制于西方霸权体系及其知识谱系的影响，被纳入发展社会学的框架，缺乏学术自主性。事实上，对承担域外知识建构使命的区域国别学来说，反思性和自主性只是手段，实现区域国别学的本土化才是目的，即建立中国独立的区域国别学的社会科学理论与方法。

首先，助力区域国别学的本土化，必须尊重域外世界的客观规律。对中国来说，现代意义上的人文学科和社会科学均属于西方世界的舶来品，中国历来重视的是经、史、子、集之类的人文素养，政、经、法、社之类的社会科学则缺乏根基。中国的本土文化底蕴意味着更重视语言、文化、历史和哲学，在区域国别学上也是如此，不太重视域外世界的客观规律和知识构建。因此，要建立中国特色区域国别学，首先要重视社会科学研究，运用社会科学的理论与方法，拨开笼罩在域外世界上空的暧昧云霭，还原其客观事实的本来面目及其内在客观规律，这是中国区域国别学的首要之举。

其次，助力区域国别学本土化，必须处理好中学与西学的关系。自近代以来，围绕中学与西学之间的关系问题，历代学人争论不休，从"体用之争"到"全盘西化"再到"中西融汇"，贯穿始终的问题是如何摆布中学和西学的关系，在区域国别学上亦是如此。近年来，尽管中国学界一直强烈表达一种平等性、替代性甚至超越性的社会科学意愿，中国学者也在苦心孤诣地以"天下"体系、"关系"思想、"道义"资源来寻求替代区域国别学的新知识框架，但现实是短期内恐怕仍然无法做到"另起炉灶"，既无法完全颠覆西方社会科学规范和基本范式，也无法完全建立起一种令人接受的新知识体系，中国在构建独立的区域国别知识体系方面还有一段很长的道路要走。在此期间，中学与西学的对话恐怕是一种比较长期的学术现象，未必能够短期下定结论。

再次，助力区域国别学本土化，必须处理好中国与世界的关系。区域国别学是一国的域外知识体系建构，需要有着明确的"他者叙事"。表面上来看，区域国别学是一种针对其他国家和地区的研究，实则不然。它更是对本国知识的一种重新评估和反思，需要在研究他者的同时校正自我，尤其是在面临一些根深蒂固、习以为常的常识性判断错误时，更需要有敢于拿起手术刀进行自我手术的勇气和智慧。构建中国特色的区域国别知识体系，核心还是正确处理好中国与世界的关系，坚持开放思维、开放交流、开放对话，在学术交流和对话中获取知识，达成共识，这才是区域国别学的正确方向。

世界潮流，浩浩荡荡，顺之则昌，逆之则亡。当今世界正在经历百年未有之大变局，当今中国正处于近代以来最好的发展时期，两者同步交织，彼此激荡，为中国的区域国别学提供了得天独厚的发展机遇。只要坚持正确学术导向，充分汲取各个学科的理论、方法和智慧，全面推进区域国别学，就一定能够实现构建中国特色区域国别知识体系的宏伟梦想。

思 考 题

1. 简析区域国别学中的国家主义研究范式及其内在争论。
2. 区域国别学中的全球史研究的基本理念体现在哪些方面？如何体现？
3. 结合学习实际，谈谈对构建中国特色区域国别知识体系的理解。

CHAPTER 4 第四章

大国研究（一）：美国与北美地区

美国是由华盛顿哥伦比亚特区、50个州和关岛等众多海外领土组成的联邦共和立宪制国家，国土总面积是937.3万平方千米，人口约3.3亿，通用语言为英语。美国是一个高度发达的资本主义国家，自建国以来，在区区200年时间内，后来居上一跃成为当今世界最先进的发达国家，执掌全球霸权，在几乎所有领域都遥遥领先于其他国家。因此，关于美国成功的秘密早已引起包括美国学界在内的全世界学界的高度关注，从不同的学科、众多的领域和各个角度对美国展开全方位的研究，美国学（American Studies）已经发展成为一门"有固定学术阵地和交流平台、确立了比较鲜明的研究主题、成功地实现向国外拓展"的新型学科。

21世纪以来，随着经济全球化的发展和美国卷入世界程度的加深，中国对美国的研究越来越深入，所谓"重新世界化美国"（Re-worlding America）和"重新定位美国学"（Re-situation American Studies）的讨论日益热烈，美国学研究面临着凝练学科和重新确定方向的新课题。诚如有学者指出的那样，美国学界的"美国学研究"与中国的"美国学研究"在范畴上存在着高度的不对称性，[①] 更加凸显了加强美国学学科发展方向及其中国意义和影响研究的必要性和紧迫性。尽管加拿大也是北美地区的重要国家，但自二战结束以来，其在战略影响力上一直被纳入美国主导的北约体系中，中国的加拿大研究也被纳入美国研究板块。

第一节 美国的国家主题

美国是一个年轻而又复杂的国家。尤其引人关注的是，美国的移民社会充满着创新的活力，美国用了不到200年的时间，就从一个名不见经传的移民垦殖社会一跃成为当今世界首屈一指的现代化发达国

---

① 蔡翠红、倪世雄：《"美国研究"或"对美国的研究"——试析中外美国研究的不对称性》，载《社会科学》，2005(9)，50~58页。

家，而且美国宪法和政治制度框架一直没有发生根本性的变化，美国宪法除了增加了二十六条修正案之外，基本保持了 200 多年以前的形态，但美国的国家和社会早已今非昔比。美国社会为什么如此充满活力？美国的国家制度又为何保持如此高的韧性？美国人成功的秘密何在？诸如此类的问题是美国研究学者思考的焦点。

一、合众为一：美国的主题

作为一个从移民垦殖社会发迹而来的政治形态，美国即使不是世界上独一无二的国家，也与其他发达国家的政治形态相当不同。最早漂洋过海前往新大陆的殖民者们，要么是为了逃避宗教压迫，要么是为了到新世界去发财致富，寻求自由和富足的梦想，因而成为推动美国社会和政治发展的强劲精神动力。然而，他们到达美洲后，摆在他们面前的是众多严峻的挑战，"不但要同荒无人烟的原野和印第安人作斗争，而且还要管理他们自己内部的问题。"[①] 于是，恶劣的自然环境、充满危险的异族群体环境以及殖民者群体内部的社会矛盾，构成了殖民者们必须面对的政治矛盾，如何摆平这些社会矛盾构建新社会的秩序，成为美国政治的核心议题。对于后来加入美国的新移民群体来说，这一问题就转化为新老移民就不同种族、宗教、利益、价值等产生的摩擦和冲突，如何解决这些政治冲突以确立和谐的秩序成为美国政治的主题。简言之，基于美国多样化社会的特点和寻求统一秩序的政治要求，美国政治的主题集中于"合众为一"，是美国国号"美利坚合众国"所表达的政治关系、政治形式和政治活动的发展规律。

"合众为一"的政治主题包括相辅相成的两个方面：一是最低限度的一致性，二是错综复杂的社会多样性。

（一）最低限度的一致性

当今美国政治和社会的建设过程，是一个"美国梦"逐渐实现和扩大的过程。对于早期漂洋过海移居美国的人来说，这种最低限度的一致性就是所谓的"美国梦"。最初的美国梦不过是建立一块充满建功立业的土地，具有竞争力和务实的人能够挣得一份财产或建立一个梦想的家园，其政治精神的核心是自我为中心、实利主义、实用主义和个人主义[②]。哈佛大学的托马斯·帕特森（Thomas Patterson）教授概括为"自由、平等和自治的核心政治价值观"。[③] 另一位哈佛大学著名教授亨廷顿概括所谓的"美国信条（American Creed）"和"美国特性（American Identity）"，认为自由、平等、个人主义、民主和宪政下的法治构成了美国信条的核心价值观。[④] 几乎所有的学者都承认，美国人的政治认同与美国政治理想和价值观密不可分，它构成了美国国家认同的基本

---

① [英] 维尔：《美国政治》，王合等译，4 页，北京，商务印书馆，1981。
② [美] 詹姆斯·M.伯恩斯等：《民治政府美国政府与政治》，陆震纶等译，247 页，北京，中国社会科学出版社，1996。
③ [美] 托马斯·帕特森：《美国政治文化》，顾肃、吕建华译，1~39 页，北京，东方出版社，2007。
④ [美] 萨缪尔·亨廷顿：《失衡的承诺》，周端华译，16~34 页，北京，东方出版社，2005；[美] 萨缪尔·亨廷顿：《我们是谁？：美国国家特性面临的挑战》，程克雄译，119~242 页，北京，新华出版社，2005。

纽带。"美国梦"无论从社会学、文学、还是美国200多年的历史都具有一种永不改变的内涵：不断追求美好生活并为之奋斗，不达目的决不罢休。在"美国梦"的推动下，美国从东部沿海的13个殖民地起家，逐步开疆拓土发展到今天的规模。美国政治也从早期的《五月花号公约》《独立宣言》《合众国宪法》所创造的政治形态，发展成为当今世界最为复杂的政治文明。作为一种有意识的理性创造物，美国政治从一个简单的"美国梦"发展到今天的复杂政治文明体，贯穿始终的都是在寻求一种最低限度的一致性，都是寻求简单的共同性。为了保持此种最低限度的一致性，美国人颇具创意地草拟了《美国宪法》并创建了一套具有鲜明特色的自由民主政体，以保证美国自由、平等和自治的立国精神。自由民主政体是美国人的一个政治发明，在此之前是两个相对独立的东西，19世纪前的欧洲政治思想家中，几乎没人鼓吹自由民主政体，他们要么倡导没有民主特征的自由政体，比如孟德斯鸠（Montesquieu）、休谟（Hume）、伯克（Burke）等，要么鼓吹没有任何自由特征的民主政体，比如卢梭。① 詹姆斯·麦迪逊（James Madison）在《联邦党人文集》中用"合众国"一词来命名美国宪法确立的政体形式，他认为合众国是一种大众政府，代表体制产生于这一政府之中，公民个人权利和对自由的保护在这种政体中至高无上。麦迪逊将共和与民主作对照，把民主定义为一个小范围里的直接的大众政府，并认为民主对个人自由来说一直是不友好的。② 麦迪逊对民主政体的认识往往与罗得岛和马萨诸塞州联系起来，认为民主国家往往无力进行深思熟虑的决策，它们历来"展现的是一种混乱和争论的场面，与个人的安全和财产权格格不入"。③ 美国人在忠诚宣誓中认定其政体就是合众国，属于共和政体，具有一种唤起公民责任感和牺牲精神的崇高性，涉及权利保护、有限政府、深思熟虑的决策过程等现代宪政主义的核心特征。美国弗吉尼亚大学政治系教授詹姆斯·西瑟（James Ceaser）认为，美国政治学研究不仅作为大学里的一门学科，而且作为一个自由社会中的一项重要的人类事业，"在某种程度上应从事支持自由民主政体的活动"。④ 作为有意识的理性设计物，美国政治的发展，在很大程度上受到源于美国政治信条所凝聚的广大民众国家认同的精神动力的巨大影响。

（二）错综复杂的社会多样性

在寻求最低限度一致性的同时，美国政治面对的是一个幅员辽阔、地理多样、经济复杂、种族繁芜、教派林立和文化多元的环境。美国开疆拓土的殖民过程，也是一个多样性和差异性不断显现和发展的过程。在殖民垦殖早期，气候、土壤和自然资源的地区性差异，在各个殖民地形成了颇具特色的政治兴趣和互不相同的生活方式。东北部和濒临大西洋的新英格兰殖民地，濒临港口，交通便利，人口流动快，适合工商业发展，容易造就商业和金融资本集团主导的自由民主政治。而新开发的中西部和南

---

① ［美］詹姆斯·W. 西瑟：《自由民主与政治学》，竺乾威译，12页，上海，上海人民出版社，1998。
② ［美］汉密尔顿、杰伊、麦迪逊：《联邦党人文集》，程逢如等译，44~53页，北京，商务印书馆，1980。
③ ［美］汉密尔顿、杰伊、麦迪逊：《联邦党人文集》，程逢如等译，44~53页，北京，商务印书馆，1980。
④ ［美］詹姆斯·W. 西瑟：《自由民主与政治学》，竺乾威译，3页，上海，上海人民出版社，1998。

部地区，土地肥沃，气候温和，适合发展种植园和奴隶制，更适合农场主和奴隶群体的发展。于是，"边疆的扩展恰如一张打开了的地图，把地区性和区域性的差异展现出来，这种差异构成了 19 世纪美国政治的基础"①。南北战争就是因为无法找到南北各方可以共同接受的政治方式解决这一问题而造成的，它对美国政治的影响直到今天都十分重要。南北战争之前，边疆开拓提供的无限机会催生了一波波的移民浪潮，引发了美国更为复杂而深刻的种族差异和宗教纷争。19 世纪初期，爱尔兰裔、德国裔移民大批涌入美国，还没有引发特别严重的政治后果。南北战争结束后，东南欧的意大利人、波兰人、立陶宛人、希腊人、亚美尼亚人以及西亚的叙利亚人、犹太人等纷纷涌入美国，在总数上甚至远远超过原来的盎格鲁 – 撒克逊人构成的"旧种族"。大量涌入的移民为美国带来了语言、宗教、种族、习俗、社会政治态度等方面的多样性，如何在如此复杂多样的利益和社会价值观的竞争中确立解决冲突的政治游戏规则，使之保持和谐而幸福的秩序状态，构成了美国政治生活的基本脉络，一直影响至今。美国宪法最初不过是 18 世纪的思想家根据当时需要设计出来的理想政体精神，它无法了解此后美国工业化社会的众多挑战，更无法应对信息社会对美国政体形成的严峻挑战。因此，美国宪法赋予最高法院以解释美国宪法责任，根据美国社会发展的需要补充和发展美国政体，以有效应对来自美国社会发展带来的诸多挑战。

不难看出，合众为一，亦即如何在错综复杂的社会多样性中寻求最低限度的一致性，一直是而且仍将是美国政治的主题，它构成了美国政治发展的内在动力。从这个意义上来说，美国政治发展的过程也是一项西瑟所说的追求自由民主政体的事业。在人类理性意识和实用主义精神的指导下，美国人坚信通过积极探索应对内外部挑战的价值、组织和制度，他们的"美国梦"仍然可以继续得以在更高的境界中实现。

二、自由与平等的张力：美国的认同动力

既然美国政治是美国人意识理性的创造物，美国民众独特的思想、性格和行为哲学对于美国政治就具有至关重要的影响。反观历史，在美国人按照自己的理想和生活方式缔造一个新政治的时候，他们面对的最大挑战源自美国理想自身的内在张力。在欧洲人的思想谱系中，自由和平等天生就是对立的。自由原则倾向于将权利置于责任之上，把个人自由看得比多数规则更加重要。相反，平等原则更强调对社会共同体的义务和责任胜过个人的自主权，把群体权利看得比个体权利更重要。自由与平等之间在优先次序上的取舍必然导致两者之间的矛盾，这是其无法摆脱的悖论，更是引发欧洲历史上自由主义与社会主义竞争的核心线索。

美国立国之初的特殊环境条件，使得它们在特定时期实现了自由与平等原则的有机统一。早期移居美国的移民，为了摆脱封建压迫和宗教迫害，寻求宗教自由和财富，在登上新大陆后以"自然法则"和"上帝旨意"摒弃旧大陆腐朽价值观。在《独立宣言》

---

① [英]维尔：《美国政治》，王合等译，9 页，北京，商务印书馆，1981。

中开宗明义,"每个人都是生来平等的",从而正式承认人生来平等原则,并将平等的原则注入了生命、自由和追求幸福的权利精神,从而实现了自由原则和平等原则的有机统一。《独立宣言》明确提出如果"政府追求的目标是企图把人民置于专制主义统治之下时,人民就有权利,也有义务推翻这样的政府,并为他们未来的安全建立新的保障"。在历数英国国王的诸多暴行之后,13个殖民地庄严宣告"这些联合一致的殖民地从此成为、而且按其权利必须成为自由独立的国家""解除一切效忠于英王室的义务"。随后,在合众国宪法中规定:"为了建立一个更完善的联邦,树立正义,确保内部安宁,提供共同防御,增进公共福利,并确保我们自身和子孙后代永享自由的幸福,特制定美利坚合众国宪法。"自由和平等原则在政治制度上得到具体实现,美国人用实践突破了欧洲人所坚信不疑的"自由与平等的悖论"。

令美国人庆幸的是,宗教和法治的传统为自由和平等的矛盾设置了一条坚强的红线,任何政治力量在角逐的时候都不敢轻易越过这条红线。在自由、平等和自治相互角力的过程中,美国政治确立了一系列游戏规则,包括宪政、民主和市场经济体制,这一系列规则保持了自由和平等博弈的政治游戏不脱离既定的轨道。每当现实社会生活中出现问题的时候,有关政治力量都会在既定的游戏规则下,各自调集政治资源,为美国政治的前途寻求方向。唯一的一次例外是南北战争,南部州试图抛弃这一游戏规则,最终还是被北方州快马追回了。自此之后,无论多么极端的政治力量,只要不跨线越界,都可以在这一游戏规则下找到自己的生存空间。因此,极左翼力量无法在美国扎根,极右翼政党在美国也难成气候,美国政治成为自由与平等原则轮流坐庄的政治游戏。这就是美国政治发展的根本秘密,也是由美国移民社会的特定国情、历史传统以及社会多样性的客观结构所决定的。

三、美国研究的学术议题

在美国立国之初,自由和平等的矛盾统一就为美国的发展播撒了种子。在自由与平等交织的理想推动下,美国政治的历程围绕四个议题展开,这四个议题构成了美国政治的核心逻辑。

(一)共和国家研究

美国制宪先贤们把共和政体作为美国政体的唯一选择,"显然再没有其他政体符合美国人民的天性,符合革命的基本原则,或者符合鼓励每个自由之士把我们的一切政治实验寄托于人类自治能力的基础上的光荣决定了"[①]。因此,研究共和政体的逻辑是美国政治逻辑的核心内容,创立共和政体也是美国政治的首要任务。从早期美国共和政体设计过程来看,共和政体研究主要包括人民主权、有限政府、分权制衡、联邦主义、政教分离五个方面的内容,这一共和国的政治形式,顺应了当时社会政治的要求,一方面摆脱了英国的殖民统治,实现了政治独立;另一方面满足了美国人追求

---

① [美]汉密尔顿、杰伊、麦迪逊:《联邦党人文集》,程逢如等译,192~193页,北京,商务印书馆,1980。

自由和平等的理想，为美国经济和社会发展创造了恰当的政治形式。这一政体经过了200年的风吹雨打没有发生根本性的变化，尽管它还不能被称为民主的政体，但已经突破了传统的专制政体和贵族政体，确立了宪政共和的基本政治架构，在人类政治发展历史上具有十分重大的意义。研究美国政治，就是要考察为什么这一政体在复杂多样的美国社会中能够安身立命，以及这一政体的内在逻辑和发展变化的规律。

（二）民主化研究

美国政治研究不仅是一门政治学术，也是一项政治事业。从一项政治事业的角度来看，美国政治作为人类理性设计而成的政治文明成果，必然面对来自自然和社会领域的众多挑战。作为一门学术，美国政治研究不仅要着眼于揭示美国政治运行的内在规律，也非常关注美国政治在变动不居的社会生态中面对的诸多严峻挑战，以及探寻美国政治发展完善的因应之道。无论作为一门科学，还是作为一门事业，美国独特的民主化道路，都是美国政治发展逻辑中引人关注的重要问题。

至少在制宪先贤们那里，民主政治并非他们的理想选择。不少制宪先贤对民主政治充满恐惧，亚历山大·汉密尔顿（Alexander Hamilton）和詹姆斯·麦迪逊（James Madison）都认为，民主政治隐含着暴民政治的危险倾向，容易导致所谓的"多数派暴政"。[①] 为此，制宪先贤们所建立的是一种权力分立和相互制衡的共和政体，而非民主政体。"我们发现，在联邦的范围和适当结构里，共和政体能够医治民主政府最易发生的弊病。"[②] 在共和政体内，美国建国后，信奉新教的盎格鲁–撒克逊男性白人实现了梦寐以求的自由，摆脱了英国宗主国的殖民统治。但是这一政体带有相当浓厚的贵族政治色彩，自由和平等仅仅限于有财产的白人男性，奴隶、妇女、无财产的人、黑人等没有自由和平等的权利。这一状况的存在表明，共和政体内部存在着一些不可解决的自我矛盾，这些矛盾与美国自由—平等—自治的立国精神相违背。这一矛盾在开国之初还算不上什么，宪法通过之后，随着美国社会的发展，这一问题逐步显露出来，平等的逻辑推动着众多社会力量以"自由"的名义争取平等的权利，美国民主化就成为不可阻挡的历史趋势。

美国政治的民主化是十分特殊的民主化道路。研究美国的民主化需要将其置于美国特殊的历史—社会—文化背景下进行考察。美国社会中的自治传统，政教分离原则基础上的教派林立的宗教结构，移民社会的多元文化生态，以及美国历史上缺乏封建等级制束缚等因素，都对美国的民主化道路产生了深刻影响。如何把握这些社会生态因素与美国民主之间相互适应和相互影响的关系，是美国政治民主化研究的核心。同

---

① [美] 汉密尔顿、杰伊、麦迪逊：《联邦党人文集》，程逢如等译，45页，北京，商务印书馆，1980。
② [美] 汉密尔顿、杰伊、麦迪逊：《联邦党人文集》，程逢如等译，44~51页，北京，商务印书馆，1980。

时，美国政治民主化过程中，也面对一些严重的问题，比如投票率低迷、选举人团的过滤、金钱的腐蚀、最高法院的分裂化、总统权力太大等，需要通过不断研究并提出解决方案。①另外，美国的民主仍然停留在形式的政治和法律领域，在社会经济领域还很不充分，很不彻底，美国民主归根结底是资产阶级的民主，不是无产阶级的民主，是一种虚伪的民主。如何看待美国形式民主和实质民主之间的落差并研究这一落差对美国政治的影响，也是民主化研究的题中之意。

（三）国家治理研究

马克思主义唯物政治观认为，任何国家的政治统治都不能撇开国家所应履行的某种社会职能而独立存在，"政治统治到处都是以执行某种社会职能为基础，而且政治统治只有在它执行了它的这种社会职能时才能持续下去"②。在社会生产力发展的不同水平上，美国政治承担着不同的社会治理职能，美国政治的内在矛盾也表现在美国社会治理的众多议题领域的各个方面。正确把握美国政治治理社会问题过程中政治思想及其矛盾互动运行规律，尤其是在当今信息社会飞速发展的时代背景下，考察美国政治治理社会的未来走向，也是美国政治研究的重要任务。

按照社会形态来划分，美国政治先后经历了早期移民垦殖的农业社会、19世纪中后期到20世纪中期的工业化社会，以及20世纪60年代以来的信息化社会三个阶段。相应地，在不同发展阶段，美国政治对社会问题的治理呈现为不同的特征和规律。许多学者在研究美国政治的社会治理时，往往采取历史—比较的分析方法，将美国的实践与欧洲国家进行比较政治分析，以此考察美国社会治理的特殊性及其决定因素。③其实，此种做法具有一定的偏颇，它忽视了美国政治逻辑的独特性，是一种舍近求远的曲线策略。从美国政治逻辑的角度，考察美国政治如何通过治理复杂的社会问题以缓解来自于核心政治价值观的自我矛盾，以及美国社会生态为什么能够塑造特定形态的美国政治，是研究美国社会治理的一条捷径。

（四）帝国与霸权研究

美国作为一个独立的政治文明体，如何与其他国家和政治文明体打交道，是一个十分复杂的问题。最初，美国政治哲学是在国家范围内奉行孤立主义原则，不卷入欧洲的国际政治纷争。这一孤立主义的传统支配了美国政治很长一段时间，在这一段时

---

① [美]罗伯特·达尔：《多元主义民主的困境》，尤正明译，北京，求实出版社，1989；公治之：《西方式民主的困境及其理论思考》，载《政治学研究》，1996（3），74页。
② [德]恩格斯：《反杜林论》，190页，北京，人民出版社，2018。
③ Skocpol T. Protecting Soldiers and Mothers: The Political Origins of Social Policy in the United States. Cambridge, MA: Harvard University Press, 1992; Lipset S M, Marks G. It Didn't Happen Here: Why Socialism Failed in the United States. New York: W. W. Norton & Company, 2000.

期内,美国专心致志于国内政治的事业。随着美国国力的增强,1823年的"门罗主义"、海·约翰(John Milton Hay)的"门户开放"、西奥多·罗斯福(Theodore Roosevelt)的"大棒政策"、威尔逊(Thomas Woodrow Wilson)的"十四点"相应地就提出来了。特别是随着一战的爆发和二战的卷入,美国再无可能完全置身事外。因此,罗斯福新政启动了美国卷入世界的大门,国际主义或世界主义成为美国对外政治哲学的主导哲学。

随着二战的胜利,美国开始在世界上占据主导地位,强权地位的获得开始日益成为美国自信和自得的资本。于是,在世界上追求什么,如何实现其目标,成为摆在美国政治面前的重要问题。冷战结束后,美国人的自由主义受到了"冷战胜利心态"的感染,迅速膨胀为一种对自由民主体制的空前信心。这一信心也逐步进入外交政策领域,转变成为把世界美国化的新理想主义,"美国对外促进民主,是自二战结束以来一直在追求的目标,体现了美国对如何创造一个稳定和相对和平的世界秩序的实用、渐进和周密的理解,可以称之为'自由主义'的大战略"①。因此,美国希望按照自己的逻辑改变世界,美国也希望能够用自己的逻辑改变整个世界。这是在相当长一段时期内研究美国与世界关系的一条政治学线索。

美国政治是一个相当特殊的政治形态,在建国200多年的时间内,美国政治保持了很大程度的连续性,也产生了具有重大理论和历史意义的变革。应该如何解释美国政治的连续性和变革性?意识形态、文化、经济和选举以及制度结构在塑造美国政治发展中扮演什么角色?应该如何划分美国政治的不同时期,美国政治与其他工业化民主国家相比是一种特殊的形态吗?所有这些问题,都在呼唤一种从整体上考察美国政治逻辑的必要性。如果沿着这一思路,政治学家必须回答决定美国政治发展的根本矛盾是什么,换言之,美国政治发展所苦心孤诣为之奋斗的主题是什么?作为一个移民国家,美国政治的全部秘密都隐藏在"美利坚合众国"的国号上,合众为一是美国政治生生不息的主题。

第二节 美国研究:学科与事业

一项成熟的学科必须矗立在一系列独特、精确、严格和科学的概念基础上,美国学也不例外。迄今为止,尽管学界有大量关于美国学的概念界定,但在指称对象、涵盖范围、关注议题和学科归属上尚无统一的看法,彼此之间存在着深刻的争论。这些争论已经严重影响着美国学学科的发展,无论在美国还是在其他国家,均是如

---

① Ikenberry G J. Why Export Democracy?: The "Hidden Grand Strategy" of American Foreign Policy. The Wilson Quarterly, 1999, 23(2): 56-65.

此。① 归结学界关于美国学概念的界定，可以发现彼此之间的分歧是多重的、复杂的。

一、作为学科的美国研究

首先，关于美国学研究最为明晰的分歧是所谓"美国研究（American Studies）"和"对美国的研究（the Study of America）"的分歧。蔡翠红和倪世雄认为，美国学有不同的含义，美国学在本土的展开是一种面向自我、内向式的研究，它体现了强烈的美国性、民族身份诉求或者美国特质，是一个仍在不断拓展的多元领域，美国学是美国性和美国特质的寻找过程，是一内向的文化研究；其他国家对美国的研究则集中于对一强大他国的研究，较易倾向于政治学、国际关系等方面研究。② 在两位学者看来，美国的美国学研究更多是一种"美国研究"，比如美国研究协会（American Studies Association）执行主任斯蒂芬斯（Stephens）就认为，美国学是"旨在促进从宽广的人文意义上理解美国文化的过去与现在的一个独特的跨学科领域"③。而其他国家对美国的研究更多是一种"对美国的研究"，比如孙哲教授认为，美国学亦即美国研究，是一门针对美国这个国家的政治、经济和文化进行专门研究并探索其行为规律性的综合性社会科学学科，从本质上来说，美国学是研究美国国家诞生、成长和发展的学问，从内容上来说，美国学是研究美国文明的学科。④ 可见，美国的美国学研究和其他国家的美国学研究之间存在严重的不对称性，它们在开展美国学研究的时候，可能并非强调同一个对象。

其次，即便是在"美国研究"内部，也存在对美国学的"整体主义研究"、对"美国的不同定义的研究"的区别。在整体主义学者看来，美国学是一门跨学科和多学科的综合研究，是一种整体主义的学科。然而，20 世纪中叶之后，整体主义看法受到了一系列学者的批判，比如理查德·P. 霍维茨（Richard P. Horwitz）认为，美国学的研究主题可以概括为各种群体对"美国的不同定义"。这一区别归根结底是不同美国之间的争论。

另外，在具体研究对象、研究主题和研究方法上的差异就更多复杂和多样了。在 20 世纪 60 年代之前的美国学更关注美国的国民性格、区域文化、思想传统等因素，在研究主题上更多关注美国的历史和文明，力图寻求对美国进行文学和历史结合的整体主义研究，在研究方法上更突出人类学、历史学和文学的理论和方法，派瑞·米勒

---

① Spiller R. Unity and Diversity in the Study of American Culture: The American Studies Association in Perspective. American Quarterly, 1973, 25: 363-389; Walker R H. American Studies Abroad. California: Greenwood Press, 1975; Maddox L. Locating American Studies: The Evolution of a Discipline. Baltimore: John Hopkins University Press, 1999.
② 蔡翠红、倪世雄：《"美国研究"或"对美国的研究"——试析中外美国研究的不对称性》，载《社会科学》，2005（9），50~58 页。
③ John F. Stephens. American Studies in the United States: An Overview. USIA, U. S. Society and Values, October 1996.
④ 孙哲：《美国学：中国对美国政治外交研究》，41 页，上海，上海人民出版社，2008。

（Perry Miller）和 F. O. 马西森（Francis Otto Matthiessen）的研究是其突出代表。[①] 20世纪60年代之后，美国学研究转而关注性别、种族、宗教、阶级等文化因素的研究，研究主题关注以社会意识为基础的美国思想研究，在研究方法上强调比较方法、行为主义方法、批评理论和后现代主义方法，阿伦·特拉奇藤伯格（Alan Trachtenberg）的阶级分析、戴维·R. 罗迪格（David R. Roediger）的种族分析，以及各种女性主义、后殖民主义、后结构主义的文化研究等，都是集中的代表。[②] 如果具体到每个学者之间的研究，彼此的复杂和差异就更加多样了。

从美国学研究的复杂性和综合性出发，以研究美国学著名的张涛教授没有对美国学做出笼统的界定，而是从美国学构成的角度，指出了美国学研究的组成部分。他认为："支撑美国学的基本构件有四个：一是美国学研究美国历史和现实中具有群体特色的集体和个人文化意识，这些意识汇聚成了美国的文化传统。二是美国学在实施这些研究时，经常以美国社会中某一群体代表人物的代表著述或经历为切入点。三是在方法论上，美国学多以跨学科的方式出现，对传统学科的研究方法和研究理论进行选择利用。四是美国学受时代氛围的影响较强，其发展因此呈现出从宏大叙述到细化研究的发展脉络。"[③] 但是，这一看法显然是过于看重美国学的复杂性，在强调美国学细节的同时，不免有只见树木不见森林的缺陷。为此，孙有中教授对美国学提出了一个较为宏观和明确的定义。他认为，美国学是一门探索"美国文化的历史与现状，即'美国的历程'的学问"，不仅涵盖了传统的美国历史研究，而且包括对美国当代社会与文化现象的考察。[④] 孙有中教授的看法非常清晰简洁，突出了"文化""历史""现状"的多重向度，既具有一般意义上的学科观照，也具有开放的分析向度，可以称得上是一个对美国学比较不错的界定。此种界定的不足之处在于没有突出美国学的美国性，将美国学沦为一般意义上的"美国研究"，没有揭示出美国学作为交叉学科的基础地位和美国学学科所内在着的理想和激情，不利于学界把握美国学之所以生生不息的学科动力和源头活水，也不利于揭示美国之所以迅猛发展的精神支持和学科根源。

二、作为事业的美国研究

美国学既是关于美国的一门学科，更是关于美国的一项事业，其学科性和实践性是高度结合在一起的。从学科性上来说，凡是与美国相关的学问，都可以算作是美国学的内容，比如严维明先生认为："美国学，或称美国研究，是一门把美国作为研究对象的学科。凡研究美国的政治、经济、社会、文化、思想、哲学、历史、地理、宗教、

[①] Miller P. Errand into the Wilderness. New York: Harper, 1964; Matthiessen F O. American Renaissance. New York: Oxford Univ. Press, 1941: xv.
[②] 参阅 [美] 约翰·卡洛斯·罗：《美国研究的未来》，蔡新乐译，北京，中国社会科学出版社，2008。
[③] 张涛：《美国学运动研究》，30页，北京，商务印书馆，2004。
[④] 孙有中：《美国的美国研究》，载《美国研究》，2006(01)，120~129页。

军事、外交，以及一切与美国有关的课题，均属美国学。"① 从实践性上来说，美国学也是美国人实现其理想和事业探索历程的学问，反映着美国与众不同的价值选择和理想追求。在斯蒂芬斯看来，美国学的研究目的在于"理解我们自己"。在马西森看来，美国的文学是"民主的文学"。② 在亨利·N. 史密斯（Henry Nash Smith）、利奥·马克斯（Leo Marx）等人看来，美国学就是一系列美国人的"神话"和"象征"。③ 西瑟认为，美国政治学"在某种程度上应从事支持自由民主政体的活动"。④ 可见，在界定美国学的时候，既不能弱化其学科性的一面，也不能忽视其事业性的一面，必须兼顾两者，才能把握美国学研究的全貌。

如果从兼顾学科性和事业性的双重考量出发，美国学归根到底都是对美国民族特性、国家特征和社会理想的探索历程。从纵向的历史事业来说，美国学是来自全世界的移民先是在北美大陆随后是在世界范围内探索实现美国理想的历程，是一批批美国人获得自我精神和自我发展的经验结晶。迄今为止，这一探索历程包括三个阶段：一是美国从欧洲大陆的强权和母国的统治下独立出来，建立了美利坚合众国的"山巅之城"，并实现了"美洲是美洲人的美洲"；二是美国克服了从乡村农业社会向现代化社会的转型之痛，通过南北战争、进步主义、罗斯福新政等一系列改革，构建了一个新美国，实现了民主化与社会和谐；三是美国当下正在探索的如何适应全球化的挑战，努力解决美国和世界的矛盾，塑造一个全球化的政治秩序。这一任务尚未完成，仍然处于探索过程之中。从横向的学科构成来说，美国学涵盖了三个领域：一是对美国人的研究，集中于民族特性及其价值的研究，力图回答来自世界各地的移民怎样摇身一变成为美国人的问题；二是美国国家研究，关注国家特征及其过程的研究，着力回答美国人所缔造的国家是如何可能的、与其他国家有什么不同，以及怎样才能为其他的旧大陆创造可以效仿的国家样板等问题。三是美国社会研究，尤其关注理想和秩序的研究，努力寻求化解社会冲突和实现美国理想的济世良方。无论隶属哪一个学科，只要力图推进美国学的研究，都会围绕上述内容从各自的视角展开研究，最终会殊途同归，汇入美国学研究的汪洋大海。

第三节　美国研究：历史与范式

美国学是学科分化之后为满足美国民族精神需求而对欧洲中心主义的学术反动。尽管美国研究的渊源可以追溯到 1837 年爱默生（Emerson）向哈佛知识界发表的题为"美国学者"的演讲，在演讲中，爱默生号召美国学者摆脱欧洲文化传统的束缚，创

---

① 严维明：《比较美国学》，3页，西安，西安交通大学出版社，1999。
② Matthiessen F O. American Renaissance: Art and Expression in the Age of Emerson and Whitman. New York: Oxford University Press, 1941: vvi-xvi.
③ Kuklick B. Myth and Symbol in American Studies.. American Quarterly, 1972, 24(4), 435-450.
④ [美] 詹姆斯·W. 西瑟：《自由民主与政治学》，竺乾威译，3页，上海，上海人民出版社，1998。

建具有美国本土特色的美国文化。但是，系统的美国学在 20 世纪之前却始终没有形成，甚至连"美国学"一词在 20 世纪 20 年代之前的美国英语中都很难看到。① 学界公认美国学诞生于 20 世纪 20 年代对形式主义的反动（The Revolt Against Formalism），最能够称得上是"美国学的思想之父"的是弗农·路易斯·帕灵顿（Vernon Louis Parrington）。在 1927 年出版的《美国政治思想的主要流派》一书中，帕灵顿将美国文化的整合研究推进到了一个新阶段，从而将爱默生的"美国学者"变成了现实，给作为一门独特学问的美国学确立了思想基础。② 随后，1931 年耶鲁大学开设"美国思想与文明"课程，1933 年该校授予第一个美国文明史方向博士学位，标志着美国研究的诞生。直至 20 世纪 90 年代末，全美国多达 261 个系／专业开设美国研究课程，研究方向涉及文学、艺术、历史等人文学科和经济、政治、法律和社会学等社会学科。③

回顾美国学学科成长的历程，按照美国学事业的纵向线索和美国学学科的横向指标为依据，可以将美国学的学科成长划分为三个阶段④：第一阶段是帕灵顿、马西森和米勒所代表的自由主义思想与新教运动范式，主要是 20 世纪 20 年代到 30 年代。第二阶段是史密斯、刘易斯和马克斯等人所代表的神话—象征范式，主要是从 20 世纪 40 年代到 60 年代。第三阶段是 20 世纪 60 年代后以新马克思主义、后结构主义、后现代主义的文化批判范式。

一、美国研究的奠基时期：帕灵顿范式

美国最初起源于欧洲在北美的移民垦殖殖民地，在文化传统、价值观念和社会制度上带有极强的欧洲色彩，毋宁说美国学的开拓最初就是欧洲启蒙运动以来自由主义思想传统在北美大陆的延伸。受欧洲大陆哲学和英国自由主义的影响，从殖民地开拓一直到 19 世纪末的 200 多年时间内，美国一直延续着欧洲自由主义的思想传统，在学术上饱受形式主义（Formalism）的制约，决定了美国学界长期保持着欧洲的学术风格。在较长的一段历史时期内，美国的学术无法摆脱来自欧洲的影响，盎格鲁－撒克逊式的新教群体（WASP）主导着美国的思想和学术。从这个意义上来说，美国学的起源本身就是一场通过批判欧洲思想传统而追求民族主义倾向的学术运动，也是美国学界对欧洲学科隔离传统反叛精神的结果。

美国独立战争胜利后，实现政治独立的美国，在思想领域一直在谋求精神独立，寻求美国学的主观努力一直没有放弃过。尽管第一次宗教大觉醒运动为美国独立战争解决了合法性问题，汉密尔顿等人的《联邦党人文集》、托马斯·潘恩（Thomas

---

① Horwitz R P. American Studies: Approaches and Concepts.In Kurian G. Encyclopedia of American Studies. Bethel, Connecticut: Grolier Publishing Company, 2002, Vol.1, 112.
② Parrington V L. Main Currents in American Thought. New York: Harcourt Brace and Company, 1930, iii~vii.
③ 载陈奔、陈洁菲：《美国研究：一个历史的解读》，载《哈尔滨工业大学学报（社会科学报）》，2006(4)，28 页。
④ Reed T V. Theory and Method in American Studies: An Annotated Bibliography. American Studies International, 1992, 30(2): 4-34.

Paine)的《常识》、阿列克谢·德·托克维尔（Alexis de Tocqueville）的《论美国民主》等思想家的著作为美国政治缔造了新的基础，但是美国在人文思想和社会科学领域并没有摆脱欧洲学术传统的轨道，仍然保持着欧洲自由主义人文和社会科学的总体特征，完整意义上的美国学并没有生根发芽。之所以缔造美国学的强烈动机无法开花结果，主要原因在于欧洲的自由主义在新大陆仍然一帆风顺，没有遭遇大的挑战和危机，美国学的学科成长仍然缺乏客观基础。

美国学发展的客观基础来自于 19 世纪中后期北美工业化的浪潮。西进运动后，美国工业化、城市化的发展以及来自中东欧移民浪潮的兴起，打破了乡村社会的节奏，无论是物质生活领域还是精神生活领域，都引发了一场革命。从物质生活领域来说，经济领域中的垄断问题、生产领域的产品质量问题、城市生活中的失业和流浪现象以及政府中肆虐的腐败问题，习惯于自足、平等的乡村农业社会的人们无法适应以分工和依赖为特征的城市工业社会，在客观上令自由主义陷入心理错位和价值危机，进一步引发了一场进步主义运动。从精神生活领域来说，人文学科研究主题的非美国化、高校的地方主义倾向、学科隔离以及学科过于精细带来的弊端引发了一场旨在增进学科融合、全方位研究美国的美国学运动。在这一过程中，帕灵顿的《美国思想的主要流派》、马西森的《美国的文艺复兴》和派瑞·米勒所创立的以美国式自由主义思想与新教运动为主要内容的"帕灵顿范式"，成为美国学诞生的标志。

面对工业化时代对自由主义传统的威胁，无论是帕灵顿的思想史模式，还是马西森的文学模式，还是米勒的清教模式，都强调对自由主义传统进行改造。帕灵顿以法国浪漫主义思想为依托，在不否定个人主义的基础上，强调社会公正、权力分散和农业至上等自由主义内容，对杰弗逊的思想充满崇敬。[①] 相比帕灵顿关注自由主义的历史变迁，马西森更关注知识精英在自由主义遭受挫折时的内心世界，更注重人格完整的境界，追求社会公正、怀念农业生活模式、主张政治民主是马西森笔下美国自由主义的基本内涵。[②] 不难看出，尽管两人思想不尽相同，但追求民主、公正的自由主义是其共同的理想，这是一种农耕文化的价值观。这一对人性、理性和社会进步的呼唤有助于此后美国国家自由主义的成长，政府对自由的干预越来越成为美国自由主义的内容。米勒对清教的研究将美国学推进到美国人的精神世界，认为清教在美国历史进程中其本来特性逐步消失，最终完全融入美国世俗历史进程之中，源自欧洲的一派宗教思想转变成美利坚民族的自由、民主、宪政信念，世俗化后的清教开始主张社会公正、民众权利和北美的特殊性，清教从一场欧洲宗教运动转变成北美的思想运动、政

[①] Parring V L. The Beginnings of Critical Realism in American, 1860-1920.In Parrington V L. Main Currents in American Thought. New York: Harcourt Brace and Company, 1930: 103-139.
[②] Matthiessen F O. American Renaissance: Art and Expression in the Age of Emerson and Whitman. New York: Oxford University Press, 1941: 230-239.

治运动、社会运动和外交运动。① 尽管早期美国研究的思想家彼此看法存在些许差异，但基本上在美国历程的本质和研究方法论上取得了若干共识，被称为"帕灵顿范式"，吉恩·怀斯（Gene Wise）将其归结为五方面的内容：（1）美国存在单一的"美国心灵"；（2）"美国心灵"扎根于新世界，以满怀希望、充满纯真、个人主义、实用主义、理想主义为主要特征与欧洲大陆相区别开来；（3）美国心灵存在于每一个美国人身上，也集中体现于美国主要思想家的论著中；（4）美国心灵是美国思想史永恒的主题，涵盖了新教主义、个人主义、进步主义、实用主义、跨越传统主义等内容；（5）美国学推崇美国的高雅文化和经典文学作品的研究。② 这些假设作为美国学研究的基本路径，成为学界在20世纪40年代之前共享的范式。在方法论上，早期的美国学研究看重历史和文学的结合，看重思想史研究，认为只有从思想反思和自我剖析中寻找美国特性和民族意识的根源。帕灵顿范式解决了"美国为什么与众不同"的问题，但并没有回答"美国到底是什么"的问题，尤其是缺乏能够涵盖人、国家和社会的综合性分析框架，仅仅从思想史、文学和宗教领域确定了边界，至于边界内的美国内涵还没有做出回答，这一任务留给了美国学发展的第二阶段。

二、美国研究的成熟时期：神话—象征范式

从进步主义到罗斯福新政，美国在政治、经济和社会领域基本解决了从乡村社会向现代社会转型而产生的心理错位问题，但美国在文化心理上仍然十分不安，南北战争导致的文化记忆阴影始终萦绕不散。特别是二战后大量欧洲中东部移民涌入美国，建立了大片的非盎格鲁-撒克逊文化移民区，加之种族、妇女、移民等多元意识的崛起，关于"我们是谁"的身份困惑日益成为美国学面临的主要矛盾。"界定美国性格、找出南北文化的共性便成了五六十年代美国研究的首要任务。"③ 为此，以史密斯、刘易斯、马克斯和特拉奇滕伯格、查尔斯·菲德尔森（Charles Feidelson）等为代表的一批学者确立了"神话—象征"范式，从不同角度探讨美国心灵与美国社会历史进程之间的相互作用和相互关系，以寻求美国学的独特身份特征。"神话—象征"范式认为，在美国文化纷繁复杂的表象之下，存在着某种能够凝聚美国社会意识并能影响美国历史进程的根本特质，这些特质就是在美国文化史上反复出现的某些"神话（Myth）"、"象征（Symbol）"与"母题（Motif）"。④ 通过这些神话、象征和母题，美国学将美国心灵与多彩的现实历史进程链接起来，构成了美国人独特的经历和身份认同的载体。

对美国进行"神话—象征"范式的研究最早可以追溯到历史学家弗雷德里克·特纳（Frederick Turner）在1893年提出的边疆学说。特纳目睹了美国边疆开发的历程，

---

① Miller P. The New England Mind: The Seventeenth Century. Boston: Beacon Press, 1982; also see Murphey M G. Perry Miller and American Studies. American Studies, 2001, 42(2): 5-18.
② 怀斯：《美国研究中的"范式戏剧"：运动的文化和制度史》，载《美国季刊》，1979, 31（3），306~307页。
③ 张涛：《美国学研究中的主题演变》，载《美国研究》，1999(4)，131页。
④ 孙有中：《美国的美国研究》，载《美国研究》，2006(01)，120~129页。

对边疆和美国文化精神之间的关系有独特的感悟，在 1893 年发布的《边疆在美国历史中的意义》以及 1932 年发表的《区域在美国历史中的意义》等文章中，特纳坚持认为边疆开发塑造了美国的特性，自由、民主、平等、个人主义等美国精神产生于西部边疆开发过程中，而非源自欧洲，美国文明绝不是欧洲模式在美洲的翻版。[①] 特纳的边疆学说将美国学文化意识的主导权争论纳入学术话语体系，开辟了美国是土生土长的美国而非移植而来的美国的学术方向，将农耕生活方式以及随之而来的自由和富足升华为社会理想，确立了一个美国的边疆神话。

特纳从美国历史中提炼学术范畴的做法，在 20 世纪 50 年代引发了一批学者的关注。史密斯沿着特纳关于西部边疆开发的历史，考察以政治家和冒险家为主体的拓荒者探险历程，在 1950 年出版了《处女地：作为象征和神话的美国西部》"。史密斯发现，在美国向西推进的历史中，逐步确立了"帝国神话（Myth of the Empire）"和"花园神话（Myth of the Garden）"。所谓帝国神话，是指美国政治家和探险家在"天赐使命"的激励下，向西推进的大陆扩张，"穿过阿勒格尼山脉的隘口，跨越密西西比河流域，翻越西部的高山平地和崇山峻岭，最终达到太平洋海岸。"将新的土地纳入美国的版图、不断扩张帝国范围的过程。所谓花园神话，是指美国拓荒者对占领的西部土地进行开垦，建成以农业生产方式为主的世界花园，"他们在处女地上握耙扶犁，播种庄稼，辽阔的内陆河谷变成一座花园：想象中的世界花园。"在史密斯笔下，帝国神话的政治扩张和花园神话的农业开发相辅相成，有机地结合在一起，完全是美国西进运动时已经远去的一种生活方式的群体记忆。此种记忆是惟有美国才有的经历，不可能是欧洲的产物。

与史密斯追寻远去的群体记忆不同，刘易斯关注的是对欧洲旧传统的批判和对美国新传统的培育。刘易斯在 1955 年出版的《美国的亚当：19 世纪的纯真、悲剧与传统》一书中，针对美国"新英格兰和大西洋沿岸"的东部地区 19 世纪初期兴起的乐观主义文化情绪，从文学领域中的希望派、记忆派和反语派争论中，发现美国人有一种返璞归真的"亚当理想"，这一理想激励美国人敢于摒弃欧洲传统，缔造"新伊甸园"的美国传统，做创造新传统的"美国亚当"。这是一位"新冒险英雄""一位已经从历史中解放出来、愉快地摆脱了祖辈束缚，未被通常的家族和种族所触及和腐蚀的人；一位孑然一身、自立自强、时刻准备用自身的独特力量面对一切挑战的人。"这一理想是东部人集体辩论形成的"本土神话"。刘易斯的"美国亚当"神话仍然是以美国本土的生活方式和社会制度为支柱的，赋予美国一种崭新的身份认同和形象标识，但由于刘易斯更多着眼于文学领域，至于美国社会领域中是否认同这一神话，仍然是值得进一步研究的。

史密斯的学生利奥·马克斯（Leo Marx）在 1967 年出版的《花园里的机器》一

[①] Turner F J. The significance of the frontier in American History. Report of the American Historical Association, 1893: 199-227.

书中，进一步考察了美国西部代表的田园理想（Pastoral Ideal）与东部机器大工业代表的现代社会之间发生的持续不断的冲突。在马克斯看来，美国特殊的自然环境形成的田园理想和根深蒂固的美国例外论一起，构成了美国区别于欧洲的最突出特征，使得田园理想对美国人特别具有吸引力。面对欧洲传入的机器大工业、工厂制度和城市社会，几乎"从杰斐逊时代开始，美国理想的根本实现形式就是乡村景观，即被修整得井井有条并将扩展到整个大陆的绿色花园。"不难看出，对农业以及散居的生活方式的憧憬升华为美利坚民族的神话，也构成了美国身份认同的最基础象征。

尽管史密斯、刘易斯和马克斯等在关注重点和具体观点上存在差异，但他们共享神话—象征范式，都是对美国特殊经历的提炼和整理，也都坚持农业主义和工业主义冲突的辩证思维视角，都倾向于认定美国理想的本质在于回归自然和乡土生活方式；在研究方法上都不同程度地坚持以"原则性的机会主义"为美国学研究的指导思想，广泛借鉴包括人类学、历史学、文学在内的其他学科的理论和方法。这一切都表明美国学已经步入成熟阶段，学科范式和研究社群已经趋于重合。当然，神话—象征范式也存在深刻缺陷，这一过分偏重学科基础的范式，反而相对忽略了作为美国事业的历史和社会多样性维度，忽视了美国种族、性别、阶级等多样性社会因素的研究，更多从人文学科中汲取营养而忽视从社会学科中吸纳资源，将美国学引入了一个相对狭隘的研究领域。随着20世纪60年代多元群体意识的觉醒，这一范式的美国学越来越无法适应现实的要求和挑战。

三、美国研究的反思时期：后现代—文化批判范式

到20世纪60年代，美国学所致力于的"美国例外论"受到了来自各个领域的挑战，各种形式的政治反叛、大学里的民众抗争、城市骚乱、反越战运动升级、反文化潮流等，犹如将美国带入了一个批判一切的文化颠覆阶段。受现实社会领域和欧洲思想领域中的马克思主义、结构主义和后结构主义、后现代主义等思想的冲击，美国学进入了自我反思的时期。在这一反思时期，美国学步入了文化多元化发展的轨道，诸如黑人研究、通俗文化研究、民俗研究、妇女研究、生态研究、电影研究、种族研究、物质文化研究、教育研究、青年研究、第三世界研究以及美国土著研究等纷纷进入美国学研究的视野，呈现出一系列不同以往的特征。在此种反思过程中，美国已经很难作为一个统一的文化体系进行研究，精英研究和经典作品研究已经不能作为透视美国的有效窗口，人类学意义上的生活方式内容被纳入文化研究的范围，以阶级、种族和性别为主要内容的所谓亚文化研究（Sub-cultural Studies）迅速扩散，美国研究面临着"碎片化"的问题，研究者的主观阐释动机和自我反思成为美国学关注的重心。

受欧洲新马克思主义和英国伯明翰学派的影响，阶级分析成为20世纪70年代之后美国学研究的一个重要流派，只不过美国学的阶级分析不再把阶级看作是经济决定的产物，而是以社会经历和文化意识划分阶级，以阶级分化考察美国文化。在这方面

为学界公认的代表作是特拉斯滕伯格的《美国的公司化》和戴维·R.罗迪格的《白人的身份工资：种族与美国工人阶级的形成》。在特拉斯滕伯格看来，不同阶级和社会阶层对美国的认识是相互冲突的，此种冲突更多在文化层面展开，关于美国本身的意义是争论的焦点。从这个角度来看，美国已经成为一个"拥有新的等级控制机制、与过去不同而结构更加紧凑的社会"，其中，社会中上层在决定美国的内涵中处于主导地位，被动接受者则构成了反抗力量，劳资冲突从根本上是一种文化冲突。相比特拉斯滕伯格聚焦于阶级的文化分析，罗迪格则将种族、阶级和话语权的分析融合到了一起，考察了美国工人阶级内部种族主义的发展，认为美国工人阶级形成的标志，是在文化意识中对有色种族部分程度上的容忍，而白人工人的种族排斥情绪，则是贯穿美国工人阶级形成的线索。将社会关系、阶级和文化意识结合在一起，是新马克思主义对美国学的一个贡献，令人看到美国例外论背后复杂的内容。

关于种族和性别的研究，在20世纪中叶之后在美国学界蔚然成风，即使是在主流范式主导美国学的时代，关于黑人、性别、移民的研究都顽强地存在着，为赢得话语权进行不懈的学术努力。最具有代表性的黑人知识分子布克·T.华盛顿关于"对形式的主宰"研究和杜波伊斯关于"对主权的扭曲"的研究，代表了非洲裔美国人摆脱顺从、赢得受尊重社会地位的努力。除此之外，拉蒙·古提亚雷兹对墨西哥裔美国人的研究、贝蒂·弗里丹（Betty Friedan）为代表的对女性和妇女权利的研究，赛义德所引导的后殖民主义的研究，以及近年来兴起关于性取向与性别认同、家庭价值、青年教育等研究，将美国研究不断引向亚文化研究的新领域，丰富了美国研究的内容。

从研究方法上来说，反思时期的美国学更多引入了后现代主义、后结构主义、新历史主义等研究方法，从根本上实现了美国学的转型。新的多学科、跨领域的种种研究方法，已经加剧了曾经成形的美国学的破坏，并不断鼓动一种高度依赖"对分析性的总体化的、对以新的方式进行的使文化总体化的相应的拒绝的对话主义"①。在反思主义方法论的指导下，美国学研究认为任何行为都不可避免地存在政治性的动机和后果，强调考察各种话语文本背后的权力动机，进而导致美国学研究对象进一步碎片化、研究队伍进一步多元化、研究方法进一步多学科化。一句话，美国学向着无所不在的研究空间迈进。

回顾美国学走过的百年历程，可以得出一个初步结论：从根本上来说，美国学是美利坚民族的寻根之学，美国学认为美利坚民族的根基在文化，任何其他的美国学研究都服从和致力于对美国文化根基的思考和探索。从美国学的历程来看，最初美国学以自由主义为核心的若干思想流派为研究对象，后来以抽象的和超时空的神话和象征为主题，再后来逐渐演变成为对多元社会文化的研究。无论哪一种研究，都体现了美国学对美国之文化根基的学术观照，体现着美国文明独特的主体精神和价值追求。无

---

① [美]约翰·卡洛斯·罗:《美国研究的未来》，蔡新乐译，22页，北京，中国社会科学出版社，2008。

论面对怎样的挑战和冲击,任何一个民族都不能摆脱自己的血脉根基,否则就会在世界文化激荡的汪洋大海中迷失自己的方向。美国学就是美利坚在世界文明的海洋中乘风破浪的灯塔,为美国航船指引方向,这也许是美国成为超级大国的一个根源。

思 考 题

1. 如何理解美国国家与社会建构的统一性与多样性问题?
2. 简述美国政治发展在历史上的发展特征和规律。
3. 如何理解美国的社会制度结构在美国政治发展中所扮演的角色?

CHAPTER 5 第五章

大国研究（二）：俄罗斯与欧亚地区

在中国的区域国别学中，俄罗斯与欧亚地区处于十分重要的战略地位。中国地处欧亚大陆东端，面向太平洋，与欧亚大陆一体相连，祸福相依。历史上中国对于欧亚地区的了解一直是中国域外知识体系建构的优先方向，从张骞出使西域到苏武北海牧羊，中国对西北强悍对手的研究一直居于重要战略地位，甚至大量来自匈奴、突厥、鲜卑、辽、金、夏、蒙古等众多族群部落的贤达来到中原，成为历朝历代中国域外知识建构的重要力量，中国对西北周边地区的了解一直是深入的。本章在简要概述欧亚地区特征的基础上，系统阐述俄罗斯研究的范式、转型国家发展模式、欧亚地区合作框架的发展以及中国与欧亚国家关系等问题，为从事欧亚地区研究的学者和学生提供一个导论性的研究基础。

第一节 欧亚地区概述

欧亚地区地处欧亚大陆的内陆地带，包括俄罗斯、东欧地区、外高加索地区和中亚地区。该地区与西方文明、伊斯兰文明、印度文明和中华文明比邻而居，历来是众多语言、族群、宗教、国家在欧亚地区杂居相处和纵横捭阖的中心舞台。英国地理学家哈尔福德·麦金德爵士提出了著名的心脏地带论，涵盖了东欧和中亚地区，"谁控制东欧，谁就统治心脏地带；谁控制心脏地带，谁就统治世界岛；谁统治世界岛，谁就统治世界"[1]。英国记者彼得·霍普柯克（Peter Hopkirk）更是在《大博弈》(Great Games)中，精心刻画了近代以来英、俄两大帝国在中亚展开的一场波澜壮阔而又如履薄冰的勘探、间谍、军事与外交"大博弈"[2]。英国麦金德爵士关于"大陆心脏"、霍普柯克关于"大博弈"的论断持续地影响着该地区的走向，一直到当代美国战略家兹

---

[1] Mackinder H J. The Geographical Pivot of History. In Mackinder H J. Democratic Ideals and Reality. New York: Norton and Company, 1962:261.
[2] 史学界沿用著名诗人吉卜林创造的一个术语，称这场角逐为"大博弈"（The Great Game）。见 [英] 彼得·霍普柯克：《大博弈：英俄帝国中亚争霸战》，张望、岸青译，北京，中国青年出版社，2015。

比格纽·布热津斯基（Zbigniew Brzezinski），都认为在欧亚大陆的两端存在着若干巨大的地缘政治"棋手"，中间是一个在政治上四分五裂的巨大黑洞，在地缘政治上一直存在着"大博弈"。然而，欧亚地区之所以成为区域国别学的一个板块，主要是因为苏联和东欧地区的共产主义塑造了共同的政治经济环境，这一环境在冷战后仍然被理解为转型经济体，在政治经济和国际事务中扮演着举足轻重的作用。

一、地缘政治的伟大博弈

作为多元文明的结合部，欧亚地区长期作为世界历史的中心舞台，其最大的社会特征是地缘政治，来自东亚、中东和西亚的众多战略力量汇聚于此，一次次重塑着该地区的地缘版图。理解欧亚地区，需要多维的地缘战略视角，要关注由多瑙河、东欧大平原、喀尔巴阡山、乌拉尔山、帕米尔高原构成的东南高、西北低的多层次地理结构，也要关注民族大迁徙以来众多族群、宗教、文化在此交融交锋交汇的多样化社会景观，还要关注众多帝国、王国、贵族在此纷争不已的复杂化政治博弈。唯有如此，才能全面把握欧亚地区地缘政治发生发展变化的内在规律。

在古典时代，欧亚地区是文明世界与蛮族社会交锋的腹地，更是帝国战略博弈的战场。拉丁人、斯拉夫人、日耳曼人、阿拉伯人、犹太人、吉普赛人等在欧亚地区比邻而居，基督教、天主教、东正教、伊斯兰教以及来自东方的伦理学说在欧亚地区激烈碰撞，波斯帝国、罗马帝国、神圣罗马帝国、奥斯曼土耳其帝国、蒙古帝国、俄罗斯帝国等在欧亚地区你来我往，加上来自欧洲、亚洲、美洲的域外战略力量干预，形成了错综复杂的地缘政治的格局。从希波战争到十字军东征，从罗马帝国在整个地中海地区的扩张到帕提亚帝国在整个中东地区的伸展，从贵霜帝国征服印度西北部和帕米尔西部的中亚草原地区及高原东部地区，到大汉帝国囊括了东至太平洋的所有余下的地区，欧亚地区犹如帝国争雄的角斗场，倾尽了无数帝国君主的雄心和梦想。在古典文明的数世纪里，这一地缘政治格局不断地上演着同样的故事，没有发生根本性变化。一直持续到15世纪，蛮族与文明的博弈、帝国与帝国的争雄，贯穿了欧亚地区的古典史，变化的只是帝国的主人，而非帝国的疆域。从阿拉伯人自7世纪开始建立的阿拉伯帝国，到蒙古人在13世纪建立起的蒙古帝国，都是如此。

近代以来，随着欧洲的崛起和扩张，推进地缘战略"伟大博弈"的进程，殖民列强之间的争夺开始主导欧亚地区，开启了俄国与其他欧洲强国的战争。俄国是一个跨欧亚大陆的陆权大国，相对封闭的地理位置使得僻居内陆的斯拉夫人祖祖辈辈就存在着一个"探海梦想"，努力从西、南、东三个方向寻找出海口。这一"探海梦想"及其驱动下的"出海计划"，令俄罗斯外交自18世纪以来充满了扩张主义的色彩。对此，马克思在《十八世纪外交史内幕》一文中做了深入详细的分析。他认为，彼得一世（Peter I）作为现代俄国政策的创立者，"把它的目标从推翻某个既定范围的权力提高到追求无限的权力"，但"不管被使用的敌对力量在姓名、地点和性格上可能经历了什么样的变化",其政策和蚕食的方法并没有变。"① 自18世纪以来,俄国经过彼得大帝改革以后,一跃成为左右欧陆局势的陆路强国。彼得大帝将学习西方和用武力拓展疆域进而获得出海口结合起来,不惜发动战争来争夺对海洋的控制权,在亚速尔海、里海、黑海、波罗的海与土耳其、波斯、瑞典迎头相撞,把俄罗斯的地缘政治一步步拓展开去,打通了俄罗斯通向海洋的战略通道。彼得大帝的遗嘱,明确表明俄国继续扩张的战略方向是沿着波罗的海向北扩张、沿着黑海向南扩张和突进波斯湾。这份外交遗嘱在实践中指导着俄国后来的对外战略。叶卡捷琳娜二世(Catherine Ⅱ)继承了彼得大帝的事业,积极学习西方先进知识以增强俄国势力,并乐此不疲地推进争夺出海口的计划。叶卡捷琳娜二世当政期间,在继续巩固波罗的海地位的基础上,兼并了乌克兰和白俄罗斯,完成了对波兰的瓜分。同时,她还把目光瞄准了南方的土耳其,争夺通往黑海的出海口,并不惜发动了一系列的战争。此外,叶卡捷琳娜的宠臣祖波夫还制定了一个称霸世界的方案,妄图建立包括彼得堡、莫斯科、柏林、维也纳、君士坦丁堡、阿斯特拉罕六个都城在内的俄罗斯大帝国,而且要进入波斯湾、中国和印度。② 长期以来,在俄国人眼里,欧亚地区被认为是俄罗斯人的牧场和后院,不容外人进入。

随着其他欧洲国家在全球扩张实力的崛起,俄国与其他欧洲国家的矛盾开始上升,并展开一轮轮的战略大博弈。在19世纪,这一战略博弈主要在俄国和英国之间展开。当时的英国号称"日不落帝国",为全球最强的海权帝国并已全面控制印度,正准备战略北上。而俄国疆域辽阔,为世界上最强的陆权帝国,已经占领了西伯利亚与北亚地区,正跃跃欲试战略南下。因此,两大帝国一南一北在欧亚地区迎面相撞,在奥斯曼土耳其、在伊朗、在中亚,两大帝国展开了一系列激烈的对抗与竞争,史称"大博弈",又号称"19世纪的冷战"。20世纪,这一战略博弈主要在苏联和美国之间展开。在历经第一次世界大战和第二次世界大战后,美国全面巩固了资本主义阵营的霸权地位,通过建立联合国体系、布雷顿森林体系和同盟体系,正在全力推进世界霸权战略。而苏联也已经通过共产党和工人党情报局、经互会、华沙条约组织等实现了社会主义阵营的整合,且早已将东欧地区、高加索地区、中亚地区纳入苏联的旗帜之下,在世界范围内推进国际共产主义运动。因此,两大阵营尖锐对立,全面对抗,美国和苏联领导的社会主义阵营与资本主义阵营的对抗主导了40年的历史,欧亚地区也笼罩在美苏冷战的阴影之下。

冷战结束后,欧亚地区失去了冷战格局的高压控制,各种战略力量纵横捭阖,各种历史、族群、宗教、文化等因素重新泛起,欧亚地区似乎正在回归到近代以前的地缘结构。从大国地缘战略来看,冷战后的美国成为唯一的超级大国,推动北约东扩逐

---

① 马克思:《十八世纪外交史内幕》,中共中央马克思恩格斯列宁斯大林著作编译局编译,北京,人民出版社,1979。
② 王福春、张学斌主编:《西方外交思想史》,150页,北京,北京大学出版社,2002。

步拓展西方民主联盟的战略辐射空间，欧亚地区成为北约东扩的目标。然而，随着俄罗斯力量的复苏和中国的持续性崛起，欧亚地区的地缘政治重新苏醒，俄罗斯推动欧亚经济联盟，推动苏联战略资源的整合，努力成为一个欧亚国家；中国的力量也开始沿着"一带一路"的框架从海陆两条线投射，中国与中东欧国家地区在"16+1"框架内的合作也正在引起欧洲的警惕。从地区经济社会发展来看，来自欧亚地区的中小国家和非国家力量之间的小博弈也不容忽视，比如穆斯林世界的影响正在呈现上升且碎片化的趋势，海湾国家在金融、能源和宗教方面的影响也不容小觑，伊朗和土耳其在外交领域中的辐射，欧亚地区内部各国之间的摩擦以及各国内部的政治局势变动，都会或多或少地影响到欧亚地区的未来。

二、经济发展的丝绸之路

欧亚地区不仅是帝国纵横捭阖的地缘政治中心舞台，更是不同经济体互通有无的丝绸之路经济带。置身于东亚经济圈、欧洲经济圈、南亚经济圈和穆斯林经济圈之间，欧亚地区是彼此之间互联互通的必经之路。早在 2 000 多年前，就已经形成了进出口玉器和丝绸的丝绸之路。随着铁器的推广和造船业、航海业的发展，欧亚地区逐渐形成了核心区和边缘区的分化格局，地区间的经贸往来大大增加，交换的货物有罗马帝国的亚麻布、铜、锡和玻璃，印度的棉织品、香料和宝石，东南亚的香料和中国的丝绸。其中，丝绸居首要地位，主要通过陆路和海路进行。陆路有西汉张骞开通西域的官方通道"西北丝绸之路"；有北向蒙古高原，再西行天山北麓进入中亚的"草原丝绸之路"；有长安到成都再到印度的山道崎岖的"西南丝绸之路"；海路有从广州、泉州、杭州、扬州等城市出发，从南洋到阿拉伯海，甚至远达非洲东海岸的海上贸易"海上丝绸之路"等。随着时代发展，丝绸之路成为古代中国与西方所有政治经济文化往来通道的统称，主要集中于欧亚地区的陆路和周边的海路。

事实上，"丝绸之路"一词并非中国人的创造，而是出自19世纪末德国地质地理学家李希霍芬（Ferdinand von Richthofen）之口。李希霍芬在《中国》一书中，将"从公元前 114 年至公元 127 年间，中国与中亚、中国与印度间以丝绸贸易为媒介的这条西域交通道路"命名为"丝绸之路"，这一名词很快被学术界和大众所接受，并正式运用。其后，德国历史学家阿尔巴特·赫尔曼（Albert Herrmann）在 20 世纪初出版的《中国与叙利亚之间的古代丝绸之路》一书中，根据新发现的文物考古资料，进一步把丝绸之路延伸到地中海西岸和小亚细亚，确定了丝绸之路的基本内涵，即它是中国古代经过中亚通往南亚、西亚以及欧洲、北非的陆上贸易交往的通道。传统的丝绸之路，起自中国古代都城长安，经中亚国家、阿富汗、伊朗、伊拉克、叙利亚等，抵达地中海，以罗马为终点，全长 6 440 千米。这条路被认为是联结亚欧大陆的古代东西方文明的交汇之路，而丝绸则是最具代表性的货物。数千年来，游牧民族或部落、商人、教徒、外交家、士兵和学术考察者沿着丝绸之路四处活动，而主要的活动路线还是集中于欧亚地区。

借助其得天独厚的地理条件，欧亚地区在历史上承担起了沟通东西方商路的责任，也创造了古典时代的地区经济体系。这一地区经济体系的特征是形成了一批作为民族性商品市场和物资集散地的地区贸易中心和国际贸易枢纽，形成了点线面融合的多层次经济交流网络，并越来越承担起宗教和文化交流的使命。据史料记载，当时在漫长的东西方陆路商道上从事商队贩运贸易的，有欧洲商人、有西亚、中亚地区的商人以及中国色目商人等。欧洲和中亚、西亚商人一般都携带大量金银、珠宝、药物、奇禽异兽、香料、竹布等商品来中国或在沿途出售，他们所购买的主要是中国的缎匹、绣彩、金锦、丝绸、茶叶、瓷器、药材等商品。直到15世纪之后，随着造船技术和航海技术的发展，且一些帝国奉行闭关锁国的政策，沟通东西方联系的渠道主要由海上通道所取代，欧亚地区的丝绸之路贸易网络才全面走向衰落。然而，随着"一带一路"倡议的提出，古老的丝绸之路重新焕发出了生机和活力。2013年9月7日，国家主席习近平在哈萨克斯坦纳扎尔巴耶夫大学发表题为《弘扬人民友谊共创美好未来》的重要演讲，盛赞中哈传统友好，全面阐述中国对中亚国家睦邻友好合作政策，倡议用创新的合作模式，共同建设"丝绸之路经济带"，将其作为一项造福沿途各国人民的大事业。近年来，在这一倡议的推动下，中国与欧洲、亚洲和非洲的国际合作日益繁荣，欧亚地区的经济活力重新焕发。

三、文明交汇的十字路口

欧亚地区是一个多族群杂糅混居的地区，从东欧大平原跨越乌拉尔山，经西伯利亚平原一直绵延到帕米尔高原和蒙古高原。在这一广袤的欧亚大平原上，有众多的游牧民族在此纵横驰骋了数千年。归结起来主要有三大游牧民族：一是印欧系游牧民族，主要有斯拉夫人、波斯人、印度斯坦人、拉丁人和希腊人；二是蒙古系游牧民族，主要有匈奴人、突厥人、蒙古人、藏人、鲜卑人、柔然人、女真人（今满族）等，分布在中亚、北亚、东亚北部和西亚北部；三是闪米特系游牧民族，主要有阿拉伯人、犹太人、腓尼基人、柏柏尔人、图阿雷格人和库尔德人。三大游牧民族各有其一统草原的梦想，不仅推动欧亚地区形成了一个从里斯本到海参崴的"地缘政治大棋盘"，也形成了多元文化和众多文明交流交融的"多元文化大拼盘"。无论是西方世界最闻名的意大利威尼斯旅行家马可·波罗（Marco Polo），还是穆斯林世界的伊本·拔图塔（Ibn Batutah）和景教僧侣拉班·巴·索马（Rabban Sauma），他们都是利用这一得天独厚的条件在欧亚地区来往穿梭，成为不同地区文化交流的使者。

与多族群混居并存的另一个因素是欧亚地区地处文明交汇的"十字路口"。来自欧洲的西方文明，来自亚洲的中华文明，来自中东的伊斯兰文明，持续汇入该地区，除了俄罗斯继承了拜占庭帝国的东正教而形成了东正教文明外，俄罗斯的边缘地区均呈现出其他文明边缘地带的特征，多文明的结合部和多文化的混合区是欧亚地缘文明的最显著特征。比如俄罗斯远东地区的中华文明特征、外高加索和中亚地区的伊斯兰文明特征,东欧地区以基督教和天主教为代表的西方文明特征。在这一时期里,各种宗教如基督教和佛教开始传播到亚欧大陆的大部分地区,不仅对这些地区产生了深远的宗教影响,还产生了广泛的政治和文化影响。这时,以希腊文化著称的混合的希腊-中东文化也从地中海东部向四面八方传播,传播到西亚、北非、伊朗高原、中亚、南亚次大陆西北部,并在一定程度上传播到中国和日本。

总体来看,如何管理地缘战略棋手之间的纵横捭阖,如何推动丝绸之路的互联互通,以及如何调理不同族群及其不同文明之间的交流互动,是欧亚地区研究的一条主线索。几千年来,欧亚地区的主题尽管存在主次之别,但基本上没有脱离地缘战略、丝绸之路和文明交流的轨道。

第二节　俄罗斯研究:历史与范式

俄罗斯位于欧亚大陆北部,地跨欧亚两大洲,国土面积为1 709.82万平方千米,是欧亚地区也是世界上面积最大的国家,是由22个自治共和国、46个州、9个边疆区、4个自治区、1个自治州、3个联邦直辖市组成的联邦共和立宪制国家。对俄罗斯的研究一直是欧亚研究的重点,不仅世界各国都在研究俄罗斯及其走向,而且俄罗斯自己也一直处于内生的犹豫和彷徨之中。其地处欧亚地理结合部、经济结合部和文明结合部的特征,决定了俄罗斯是一个充满不确定性的国家,俄罗斯民族也是一个充满不确定性的民族,所有同俄罗斯打交道的国家也都处于一种不确定性的风险之中。不管世界发生什么样的变化,人们都不能忽视俄罗斯,它终归是影响当今世界的一支重要力量,不管是从在战略意义上来讲,还是从文明和文化意义上来讲,都是如此。

一、历史转型中的俄罗斯

俄罗斯历史起源于东欧草原上的东斯拉夫人,混血的罗斯人是俄罗斯人和白俄罗斯人、乌克兰人的共同祖先,基辅罗斯是东斯拉夫人建立的第一个国家。自988年开始,东正教(基督教的东部分支)从拜占庭帝国传入基辅罗斯,由此拉开了拜占庭和斯拉夫文化的融合,并最终形成了占据未来700年时间的俄罗斯文化。

(一)俄罗斯研究的核心问题:俄罗斯的国家构建与大国外交

作为一个地理概念,俄罗斯已经存在了一千多年。然而,俄罗斯最初只是一个族群,并非一个成熟的国家,俄罗斯成长为一个国家是从988年弗拉基米尔大公接受东正教洗礼开始的。自此之后,俄罗斯一直处于自我认同的危机之中,俄罗斯究竟是西方文明的一部分还是独特的斯拉夫文明的主体,究竟是声名远播的世界大国,还是偏安一隅的地区大国,这一系列内在的认同斗争和思想矛盾,成为俄罗斯国家成长的内在逻辑。如何在幅员辽阔的国土和多民族基础上实现俄罗斯的国家构建和大国外交,是俄罗斯贯穿始终的核心问题。具体来说,包括两个方面:

1. 俄罗斯的国家建设与民族建设以及两者关系的问题

俄罗斯是一个由194个民族构成的统一多民族国家,主体民族为俄罗斯人,约占全国总人口的77.7%。国家建设和民族建设以及两者之间的关系,即如何在这一庞大国土和众多民族基础上建立一个现代国家并进行有效治理,是一个难度很大的理论与现实课题。

国家建设(State Building)及其扩展是俄罗斯的国家逻辑。俄罗斯人的祖先为东斯拉夫人罗斯部族。公元15世纪末,大公伊凡三世(Ivan Ⅲ)建立莫斯科大公国。1547年伊凡四世(Ivan Ⅳ)自称沙皇,1721年彼得一世被元老院授予"全俄罗斯皇帝"的头衔,并建立俄罗斯帝国,到20世纪初俄国已是一个横跨欧亚两大洲、濒临三大洋的帝国,并一度建立了由15个权利平等的加盟共和国按照自愿联合的原则组成、奉行社会主义制度及计划经济政策的苏维埃社会主义共和国联盟,并在世界范围内支持国际共产主义运动。然而,从17世纪末和18世纪初的彼得大帝开始,俄罗斯人就存在一个观念的鸿沟:俄罗斯是西方文明的一部分,还是构成独特的斯拉夫文明的主体。彼得大帝和叶卡捷琳娜认同欧洲化,但斯拉夫主义一直存在,认为俄罗斯的斯拉夫传统在人种和历史、精神上都区别于西方,"西方化论"和"斯拉夫优越论"之间的博弈,贯穿了俄罗斯的千年历史,也构成了俄罗斯国家构建的主题。这一对立可能源自俄罗斯处于两种文明(西方文明与斯拉夫文明)边界的某种程度的模棱两可,但始终都是俄罗斯国家构建的一条核心逻辑。

民族建设(Nation Building)也是俄罗斯国家构建的一个重要任务。欧亚地区是一个脱胎于游牧民族的流动性社会,从早期的斯基泰人到来自波兰境内的维斯瓦河河谷的斯拉夫人、来自斯堪的纳维亚半岛的维京人、来自西亚的犹太人和阿拉伯人、来自亚洲的鞑靼人等混居在一起,境内有大大小小190多个民族,是世界上族群最为复杂的国家。长期以来,历代沙皇政府强行推进民族同化政策,对其他族群实行分而治之的政策,提出"一个民族、一个国家、一个皇帝、一个宗教、一种语言"的口号,赋予俄罗斯民族以特权,鼓吹俄罗斯民族高人一等,被征服的非俄罗斯民族理应受它支配,而对其他民族进行残酷的剥削和掠夺,禁止少数民族使用本民族语言,强迫他们改信东正教,将少数民族地区变成了俄罗斯的原料产地和销售市场。[①] 沙皇政府尽管将"俄罗斯民族"描绘成一个极具包容性的"超级民族",以此来凝聚乌克兰、白俄罗斯等斯拉夫群体,但对其他民族则十分残酷,通过强制设置行省分割各少数民族,淡化各民族与俄罗斯人在族源、语言、宗教等方面的差异,努力拉拢和培养边疆民族精英

---

① 赵磊:《国外如何促进民族关系和睦》,载《学习时报》,2014-05-12。

分子，争取他们对帝国的政治忠诚和文化认同，使俄国成为一个现代"民族国家"。①因此，列宁批判沙皇俄国是"各民族大监狱"。十月革命后，列宁纠正了沙皇政府推行的民族同化政策，尊重少数民族的权利和选择，不仅承认波罗的海三国和波兰、芬兰的独立，而且尊重当时许多少数民族已经建立独立国家的现实，建立了苏维埃社会主义共和国联盟。然而，斯大林及其后的苏联当政者削弱了民族自治，竭力在政治上支持俄罗斯民族与物质上支持各民族共和国之间保持平衡。然而，这一设计本身在经济上不利于俄罗斯，在政治上分割各少数民族，最终导致俄罗斯成为反哺少数民族的"大奶牛"，少数民族地区也缺乏对俄罗斯和苏联的认同，最终成为苏联解体的一个诱因。冷战结束后，俄罗斯继续推进构建多民族国家统一的进程，奉行公民平等和民族平等的原则，民族自治更多表现为民族文化自治，朝着培养公民社会和塑造"俄国民族"的方向发展。毫无疑问，俄罗斯的民族建设任务仍然没有完成。

2. 俄罗斯与世界的关系及其大国外交范式问题

相比周围成熟的文明型国家来说，俄罗斯是一个后来者，其国家建设和民族建设充满着对其他国家的借鉴和参考。随着俄罗斯国家的成长，如何处理与其他大国的关系以及如何以一个大国的角色出现在世界舞台上，成为俄罗斯对外关系研究的一个核心问题。如前所述，历代俄罗斯领导人都具有一个探海梦想，从欧洲、中东、东亚三个方向寻找出海口，是历代沙皇政府的强烈愿望。为此，俄罗斯在历史上走上了对外侵略扩张的道路，吞并欧亚多个国家，于18世纪中后期叶卡捷琳娜二世统治时达到鼎盛时期。在亚历山大一世统治时的俄罗斯参与全欧洲抵抗拿破仑的反法同盟，并成为战后神圣同盟的领导者，此后长期充当"欧洲宪兵"的角色。

然而，当俄罗斯走上世界舞台后，俄罗斯究竟是一个大西洋主义国家，还是一个欧亚主义国家，就一直是贯穿从沙俄时期到当代俄罗斯对外关系的一个核心问题。相比之下，这一分析关注的主要是俄罗斯的利益问题，而非认同问题。在沙俄时期，尽管历届沙皇在对外扩张上可谓是四面出击，但重心仍然是欧洲。十月革命后，苏联的战略重心也是重点经略欧洲，尤其是冷战期间苏联成为超级大国，通过大力发展军事力量来同美国争霸，争霸的焦点也是在欧洲。然而，关于苏联的战略选择问题，在苏联内部也不是没有争论，主要分化为两派观点：（1）大西洋主义派。该派认为俄罗斯的利益在西欧和北美，因而决定了苏联与美国战略角逐的重心还是在欧洲。大西洋主义在冷战时期就已出现，有的人认为苏联最大的战略机遇在欧洲，另一些人则认为美国才是苏联最重要的目标。冷战结束后，俄罗斯一度认为欧洲和美国是一个整体，这一定位强调的是核武器、市场、财政资源和技术的重要性，总体上都是西方世界的一部分。（2）欧亚主义派。该派认为俄罗斯的利益主要在欧亚地区，特别是在东欧和中亚，他们认为欧亚地区是俄罗斯在外交、贸易和对外政策方面更为合适的伙伴。欧亚

---

① 马戎：《中国民族关系现状与前景》，42页，北京，社会科学文献出版社，2014。

主义最早出现在20世纪20年代,由流亡海外的俄国思想家特鲁别茨科伊、阿列克谢耶夫、萨维茨基等人所提出,经过几番分化逐步形成后来的古典欧亚主义思想。

苏联解体后,俄罗斯在亲西方主义失败之后,基于地缘视角,主张民族包容性的欧亚主义重新受到重视,这股思潮被称为"新欧亚主义"(Neo-Eurasianism)。被誉为"普京的大脑"的俄罗斯著名保守主义思想家、社会学家和哲学家亚历山大·杜金(Alexander Dugin)是现代欧亚主义思想的始作俑者和集大成者。他强调俄罗斯应该坚持欧亚国家的定位,反对西方,反对由美国主导的单极世界,倡导多极化世界,认为欧亚大陆的腹心地带有一个独立的民族文化圈,俄罗斯应当坚决同西方文明划清界限,保存俄罗斯自己的文化,继承本地区的社会生活传统,重新整合独联体地区,建立一个基于地缘文明传统上的新型的欧亚国,并在欧亚国基础上构建包括印度、伊朗、土耳其在内的大欧亚。杜金构筑的思想体系,堪称一种弱化版本的斯拉夫主义,也是一种努力推动实现俄罗斯帝国王者归来的战略,杜金也被土耳其媒体赞誉为俄国的"布热津斯基"。2021年7月12日,普京发表在克里姆林宫官网上发表《论俄罗斯人和乌克兰人历史统一》文章,阐述了俄罗斯与乌克兰历史的高度统一性,被认为是俄罗斯对乌克兰发出的"统一檄文"。

(二)俄罗斯国家形态的历史演变

作为一个国家,俄罗斯在历史上几经演变,其国家形态数度变化,经历了四个发展阶段。

1. 从基辅罗斯到莫斯科大公国

俄罗斯的认同危机,部分源自它对外来影响的模棱两可的态度。长期以来,欧亚大草原很难通过自然的地理障碍来阻挡入侵者,安全始终是俄罗斯的当务之急。但是,外来影响也带来了先进的农业技术、管理机制和其他的技能和技术。早期的东斯拉夫人为斯堪的纳维亚的维京人(Vikings,也就是瓦良格人)所控制,其领袖罗力克(Rurik)抢占了诺夫哥罗德,其继任者奥莱格(Oleg)在基辅建立了首都,这就是基辅罗斯,第一个统一的俄罗斯国家。公元988年,当时的大公弗拉基米尔接受东正教洗礼,采用了西里尔字母为基础的书写语言,到11世纪已经确立了俄罗斯国家认同,但基本上是一个以俄罗斯民族为主体、信奉东正教的世俗王国,这一王国的主要特征是王权至上,宗教仅仅起着辅佐御前的作用。

2. 鞑靼人冲击下的俄罗斯

在11世纪后期,在蒙古人和鞑靼人的入侵下,俄罗斯民族向北迁徙。到13世纪,基辅被鞑靼人攻陷,莫斯科成为反抗鞑靼人的中心城市。1283年莫斯科公国正式建立,俄罗斯人的日常生活深受蒙古影响,在经济上和政治上被"鞑靼之轭(Mongol Yoke)"压迫。直到1480年伊凡三世带领俄罗斯人推翻了蒙古统治者。当时,君士坦丁堡已落入土耳其之手,莫斯科开始接受普斯高夫寺院长老菲洛弗的观点,把自己称为"第三罗马"（区别于作为罗马帝国的第一罗马、拜占庭帝国的第二罗马），加强了基督教帝国的意识，区别于西方基督教世界。公元1547年，莫斯科大公伊凡四世（雷帝）加冕称沙皇（Tsar，凯撒的俄语叫法），建造克里姆林宫，莫斯科大公国逐渐发展为东北罗斯的政治、经济、文化和宗教中心，领导其他公国摆脱了蒙古鞑靼的统治，使俄罗斯成为一个独立的国家。公元1584年，伊凡四世逝世，俄罗斯进入一个"灾难时代（Times of Troubles）"，内忧外患，接踵而至。直到1612年，下诺夫哥罗德的米宁（Kuzma Minin）和波扎尔斯基（Dmitry Pozharsky）率领民兵把波兰侵略军赶出莫斯科以后，这一动荡时期才终于结束。

3. 学习西方的俄罗斯帝国

在蒙古占领结束后，俄国在经历一段混乱后，开启了一个前所未有的大一统多民族的君主专制时代。1547年伊凡四世自称沙皇，1613年，贵族推举米哈伊·罗曼诺夫为沙皇，一直持续到1917年十月革命。在"普善"口号下，彼得大帝开启了学习西方的一系列"欧化"改革，包括在经济方面，鼓励发展工场手工业，振兴国内外贸易，凿运河，开商埠，扩大出口，为俄国近代工业奠定了基础；在政治方面，取消领主杜马，废除大教长，设立枢密院，打击保守势力，甚至不惜处死皇太子，加强以沙皇为首的中央集权；在社会文化方面，建学校，办报纸，剃胡须、剪长服，革除陈规陋习，注重培养和选拔人才，主张唯才是举；军事方面，实行征兵制，统一编制，建立由步兵、骑兵、炮兵和工兵组成的正规陆军，并扩建海军舰队。经过全面改革，俄罗斯国家实力大大上升。1721年，彼得一世在与瑞典王国进行大北方战争胜利后，被俄罗斯元老院授予"全俄罗斯皇帝"的头衔，俄罗斯正式成为俄罗斯帝国。在国力走向强大同时，俄罗斯对外走上了侵略扩张的道路，曾吞并欧亚多个国家和地区。俄罗斯帝国是欧洲传统的五大强国和当时世界列强之一，直到19世纪中叶在克里米亚战争中失败，才显现出俄国农奴制度的弊端。农奴制度导致俄罗斯经济发展、社会发展和工业化相对落后于其他欧洲强国，虽然亚历山大二世（Alexander Ⅱ）在1861年进行俄国农奴制改革，但是并不彻底。

4. 苏联时代的世界主义梦想

1917年十月革命的胜利，将俄罗斯带入了社会主义苏联的轨道，逐步形成了以高度集中的计划经济体制和高度集权的政治体制为基本特征的苏联模式。列宁主义规定了苏联模式的理论基础：一是国有化和集体化；二是国家经济发展被置于中央政府控制之下；三是不同民族被改造成苏联新民族，没有阶级、宗教和种族的差异。1922年12月30日，苏维埃社会主义共和国联盟正式成立，斯大林则加强了政治经济高度集权，确立了苏联模式的基本框架。此外，在对外关系上，苏联一直强调苏联模式对全世界民族都有效。美苏争霸时期，高度集中的政治经济体制是苏联保持统一的主要因素，进入了所谓的"第二世界"。同时，苏联坚持独特的欧亚国家定位，竭力维持苏联本身的帝国和控制东欧的实力范围。然而，由于加盟国不满苏联共产党的权力垄断和对民族文化的压制,以及计划经济无法满足消费需求,种种因素推动了苏联的解体。1991年12月26日,苏联最高苏维埃共和国院举行最后一次会议,宣布苏联解体,俄国位于欧洲的领土退回到了叶卡捷琳娜一世当政时的范围。

5. 当代俄罗斯的欧亚转向

苏联解体后,俄罗斯宣布独立。1993年12月12日,经过全民投票通过了俄罗斯独立后的第一部宪法,宣布俄罗斯国家致力于民主、市场经济和民族自决,西方国家表示欢迎。在叶利钦当政时期,一度采取走向西方的战略,但并没有成功,北约东扩和欧盟东扩让俄罗斯的战略空间受到巨大压缩。2000年,普京致力于复兴俄罗斯的超级大国地位,对内加强联邦政府的权力,巩固中央政权,改革行政机构,加强媒体管理,整顿经济秩序,加强军队建设,国家实力得到一定程度恢复。同时,对外推进"大国主义"外交,致力于推动多极化进程,努力改善俄罗斯所处的国际环境,拓展外交空间,维护本国利益,在国际舞台上恢复了世界性强国地位。事实上,"西化论"和"斯拉夫主义论"、大西洋主义和欧亚主义的争论仍然困扰着当代俄罗斯。戈尔巴乔夫和叶利钦基本上是走西方价值、体制和政策的道路。普京则倾向于走欧亚主义和斯拉夫主义的道路,推动俄罗斯、白俄罗斯和乌克兰的重新统一,但这一努力必然会受到来自国际社会的强烈抵制。总之,困扰俄罗斯千年的问题仍然持续困扰着俄罗斯的前进脚步。

二、俄罗斯研究的范式变迁:从斯拉夫研究到俄罗斯学

无论对世界上的任何国家来说,俄罗斯都是不应该被忽视的国家。然而,不仅在其他国家都缺乏俄罗斯学,甚至在俄罗斯都没有建立起真正意义上的俄罗斯学(国学)。近代以来,英国和其他欧洲国家为服务殖民事业需要,积极推进斯拉夫研究,对俄罗斯的研究主要是指俄罗斯语言和文学研究,中国大多数俄语专业院系在学科专业上也基本上使用"俄罗斯语言文学"的名称。冷战期间,美国曾经在区域研究中发展出了苏联学甚至克里姆林宫学,苏联解体后转变为俄罗斯研究或后苏联学。冷战后,俄罗斯才开始重视俄罗斯学,并在一些高校陆续建立起了俄罗斯学的相关学科方向和课程,俄罗斯学有了很快发展。在中国,俄罗斯研究仍然按照不同领域和专业分散在外国语言文学、世界历史、应用经济学、政治学等众多学科之中,没有形成关于俄罗斯民族和俄罗斯国家的整体视野和立体研究。其实,从20世纪90年代,就有一些学者提出建立中国俄罗斯学的构想,认为俄罗斯学应该是针对俄罗斯进行的跨学科、跨领域、综合性研究的一门交叉学科,并在研究对象、研究方法、理论体系和研究路径等问题上进行了热烈的讨论,俄罗斯学正处于快速成长之中。

(一)斯拉夫研究:东方学及其遗产

对俄罗斯的研究首先来自于俄语的教学,其历史可以追溯到16世纪末,一些早

期英国探险家、商旅、外交人员开始前往俄罗斯,拉开了英国俄罗斯研究的序幕。在发展过程中,英国的经验主义哲学和盎格鲁 – 撒克逊的文化传统对俄罗斯研究产生了深刻的影响。早期的代表作是出生于新西兰的哈罗德·威廉姆斯(Harold Williams)的著名作品《俄罗斯人的俄罗斯》(Russia of the Russians)。[①] 作为一个标志,牛津大学在 1869 年首次开设俄罗斯研究相关课程,随后,剑桥大学 1889 年也开设了类似的课程。1907 年,利物浦大学建立了英国第一个专门从事俄罗斯研究的俄罗斯研究院(School of Russian Studies)。

在第一次世界大战后,为满足战争、外交和商业需要,很多欧美大学陆续建立了俄语专业,不过大致集中于语言和文学,采取了古典学的学科形式。从 1914 年开始,英国大学开始普遍开设俄罗斯研究课程并开展俄语教育。牛津大学、剑桥大学、伦敦大学和曼彻斯特大学先后设立俄罗斯研究高级讲师(Readership)职位,伯明翰大学、曼彻斯特大学、利兹大学、伦敦大学学院和诺丁汉大学设置俄语和俄罗斯文学的教授职位(Professorship),各个大学开展俄罗斯研究的热情越来越高。真正代表着俄罗斯研究学科化发展标志的是在伦敦大学国王学院院长罗纳德·巴罗斯(Ronald Burrows)的支持下,伦敦大学学院在 1916 年仿照利物浦大学的模式建立的斯拉夫和东欧研究学院(School of Slavonic and East European Studies),在俄罗斯语言教学和研究基础上,也拓展到了其他多方面的斯拉夫和东欧地区国家的语言,并将历史和文化研究也纳入其中,在服务英国战争需要的同时,也推动了俄罗斯研究的发展。和英国类似,美国和其他欧洲国家的俄罗斯研究也基本上采取类似的模式。

总体来看,这一阶段俄罗斯研究是斯拉夫研究的一部分,并且带有很强的东方学色彩,即主要从西方视角观察和理解斯拉夫地区,主要研究俄罗斯和其他斯拉夫民族的语言、文学、历史、传说、物质与精神文化等人文学科。这类研究往往归入东西方二元对立的情况下,进而纳入到广泛的跨国界比较研究中。第二次世界大战后,受美国主导的区域研究和冷战战略需要的影响,尽管早期的斯拉夫学偏重语言、文学、历史和文化的研究依然存在,比如英国大学斯拉夫学者联合会(British Universities' Association of Slavists, BUAS)仍然关注对斯拉夫地区的语言、文学或人文学科研究,但重心开始向经济学、政治学、社会学和人类学等其他社会科学领域转移,英国全国苏联东欧研究会(National Association for Soviet and East European Studies, NASEES)则更多聚集起了社会科学各学科的专家。后来,在两个学会基础上,最终建立了英国的斯拉夫和东欧研究会(Association for Slavonic and East European Studies, BASEES),成为西方国家引领俄罗斯和斯拉夫世界研究的重要学术社团,迄今为止关于俄罗斯和斯拉夫世界的人文学科的研究,仍然是英国和欧洲国家主导的。

---

① Williams H. Russia of the Russians. London: Sir Isaac Pitman and Sons, 1915.

(二)苏联学:冷战及其遗产

第二次世界大战结束后,关于俄国和斯拉夫世界的研究重心开始从英国向美国转移,过去偏重社会科学学科的研究,被纳入区域研究的轨道,先后形成了苏联学和后苏联学的研究框架,侧重于对苏联进行历史、政治、经济、外交、安全、社会、文化、语言、文明等领域的跨学科、综合性研究。其中,二战后,西方国家的苏联学研究始自乔治·凯南(George Kennan)1947年在美国《外交季刊》上以"X"笔名发表的《苏联行为之根源》(The Sources of the Soviet Conduct)一文,开启了冷战框架下的苏联学研究。① 为了服务冷战战略的需要,美国迫切需要关于苏联的情报和相关信息,在美国政府、军队和基金会支持下,关于苏联和斯拉夫世界的教学和研究得到了快速发展,形成了极权主义理论和修正主义理论两种主导性的研究框架。

1. 极权主义理论

基于二战的反思和冷战的需要,一些学者提出了极权主义(Totalitarianism)的分析模式,这一模式将苏联与纳粹德国、意大利法西斯政权都视作垄断一切权力并对社会进行全面改造的政治极权,打上了一种意识形态化的政治标签。极权主义理论的代表人物是德裔美国学者汉娜·阿伦特(Hannah Arendt)、哈佛大学教授卡尔·弗里德里希(Carl Friedrich)以及他的博士生布热津斯基等。在1951年出版的《极权主义的起源》一书中,阿伦特集中分析了极权主义统治的两种形式——纳粹时期的德国和斯大林时期的苏联,认为极权主义是20世纪的独有现象,其基本特征是意识形态与恐怖,其根源是反犹主义、民族主义以及帝国主义。② 弗里德里希则从国家体制及其政策运作方面,提出了极权主义的六个特征:(1)官方和单一的意识形态;(2)有大众支持的一党专制;(3)使用恐怖手段的警察力量;(4)对媒体的垄断性控制;(5)对武器的垄断性控制;(6)对经济的全面控制。③ 而布热津斯基则在其博士论文《永远的清洗》(The Permanent Purge)中,将苏联制度定义为非理性冲动行为基础上的清洗,以此来达到其政治经济目标。④ 不难看出,极权主义分析模式带有很强的意识形态色彩,以简单的极权主义模型概括复杂的苏联制度特征,存在着片面化、简单化和偏执化的问题,尽管一度具有较大影响,但也受到了很多学者的质疑,一些注重经验和反理论的区域研究学者,对极权主义的简单化倾向进行了猛烈的批评。尤其是1956年在苏共二十大上赫鲁晓夫(Nikita Khrushchev)对斯大林(Joseph Stalin)的批判表明,苏联内部并非铁板一块。极权主义理论忽视了苏联复杂的经济和社会因素,很快就被形形色色的修正主义理论模式所取代。

2. 修正主义理论模式

20世纪60年代以后,行为主义和理性选择理论的方法论革命也极大地冲击了美

---

① Kennan G. The Sources of Soviet Conduct. Foreign Affairs, 1947, 7(8):566-582.
② [美]汉娜·阿伦特:《极权主义的起源》,林骧华译,北京,生活·读书·新知三联书店,2008。
③ Friedrich C J. The Changing Theory and Practice of Totalitarianism. Il Politico, 1968: 53-76.
④ Brzezinski Z K. The Permanent Purge: Politics in Soviet Totalitarianism , Cambridge: Harvard University, 1956:38-48.

国的苏联学研究,加上赫鲁晓夫对斯大林的批判,催生了形形色色关于美国苏联学研究对极权主义理论的修正主义模型,越来越多的学者受到塔尔科特·帕森斯(Talcott Parsons)等社会学结构—功能主义和现代化理论的影响,从原来集中关于上层"政权研究"(Regime Studies)向中下层的"社会研究"(Social Studies)转移,基于理性主义主导的政治发展、政治文化、现代化等理论框架,认为现代化将把苏联拉向城市化、全球化的潮流,进而在政治上转型为西方式的民主政治,形形色色的"趋同理论"(Theories of Convergence)流行于世。这一潮流的主要代表人物有摩尔、英克尔斯、亚历山大·恰亚诺夫(Alexander Chayanov)和凯南等一大批学者。其中,摩尔在1954年出版的《苏联:恐怖与进步》一书中认为,苏联政治与经济是传统文化、工业化和技术变革以及极权主义三种因素交织的产物,不是铁板一块。英克莱斯则认为苏联政治可以用极权政治、工业化以及发展主义的模式来概括。丹尼尔·贝尔(Daniel Bell)强调苏联研究必须多元化,不仅仅考虑上层政治和意识形态因素。比如弗里德里克·巴格霍尔(Frederick Barghoorn)在1966年出版的《苏联政治》一书,把阿尔蒙德的功能理论应用于苏联政治的研究,几乎全面引进了阿尔蒙德比较政治学中的一系列理论框架,完全融入政治学的主流,并开启了对苏联进行的结构—功能主义、政治文化理论、发展理论、多元模式、官僚政治理论等路径的研究。与极权主义理论偏重从西方意识形态视角和普遍主义出发相比,形形色色的修正主义理论研究开始关注以苏联为中心的研究,关注苏联经济、社会和文化的特殊性研究,在方法论上也更加精细了。当然,所有这些研究仍然无法摆脱西方中心主义的视角,且带有战略政策需要的现实考虑,这是由冷战框架所决定的。这种视角和现实的考虑一直持续到冷战后较长一段时期内都根深蒂固。

(三)当代俄罗斯学:转型学与政策研究

冷战结束以后,整个世界的俄罗斯研究都呈现出式微之势。原有的苏联学主要是服务冷战的战略研究,苏联解体使得传统的苏联学已经失去了明确的研究对象,原有从事苏联和东欧的研究机构开始集中研究俄罗斯、东欧、中亚等国家和地区,集中于政治经济转型研究,并呈现出社会文化多样化发展的特征。尤其是受到冷战后国际形势复杂变化、理论和方法论的反思和科技革命发展的影响,所谓的"后苏联学"和"当代俄罗斯学"开始受到重视,但没有提出像极权主义理论、修正主义理论那样的主导范式。

2015年,美国林顿州立学院教授斯特罗卡诺夫对44所高校的俄罗斯研究进行摸底调查发现,当代俄罗斯学(Russian Studies)基本上承袭了苏联学(Sovitology)的地缘政治色彩,充满着对极权主义和修正主义两大传统研究范式的反思,出现了新极权主义、新修正主义等发展中的理论路径。首先,新极权主义基本上是在反思极权主义理论基础上形成的,对西方的俄罗斯研究产生重要影响。事实上,新极权主义是一些拥有共同内核的诸多理念和研究的综合，基本上仍然把俄罗斯当作一个"他者"进行研究，集中关注俄罗斯内政与外交的变化，认为俄罗斯的政治经济制度没有发生根本性变化，民族主义仍然是俄罗斯政治的主导特征，而俄罗斯很难建立起欧美国家的现代化和民主制度，所谓的"普京式的民主"是更现实的形态。其次，新修正主义是从20世纪70年代产生的修正主义理论派生而来，带有转型学的特征。这一理论主要聚焦社会主义与资本主义的趋同化，认为俄罗斯可以与欧美发达国家在制度上趋同。冷战结束以来，社会科学各个领域对俄罗斯的研究集中在"转型学"的旗帜之下，探索俄罗斯制度转型的路径、方向、方式和方法等问题。不管是新极权主义，还是新修正主义，尽管在研究议题上日益多样化，涵盖了俄罗斯政治、经济、社会、军事、民众、对外关系、国际安全等诸多领域，但其在国际学界都没有形成系统的理论，学术影响力非常有限。

冷战结束后，苏联学失去了研究对象，出现了向文化转型的"后苏联学"倾向，开始关注一些长期被忽视的文化、身份、传统、公民社会等社会现象，认为文化差异成为理解俄罗斯的关键，集中研究后共产主义、比较后共产主义、民主化等话题。长远来看，俄罗斯将依旧是一个同时拥有市场经济和强大中央集权的国家，但却缺乏诸如公民社会、法治和真正政治多元化等基本民主要素。这就决定了俄罗斯研究不能从单一视角出发，需要确立复合研究的新思路，走出一条俄罗斯研究的新路来。

第三节　转型国家发展模式

20世纪90年代，冷战的终结伴随着一场剧烈的政治经济变革。这一场变革的中心是苏联及东欧、中亚地区，这一地区快速从社会主义中央计划经济向市场经济转型，呈现出转型国家或转型经济体的特征。这一转型的重大实践引发了比较政治学、比较政治经济学、发展经济学、新制度理论等众多学科的浓厚兴趣，关于转型国家发展模式的研究一度引发了热烈的讨论。

一、转型国家及其特征

转型国家是冷战结束和苏联解体的产物。随着东欧剧变和苏联解体，一大批社会主义国家改旗易帜，以前是计划经济体制，陆续都推动建立了形形色色的市场经济体制，经济形态发生了很大变化，故被称为转型国家。当今世界上进行这种经济转型的国家较多，特指冷战后发生从计划经济向市场经济转变、从专制集权到民主政治转变的俄罗斯、波兰、乌克兰、匈牙利、白俄罗斯等苏联成员国及前东欧国家，甚至一些正在向工业国过渡的发展中国家，也被视为转型国家，也称门槛国家或新兴工业国。

从宽泛意义上来说，转型国家一般指一切因技术变革、结构调整和制度变迁而导致的国家形态变化。在国际社会，世界银行、经济合作与发展组织、国际货币基金组织往往根据人均收入水平、工业化程度、成品出口和出口率等经济指标，把 10 到 30 个国家归于转型国家。不管采取怎样的区分，转型国家一般具有三个特征：

（一）经济转型

一般来说，经济转型是指从计划经济向市场经济的转型。冷战结束后，苏联东欧有关国家普遍实行了经济的"休克疗法"，即在短时间内实现对中央计划经济的彻底改造，转变为自由化和经济稳定的市场经济体制，引发了经济的剧烈震荡。与激进的经济体制转型相比，也有一些国家采取渐进主义的转型方案，在不对制度进行剧烈改革的前提下，推进经济领域中的局部调整，渐进推进经济结构和经济体制的转型。

（二）政治转型

在苏联、东欧前社会主义国家的转型过程中，政治转型是从社会主义国家政治体系向西方式民主体制的转型，直接刺激了民族主义的崛起和国家的分裂。在转型的过程中，国内政治是转型发展的过滤器，国内政治对民主认知的异同也会直接影响过滤的过程和结果。还有一些学者将发展中国家的民主转型也作为转型国家的重要因素。

（三）社会转型

社会转型是从前现代社会向现代社会的转型过程。比如有的学者把人均年收入在 699 美元以上的确认为转型国家，在此之下的是发展中国家。有的学者通常按社会发展标准来区分工业国家和转型国家。社会发展标准中包括文盲的比率、新生儿死亡率、期望寿命以及环保等问题。转型国家尽管保持着较高的发展速度，但在社会发展方面却跛行在工业国家之后。社会转型是全面的和全方位的转型，涉及城市化、现代化、社会结构和社会分层等多个维度，往往被纳入现代化理论的轨道。

二、转型国家的发展模式

苏联和东欧国家的转型开始于 20 世纪 90 年代，是经济转型和政治转型的复合体。尽管关于转型的研究可以追溯到自波兰尼的大转型理论以来的诸多理论，包括现代化理论、依附论和民主转型理论，但转型国家往往特指苏联和东欧国家的政治经济转型，且这一转型是在冷战终结的大背景下发生的。总体来看，大部分国家经历了剧烈的政治经济转型，基本上是在和平方式下进行的，但是转型的过程和结果存在差异，主要体现在国家建设、经济自由化和转型的多样性上。

（一）国家建设的角色

在政治经济转型中，国家扮演着稳定器的作用，因为转型前的政治机构和经济调控手段不再使用，而新的政治经济机构和手段又无法即刻到位，需要培育新的国家能力。在转型前，国家调控经济主要依赖中央集权的计划调配经济和社会资源，而转型后则更多依赖作为宏观调控手段的财政政策、货币政策和政府公开市场业务等。同时，尽管这一转型过程增强了民主选举政府的合法性，但要想实现这一转换仍需要一段时间和长期适应的过程，国家建设则扮演了这一转型的稳定器角色。俄罗斯、东欧和中亚国家在 20 世纪 90 年代的转型实践验证了这一观点。因此，一个国家的政治经济转型离不开国家建设和国家能力的支撑，因为转型存在着利益集团化和寻租的可能，俄罗斯大型企业管理者集团和银行集团的寡头化表明，转型背后隐含着腐败的严重后果，需要加强国家能力和国家建设为转型发展保驾护航。

（二）经济自由化

经济自由化是转型经济的主要内容，也是转型发展的重要特征。关于经济自由化的讨论主要集中于两个问题上，第一个问题是经济自由化的速度，究竟是采取激进转型的休克疗法，还是采取渐近转型的"中国模式"。从理论来说，新古典经济学支持休克疗法，因为这一策略符合个人理性和市场效率的理论要义，而渐近转型论则不仅考虑经济体制的转型，更多顾虑历史、社会、文化和政治因素等历史条件和制度环境的复杂调整，认为需要从长计议。第二个问题是经济转型与政治转型孰先孰后。也有学者强调，民主制度的巩固和国家建设必须先于经济自由化，这样才能为经济自由化的顺利进行提供制度保障。总之，经济自由化和政治民主化之间的关系非常复杂，不是简单的正相关或负相关的关系，根本原因在于转型背后政治、经济力量在不同国际条件、不同历史制度和不同改革观念指导下的复杂互动，这不仅创造出不同的转型过程和转型结果，也为转型发展研究制造了更多困惑。

（三）转型的多样性

20 世纪 90 年代在苏联及东欧、中亚地区国家的转型实践表明，尽管所有国家在转型之前存在着很大的同质性，但转型过程和结果却存在着多样性，有的经济转型非常顺利（比如中欧地区），有的则极为曲折（比如中亚地区）；有的国家转型带来了经济上的巨大起色（比如波兰、捷克），有的国家则给经济带来巨大震荡甚至全面衰退（比如俄罗斯、乌克兰）。此外，多数国家在政治转型上的多样性特征更加明显。关于转型多样性的解释多种多样，有的强调地理与宗教与西方的邻近性原因，有的从理念差异来寻找转型的认识根源，也有的从阶级、官僚和社会精英集团的角色变化来探究转型多样性的社会原因，还有从历史制度角度寻找转型多样性的宏观历史原因。每一种解释都有其一定的道理，需要在经验研究中具体问题具体分析。

三、转型国家研究及其趋势

以制度变迁为主要内容的转型国家研究是 20 世纪中后期国际学术界一个新兴的

学科知识领域。这一研究首先起源于西班牙、葡萄牙、希腊等南欧国家的民主化浪潮，随后是拉丁美洲前殖民地军人独裁政权的倒台，并逐步蔓延到东亚地区和欧亚地区，甚至扩散到非洲和中东地区，民主化与民主转型研究成为一个世界潮流。然而，在转型国家研究中，苏联东欧国家政治经济转型和多种制度模式的出现，引起了经济学家、政治学家和社会学家的关注，形成了蔚为壮观的转型学（Transitology）研究。与早期转型国家研究多侧重于某个单一学科不同，冷战后的转型国家研究具有多学科综合研究的实证特征，尤其是苏联政权的正式和非正式制度体系中，组织机构与精英利益集团之间、大众价值观和期望之间存在功能上的依赖关系，推动了转型学的发展。尽管这些研究不乏全盘西化的意识形态激情，但实践很快证明转型国家研究并非如此简单，转型学研究仍然处于争议之中，围绕转型发生的条件、目标、内容、方式、动因、影响的研究仍然没有达成共识。

（一）发展经济学

发展研究是基于西方国家援助和世界银行等机构的国际发展框架展开的研究领域，从20世纪80年代开始，一些发展经济学者从发展型体制中获得经验，移植到苏联及东欧、中亚地区国家体制转型实践中去，呈现为"正统主义发展模式与结构主义发展模式"两种政策模式的争论，并推动了新古典主义经济学家和新结构主义经济学家对采取有效的稳定化政策的共识。然而，发展研究对转型国家的研究仍然围绕究竟采取政府主导、还是主张市场主导展开争论，体现为"华盛顿共识"与社会民主主义、大爆炸与渐进主义或人性化发展的对立。同时，其他地区的经济转型也被用来镜鉴苏联东欧地区的转型发展研究。赫特纳（Hettner）批评对转型研究"从极权到民主"和"从计划到市场"的简单化倾向，强调要采取现代化理论、马克思主义理论、世界体系理论和波兰尼的社会转型理论的多学科视角，将苏东地区转型纳入周边世界和全球化潮流中去认识。更多的发展经济学研究关注历史—比较视角，将苏东地区转型与历史上的发达资本主义内部民主化的古典转型、二战后的新古典转型、新兴工业化国家的市场化改革、亚洲社会主义国家的转型进行比较研究，从广大发展中国家的经验、中国经济转型的经验中获得启发，以解决本国面临的挑战。进入21世纪以来，转型学也逐渐被作为贬义词，苏东地区改革战略的设计被纳入发展经济学的主流框架，不再具有独立的学术地位。

（二）演化经济学和制度经济学

长期以来，苏东地区的制度转型，成为新自由学派的经济学家和其他思想流派的经济学家特别是新结构学派、新制度学派和演化经济学派的话题。尤其是演化经济学和制度经济理论，直接以制度转型为研究对象，批评新自由主义经济学制度的定论，这些研究在熊彼特、纳尔逊和温特以及哈耶克的基础上，不再迷恋均衡框架下静态效率的提高，而是集中关注经济代理人、个体和组织的行为对制度变化环境的适应能力。在演化经济学看来，苏东地区的转型被视作组织和制度"隐性知识"的演化，重视改革进程中的试验和失误。当然，演化经济学对苏东地区转型的研究也遭到了主流经济理论的激烈批评，质疑其忽略国家和制度的决定性影响，低估制度改革优先的意义。此外，制度经济学也对苏东地区转型有大量研究，强调制度能力对转型的意义。

（三）经验主义政治学

对于苏东地区转型的研究，主要围绕经济转型及其效果而展开，政治学的研究主要集中于政策和国际问题的研究之中，关于经济转型中的政治问题的研究相对不够深入，不少学者倾向于将政治哲学分析、经验主义模式和规范理论应用到苏联东欧国家政治混乱局面之中。普泽沃斯基推动了关于经济增长/福利与政治制度关系的研究，集中分析了民主化与市场化的关系问题。威廉姆森和哈格德则集中关注经济转型所必需的先决政治条件，强调"华盛顿共识"的政治可行性，发现改革之所以取得成功，离不开牢固的政治基础、卓越的领导人和团结的经济学家团队。[①] 还有一些研究从总统制和议会制的比较中，加强对转型的制度类型的研究，甚至将公民社会、价值观等制度因素纳入其中考虑。此外，大量关于苏东地区形势、政策变化和热点问题的研究，尽管看上去热闹非凡，却没有什么理论贡献。

苏联东欧从对集权政治和国有经济的偏好转型到西欧那样的对民主政治和市场经济的偏好，并不是一件容易的事情。新自由主义的观点能否在这一地区稳固下来，仍然是一个未定之数。发展型国家的经验是否可以推广到苏东地区，也是不确定的。一些学者对国家和政治制度因素的重视表明，俄罗斯东欧中亚地区有着传统固有的历史独特性，只有通过移情（Empathy）或关注表意性因素，才能形成真正的理解，有些东西是无法学习的，这也是转型学在进入 21 世纪后受到冷落的一个原因，究竟哪一种经济模式和制度更适合苏东国家的社会现实，仍然是一个值得研究的重要课题。

总之，欧亚地区是一个政治概念，是俄罗斯欧亚主义的产物。从地理区位上来说，欧亚地区地处欧洲和亚洲的结合部，主要是指地跨欧亚的国家比如俄罗斯、乌克兰、格鲁吉亚、阿塞拜疆、亚美尼亚等。历史上，奥斯曼土耳其帝国、沙俄帝国和苏维埃社会主义共和国联盟曾先后建立起横跨欧亚地区的国家和国家集团，该地区呈现出欧亚文化复杂交织的景观。俄罗斯、东欧、中亚地区的苏联加盟共和国、东欧前社会主义国家所在的地区统称为欧亚地区，这一地区在冷战期间是被苏联凝聚在一起的国家集团。冷战结束后，原来强加给这些国家的同盟体系解除，基于经济、文化、社会因素建立的各种类型的地区合作框架不断涌现，包括松散的独立国家联合体、具有同盟性质的集体安全条约组织、作为经济组织的欧亚经济联盟、新型合作伙伴基础上的上海合作组织等。相比欧洲地区的一体化和东北亚地区的一体化进程，欧亚地区的地区

---

① Williamson J. The political conditions for economic reform, New York City: Columbia University Press, 1994：563.

化进程进展缓慢,需要克服众多障碍和难题。

思 考 题

1. 阐述欧亚地区的地缘意义及其对经济和文明交流的重要意义。
2. 阐述民族建设和国家建设在俄罗斯国家建构中的关系。
3. 辨析俄罗斯战略选择中的大西洋主义派和欧亚主义派。

CHAPTER 6 第六章

大国研究（三）：欧洲大国与地区

欧洲是西方文明和西方政治、法律、经济制度的发源地。[①] 自近代以来，欧洲在世界范围内扮演着引领者的角色，对世界其他地区产生了重要的影响。欧洲是发达国家最集中的地区，其一体化进程令人瞩目，欧盟作为最成功的地区一体化组织，在国际舞台上发挥着特殊的作用，是国际政治经济格局中重要的战略力量。尽管近年来受英国脱欧、民粹主义崛起等事件影响，但欧洲的一体化进程并没逆转，至今仍然是经济全球化的重要推动者。

在西方中心主义的视域中，往往把欧洲视作人类文明普遍的规律和知识来理解，从来不会把欧洲作为地区研究的一部分。从中国域外知识体系建构角度来看，将欧洲地区置于区域国别学的视角下开展欧洲研究，其目的是通过全方位地研究欧洲为中国的"欧洲认识"提供学术积累。[②] 此外，以欧洲为参照系，研究欧洲不断向前发展的物质文明和精神文明因素，可以在理解"欧洲何以为欧洲"的基础上，更好地回答"中国何以为中国"的问题。[③]

第一节 欧洲地区概述

从海陆位置看，欧洲面对大西洋，处于欧亚大陆西岸的位置，由欧亚大陆一些向西凸出的半岛组成。轮廓破碎是欧洲自然地理的一个显著特点。欧洲海岸线十分曲折，多半岛、岛屿、海湾和内海，总面积的1/3以上属于半岛和岛屿。总体上，欧洲大陆受海洋的影响较为显著，这对欧洲文化和经济都产生了深刻的影响。目前整个欧洲的人口数量约为7.4亿人。欧洲国家数量众多，共有45个主权国家。欧洲是发达国家数量最多、最集中的地区，当前欧洲的工业化、城市化水平仍然在世界范围内处于领先水平，人均收入居各大洲之首。在世

[①] 冯寿农：《"同源多元"的文化欧洲——兼论欧洲学的跨文化研究》，跨文化对话国际学术研讨会，中国福建厦门，2006，133页。
[②] 钱乘旦、胡莉：《区域与国别研究视野下的"欧洲研究"——关于欧洲研究发展方向的讨论》，载《欧洲研究》，2020,38(04):8、138~150页。
[③] 舒小昀、闵凡祥：《欧洲何以为欧洲？》，载《中国图书评论》，2009（10）：85页。

界近代史上,欧洲文明在世界现代化进程中扮演了极其重要的角色。

一、欧洲文明及其内涵

欧洲文明的前身脱胎于地中海文明,核心是希腊文明和希伯来文明。埃德加·莫兰(Edgar Morin)认为,欧洲文明有四个源头,即犹太–基督教文明和希腊–拉丁文明。而这四个源头又可以进一步归为两个主要源头,犹太与基督教文明属于同一源头,希腊与罗马文明属于另一源头。也就是说,"两希"文明(希伯来与希腊)是欧洲文明的源头和主流。两"希"文明都是来自地中海地区,主要受地中海文明的影响。

希腊文明的精神主要是人文主义和理性精神。雅典城邦是人类民主社会的雏形,希腊人试图建立一个合理的、协调的、稳定的而且相对自由的社会。在这个社会中,个人和集体似乎完全可能同时发展,发挥在具有社会责任感前提下的个人自由精神,个人发展可以通过教育获得完善。在希腊文明基础上的罗马文明又有自身的独特性。罗马建立了完善的国家机构和法律制度。罗马的强大产生了爱国主义、民族自豪感和对自身使命的信仰,进而又发展出了对纪律、秩序和正义的追求和对民政事务的责任感。希腊和罗马文明可以综合为一个共同的古典文明,其代表是柏拉图理想中的完美理性与奥古斯都时代罗马的国家组织。简言之,欧洲的古典文明可以归结为人文主义。

与希腊精神不同,希伯来文明更强调直觉经验,具有非系统性和神秘主义的特点,追求精神的和谐统一。希伯来人将神视为善良的牧羊人和仁慈的父亲。后来基督教吸纳了这种最初是由先知们创造的神的形象,创造了三位一体的上帝。基督教赋予神以人类的最高愿望。基督教在公元4世纪被确定为罗马国教后,作为一个普世的宗教融合了欧洲古典文化精神,创造了崭新的基督教文明,构成了欧洲人的精神世界。

欧洲人的精神世界源自所谓的"欧洲观念"。"欧洲观念"是欧洲意识与民族意识的统一,并随着历史的发展而演变。"欧洲观念"从古到今有三重内涵:文化的、政治的、经济的,不同时期各有侧重。在进入近代历史以前,"欧洲观念"侧重于文化传统的内涵。在进入近现代史后,"欧洲观念"前期侧重于政治内涵,表现出为了争取欧洲和平而出现的"欧洲联邦"等主张。在20世纪50年代后,以经济联合为主、政治经济相结合的欧洲共同体便出现在欧洲。尤其在美苏两极对峙的冷战高压下,来自两个超级大国的压力推动欧洲各国越来越强化了欧洲的整体认同,欧洲一体化进程更是向世界展示欧洲作为"一个声音"出现在历史舞台上。冷战结束后,欧洲一体化进程加快,随着欧盟建立、欧元发行和一系列欧洲地区治理机构平台的建立,"欧洲观念"不仅在思想理论上越来越成熟,而且获得了相对独立的组织依托和制度建制,欧洲国家的战略自主性日益强化。

综合欧洲文明的发展历史和欧洲一体化进程的实践推进,将欧洲地区作为一个整体越来越成为区域国别研究学界的共识,甚至出现了重欧盟研究而轻成员国研究的情况。比如,陈乐民先生主张将欧洲作为一个文明的整体,对其作立体的、多层次的综合观察,回答"欧洲何以为欧洲"的问题,主张欧洲不仅是一个地理或政治、经济概念,更重要的是一个历史文化概念。弗朗索瓦·基佐(François Guizot)同样认为欧洲是一个文明概念，欧洲各国的文明中普遍地存在着一种一致性，虽然在时间、地点和环境方面千差万别，但这个文明最初都起源于那些几乎完全相似的事实中，都是根据同样的原则有所关联地进行发展，并几乎到处都会产生相似的结果。因此，在学界看来，欧洲存在着一个集合而成的欧洲文明。欧洲文明不是源于任何单个欧洲国家的历史，它不是在任何个别国家里发展完备的，它的面貌特征分散在各地。

尽管欧洲文明有着明显的共性特征，但从根本上来讲，欧洲文明是多元文化"同源异流"的产物。就其整体性而言，欧洲文明存在着明显的"同"，而就其支脉而言，又存在着特殊性的"异"。欧洲文明不是单一的，是"认同中的多样"和"多样中的认同"的综合：对外表现为"欧洲主义"，对内表现为"民族主义"。第二次世界大战结束以来，以"欧洲联盟"为核心的欧洲一体化进程，就是"欧洲主义"与"民族主义"的结合，但在"欧洲主义"掩盖之下的"民族主义"，也逐渐成为欧洲一体化进程的挑战。① 总之，欧洲文明博大精深，历史阶段分明，呈现"螺旋形"的发展态势。希腊文明、古罗马文明、中世纪、近代史时期（包括地理大发现、文艺复兴、宗教改革、工业革命、启蒙运动、自然科学、技术发明，等等）一路走来，从一个阶段过渡到下一个阶段，每个阶段都把社会向前推进一步。把欧洲作为一种文明既能够揭示欧洲的总体特征，又能够从中分析出欧洲内部的具体特征。

二、欧洲研究的核心问题

（一）"文明"与"野蛮"的关系

"文明"与"野蛮"的互动关系，贯穿欧洲地区早期发展的全过程。从公元前8世纪起，古希腊文明在欧、亚、非三大洲文化的交汇下，逐渐发展成为超越同时代的"成熟"文明而成为欧洲文明的先驱。公元前5世纪，民主制的雅典与君主寡头制的斯巴达两极对立，影响着希腊世界。两国击溃了波斯帝国的入侵，雅典的文化得以繁荣。斯巴达与雅典为争夺希腊世界的主导权在伯罗奔尼撒鏖战20余年，两败俱伤。马其顿人乘虚南下，希腊人在马其顿人的统治下开始联合。公元前4世纪，马其顿－希腊联军在亚历山大率领下东征，建立起地跨欧、亚、非的庞大帝国。地中海东部近东、中东地区受到希腊文明的显著影响，进入了持续约300年的"希腊化"时期。现代欧洲的自由平等观念、民主制度、科学理性精神，都可以从古希腊文明中找到痕迹。

罗马帝国的兴衰史也是地中海文明与北方蛮族的抗争史。自公元前6世纪起，罗马由一个蕞尔小邦建立起共和国，势力缓慢扩张。公元前3世纪罗马征服意大利后，扩张步伐开始加快。此后的100年间，罗马疆域不断扩大，囊括了迦太基（北非）、马其顿和希腊、小亚细亚和叙利亚、西班牙等地，成为一个跨地中海的庞大国家。从公元前9世纪开始，日耳曼人和罗马人就有交往互动，罗马帝国沿着莱茵河到多瑙河漫长的边境经常遭受日耳曼"蛮族"的侵扰。公元4世纪末至5世纪，在欧亚大陆匈奴人西进的压力下，大批日耳曼人犹如决堤的洪水涌入罗马帝国境内，形成"民族大

---

① 陈乐民、周弘：《欧洲文明的进程》，4~5、407页，北京，生活·读书·新知三联书店，2014。

迁徙"浪潮。日耳曼民族摧毁了罗马帝国,欧洲进入了中世纪的封建时代。"蛮族"入侵为欧洲文明注入了力量、竞争和顽强自立的精神等新的内涵,与古典文明、基督教精神相融在一起,共同构成了欧洲的文明特质。

"文明"与"野蛮"的关系是欧洲文明发展的重要主题。汤因比认为,文明正是在外部"蛮族"的压力下,才可能摆脱腐朽消亡的命运而迸发出新的生命力。欧洲文明也正是在"文明"与"野蛮"的互动中不断获得新的内涵,形成新的活力。但是,"文明"与"野蛮"总是相对的、变化的而非固定不变的。回答欧洲何以"文明",其又如何对待"野蛮","文明与野蛮"之间如何互动等一系列问题,是理解欧洲文明发展、欧洲与世界其他地区关系乃至西方世界与非西方世界关系的一把钥匙。

(二)宗教与世俗的关系

观察欧洲文明,不能离开欧洲的基督教文明。基督教作为一种信仰、一种价值系统,渗透了整个欧洲社会。基督教是欧洲的一个实际存在,布罗代尔指出,基督教甚至在无神论者身上也留下了痕迹,无论他们是否意识到了这一点。伦理规则、对待生活和死亡的态度、工作的观念、努力的价值、妇女和儿童的地位等一些看似和基督教无关的问题,其实都受到了基督教的影响。基督教在欧洲的影响如此深远,所以欧洲文明也被很多人认为是基督教文明。基督教本身是一种宗教救世之说,但客观上却产生了一种价值体系,这种价值体系与欧洲文明,特别是欧洲政治文明,有着深刻的内在联系。[①]

所谓基督教文明,既包括基督教的教义及其哲学,又包含作为教权组织的教会。教义与教会之间的关系是抽象与具体、脱俗与入世、普遍与个别的关系。教会因教义而生,但教会一旦作为某种政治性的组织固定下来,其各级组织的所作所为与基督教的精神可能出现不一致甚至对立。因而在讨论基督教文明对欧洲的影响时,需要将基督教的精神和哲学与教会区分开来。[②]

基督教会的世俗化首先表现在它的政治化方面。宗教是结社的原动力,围绕基督教形成了作为教士团体的教会,自然地在世俗世界中也获得了管理权,在中世纪的欧洲政治中占据了重要地位。[③] 欧洲中世纪的主要特征就是基督教教会与日耳曼人封建统治的结合。日耳曼人中最先接受基督教的是法兰克墨洛温王朝的国王克洛维。此后,日耳曼统治者接连皈依,基督教在欧洲各地风靡起来,这也使得教皇和主教们成为政治舞台上的重要角色。教会的世俗化使教会与世俗权力之间产生了错综复杂的关系。"丕平献土"强化了教皇的权力,使教权凌驾于王权之上。作为超越欧洲割据状态的宗教势力,教会成为世俗王权的挑战者。教会与世俗君主之间围绕权力进行着长达几个世纪的斗争,其间不是教皇开除皇帝的教籍,就是皇帝率兵攻打教皇。教皇和皇帝不断地罢黜着对方,另立新教皇或新皇帝。从这一角度看,教会的历史与世俗权力是

[①] 侯建新:《基督教与欧洲文明》,载苏智良、陈恒主编:《欧洲历史与世界文明讲演录》,233~251页,北京,商务印书馆,2013。
[②] 陈乐民、周弘:《欧洲文明的进程》,73页,北京,生活·读书·新知三联书店,2014。
[③] [法]基佐:《欧洲文明史》,程洪逵、沅芷译,88、106页,北京,商务印书馆,2009。

纠缠在一起的。

11世纪至13世纪，扩大"教会管辖权""解放圣地"的思想直接推动了十字军东征，教皇联合西欧封建主和城市富商向地中海东部地区发动了8次远征，教会起到了在精神上"统一"欧洲的作用。十字军东征的历史充满了侵略、杀戮和掠夺，但在文明的交流碰撞中促进了不同地区的交流，商业得以发展，在一定程度上瓦解了封建制度，促进了自治城市的兴起。教廷的腐朽使欧洲人逐渐丧失了对教会的尊敬。随着经济生活发生变化，随之而来的是人们的视野扩大，社会观念的改变，宗教改革运动对教会发起了挑战，中世纪封建制度也同时受到冲击。

应当承认的是，中世纪的基督教文明对欧洲文明的延续发展起到了重要的作用。基督教起源于希伯来文明，同时也受到希腊文明影响。基督教教义中有宗教因素，但同时也有追求"至善"的努力，有理性化因素。上帝既是神圣的、世人崇拜的对象，又是真理和理性的化身。基督教并没有妨碍哲学家和科学家以上帝的名义去探求真理、探索自然。由于基督教的普及和推动，欧洲的许多城市建立了早期的大学，从神学研究和教育逐渐发展为综合的多学科教育。欧洲近现代的文化教育实际上是在中世纪的神学研究和教育中奠定了基础，哲学（神学）、数学、化学、医学等学科都有赖于寺院教育的推动。此外，基督教的图书馆中还保留下了大量的图书资料。中世纪的基督教网罗和教育了大量的人才，是欧洲重要的知识保存者和传播者，对其后的欧洲文化产生了重要的影响。

总体上，教会是一个集精神性与世俗性于一身的国际宗教政治组织，是全欧洲最富有的收税者和最有效的财政机构。在现实中，教会既是封建制度的维护者，又是新的资本主义的提倡者，还是重要的知识保存者和人才的培养者。随着民族国家的崛起，威斯特伐利亚体系确立了国家主权原则，教会对国家世俗政治的影响逐渐消退，基督教重新回归到欧洲的精神世界。基督教文明始终是欧洲文明的重要组成部分，其对欧洲精神世界的统一起着重要作用，而在现代世俗化的欧洲国家中，伴随着移民、难民问题所产生的新的宗教与世俗社会的关系问题，正逐渐成为欧洲的新挑战。

（三）民族国家与欧洲一体化的关系

进入近现代历史后，主权国家与地区一体化之间的关系成为欧洲文明所面临的另一个重要主题。欧洲是世界范围内最早确立国家主权规范的地区，也是最早推动地区一体化的地区，欧盟是地区一体化程度最高、最成功的案例。近现代欧洲政治文化发展主要有两条主线：其一是主权国家成为欧洲的普遍现实；其二是欧洲观念的形成。在一体化的进程中，民族国家因素始终是一大挑战，"欧洲主义"与"民族主义"之间存在着持续的张力。

"民族国家"是指基本上由一个民族构成的国家形态。近代欧洲国家是典型的民族国家，其雏形在中世纪末期就已经开始形成。商业的发展和宗教的教派斗争打破了中世纪制度的整体性，每个民族都在混乱中寻求自身的出路，最终1618—1648年的"三十年战争"改变了欧洲国家的形态。战后的《威斯特伐利亚条约》以国际法的形式重新划定了欧洲的版图,更重要的是确立了国家主权的原则。各国为了保障自己的边界,都保持和发展自己的军队,设立守卫领土的关卡,国家领土不可侵犯成为普遍接受的原则。在主权原则确立后,国家间有了真正的"国际"关系和"外交",欧洲成为最早出现主权独立的民族国家和现代意义上国际关系的地区,但在民族国家范式下欧洲不可避免地成为各国纵横捭阖、相互角逐的战场,国际政治中"势力均衡"的概念正是从欧洲而来。经历了一战、二战惨痛经历,欧洲转向寻求超越民族国家的联合之路。

与欧洲各国"民族主义"相对的是"欧洲观念"。"欧洲观念"来源于地中海文明和基督教文明,但其形成也有赖于与各种非欧洲叙事的互动中形成的自我意识。而"欧洲观念"一个最近最直接的影响因素,则是欧洲在饱受战争摧残的情况下,为实现和平而寻求国家间的联合。"欧洲观念"将欧洲引向了一体化道路。

一体化进程是二战后欧洲地区最显著的变化趋势。在二战结束后的半个多世纪中,欧洲最大的成就正是在于结束了相互攻伐争霸的历史,在包容、和解与融合的基础上,创造出了欧洲的共同历史。欧洲国家在20世纪中所进行的一体化探索,突破了自17世纪"威斯特伐利亚体系"以来确立的主权国家的治理模式,创造了全球最高水平的区域合作与共同治理模式。欧洲一体化无疑受到了欧洲特殊地缘政治与文化背景的影响,体现了在有限的空间和资源约束下,民族国家间协同发展的意愿和行动。欧洲一体化的发展历程是探索新的国家间合作、区域治理与共同发展模式的过程。欧洲的一体化进程一直在探索着这样一个命题:国家如何将相互依赖、相互影响的经济、政治关系转化为共同的发展机遇。欧洲的一体化进程展现出了超前的视野和集体行动的力量,超越了欧洲历史与地理的局限。欧洲一体化的理论与实践,对于其他地区的合作具有特殊的参考价值。一体化是根植于欧洲整体传统和"欧洲观念"的特殊性,还是存在于未来世界全球化进程中普遍现象,其他地区能否复制欧洲的一体化进程,欧洲的一体化模式是否是区域一体化的唯一路径或者最佳选择,这些问题需要在欧洲地区与其他地区的研究中进行思考。

然而,欧洲的一体化进程绝非一条径直通向成功的线性发展路径,而是一个充满困难与挑战的过程。欧洲在一体化进程中有"先发"的优势,但同时也意味着并无任何现成的经验可供参考,面临着巨大的风险。欧盟的联合是否真正超越了民族国家范式,欧盟的一体化进程是否操之过急,欧盟的软硬实力能否支撑欧盟克服一体化与国家主权之间的张力,都是值得思考与讨论的问题。欧盟作为一个人为建构的联盟,自始至终面临着合法性的困境:欧盟的认同困境,突出表现在欧洲各国人民的国家认同大于对欧盟认同。特别是在当前民粹主义兴起的背景下,各国对欧盟的支持率普遍下降,并不认为作为欧盟成员国会给国家带来好处。欧盟的程序困境、欧盟的决策与行动需要在方方面面的行为体间进行妥协,在各种议题上各国权利义务并不对等,集体决策受到各国"最大公约数""最小公倍数"的制约,政治过程流于形式,难以解决实际问题。① 欧债危机、难民危机已经使欧盟尽显疲态,而英国"脱欧"更令欧洲的

---

① 王义桅:《海殇:欧洲文明启示录》,44~45页,上海,上海人民出版社,2013。

一体化道路蒙上阴影。欧洲未来将向何处去，一体化进程是否会走回头路，民族国家是否会回潮，其他地区如何吸取欧洲一体化的教训，避免在一体化过程中出现欧洲的问题，也是在对欧洲地区的研究中应当思考的问题。

（四）欧洲与世界的关系

从世界的视角来观察欧洲，则欧洲与世界以及世界其他地区的关系问题成为另一个重要的问题。欧洲文明的发展趋势与全球化的进程紧密相连。欧洲文明最早进入近代和现代化的历程，并且在几个世纪中一直走在世界的前面。全球化的起点"地理大发现"肇始于西欧，在全球化进程中欧洲的生产方式、生活方式、思维方式和制度法律不断向欧洲以外的地区扩散。[①] 特别是随着科学技术使得时空距离缩短，经济贸易使得各地区间的相互依赖加深，越来越多的国家和地区都被卷入到全球化的浪潮中，并不同程度地受到欧洲和西方文明的影响。然而，世界各地区都在全球化进程中有所贡献，各种文明相互交流和融合、矛盾和斗争，全球意识与民族意识交织并行。欧洲文明先是发展为"欧美西方文明"，进而又推动着"全球文明"，但在现代化和全球化的过程中欧洲文明绝不是"独角戏"一般的存在，其仍然是世界各地区多元文明中的一支。欧洲文明与世界其他地区之间的关系，欧洲与其他地区和国家之间的关系，也是欧洲文明视角下欧洲研究必须关注的问题。近代以来欧洲曾在世界上占据支配地位，但现在只作为多极世界中的一极而存在。欧洲地位的升降变化和欧洲在现代化、全球化过程中对其他地区的影响，使得欧洲与世界不同地区之间的关系呈现出明显的复杂性和多样性。

欧洲是西方文明的发源地和将西方文明推向世界的策源地，其与各种"非西方"文明呈现出怎样的关系，特别是作为前宗主国、发达地区的欧洲与其前殖民地、广大发展中国家之间曾表现出怎样的关系，作为自由民主价值理念倡导者的欧洲与坚持其他意识形态的国家以及苏东转型国家之间的关系，都值得被给予充分的关注。

欧洲在世界的支配地位伴随着跨大西洋的权力转移而发生变化。同处西方世界中的美国自二战后取代欧洲占据了世界的支配地位，在权力交替后，欧美的跨大西洋关系呈现出怎样的变化，未来的发展趋势如何，也是值得探讨的问题。为了与美国的霸权地位相抗衡，提升自身影响力，欧洲长期以来是多边主义和国际规范的倡导者。多边主义是中国与欧洲长期以来合作的重要基础。面对中国的崛起，欧洲是继续在多边主义理念下与中国合作，还是与美国同在一个阵营下与中国竞争和对抗，中欧关系未来的不确定性成为另一个欧洲对外关系的重要问题。

欧盟是世界上唯一自我定位为"规范性力量"的国际行为体。在世界范围内，欧盟目前处于一种向前无法超越美国，背后又面临着新兴市场国家群体性崛起的境地。[②] 欧盟作为一个国家联盟在世界中尚能扮演重要一极的角色，但其国际地位也不断受到挑战。在欧洲一体化的进程中，作为一个整体的欧盟将如何定位自身的角色，欧盟是

[①] 陈乐民、周弘：《欧洲文明的进程》，5页，北京，生活·读书·新知三联书店，2014。
[②] 王义桅：《海殇：欧洲文明启示录》，43页，上海，上海人民出版社，2013。

否能够真正协调各成员国的外交立场,在对外关系中欧洲各国的"欧洲观念"与"民族主义"呈现出怎样的状况,也是同样值得讨论的重要问题。总而言之,欧洲在世界中占有重要位置、对世界其他地区产生过重要影响,其在世界中扮演的角色和其与世界各地区的关系是十分值得探讨与关注的问题。

第二节 欧洲地区研究的学术范式

在欧洲中心论的影响下,长期以来在区域国别学研究领域内并没有形成欧洲研究的相关范式,欧洲地区研究特别是西欧地区研究在很大程度上存在于各学科领域主流研究当中。进入 20 世纪以后,对欧洲中心论的反思推动了全球研究范式的成长,并迅速蔓延到众多学术领域,对欧洲地区的研究也开始被置于全球研究的视角观照之下。到 20 世纪中期后,欧洲的一体化发展成为世界范围内一种独特现象,专门针对欧洲一体化的各种欧洲研究范式逐渐发展起来。

一、欧洲中心论范式

欧洲中心论,也称欧洲中心主义(Eurocentrism),是一种从欧洲的角度来看待整个世界的隐含信念,认为欧洲具有不同于其他地区的特殊性和优越性,因此欧洲是引领世界文明发展的先锋,也是其他地区迈向现代文明的灯塔。因此,对于"欧洲中心论"存在着两种颇为对立的理解:一种强调的是历史发展的普遍性,另一种强调的则是历史发展的特殊性。

毫无疑问,欧洲中心论是近代西方现代化运动的一部分,它出现于 18 世纪中后期,在 19 世纪得以发展,并且最终形成为一种人文学科领域的思想偏见。欧洲中心论是资本主义凭借其经济的、政治的优势向全球扩张的产物,是西方资产阶级为自己主宰世界制造历史合法性的说教。欧洲中心论的主要观点是把西欧的历史进程作为标杆,并认为世界各个不同民族和国家,在迈向现代化的过程中,都必须经历与遵循这个模式。欧洲中心论者将他们的个案研究置于宗教的、种族的、环境的以及文化的假定的优越性之上,并在此基础上来解释世界。因此,当时许多西方学者认为文化差异是造成欧洲与非欧洲地区发展(进化)程度不同的主要原因;文化差异来自于人种的差异,所以非欧洲地区的落后是命定的,是不可逆的,因为人种的优劣是无法改变的。尽管这种思想偏见后来被抨击得体无完肤,但是在那个时代,这种主张的确在人类的社会、经济、文化、政治等各个思想领域,造成了深远的影响。达尔文(Charles Darwin)的物竞天择观点也在科学界掀起了物种进化的争论。因此,19 世纪的欧洲思想家纷纷从不同的角度阐述自己对世界历史和文明进程的看法,为欧洲中心论的思想体系提供了多层面的立论基础,可总结为如下两类观点。

第一类观点是历史学中的欧洲中心论。黑格尔(Hegel)的《历史哲学》一书就带有浓厚的欧洲中心主义色彩。他称希腊、意大利为"世界历史的舞台""世界精神"的"故乡"、地中海是"世界历史的中心"。没有地中海,"世界历史便无从设想了"。

在夸大欧洲历史地位的同时，他认为世界其他地区各民族始终是静止的，处于世界历史的局外，属于"非历史民族"。在世界史领域内，当时西方的学者们心安理得地把欧洲史与世界史等同起来，将欧洲以外的广大地区排除在世界史研究的范围之外。德国著名史学家兰克（Leopold von Ranke）在《论近代史的诸时期》一书中认为实质上一切都基于欧洲史。他撰写的八卷本《世界史》就是这种欧洲中心主义指导思想的产物，实际上是一部欧洲史。著名的《剑桥古代史》（1924—1939 年出版）、《剑桥中世纪史》（1924—1936 年出版）、《剑桥近代史》（1907—1918 年出版）以及海斯（C. J. Hayes）等编著的《世界史》《近代史》等，仍然坚持欧洲中心主义的传统观念。在他们心目中，欧洲近代史就是世界近代史，其他地区的历史只是作为欧洲史的附庸，作为欧洲殖民扩张的历史而存在。

另一类观点是社会科学中的欧洲中心论。无论是经济学、社会学，还是政治学和人类学，社会科学在相当长一段时间的发展中都是以西方经验为中心的。西方中心主义与社会学传统的关系有两种：其一是以西方经验和事实发展出来的理论学说，被认为具有普遍主义的解释力，可以应用到对一切社会的考察中；其二则具备更深层次的含义，这些传统的确立，背后蕴含了对非西方阐释与持续建构的内容。以欧洲经验为根源的社会学，对欧洲和全球进行言说，所生产的社会学知识背后，蕴含了普遍主义的解释原则。

欧洲中心主义的巨大影响源自近代西方历史哲学的强大影响，进步论、阶段论、目的论、普遍主义等理论倾向在世界史研究中的盛行和泛滥。同时，西方现代殖民主义"塑造"和"建构"了包括非西方世界在内的世界历史图景。殖民主义对人类历史和世界历史的发展进程最重要的一点影响是，歪曲和贬低了非西方世界的成就和贡献。文化传播主义又制造了西方主导的人文社会科学研究的"话语霸权"。这种狭隘的世界观和历史观，让欧洲无视于历史真相的存在，也忽视其他地区的文明贡献，因而导致欧洲对西方以外的世界缺乏理解，也不能正确认识自己，最终造成整个世界，包含学术界在内，长久以来都是以西方意识作为主体意识的现象。很多国际标准（如本初子午线、公元纪年、拉丁字母）都包含欧洲中心主义。

二、全球研究范式

直到 20 世纪中期以前，西方很多普遍史或世界史著作仍然受到"欧洲中心论"的束缚，无视甚至否认西欧北美以外国家和地区的历史。随着殖民体系的崩溃，在日益加快的经济全球化进程推动下，"欧洲中心论"无法解释全球各种复杂进程的演变，西方一系列历史学传统观念受到质疑和批判。比如弗兰克等人，就批评西方一些学者认为在某些关键性的历史、经济、社会、政治、意识形态或文化领域里，世界其他地区与西方相比是有欠缺的观点。英国历史学家汤因比认为历史研究的单位应该是社会而不是国家，指出世界历史上先后出现过 20 多个文明，并激烈抨击了西方"种族主义宣传家们"鼓吹的"欧洲中心论"。

在批判欧洲中心论的过程中，一种被称为全球研究的新范式在 20 世纪中期开始逐渐成长起来，主要表现为全球史的兴起。全球史研究在发掘各种地理空间和多重社会交流网络的基础上，探讨人类各种群体之间的互动和交往，扩展了史学研究的地理空间范畴和社会空间层次，为历史学与其他学科的合作提供了更多可能性，主要的代表人物包括斯塔夫里阿诺斯、麦克尼尔、巴勒克拉夫、约翰·A.加拉第等，他们都在通史编撰方面进行了探索。

（一）世界史与全球史的研究

联合国教科文组织的《人类史》也属于此类尝试。学界很快意识到，世界通史编撰面临两个主要问题：首先，通史编撰需要依靠坚实的实证研究提供丰富的专业基础知识；其次，如何将专业基础知识组织在一个适当的体系内，则需要通史理论框架。在此背景下，专题性的全球史研究在20世纪七八十年代迅速涌现。例如，现代世界体系、跨文化贸易、"哥伦布交流"、生态帝国主义、技术转移等主题成为全球史学者关注的重点。

西方学界专门的《全球史杂志》创刊于 2006 年。从这本面向全球学界的杂志的发展之中，我们可以管窥全球史学的演变。创刊之初，该杂志提倡克服史学的碎片化，以体现更完整的历史知识图景，倾向于认为全球化是一个现实演变的过程，既认为西方史学家从其他史学传统中获取了思想和经验，也认为西方的历史仍然有助于构建全球对比和解释。该杂志提倡研究物质生活与知识、宗教、政治和军事力量的关系，关注相互联系、跨越传统地区界限的比较研究、跨学科交流，还从学术史的角度提倡挖掘各种研究领域的历史意义。全球史研究不仅对经济全球化本身的进程、核心技术、关键节点、对不同地区产生的影响进行了探讨，而且在全球化连通世界的背景下挖掘不同层次历史空间内的人类历史。从 2012 年开始，《全球史杂志》提出鼓励刊发社会文化史方面的论文，鼓励把研究时限推到 1 800 年之前，历史研究的文化转向的核心主题如认同、表现、差异的构建等问题也受到关注。这是在切实拓展了历史研究空间层次的基础上，进一步挖掘研究主题更深远的历史背景。这可以说是 21 世纪以来全球史的学术发展的基本特点。

西方全球史在实证研究上的进展，确立了世界史研究的全球视野，扩展了世界史研究的范畴内容，强调研究对象之间、研究对象与背景之间的相互联系，也就是将地球上不同人群接触后发生的多种交往视为世界历史的主要内容和发展动力，体现出西方全球史对理论分析的日益重视。德国学者尤尔根·奥斯特哈梅尔甚至进一步提出：全球史是一项理论性的事业，叙事是理论整合的有效媒介。

全球史的跨文化互动研究方法则为克服世界史研究和编撰中的"欧洲中心论"做出了积极努力。皮特·N.斯特恩斯曾经统计指出，1910 年在美国大学的历史课程里，45% 是欧洲史，16% 是英国史，37% 是美国史，只有 2% 是关于世界其他地区的历史；[①] 帕特里克·奥布莱恩也指出，拉维斯和朗波编撰的 12 卷《世界通史》，只为西

---

① Steans P N. Western Civilization in World History. New York: Routledge Publisher, 2003, 10-11

方以外的世界留出十几页的叙述空间，此类情况不仅出现在西方学界。可以说，经过半个多世纪的发展，西方全球史已经建立了一种更加整体化的世界史研究与编撰视角。

（二）后现代主义与后殖民理论的研究

全球史的跨文化互动研究虽然迈出了否定"欧洲中心论"偏见的关键一步，但也引出了新的问题，也就是如何界定发生互动的双方或多方主体的历史作用。这个问题在帝国史和殖民史研究中表现得尤其明显，一些全球史著作将帝国视为竞争性的社会组织，将帝国主义、殖民主义视为人类社会不同群体的互动途径，将宗主国与殖民地互动的各方主体均做相对化的处理，将侵略与被侵略的关系模糊为相互竞争的关系，将剥削与被剥削的关系简单化为相互接触的关系，实际后果就是回避或消解了历史定性的重大问题，这已经成为全球史研究中的一种新形式的局限。这也说明，倘若脱离近代以来帝国主义、殖民主义与资本主义的内在关系，单纯强调人类社会的交往和互动，将难以揭示影响世界历史发展的各种力量以及世界基本结构和形态的变化。

后现代主义和后殖民理论对世界的"中心—边缘"二元对立结构进行了全面的反思，并对西方中心主义和文化霸权提出尖锐的批判。后殖民主义（Postcolonialism），又称后殖民批判主义（Postcolonial Criticism），是对殖民统治的文化遗产进行全面反思和清算的一种后现代文化思潮，其影响几乎覆盖了整个人文社会科学领域，在哲学、政治学、文学和艺术方面表现得尤为突出。后殖民主义以福柯的知识话语权力理论和安东尼奥·葛兰西（Antonio Gramsci）的文化霸权理论为基础，旨在解构西方中心主义的话语系统，揭示出隐含在西方知识和话语中的不平等的权力结构。福柯提出，不存在绝对客观知识，所有知识的目的都在于维护统治结构的合法性，任何话语都有虚构的成分。意大利马克思主义者葛兰西提出了文化霸权理论，指出在资本主义统治中，统治者对文化和思想观念的全面控制，不是通过外在强制而是通过被统治者的自觉认同来实现的。后殖民主义者由此认为文化霸权贯穿于殖民主义的整个过程，在后殖民时代，文化控制仍然是帝国主义在当今的重要表现形式。这些关于知识文化的权力属性的思想构成了后殖民主义理论的方法论前提。

后殖民主义思潮发端于20世纪60年代西方对"现代性"的反思中，兴起于20世纪70年代，以赛义德的《东方主义》的出版为标志，是一系列具有原殖民地背景的西方学者对后殖民状态中包括西方文化霸权在内的一系列问题进行的反思。西方话语建构了东方的存在方式，并按照西方的方式解释和再现东方、渗透和支配东方，东方主义实际上是西方对东方的文化霸权。在《文化与帝国主义》中，赛义德指出文化是帝国主义物质基础中与政治、经济同等重要的决定性因素。他认为后殖民主义者应该坚持多元的文化立场，将之作为摆脱帝国主义文化霸权的有效途径。总体上，后殖民主义是西方学术界的一种具有强烈的政治性和文化批判色彩的学术思潮，从研究方法来看，该流派具有解构主义、女性主义、精神分析、马克思主义、文化唯物主义和新历史主义等方法特征，在内容和形式上都存在打破学术界限的倾向。后殖民主义是西方理论界首次把非西方的文化事实作为理论研究的主题并形成热点，使历史上未曾受到质疑的欧洲（西方）中心论受到前所未有的挑战，学术界再也不能像以往那样对非西方文化熟视无睹。

（三）历史唯物主义的研究

根据唯物史观的基本原理，"整个所谓世界历史不外是人通过人的劳动而诞生的过程"。各种地方社会的具体化情境，实际上就是生产和交往在各个时空结合点上达到的水平和程度，而这些具体化情境则是各种社会关系网络与交流空间范畴得以存在的现实基础。全球史强调的多重社会交流网络之间的互动，以及不同社会空间层次之间的互动，唯有在这个现实基础上才能得到充分的说明。

综上所述，全球史虽然在深入挖掘人类社会交往实践的基础上扩展了对世界历史的认识，但毕竟无法彻底摆脱"欧洲中心论"的束缚。而要解决这个问题，则只有在新的时代条件下，在唯物史观的理论框架中做出进一步的探索，即在生产和交往的相互关系中阐明人类社会整体性和多样性的辩证统一。

三、地区一体化研究范式

二战后，欧洲开始走上了一体化的道路。欧洲一体化从西欧六国的煤钢联营开始，此后迅速扩展，一体化程度不断提高。20世纪50年代和60年代，以新功能主义观点为主的理论家试图解释欧洲一体化的扩展。从20世纪60年代中期开始到80年代中期，欧洲一体化进程进入了一个发展相对缓慢的阶段。以政府间主义者为代表的理论家开始解释一体化为何进展缓慢。在很长一段时期内，新功能主义和政府间主义在欧洲一体化研究中占主导地位。

新功能主义重视非国家行为体特别是跨国行为体和超国家行为体的作用在一体化进程中的作用。这一理论认为，市场化带来了相互依赖，在各种功能领域的合作不断"外溢"，从而带来了一体化的结果。在一体化过程中，国家政府的权力不断向地区层面转移，最初的经济一体化会"外溢"成为政治一体化。新功能主义认为，欧洲一体化是一个从功能领域发展起来，通过外溢不断强化，最终实现政治一体化的过程。

1965年"空椅子"危机导致了欧洲一体化的停滞，同时催生了政府间主义理论。[①]政府间主义认为在一体化进程中成员国政府的主体性作用，一体化进程的每一步，不论是前进还是倒退，都是成员国意愿的反映。欧洲一体化停滞是因为主权国家不愿意进一步让渡主权。此后随着欧洲一体化进程的发展，新功能主义和政府间主义都有所发展。新功能主义与政府间主义（新政府间主义）的争论，可以视为国际关系理论中的自由主义与现实主义论战在欧洲一体化领域的延伸。

在欧洲一体化发展已经形成成熟内部政治的情况下，有研究者认为把高度制度化的欧洲一体化政治实践与国家政治进行比较，可以更好地解释欧洲的一体化发展。这种比较政治范式下的一体化研究主要有联邦主义和新联邦主义。传统联邦主义更多是

---

① 李胜玉：《论"空椅子危机"的缘起与妥协》，载《长治学院学》，2020,37(3)，31~35页。

对欧洲一体化一种理想性的描述和展望，对现实的研究集中于讨论欧洲一体化机制中已经具有了哪些联邦体制因素。新联邦主义则主张从欧洲一体化的实际出发看待欧洲的联邦建设，而不是照搬联邦国家的模式。此外，还有学者提出与联邦相关的"邦联"的概念，认为能够更好地解释欧洲的一体化。

欧洲的一体化进程始终是在政治与经济的互动中发展的，且经济的一体化实践先行于政治的一体化。因此，在欧洲一体化的研究中，经济学和政治经济学理论始终占据着重要地位。自20世纪60年代欧洲建立关税同盟以后，产生了诸如"问题解决型模式"和"部门型一体化研究"等理论方法。在20世纪90年代欧元区成立后，"货币区"理论在欧元区的实践基础上发展起来。

第三节 欧洲地区一体化发展模式

欧洲一体化是区域一体化的典型模式。我们研究欧洲一体化一方面是加深对欧洲的认识，另一方面也是为了丰富区域一体化的理论研究，并对世界其他地区的区域合作提供借鉴和启发。欧洲一体化发展促进了欧盟的形成，使当今世界体系内诞生了一个最大的主权国家组织，成为国际社会中的重要一极，对欧洲乃至世界的政治格局产生了深远影响。

一、欧洲一体化的问题与背景

欧洲一体化进程使欧洲国家从长期的战乱状态中走出来，成员国在经济、政治、社会、文化、科技、外交和安全等领域的联合，提升了欧洲整体的综合实力，维护了欧洲的安全与稳定。在20世纪的前50年内，两次世界大战的爆发给欧洲带来了灾难性的后果，摆在欧洲人面前的是三个棘手且亟待解决的问题：一是结束长期战争状态，追求欧洲和平环境；二是解决法德敌对问题；三是恢复欧洲经济，实现社会稳定与繁荣。

首先是对和平的追求。从罗马帝国崩溃到第二次世界大战结束，欧洲在长达1 000多年的时间里，一直处于冲突和动荡之中。战争和分裂是近代欧洲的主要潮流，欧洲民族之间围绕领土、霸权和各种利益的争夺，导致了持续的民族紧张、对立、仇恨和战争，带来了深重灾难，这迫使人们对欧洲的前途进行思考。欧洲人开始意识到"和平不是上帝的馈赠，而是大家送给彼此的礼物"。以武力征服欧洲的失败，意味着在国际无政府状态下各国的自助自保手段并不能走出"安全困境"。欧洲国家逐步认识到权力并不是追求的终极目标，而是其维护自身利益的手段。在"安全困境"下，和平成了近代欧洲国家急切追求的目标。于是近代的思想家考虑酝酿非武力的政治联合来谋求欧洲和平。早在18世纪，就有思想家提出欧洲联合的构想，其中伊曼努尔·康德（Immanuel Kant）的"永久和平论"坚持认为，处于无政府状态的单个国家维系和平的唯一办法是政治联合的道路，建立一个"自由国家的联邦"。

其次是消除法德间的敌对状态。第二次世界大战结束后，欧洲政治联合的核心是消除法德之间的敌对状态,整个舒曼计划都服务于这个中心。"欧洲之父"让·莫内(Jean Monnet)提出欧洲战争的根源是法德矛盾,揭开法德矛盾的"钥匙"是以鲁尔区和萨尔区为核心的煤钢资源的联合管控。在法国外长罗贝尔·舒曼(Robert Schuman)的建议下,1951年4月,法国、联邦德国、意大利、比利时、荷兰、卢森堡6国正式签订条约,成立了"欧洲煤钢联营",创造了一种搁置争议、合作开发、权利共享的机制。[①] 1958年1月,煤钢联营6国成立了"欧洲经济共同体"和"欧洲原子能共同体"。1967年这3个组织的主要机构合并,欧洲共同体正式诞生,拉开了欧洲经济一体化的序幕。经过几十年的苦心经营,欧洲一体化从最初的单纯的煤钢共同政策,发展到了经济、社会、安全、外交等各项共同政策,并努力在政治方面进行协调。

最后,欧洲一体化进程起始于经济领域。经历了两次世界大战后,欧洲经济严重受削,西欧的燃料、粮食等基本物质极度匮乏。为了恢复国家经济和社会发展,欧洲国家开始加强在煤炭、钢铁、原子能、采矿等行业的经济与科技合作,发挥联合生产经营和贸易合作的有效机制,西欧国家的经济相互依赖程度不断增强,在一定程度上缓解了国家间的紧张关系和经济困境,建立欧洲大市场的思想也因此应运而生。美国对欧洲一体化也起到了重要推动作用。1947年7月,美国开启"马歇尔计划",大力支持欧洲经济恢复,鼓励欧洲国家加入欧洲经济合作组织并增强区域调节能力。在美国强大的经济援助下,西欧国家在经济上逐步形成了一体化的合作态势。

二、欧洲一体化的结构和过程

欧洲一体化的组织结构体现出三个重要的特性:一是超国家性。欧盟不是一般的国际组织,而是拥有超国家制度的组织模式。欧盟成员国将一些主权让渡给如欧盟委员会、欧洲议会和欧洲法院等超国家机构,由这些机构来约束成员国的行为与政策。二是伞型结构。欧盟拥有经济货币联盟、共同安全与外交政策、司法和内务三个支柱领域的一体化框架。三个领域框架拥有不同的一体化模式并相互协调。欧盟职能涵盖经济、政治、社会、安全与外交等各个方面。三是多层次的治理模式。欧共体是一种以复杂方式组合起来的实体。由于不同领域需要不同的决策方式,欧洲一体化已经逐步形成了依据领域不同而设置的决策权力配置。马克斯(Gary Marks)认为多层次治理是"一个众多地区层级政府持续协商沟通的体系"。[②] 欧洲一体化治理模式在于权力在超国家层面、国家层面、次国家层面(比如政党、地方政府、利益集团、非政府组织和个人等)三个层次的运作。各个层次在功能上相互补充,在职能上相互交叉,在行动上相互依赖,在目标上协调一致。欧盟治理体现出一种非等级的、协商的"多层治理"的独特政治架构。欧盟多层次治理将"次国家"视为能够对国际关系施加独立影响的"层次"。

[①] 王建娥:《欧洲一体化进程中的国家、地区关系以及地区民族主义的嬗变》,《西北师大学报(社会科学版)》,2014,51(1),39–46页。
[②] Marks G, Structural Policy and Multilevel Governance in the EC. In Cafruny, A, Rosenthal, G, ed. The State of the European Community. Boulder, CO: Lynne Rienner, 1993, 392.

(一)欧盟的多层治理结构

欧洲的政治经济一体化结构是基于两个核心思想,一个是联邦思想,即欧洲联合是在赋予超国家机构政治权力的同时,坚持维护民族国家主权;另一个是"欧洲统一于人民",即欧洲政治联合的每一步,都需要得到人民的同意和授权。二战结束后,罗伯特·利普金(Robert Justin Lipkin)发展了联邦主义的思想,进一步提出联邦主义是极权主义和极端民族主义的对立物,是解决战争的途径;以建立欧洲联邦为目的的欧洲联合,可以有效改变欧洲国家传统的对抗关系,从根本上避免大规模战争的爆发。当决定欧洲一体化的重大"条约"能否通过时,很多欧盟成员国都采用全民公决的方式来决定。欧洲试图通过全民公决的方式,在一定程度上弥补"民主赤字",缓解"合法性危机",使得欧洲一体化得到民众的认同和支持。当一项协议并不能在所有成员国家都通过时,欧洲一体化就会呈现出地区上的差异化。在欧洲一体化进程中,欧洲民众多次否定了推进欧洲一体化的决议,比如2005年法国和荷兰公民否决了《欧洲宪法条约》。而全民公决对欧洲一体化影响最深远的例子,就是2017年的英国"脱欧"。

(二)欧盟及其进程

欧洲一体化在广度和深度上都是其他区域一体化模式无法比拟的。欧洲一体化是一个渐进的过程。从欧洲一体化的发展历程来看,渐进主要表现在两个方面:一个是横向广度的渐进,欧洲各国是一个一个逐步加入欧洲政治联合体的;另一个是纵向深度的渐进,欧洲联合共同体是通过一个部门一个部门、一个领域一个领域的扩大实现的。区域一体化可以分为建立自由贸易区、关税同盟、统一大市场、经济货币联盟和政治联盟五个层次。欧洲一体化从一开始就跨越了自由贸易区阶段,1968年《罗马条约》取消了成员国之间的贸易限制和关税并统一各国对外关税税率,实现了关税同盟。1993年欧洲统一市场基本建成。经过从1989至1999年10年间的三阶段协调,欧元顺利启动,开始在银行、外汇交易和公共债券等方面正式使用,欧盟实现了货币联盟。至此,欧洲的区域一体化实现了经济货币联盟阶段。2009年的《里斯本条约》是欧洲一体化向政治联盟的尝试。《里斯本条约》对欧盟的组织机构和运营机制进行了三方面的改革:一是取消轮值主席国首脑担任欧盟理事会主席的做法,设立欧盟理事会常任主席;二是合并欧盟理事会外交和安全政策代表与欧盟委员会负责对外事务的委员,设立欧盟外交与安全政策高级代表;三是将一些领域的一致通过原则改为多数表决制,提高欧盟机构的运营效率。欧洲在经济领域的一体化较为顺利,已经实现了商品、人员、资本与服务的自由流通。相比之下,政治和安全领域的一体化发展缓慢且磕磕绊绊,成果较少。欧洲在外交和安全方面的一体化具有明显的滞后性。在《里斯本条约》后,欧盟特别设立了欧洲理事会主席、共同外交与安全政策高级代表和一整套事关欧洲防务的欧盟机构。至此,欧洲共同外交与安全从完全的"政府间主义"过渡到"紧密的跨政府间主义"[①],也就是在遵循国家同意原则和国家法原则的同时,也受到法治

---

① 周弘、程卫东:《欧洲转型:趋势、危机与调整》,载《欧洲研究》,2013, 31(01): 1~23, 156。

原则和条约法的约束。

(三) 欧盟扩大化

欧洲一体化在广度上的扩大体现在欧盟向南、向东拓展，加入新成员国。欧洲一体化在冷战后的爆炸式增长显得有些操之过急。冷战结束前的3次扩员都比较谨慎，18年间仅吸纳了4个成员国。冷战结束后，欧盟出于意识形态和地缘政治的考虑，开始急于引导原来的社会主义国家加入欧盟，实现政治转型，从而显示资本主义的优越性。一些新成员国为了获得欧盟的经济救助和财政支持，也急于加入欧盟。2004年5月1日，波兰、匈牙利、捷克、斯洛伐克、斯洛文尼亚、爱沙尼亚、拉脱维亚以及立陶宛8个中东欧国家与塞浦路斯和马耳他一道加入了欧盟，欧盟实现爆炸式扩大。2007年1月1日，罗马尼亚和保加利亚加入欧盟。2013年7月1日，克罗地亚正式成为欧盟第28个成员国。学界和政界对欧盟规模扩大是否有益一直存在争议。从优势上看，欧盟运用规范性力量解决了欧盟周边的持续动荡问题，化冲突为和平，挤压俄罗斯的战略空间，给欧盟带来了巨大的安全红利；扩大后的欧盟经济总量让欧盟一举成为世界上最大的经济体和最大的政治行为体之一；东西欧高度产业互补，有利于欧盟成员国将人力资源、研发项目以及资本密集型产品与中东欧的劳动密集型产品相结合，开拓中东欧国家市场，提高产品在国际市场上的竞争力；欧盟扩大使得欧盟把周边利益不断扩展和延伸到欧亚区域、非洲和中东，逐步形成全球战略版图。不过欧盟规模扩大化也存在很多问题：新老成员巨大的经济落差给欧盟带来了很大压力；新旧成员国在意识形态、价值观念上的差异以及多元化的利益诉求冲击欧盟整体的政治凝聚力，欧洲一体化的"消化不良"和"理念冲突"问题骤然显现；欧盟扩大化使得欧盟直临中东、北非地区，周边冲突带来的难民潮、有组织犯罪、非法移民等问题深深困扰欧盟。

随着欧洲一体化在广度上的扩展，中东欧国家陆续加入欧盟，成为欧盟新的成员，学者们研究的一个重要话题就是"欧洲化"，也就是欧洲层面的制度、规范对成员国（或者候选国和非成员国）在身份认同、国内政治和经济等方面造成的影响。中东欧国家由于既有制度和价值观的确立、自身施动力的薄弱等，其受到"欧洲化"的影响最大。"欧洲化"对中东欧国家带来了如制度改革、民主化等方面的积极效应，但也伴随着一些消极影响，引发欧盟内部的矛盾与冲突。2017年，波兰进行司法改革时，欧盟强势干预，理由是其改革违背了欧盟倡导的司法独立和三权分立原则，不符合欧盟认可的法治精神。2018年，欧洲议会还以448票赞成对197票反对的高票数，通过了惩罚匈牙利的决议案。

三、欧洲一体化的问题和挑战

2008年的全球金融危机和随后的欧债危机暴露了欧洲一体化进程中的一些问题，催生了欧盟在政治、经济、社会以及对外事务等领域新一轮的改革浪潮。欧债危机暴露出欧元区在经济治理方面的制度性缺陷。

(一)欧债危机

尽管欧盟采取了一系列重大措施以应对欧债危机,但是仍无法阻止危机逐步向欧元核心区发展。现行的治理框架既不能阻止危机的蔓延,也不能避免危机的再次发生。欧债危机使得欧洲陷入了经济复苏困难、政治动荡不安、社会矛盾深化和价值观念消损的复合困境。自欧债危机以来,欧元区经济低迷,西班牙、希腊等国失业率居高不下,许多欧元区国家主权债务负担沉重。虽然欧盟各国都致力于经济结构调整,大力发展绿色低碳经济,但是欧债危机的结构性矛盾没有根本解决,经济缺乏新的增长点。伴随经济困境,欧洲政治制度同样面临信任危机。危机爆发以来,各国政府纷纷一方面以"救市"为名以巨额资金救助金融垄断资本,另一方面以"减赤"为名削减社会福利,进一步加剧了两极分化和"资强劳弱"的现象,进一步激发社会对政府的不满和对资本主义制度的怀疑。一些欧洲智库发现,多数欧洲民众认为导致危机的原因是政府对资本主义制度的滥用,背离了资本主义价值观,所以必须建设更加有责任、有道义的资本主义。与此同时,欧洲内部的社会矛盾也在演化为国际矛盾,表现为反全球化、排外主义以及疑欧主义等民粹极端思潮的涌现。面对经济低迷、失业增多、贫困加剧等现状,不少欧洲民众将责任转嫁为全球化,对资本全球流动的破坏性充满警惕,特别是对新兴国家的竞争充满恐慌,对移民排斥和恐惧。接踵而来的金融危机、债务危机打破了中欧力量对比平衡,增加了欧洲面对中国经济增长的挫败感和危机感,同时也激发了一些欧洲国家消极、忧虑甚至强烈不满的涉华心态。

(二)英国"脱欧"

在欧洲一体化的下行时期,英国"脱欧"是欧洲一体化进程中的一件重大挫折性事件。英国"脱欧"既反映了欧盟治理机制存在的不足,也是欧洲一体化内外矛盾激化的产物。自英国"脱欧"起,欧盟进入自我调整期,而这一调整期的长短和未来影响取决于欧盟在处理英国"脱欧"事件中的表现,以及欧盟成员国间的政治博弈。英国自20世纪70年代加入欧洲共同体后,始终对欧盟保持一种若即若离的态度,主权问题和国家利益的分歧一直影响着英欧关系。在处理英欧关系上,英国一直在身份认同上存在"盎格鲁中心主义",强调民族优越感,夸大民族主义。1975年,仅在加入欧共体不到两年时间内,英国就因为石油危机发起了第一次"脱欧"全民公投,不过这次以失败告终。1984年,由于当时撒切尔首相的强烈坚持和争取,欧共体不得不同意部分返还英国向欧盟缴纳的预算款。1992年9月英国推出欧洲货币体系汇率机制,被认为是英国退出欧盟的开端。2008年欧债危机发生时,英国强烈反对欧盟对重债国提供救助,反对欧盟对成员国进行金融监管。2013年英国大选时,保守党领导人卡梅伦为了争取选票,取悦主张退欧的选民,承诺当选后将开启"脱欧"公投。2016年6月23日,英国举行了是否脱离欧盟的全民公投,结果出乎意料,有51.9%的公民赞成"脱欧"。2020年1月31日,英国正式"脱欧"。英国"脱欧"对其经济和社会发展产生了极大的冲击和影响,英国政府与苏格兰、北爱尔兰等地方政府的关系进一步复杂化。英国"脱欧"打开了欧盟的"潘多拉魔盒",刺激了欧盟其他国家的分裂势力和分离主义运动,引发示范效应的"脱欧潮",欧洲一体化进程在相当长的一段时间内将受到严重影响。不过英国"脱欧"对欧洲一体化是挑战与机遇并存。欧洲一体化的发展历程表明,危机可以推动成员国克服分歧,探寻共识,进而推动欧盟的结构调整和政策优化。

(三) 难民危机

由于北非地区突尼斯、利比亚、埃及等国家的持续动荡,以及西亚地区叙利亚、伊朗、伊拉克的连年战争,大量难民前往欧洲寻求庇护。这些难民首先进入欧洲南部的意大利、西班牙、希腊等国家以及东欧国家,再逐步迁移到经济更加发达、福利更好的德国、英国和北欧国家。一些欧盟国家比如丹麦、德国、瑞典等向成功进入本国申请庇护的难民提供社会福利和津贴,并容许难民在当地生活和就业。但是,难民的大量涌入也会为难民接收国和难民途经国带来巨大挑战,对这些国家政治、经济、文化和安全都会带来严重的影响。由于文化背景和教育水平的差异,难民的涌入容易产生治安事件,大量移民中难免夹杂恐怖分子,引起当地民众的恐慌;此外大量移民也在冲击迁入国的就业和福利政策,同时增加迁入国的财政负担。欧洲难民危机伴随着人道主义危机:面对汹涌的难民大潮,一些缺乏接收和管理能力且社会包容能力较弱的国家不得不采取紧缩政策,甚至封锁边境,造成难民在边境滞留,带来人道主义灾难。当一国封锁边境时,邻近国家面临的难民压力随之增加。由于欧盟缺乏整体规划和各国的协调配合,在面临难民配额分配、责任分摊等问题时,欧盟成员国之间矛盾丛生,难以达成一致意见。德国、奥地利、瑞典、法国、西班牙和意大利等国对接受难民的态度比较积极,但是中东欧国家如匈牙利、波兰和斯洛伐克等国坚决反对强制配额方案,而英国和丹麦等国对待难民态度消极。欧盟各国在难民问题上的较大分歧不断消磨成员国间的互信和团结,冲击欧洲一体化进程。

(四) 民粹主义浪潮

在欧债危机、难民危机和英国"脱欧"冲击下,民粹主义成为欧洲一体化的另一个重要挑战。民粹主义政党在欧洲强势崛起,他们提出"要民族国家,不要欧洲联邦"的口号,主张反体制、反移民、反欧洲一体化,激发民众的民族主义情绪,延缓欧洲一体化进程。民粹主义政党支持率不断上升,开始从边缘性小党发展成为欧洲具有重要影响力的政治势力,比如法国国民联盟、英国独立党、德国新选择党、意大利五星运动、瑞典人民党等。欧洲的民粹主义政党分为左翼民粹主义和右翼民粹主义。虽然左右翼民粹主义政党在反贸易和投资自由化、反全球化和反欧洲一体化等方面拥有共识,二者又有各自的政治主张。左翼民粹主义抨击精英阶层,特别是资本主义和全球化。左翼政党通常被认为是底层民众的代言人,强调维护中下层民众的经济利益和福利,反对精英政治、社会不公正和分配不均。右翼民粹主义表现为极端民族主义,他们反对外来移民、反对欧洲一体化,主张本国利益优先,将一系列社会问题归因于外国移民、难民的涌入,一体化的负担和全球化的竞争压力。有研究认为民粹主义是欧洲一体化最大的敌人,主要原因是民粹主义对政党格局的改组以及反建制,挑战了欧盟作为超国家组织的权威级价值观,民粹主义狭隘的民族主义和保守主义加剧了欧洲意识形态的碎片化和社会危机,民粹主义的疑欧特性削弱了欧盟的凝聚力并加剧了成员国的离心倾向。①

四、欧洲一体化的理论解释

欧洲一体化的复杂过程为研究者提供了丰富的区域一体化研究材料。为什么主权国家会走上一体化道路,其背后的动力是什么?欧洲一体化的过程伴随着学者对这些问题的探索和思考,他们希冀从中归纳出解释这一复杂现象的普遍性理论范式。欧洲一体化研究是国际关系研究的重要部分,但是欧洲一体化解释理论与经典国际关系理论(现实主义、自由主义和建构主义)虽有部分交融,可是也存在一定的差异。

从20世纪50年代到60年代这20年时间里,欧洲一体化从西欧六国的煤钢联营开始迅速扩展到原子能、经济等领域,呈现出强大的生命活力。功能主义者大卫·米特兰尼(David Mitrany)和新功能主义者厄恩斯特·哈斯(Ernst Haas)为解释欧洲一体化发展做出了很多理论贡献。在这一阶段,新功能主义理论家开始提出"功能外溢"和"政治外溢"等概念。所谓"功能外溢"是指市场化带来的相互依赖,推动功能领域合作不断"外溢"到其他领域,通过外溢不断自我持续并最终实现政治一体化。"政治外溢"是指民族国家政府日益卷入地区事务,权力不断向更大范围的地区层面转移。战后西欧国家首先选择建立煤钢联营,实现钢铁、煤炭工业的合作,通过这些领域合作带来的实际好处,推动其他领域的一体化,这和功能主义的思想是比较吻合的。功能主义和新功能主义理论在解释合作领域外溢以及超国家机构建构上有较强的解释力,但是在解释欧洲军事防务合作方面说服力降低。这其中一个重要的原因就是功能主义理论设计过于直线形,对一体化进程中的挫折估计不足,同时功能主义过于僵硬划分技术性和政治功能性功能,将国际的社会、经济、福利功能非政治化,忽视了各领域间的界限模糊性,比如经济政治化和政治经济化等。从欧洲一体化的实践可以看出,欧共体成员国对许多经济领域的干预和调节都有明显的本国政治意志,即便是在煤炭、钢铁等经济功能性部门也有政治色彩存在。

政府间主义不同于新功能主义对非国家行为体作用的重视,强调民族国家的作用。20世纪60年代中期开始到80年代中期,欧洲一体化进入了相对缓慢的停滞时期。欧洲一体化受到了如戴高乐等带有强烈民族主义情感人士的质疑。欧共体出现了1965年的"空椅子"事件和1966年的"卢森堡妥协"。② 在这一阶段,政府间主义者通过强调政府的主导作用来解释这一现象。以斯坦利·霍夫曼(Stanley Hoffmann)为代表的政府间主义者认为欧盟成员国政府担任着守门人角色,欧盟的每一步发展都反映着成员国的意愿,所以欧洲一体化的制度化,是成员国政府出于摆脱不确定性和降低

---

① 刘益梅:《欧洲一体化进程中的民粹主义及其影响》,载《新疆大学学报(哲学·人文社会科学版)》,2020,48(3),71~77页。
② 参考江欣珂:《小国参与欧洲一体化的策略及其作用探析》,外交学院硕士学位论文,2016。

成本的利益需求做出的理性偏好选择，既不是功能领域合作的产物，也不是社会精英的推动。自由政府间主义是20世纪90年代后最具影响力的理论之一。

建构主义思想从20世纪90年代开始进入欧盟研究。1999年，《欧洲公共政策》杂志出版了"欧洲的社会建构"专题，多位著名的建构主义学者强调欧盟重塑成员国国家身份和偏好的作用。在欧洲一体化的过程中，欧盟的制度除了正式的规则和规范外还包括非正式的规则、主体间的意识和话语等社会要素，而这些社会要素界定了欧盟各种行为体的身份和偏好，同时欧盟的行为体通过学习、认知和互动，再现、改变着这些社会要素。在互动中，欧盟成员国形成了"超国家认同"，也就是对欧盟共同体的归属感。欧洲一体化研究自20世纪90年代末开始，涌现了一大批关于制度规范的社会化、规范传播、欧洲集体偏好和集体身份等方面的研究。建构主义与同时期的自由政府主义和理性制度主义构成了欧洲一体化理论上的大辩论和大争鸣。不过建构主义也存在一些缺陷，比如内部不够统一，学者们从不同甚至是相互冲突的理论假定出发研究问题；建构主义缺乏可证伪的科学假定和明确的议程；建构主义关于欧洲一体化的纯理论研究较多。

总体而言，无论国际形势怎么变化，欧洲始终是国际体系中的重要一极，始终坚持多边主义、支持经济全球化，坚持维护以联合国宪章宗旨和原则为基础的国际合作，在加强气候治理、维护多边贸易体系和国际防扩散等议题上发挥重要作用。在百年未有之大变局背景下，中欧在国际事务中的共同利益也在扩大，积极推进中欧关系更上一层楼，这将不仅造福中欧，也对世界和平发展作出贡献，双方将携手为国际社会提供更多的公共产品。

思 考 题

1. 欧洲研究的核心问题有哪些？
2. 从社会科学的角度阐述欧洲中心论及其对学术研究的影响。
3. 欧洲一体化的结构特点有哪些？
4. 如何看待英国"脱欧"事件对欧洲一体化进程的影响？

CHAPTER 7 第七章

中国周边地区研究（一）：东北亚地区

东北亚地处亚洲东北部，涉及中国、日本、朝鲜、韩国、蒙古国5个国家。东北亚地区各国与中国唇齿相依、一衣带水。在历史上，东北亚是受中华文化圈影响最直接、最大的地区，中国对该地区的了解也最为深入；同时，在中国的域外知识体系中，东北亚也是联系最为紧密的地区，成为中国周边外交工作最为重要的地区之一。东北亚地区始终是中国和平发展最大的不稳定因素，也是中国与世界关系最敏感、最脆弱的环节。如何增进和提升对东北亚地区的了解，加强东北亚地区研究，是一个具有重大理论意义和战略意义的课题。

第一节 东北亚地区概述

历史上的东北亚地区一直处于大中华文化圈内，被视为天下秩序和朝贡体系的一部分。中国古代称该地区为"东洋"，该名称最早产生于宋代的东大洋海概念，后有陈大震等所著的《大德南海志》又将东洋分为大东洋与小东洋，其中大东洋指加里曼丹岛以南至澳洲之间的海域，而小东洋则指靠菲律宾诸岛与加里曼丹岛之间的海域。[①] 明朝以后，以婆罗（又名：文莱）为界，以东区域称为东洋，以西区域称为西洋，所谓郑和下西洋中的"西洋"即指南海海域以西的区域。近代以来，受西方思想冲击，东亚的概念逐渐形成。二战后，东北亚地区各国纷纷独立，均处于国家现代化进程当中，成为冷战对峙的前哨地带。冷战结束后，尽管两极对抗的战略格局已经不再，但地区实现和解和永久和平机制的建设仍任重而道远，东北亚地区成为中国周边地区的"风暴眼"。

一、东北亚地区及其内涵

目前，关于东北亚的界定接受度较广的，是来自美国外交关系协

---

① 陈佳荣，朱鉴秋执行主编：《中国历代海路针经（上）》，广州，广东科技出版社，114~115页，2016。

会（Council on Foreign Relations）的定义，其提出东北亚广义上应包括日本、朝鲜、韩国、蒙古国、俄罗斯远东地区和西伯利亚联邦、中国的东北地区与内蒙古东四盟等。在西方学界看来，东北亚地区与世界其他地方不同，其从未发展出一种能促进区域合作的区域意识以及确保长期稳定的地区秩序，而更多是一种"人为构建"出来的概念，并非由地区国家自我创造出来的。然而，近年来越来越多的学者开始对这一观点提出质疑与反驳。以中国视角视之，东北亚地区包括中国、日本、朝鲜、韩国与蒙古国5个国家在内，具有较为紧密的地缘政治、制度合作与文化认同。

（一）地缘政治的东北亚

从自然地理维度来看，东北亚地区是狭义上的"东亚"与"北亚"两个地理区划单元的统称，其中前者包括中国、朝鲜、韩国、蒙古与日本，后者则包含俄罗斯位于亚洲部分的西伯利亚和远东地区。与地理意义的视角相联系，人们在理解东北亚地区的时候，常常与地缘政治和安全联系在一起，认为东北亚地区特指以中国、美国、日本与俄罗斯四大国加上朝韩为行为主体组成的"六方安全合作机制"，这一角度将美国在该地区的作用体现出来。

（二）经济合作的东北亚

从经济合作角度来看，这一视角通常认为东北亚并非是以主权国为单位进行划分，而是以各国实际参与该地区经济合作的西北太平洋沿岸地区为范围。东北亚地区国家经济往来与制度合作日渐深化，促进区域一体化进程。冷战结束以来，东北亚地区国家间经济联系逐渐增多，中日韩自贸协定谈判不断推进，中国"一带一路"倡议持续提供合作契机等，也为地区合作提供助力。

（三）文化认同的东北亚

这一维度侧重从文化角度认识东北亚，强调东北亚地区国家在文化联系方面十分紧密。儒家文化成为东北亚地区文化的主导，"朝贡—册封"制度框架一度在此发挥重要作用。东北亚地区国家间文化联系有很多表现，如日本的很多典籍、史书和诗歌都是通过汉字进行书写的。再如朝鲜、韩国、日本、蒙古国在汉字使用方面，礼仪、教育、餐饮等领域的文化表现都深刻彰显了儒家文化的影子。

二、东北亚地区研究的核心问题

在经济全球化、新技术革命以及跨国社会流动浪潮的推动下，东北亚地区正处于迅速转型之中，正在从两极对抗的战略对峙格局向区域经济合作与多样化社会文化认同并存的东北亚区域合作网络转型。因此，相比东南亚、南亚等亚洲其他地区，东北亚地区呈现出一个地缘战略紧张和区域经济活跃的复杂局面。

（一）地区现代化问题

现代化是东北亚地区各国共同关注的核心问题。在多重社会变化的推动下，该地区快速发展的现代化持续吸引着全世界的目光，几乎可以说决定着整个亚太地区的未来前景。一方面，东北亚地区的工业化和城市化进程加速推进，人口越来越向大城市集中。东京、上海、北京、大阪于 2015 年跨入 2 000 万人口大都市行列，首尔、乌兰巴托等也成为人口密集的大都市。以信息技术、生物医药和新材料等为代表的一系列重大技术创新，越来越成为引领东北亚地区经济发展的新增长点。受欧美各国频频推出国家创新战略和创新计划的影响，以中国、日本、韩国为代表的东北亚国家越来越重视技术创新，这可能会促使欧美主导技术创新的格局在社交媒体、能源互联网、电子商务、新材料等领域发生改变。另一方面，东北亚地区治理的现代化压力越来越大。在大都市崛起的过程中，住房、电力、供水、交通、医疗、公共卫生、食品安全、社会治安、生态环境、垃圾管理等方面的城市治理问题越发凸显。与领土主权争端引发的冲突相比，源于能源、资源短缺带来的动荡对东北亚各国的挑战更严峻，危害也更大。近年来，中国式现代化引发了国内外学界的热烈讨论，对东北亚地区现代化研究也产生了巨大的推动作用。

日本的现代化进程。日本是东亚地区最早实现现代化的国家，1868 年的明治维新开启了日本国家现代化的进程，采取了"脱亚入欧"的基本国策。然而，受制于日本历史文化传统、扭曲的经济结构基础和日本军国主义的对外侵略扩张，日本现代化进程比较缓慢，直到第二次世界大战以后，日本在国家战略上明确以经济发展为重点，现代化进程加速。经过多方努力，日本于 1955 年恢复战前最高经济水平，到 1968 年成为世界资本主义阵营第二大经济实体。相比之下，日本的社会和文化层面现代化发展则较为缓慢，日本国内森严的等级制使得其国内社会的活力不足，整个社会趋于保守。尤其是在日本完成现代化后，面临着国家身份定位的艰难选择，国际影响力呈现下降趋势。

韩国的现代化进程。从政治、经济、社会或文化方面来观察，韩国的现代化程度在东北亚地区国家中均位于前列。20 世纪 60 年代，韩国经济开始起步，经 20 世纪 70 年代的持续高速增长，创造了"汉江奇迹"，韩国从落后的发展中国家转变为发达的现代化国家。至 2020 年，韩国国内生产总值达到 1.63 万亿美元，人均国民收入达 3.29 万美元。在国际上，韩国将文化外交列入外交重点，作为推动国家软实力建设的核心要素，加入经济合作与发展组织（OECD），并推动创立世界贸易组织（WTO）。与此同时，韩国的社会结构也发生了剧烈转型，两极分化与阶层固化现象近年来日益严重，"勺子阶级论"的说法在社会较为流行，尤其是深受朝鲜半岛紧张局势的影响，韩国的战略空间日益受到挤压，陷入了战略选择的困惑。

朝鲜的现代化进程。朝鲜现代化进程总体而言较为缓慢，其原有的政治、社会和文化模式依旧得到维持，近几年来可以观察到其进行了部分调整，现代化特征的萌芽出现。然而，由于深受冷战遗产影响，冷战后的朝鲜半岛局势持续紧张，朝鲜遭受了国际社会的严厉制裁。2012 年来，朝鲜作出了将工作重心转向经济建设的重大决定，集中全部力量发展经济，提高人民生活水平，朝鲜社会主义事业发展进入新的历史阶段,与周边国家和国际社会积极展开紧密联系和对话,积极探索符合本国国情的发展道路。

蒙古国的现代化进程。作为一个内陆国家,蒙古国的现代化进展缓慢,曾长期实行计划经济,国民经济对外依存度较高。自1991年开始,蒙古国向市场经济过渡,逐步从传统畜牧业社会向现代工业社会转型。然而,蒙古仍是世界上最不发达的国家之一,且发展很不平衡,乌兰巴托是蒙古国政治、经济、文化中心,经济占据了蒙古国的2/3。随着中国提出"一带一路"倡议,共建"中蒙俄经济走廊"成为蒙古国发展的重要机遇。

(二)历史遗留问题

台湾问题与中国统一。中华人民共和国建立以后,当时的美国政府对中国采取了孤立、封锁、遏制的政策,并且在朝鲜战争爆发后武装干涉纯属中国内政的海峡两岸关系。1954年12月,美国与台湾当局签订了所谓《共同防御条约》,将中国的台湾省置于美国的"保护"之下。美国政府继续干预中国内政的错误政策,造成了台湾海峡地区长期的紧张对峙局势,台湾问题自此也成为中美两国间的重大争端。中国政府自20世纪50年代中期起就开始与美国对话,尝试缓和台湾海峡地区的紧张局势,探寻解决中美两国争端的途径,终于在60年代末和70年代初两国关系出现解冻趋势,并取得了一些成果。1972年2月,美国总统尼克松访问中国,中美双方在上海发表了《中美联合公报》(《上海公报》)。1978年12月,美国政府接受了中国政府提出的建交三原则,即美国与台湾当局"断交"、废除《共同防御条约》以及从台湾撤军,中美两国于1979年1月1日正式建立外交关系。然而中美建交不过三个月,美国国会通过了所谓《与台湾关系法》,并经美国总统签署生效。《与台湾关系法》以美国国内立法的形式,作出了许多违反《中美建交公报》和国际法原则的规定,严重损害中国人民的权益。美国政府根据这个关系法,继续向台湾出售武器和干涉中国内政,阻挠台湾与大陆的统一。在这样的背景下,台湾问题迟迟得不到解决。[①]

朝韩和解问题。1945年日本投降后,朝鲜半岛以北纬38度线为界分开,两边在美苏的各自支持下实现独立。1948年8月朝鲜半岛南部成立了大韩民国,1948年9月朝鲜半岛北部成立朝鲜民主主义人民共和国。自20世纪90年代以来,"和平统一"成为朝韩共同理念,朝韩双方历代领导人均将其作为一项重要的执政目标。由于存在不同的意识形态、语言政策、经济发展状况甚至域外国家影响等因素,朝韩和平统一进程受到阻碍,朝韩和解难度日益加大。

中日和解问题。自"九一八事变"至二战结束,围绕历史教科书、钓鱼岛争端、日本政要参拜靖国神社、东海争端等一系列问题持续影响中日关系的发展。尤其是随着美国印太战略的推进,美国与日本战略协调日益紧密,中日在钓鱼岛争端问题上摩

---

① 中华人民共和国国务院台湾事务办公室、国务院新闻办公室:《台湾问题与新时代中国统一事业》,2022年8月,中国政府网:http://www.gov.cn/zhengce/2022-08/10/content_5704839.htm,访问日期:2022年8月20日。

擦持续升级，中日和解难度也在增大。

日韩和解问题。冷战结束以来，尽管日韩双方于1998年10月就"日韩共同宣言——面向21世纪的新型日韩伙伴关系"达成共识，但领土争端、强征劳工、慰安妇等一系列历史遗留问题，促使两国关系波折不断。近年来，由于慰安妇和强征劳工赔偿等问题引发的韩日外交摩擦持续升级，日韩关系一度被认为滑落至1965年双方建交以来的最低点。

（三）地缘安全问题

东北亚地区是冷战对抗的前哨地带，地缘政治问题一直是困扰东北亚地区的难题。这些挑战有的来自大国地缘政治对抗引发的紧张局势，也有的来自地区国家之间的争端，还有的来自各国国内的非传统安全压力。尤其是冷战结束以来，地区热点问题与各种非传统安全问题相互交织，导致地缘安全形势呈现出不稳定和不确定的特征。所有这些问题，不再仅仅是某一个国家的困扰，而是成为了东北亚地区各国共同面临的挑战。在这样的背景下，如何形成东北亚地区永久和平机制，是未来东北亚地区研究需要关注的一个重要问题。

（四）地区秩序问题

东北亚地区秩序是冷战后国际关系的重要议题之一，大国对这一地区秩序的形成发挥着举足轻重的作用。随着中美两个大国战略竞争的加剧，目前东北亚日益呈现出经济上紧密合作、安全上热点不断的所谓"亚洲悖论"问题。如何规避中美战略竞争带来的压力，小心谨慎地维护对外政策的双面平衡，成为东北亚中小国家面临的难题。因此，如何破解"亚洲悖论"，推进地区秩序构建，是未来的东北亚地区研究的重要课题。

第二节 东北亚地区研究的学术范式

一、人文学科研究

在西方文明向全球扩张之前，作为中华文化圈的重要组成部分，东北亚地区研究受到中国文化的强烈影响，甚至可以说是中国研究的一部分。然而，自近代以来，随着欧洲在全世界的扩张，东北亚地区研究越来越被纳入欧洲中心主义的轨道，呈现出东方主义范式的特征。

随着大航海时代远东航线的开辟，无数传教士、探险家、考古学家怀着他们对东方的憧憬与遐想，不远万里来到远东传教、游历，并记录下他们的见闻。在这一时期，东北亚地区特别是古代中国的文化、艺术、历史和民俗，成为了东方主义热爱者痴迷的对象，以传教士为典型代表的西方观察家们也留下了许多有关东北亚地区风土民情、文化艺术、社会经济甚至王朝政治的宝贵记录，成为后世东北亚研究发展的基础之一。但所有这些记录和研究都未能摆脱欧洲中心主义的视角，导致这一时期的东北亚地区研究以单一国家或文明为研究对象的特点十分明显，且针对东北亚不同国家的国别研究同质化倾向明显。比如，以传统中国为研究对象的"传统汉学"，就是当时传统东北亚地区研究的缩影。

19世纪末20世纪初是东北亚研究学科逐步形成体系的阶段，以"汉学"为代表，东北亚地区研究在大学里逐渐从主观色彩强烈的观察记录，脱胎成为综合运用语言学、历史学、民俗文化学、人类学等以人文学科方法为主的学问体系。[①] 在这一时期，英国成立了一批专攻地区研究的高等院校和研究所，包括著名的伦敦大学亚非学院等。从研究内容上来看，这一时期的东北亚地区研究不仅研究东北亚地区各国社会的某一个方面，也将东北亚地区视为一个整体进行统一研究。从研究方法上来看，传统东北亚地区研究主要基于实地调研或是访谈的经验，获得一手资料，同时也运用了其他带有社会科学色彩的研究方法。

总体而言，传统东北亚地区研究主要采用叙事史学的研究方法，通过对东北亚文明和社会变迁的观察记录，试图向西方世界展示和解读东北亚的过去和当时情况，关注东北亚的现实问题，试图为东北亚主要国家如中国和日本的国情提出自己的解释。然而，传统东北亚地区研究的局限性也十分明显，学者们较多局限于记录事实，而缺乏理论研究和创造，更没有充分运用理论工具来组织和研究这些原始的、碎片化的材料，因此，这一阶段的东北亚地区研究少有突出的理论发现。即便存在一些理论化的倾向和尝试，但由于传教士学者们缺少专业化、体系化的汉学教育经历或社会科学教育经历，因而更多是处于一种自我摸索的状态，这与后来的当代东北亚地区研究学者有很大的不同。

二、社会科学学科研究

20世纪上半叶的两次世界大战及去殖民化进程瓦解了欧洲殖民列强主导的国际局势，也改变了东北亚地区研究以欧洲为中心的局面。二战后，成为战后超级大国的美国和苏联大力支持区域国别学发展，使得区域国别学学科的体系化、制度化发展趋于成熟。在此背景下，美国各高等院校和智库也陆续建立起东北亚地区研究中心和相关项目，如哈佛大学建立费正清东亚研究所等，使得东北亚地区研究取得了长足发展，也在一定程度上满足了美国政府制定对外政策的咨政需求。

总体来看，二战后的东北亚地区研究主要是由社会科学家主导，由传统的人文路径为主转向了社会科学路径，越来越多的学者试图用理论分析的方法、比较研究的方法甚至更多采用量化研究方法来构建地区研究分析框架。在社会科学诸学科中，以经济学、社会学和政治学这三个学科发展势头最为强劲。

在经济学领域中，随着在方法论上愈来愈高度依赖量化分析和规范性模式，东北亚地区研究在经济学领域一度遭遇边缘化，经济学家往往倾向于将特定区域与国别的

---

① 李晨阳：《区域国别研究的学科化》，载《世界知识》，2018(2)，73页。

经济纳入统一的分析框架，用统一的方法论分析不同的个案。不过，随着冷战结束和中国加入世界贸易组织，全球经济和贸易一体化日渐深入，为了更好地研究和应对国际和东北亚地区的政治经济现实，经济学和地区研究的结合也日益紧密。

在社会学领域中，基于量化分析的社会学研究倾向于用一套分析模式去观察不同的国家与社会，导致东北亚地区研究的视角局限在将特定的分析模式运用于该地区不同的国家。而传统的基于田野调查和历史分析的社会学研究则与东北亚地区研究相得益彰，主要通过大量的田野调查和访谈，积累第一手资料，以案例分析和历史分析的方式呈现结果，而较少提炼为抽象理论。

在政治学领域中，在比较政治学领域有众多以东北亚地区或国别政治为研究对象的学者。尽管一些东北亚地区研究学者未将其研究上升为具有普遍意义的理论，或缺乏量化和实证研究，但随着国际政治局势和亚太地区地缘政治日趋复杂的变化，越来越多的学者已经认识到，东北亚地区研究更需要灵活运用跨学科的研究方法，才能更好地应对和解决东北亚地区和全球发展的问题。

三、跨学科的范式

进入21世纪以来，随着经济全球化深入发展，东北亚地区研究更加兼容并蓄，综合性更强，方法更为多样，加之受到美国社会科学界兴起的实证主义和科学行为主义风潮影响，东北亚地区研究日益转变为以政治学和经济学相结合，以历史学和语言学为辅助，以辅佐政策制定、"经世致用"为学术产出目的的交叉学科。当代东北亚地区研究已经实现了理论与方法的有机衔接，通过东北亚地区政治经济和社会问题的研究来检验西方理论模式和方法成为学术潮流，新政治经济学、新制度主义、行为主义与理性选择理论、国家社会关系理论成为主要的分析工具，越来越多的中外合作研究、学术对话和相互交流蔚为大观。

随着人类社会进入信息化时代，网络安全、气候问题、经贸一体化、流行病和全球健康等全球性议题成为政策制定者亟须应对的课题，全球治理逐渐成为政策研究潮流。为了应对跨国家和跨地区密切合作的全球性问题，区域国别学出现研究内容"议题化"、研究工具跨学科化和研究方法综合性增强的转变趋势。以美国智库和大学的东北亚地区研究为例，近年来，以"国别+某一领域议题"的方式设立讲席教授或研究员岗位的趋势成为主流，越来越多来自气候问题、医疗健康、网络安全等领域的专家受聘在美国高校和智库主持开展东北亚地区研究。2020年爆发的全球新冠肺炎疫情为各国政策制定者带来了巨大的公共治理与全球治理挑战，也使得全球和地区研究学者愈发意识到学科专业背景在应对特定议题上所起到的关键作用。因此，在今后的东北亚地区研究学界，以学科专家为主导的"议题化"、跨学科趋势还将持续发展，我们更应当呼唤传统学术范式和人文思想的适当回归，与现当代政治和政策研究中的科学范式相结合，为人类发展作出贡献。

第三节 发展型国家模式

一、发展型国家及其特征

发展型国家指"计划理性的资本主义发展国家"（Plan-rational Capitalist Developmental State），兼有私人所有权和国家指导的属性，在东北亚地区特指日本、韩国等国。中国不是发展型国家。与西方国家的发展模式不同，东北亚发展型国家的发展模式表现出在国家政策的指导下进行金融、贸易市场活动的特征。虽然各国所经历的高速发展时期不同，所用机制各异，但大部分发展型国家具有"先发展经济"的共同特点。鉴于日本、韩国等国家和地区的高速经济增长和特殊的发展模式，世界银行在1993年出版了《东亚奇迹》这本书，详细解读了这类国家和地区的经济发展成就和相关政策。从宽泛意义上来说，日本、韩国等发展型国家一般具有威权主义政治体制，国家主导政策制定和产业监管和战略性进出口政策，与西方自由主义经济模式相比，其在企业集团支配、银行与企业之间的关系、国家形态变化等方面有着很大不同。东北亚发展型国家主要具有如下三个特征：

一是国家主导的计划理性与资本主义市场经济相结合。一般来说，经济转型是指从计划经济向市场经济的转型，东北亚国家的发展模式则可以被归为由国家主导的计划型资本主义经济发展。这种发展模式是计划经济和市场经济的混合物，塑造了东北亚地区的发展特征。为推动国家经济发展，中央政府制定了战略性产业政策，旨在密切政府、企业和银行间关系。其中，以确立国家经济发展目标的官僚政体最为典型。

二是威权主义政治体系。东北亚地区的国家政治特征表现为强韧的威权主义政治制度，树立先经济发展、后社会福利改革的国家发展目标。一些国家虽然拥有民主制度，但是在实践中往往表现为单一政党长期执政，个别国家曾出现独裁政权。尽管各国的政治制度有所不同，但东北亚国家的经济高速增长均伴随着权威领导人或者单一大党的作用。

三是儒家文化的影响。东北亚发展型国家大多地处儒家文化圈，儒家文化中的家族观念、等级观念等都对东北亚发展产生了影响，它表现为东北亚社会中接受救助者在心理上存在羞耻感与消极意识，这种观念同儒家文化中一贯强调的自立自强、不依赖他人恩惠的观念有密切关系。

二、发展型国家的发展模式

东北亚国家的现代化进程开始于20世纪60年代，是经济转型和政治转型的复合体。尽管关于发展型国家的研究可以追溯到1982年查默斯·约翰逊（Chalmers Johnson）的发展型国家理论，随后产生了东亚奇迹论、产业化理论、社会民主主义理论、利益集团政治理论、国家为中心理论等一系列发展理论，但发展型国家往往特指东北亚国家的政治经济发展模式。由于这一发展是在冷战的大背景下发生的,应从纯粹的政治经济发展视角分析,还是以美苏冷战为背景解释东北亚国家在此阶段的发展,一直是学界的热点话题。大部分东北亚发展型国家在威权主义政治体制下实现了快速的经济发展,但在发展的具体因素和机制上存在一些差异,主要体现为国家主导的产业政策、威权主义政治体系和以儒家文化为特征的社会文化转型的多样性。

(一)日本以官僚制为主导的发展模式

日本在众多亚洲发展型国家中居于领先水平,国家计划的理性优势对资本主义经济发展起促进作用,在其这一发展进程中,政府官僚扮演了核心角色。查默斯·约翰逊在1982年出版的《通产省与日本奇迹》一书中,首次提到日本这一在国家计划理性指导下的资本主义经济发展模式,强调日本官僚在经济增长中的角色,认为日本经济的高速增长离不开政府的主导。政府积极推动大企业与金融企业间形成紧密联系,落实国内行业优先政策和保护主义政策,科技得以快速进步、人均生产率迅速增长,劳动力素质和工作积极性同样得到大幅提升。1997年亚洲金融危机的爆发,使得日本以政府为主导的发展模式受到了巨大的冲击。到目前为止,日本的经济仍处于衰弱状态,经济政策屡被批评,引发学界的持续讨论。

在政治方面,日本虽然实行多党制,但长期由一党执政。二战后,日本在美国的主导下开展向多党制民主主义制度发展的政治制度重建,但与执政党频繁更迭的多党制普遍特征相反,日本自民党(Liberal Democratic Party)从1955年起长期保持执政地位,截至2022年底,仅有两次短暂下野(1993年下野近1年、2009年下野达3年),政治环境稳定,单一大党的地位不断巩固强化,实现了国家干预主义的经济发展政策。[①] 自民党之所以能够长期执政,其潜在原因是日本国民在经历了太平洋战争后更加重视和平主义的价值,并形成"赶超西方"的经济增长目标和增加社会福利的共识。[②] 在这种情况下,日本自民党以经济发展和增加社会福利为目标得到了民众的广泛支持,并与社会党"默契"保持执政党的地位。在一个政党有固定的民众支持且政治制度稳定的情况下,日本形成与政府、金融业、企业三个主体间的"铁三角"关系[③],保证了政治稳定。

(二)韩国以军人政权为主导的民主化转型发展模式

韩国在朝鲜战争结束后曾经是世界上最贫穷的国家之一,然而,从1963年开始韩国经济进入了一个高增长阶段,在朴正熙的领导下,韩国实行由政府主导的外向型经济发展战略。政府主导型经济政策的驱动下,韩国以实现工业发展和农村现代化为目标施行经济开发五年计划、新村运动,实现了与日本"隅田川奇迹"相媲美的"汉

---

① Hori H. The Changing Japanese Political System: The Liberal Democratic Party and the Ministry of Finance. London: Routledge, 2006, 41.
② 崔新京:《战后日本思想观念的"西化"及其双向效应》,载《日本研究》,1991(4),64~69页。
③ 侯庆轩:《"日本铁三角"——市场经济下政府·金融业·企业的关系》,载《现代日本经济》,1993(6),1~6页。

江奇迹",在经济上和政治上都给韩国带来了很大的变革。韩国从一个贫穷落后的国家成长为一个发达国家。

经济发展是战后韩国最重要的国家目标。韩国的经济发展特征体现在政企关系、政银关系、企业内部治理方面,政府在引导资本流向特定行业和公司的过程中发挥了至关重要的作用,实行战略性开放出口政策,通过控制资本、促进出口、向从事特定的企业提供补贴等方式帮助民族企业巩固优势。韩国政府还主动采取贬值韩元等政策来推动出口。自1962年实施第一次"五年经济开发计划"起,韩国主要依靠集中引进国外贷款、支持加工贸易,大力发展出口导向型经济。20世纪六七十年代,韩国的劳动力成本在国际分工中具有比较优势,政府重视发展劳动密集型出口产业。随着经济快速发展,韩国开始进行产业结构升级,在20世纪70年代期间致力于发展重化工业。同时,为了尽快摆脱陈旧的农业社会,实现农村现代化建设,韩国于1972年实行了新村运动。随后,韩国在20世纪80年代将发展重心转向电子、电器等高附加值的产业,进一步推动经济高速增长,并在20世纪90年代迈入以科技发展为中心的信息社会。1997年亚洲金融危机爆发后,韩国经济受到重创,政府按照国际货币基金组织的建议进行经济结构改革,以求更好地应对危机。截至2020年底,韩国仍保持较为稳定的经济发展态势。

同时,经济的繁荣推动了韩国政治的发展,其政治制度经历了从威权政体向民主政体的转型。第二次世界大战和朝鲜战争后,面对韩国政局混乱的局面,为了实现国家经济发展的目标,朴正熙总统建立了中央集权的威权主义制度,把促进经济发展列为国家战略优先任务,极大推动了韩国的城市化进程。与此同时,中产阶级的壮大引起了针对专制主义的反抗,韩国于20世纪80年代末爆发了民主化运动,并最终在1987年结束了军人政权的统治,实现了民主化转型。

三、发展型国家研究及其趋势

对国家主导发展的发展型国家的研究是20世纪中后期国际学术界一个新兴的学科知识领域。这一研究因既存的西方国家发展模式及其理论解释不了东北亚国家的发展现象而产生,揭示了推动东北亚及东南亚国家经济发展的动力。新古典经济学派的经济学家提出"优秀官僚和国家自主性",最先对东北亚地区经济发展做出解释。东北亚发展型国家的模式推广到拉美及非洲国家,对发展经济学、政治经济学、社会政策学做出巨大贡献。同时,全球发展成为世界重要的议题之后,发展型国家发展模式的复兴成为了重要的研究潮流。

一是发展经济学的解释。在2008年金融危机以及全世界长期的经济复苏期间,能观察到不同类型的政府干预,以减少危机的影响,恢复地区经济的增长和全球经济的复苏。在这一背景下,经济学重新回顾发展型国家研究的历史,努力找出一种新的发展型国家理论,试图通过对东北亚发展型国家的研究,找出与西方国家不一样的、国家主导的市场经济模式。有学者通过监管理论解释东北亚发展模式,认为在东北亚区域威权主义比民主更能促进经济成长,并且启发学界进一步探讨关于民主和经济发展的关系。另一个研究集中于如何改善以及克服东北亚发展模式的局限。20世纪90年代冷战结束后,不断加快的全球化和新自由主义的影响带来了东北亚地区高度相互依赖,东北亚国家经济进入转换期,国家主导的成长面临局限和停滞。因此,目前发展经济学关于新自由主义和亚洲金融危机期间的转型过程的分析还不够,需要进一步研究。21世纪以来随着中国加入世界贸易组织,中国经济得到快速增长并积极融入世界经贸体系,东北亚地区的经济发展依赖度越来越高。在这样的背景下,东北亚发展模式是否适用于东南亚、拉美以及非洲的发展,需要深入研究并扩展到其他区域的发展中国家。

二是政治经济学的解释。政治经济学探讨发展型国家的政治制度与国家经济发展的因果关系。该学派的核心研究变量在于各国的政治机制及其影响因素。如前所述,东北亚发展型国家的特征是国家主导的发展模式。不过,"国家主导"这一表述只说明国家承担了重要角色,没有仔细说明到底什么事由国家主导。政治经济学通过观察和研究国家内部机制和趋势来回答这个问题。有学者认为发展型国家的政治特征是嵌入型自主(Embedded Autonomy),发展型国家的成功取决于内部组织的连贯和与社会的紧密联系。另外有学者提出国家建构力量(State Building),主张具有高质量的国家建构力量会有更高的概率实现政治稳定和经济成长。还有部分学者关注20世纪90年代之后广泛的民主化潮流,以及受其影响的政治制度的稳定性。转型之前,威权主义政府在经济发展中扮演了维护政策合法性的角色;在国家经历民主化转型后,人们的民主意识上升、参政议政的期望更高。因此,这一时期的学者研究如何平衡人们的政治期望和经济发展的实际需求。如此可见,政治经济学研究的重点在于国家政治机制发挥怎样的影响,什么样的政治因素会促进国家经济发展。

三是社会政策学的解释。以高速经济增长闻名的"东亚模式"吸引了社会政策研究者的关注,越来越多的学者注意到东北亚社会发展模式的特点,并将其归纳为"东北亚福利模式"。从西方学者的视角来看,东北亚福利模式是基于文化形成的,其研究也多是从儒家文化对东北亚福利模式的影响入手,力图揭示儒家文化对东北亚社会的福利思想、社会保障体系、社会服务体系特点的影响,并归纳出东方主义的福利特征。20世纪90年代末亚洲金融危机之前,日本和韩国通过公司福利制度来解决社会问题,该福利制度不仅保证终身雇佣制,还提供医疗和员工子女的教育补贴。这些社会福利可以减少社会不安,也可以提高政治体制的合法性,推动形成稳定的社会秩序。

作为东北亚地区的一员,中国与其他东北亚国家有着悠久的交往历史和深刻的共同经历,早在东北亚地区文明产生初期就开始了互动。美国著名汉学家费正清将东北亚地区古代的国际关系体系形容为"以中国为中心的、等级制的中国外交关系",即朝贡体系。朝贡体系自公元前200年左右初步创立,历经近2000年的演变发展,到19世纪中叶之前一直是东北亚国际关系体系的主体结构。近代之前,由于东北亚各国普遍的闭关锁国政策,东北亚地区和外部世界的交流非常有限,整个地区非常封闭。

19世纪开始,欧美列强大规模进入东北亚进行殖民扩张,受到强烈冲击的东北亚各国也由此走上了革命与改革交织的转型之路,东北亚国家进入了大转型大博弈的深刻变革时代。经历了殖民时代的争夺、第二次世界大战的侵略与反抗以及冷战时代的博弈,东北亚格局在20世纪70年代开始趋于稳定。时至今日,历史问题造成的紧张和区域合作成就的繁荣并存,二者的鲜明对比是东北亚国际格局最为显著的特征。

思 考 题

1. 从中国视角解释东北亚地区建构的几个维度及其内涵。
2. 如何看待东北亚地区内部合作与竞争之间的张力。
3. 结合东北亚国家实际,分析发展型国家这一发展模式的普遍性和特殊性。

CHAPTER 8 第八章

中国周边地区研究（二）：东南亚与南太平洋地区

东南亚地区和南太平洋地区地缘战略地位重要，物产富饶，人口众多，市场广阔，自然地理条件和经济发展条件极为优越。正因为该地区具有重要的战略地位和经济价值，历来为外来者所青睐。从古代中国、罗马帝国、印度帝国，到近代以来的欧洲殖民者，都对该地区产生了重大影响。当下世界正处于百年未有之大变局，在这一大变局中，东南亚和南太地区的未来走向何方？这是令人着迷的话题。

第一节 东南亚地区概述

东南亚的概念是现代的和外来的，在东南亚国家的历史上没有这样一个概念。准确来讲，"东南亚"的概念是二战的产物。在1943年8月的魁北克会议上，西方盟国决定建立一个单独的"东南亚战区"（SEAC），其地理范围涵盖缅甸、马来亚、苏门答腊和泰国。这一原本服务于抗日战场的军事权宜之计，却为东南亚地区提供了富有政治凝聚力的合作框架，改变了以前该区域各殖民主义宗主国各自为政的态势，将抗日战争期间"南洋华侨拯救祖国运动"的潜能转化为地区合作抗战的热情。

二战后，东南亚在美国的全球战略中被作为一个区域来对待，在反对共产主义扩张的冷战战略框架下，东南亚的认同逐渐在该地区巩固下来。1950年，康奈尔大学组建了东南亚项目，将相关的研究工作纳入一个整体。第一部把东南亚地区作为一个整体来叙述的著作是英国著名的东南亚史专家霍尔（D. G. E. Hall）在1955年出版的《东南亚史》，其最大贡献在于将东南亚作为"以其自身条件考虑"，而不是作为中国、印度或西方附属的一部分。不过，东南亚的概念在学界还有争论，比如乔治·卡欣（George Kahin）在1959年编辑《东南亚的政治和政体》的序言中，仍然怀疑东南亚是不是一个有实质意义的单元。尽管如此，东南亚研究在二战后的确逐渐成为一股强劲的学术潮流。在民间的"马来亚论坛""民主管理联盟"和"东南亚同盟"以及联合国的推动下，东南亚地区新独立的各国启动了东南亚团结合作的进程。1955年在印度尼西亚召开的万隆会议，标志着东南亚集体努力的发声。1967年8月，印度尼西亚、马来西亚、泰国、菲律宾、新加坡推动成立了"东南亚国家联盟"，东南亚地区的观念正式落地生根。

一、东南亚地区的历史结构

尽管确立了东南亚的地区意识，但该地区的自然环境、文化背景和社会制度均存在着深刻的差异，导致东南亚地区呈现出多样性的景观。陆海对峙、文明交汇和形似神异的基本历史结构，深刻地影响着东南亚的发展方向和进程。

（一）陆海对峙

东南亚地处亚洲和大洋洲、太平洋与印度洋交汇的"十字路口"，来自四面八方的任何一丝风吹草动都会首先在东南亚地区产生反应。也正因为如此，地处马来半岛和苏门答腊岛中间，能够抵挡太平洋东北季风和印度洋西南季风的马六甲海峡，很早就成为各方青睐的天然避风港和重要航运通道，在这里能够倾听到来自世界各地的声音。来自亚洲大陆腹地的权力欲求与来自太平洋和印度洋的权力欲求沿海岸线对峙，构建了东南亚地区的基本权力分界线。

正因为海陆分界线的存在，使得地处海陆复合地带的东南亚成为陆海力量博弈的权力场。在外来权力的冲击下，地区社会的离心和分裂力量得到鼓励，进一步推动了二元社会结构的发展，导致东南亚地区社会是天然的碎片化社会结构，分裂成有着宗教共同纽带的贵族和农民两大阶级。特别是二战后快速的都市化、世俗化、工业化、商业化进程和现代教育的普及，加大了传统政治生活与现代政治体制、全球化的精英和地方化的大众之间的鸿沟，导致东南亚国家政局不稳，战略走向剧烈摇摆。因此，东南亚地区研究主要关注大国博弈的战略性问题，即大国博弈对该地区的影响。

1. 东南亚地区的山地社会，呈现为无政府主义的权力景观

美国社会学家詹姆斯·斯科特（James C. Scott）2009年出版的《不受统治的艺术：高地东南亚的无政府历史》，考察了东南亚山地居民的无政府主义传统，认为广阔的山地地带在文化上是一个独立的"赞米亚"。"赞米亚"一词由荷兰学者维列姆·范·申德尔（Willem van Schendel）提出，最初被用于批判以往学术研究中过度以近代领土国家为前提的做法。在斯科特看来，东南亚山地社会有着与中央政权抗衡的传统，拥有2 000年的历史。斯科特所指的山地社会涵盖了缅甸、越南、老挝、柬埔寨、泰国以及中国境内的横断山区，这些区域内的国家具有极强的陆权传统，但山地民族在居住地区内有着无政府主义的传统，而且天然地恐惧和排斥区域外的权力。目前，虽然中国的山地边陲安定祥和，但缅甸等国的山地民族至今仍受这一根深蒂固的文化心理影响。

2. 东南亚地区的海洋国家，呈现为网络化的权力景观

澳大利亚历史学者安东尼·里德（Anthony Reid）把东南亚作为一个整体，放在一个跨国海洋贸易网络中加以思考，认为东南亚在语言和文化等领域有着重大差异，但在气候、地理和商业文化方面却是一个有机整体，其社会组织最基本的模式是各个继嗣集团之间为了获取权力而对依附人所进行的永无休止的争夺，人口的数量多寡成为权力与财富的表征。在这个整体中，真正的主角是在海洋贸易中纵横驰骋的贸易网络，在政治权力上对外来影响呈现出罕见的开放性。这些海洋国家涵盖了菲律宾、文莱、马来西亚、印度尼西亚以及其他一些太平洋国家。所有这些国家被海洋连为一体，不同国家沿海地区之间的联系要比统一国家沿海地区和内陆地区之间的联系还要紧密，形成为一种互联互通的社会网络。

陆权与海权对峙的内在张力，在全球化的浪潮驱动下进一步被放大，尤其是来自四面八方的域外力量对该地区主导的企图，进一步释放了东南亚地区作为"十字路口"的效应。相比之下，山地社会无政府主义的传统往往只会给外来力量留下上层社会的空间；所谓的印度化地区不过是以王朝都城为中心而不以稳定的疆土为基础，有着复杂的文明；而海洋国家则从上层到底层完全对外部力量开放。东南亚国家的文化属性总体上是被外来文明所定义的，山地社会和海洋国家之间的差异只不过在于程度不同而已。

（二）文明交汇

东南亚地区作为"十字路口"的功能，在历史上呈现为文明交汇的枢纽。早期的东南亚地区主要受到印度文明和中华文明的影响，前者的影响主要存在于宗教信仰领域，比如佛教、印度教和伊斯兰教的传入，后者的影响主要存在于世俗生活领域，比如衣食住行、商业、科技等。与此同时，东南亚地区大量华人贸易网络的存在，证实着中华文明对该地区的影响。然而，无论是印度文明的影响，还是中华文明的影响，都没有取代东南亚地区的土著文化。在长期的历史演化进程中，印度文明、中华文明和土著文化有机融合在一起，构成了东南亚地区的文化底色。

近代以来，随着欧洲在全世界的扩张，葡萄牙人、荷兰人、英国人以及其他欧美列强，先后来到该地区，东南亚开始被殖民主义者贬低为殖民扩张大潮中的一个陪衬，是被动消极、无力抵抗的受害者。毫无疑问，东南亚受到了欧洲强大的影响，进入了经济重建、社会变迁、治理重组以及秩序整合等现代化进程。

无论是越南的"中国风"建筑，还是柬埔寨的吴哥窟，也不管是马来西亚和新加坡的英国殖民遗产，还是印度尼西亚的荷兰风格建筑，东南亚地区到处都是文明交汇的产物。东南亚国家都在谨慎地维系着各义明交汇后的平衡，竭尽全力调谐族群关系和宗教关系，在公共政策上努力释放文明交汇的能量，避免发生冲突。即使出现了一时的不平衡，也很快通过选举和政策调整进行修复。因此，在文明交汇的东南亚地区，很难确立某一种文明的绝对主导地位，这为东南亚地区设定了独立自主和不结盟的外交传统。

（三）形似神异

东南亚地区的"十字路口"功能还体现在多样性上。东南亚是一个多样化的地区，既有着在河谷和多火山的平原地区建立在广泛的水稻种植基础上的灌溉社会，也有在高山地区以刀耕火种方式从事农业生产的社会，还有不同程度上参与了从中国到中东的亚洲沿海地区广泛贸易的社会。如此多样化的社会，注定了这个地区的制度精神的多样性。比如，东南亚低地社会的制度精神充满了国家中心主义的崇拜，而高地社会则更多有着无政府主义的传统；泰马交接地区是一个非常特殊的文化区域，而金三角地区以及大湄公河地区则在经济文化上类似；在太平洋和印度洋海上交通线上穿梭的华人网络、伊斯兰贸易网络、帕坦（Pathan）商人网络则奉行着不同的文化精神。

美国密歇根大学历史系的讲席教授维克多·利伯曼（Victor Lieberman）在其近著《形异神似：全球背景下的东南亚》中，揭示了东南亚的两条平行的发展路径。利伯曼认为，欧亚地区出现平行线似的发展轨迹受到两个因素的影响：气候因素和普遍存在的国家间战争。在欧亚大陆的深层历史规律下，东南亚岛国在政治上较之大陆更为分散并缺少连续性，在政治整合方面显得较为滞后。同时，东南亚岛国对海洋贸易的依赖远大于大陆国家，更易受到外部世界的影响。在16世纪之后，西方殖民势力逐渐渗入东南亚，该地区的岛国首先在经济、政治、文化上受到影响。从这一点看来，东南亚岛国更像是"易受攻击国家"，而非"受保护国家"。因此，理解东南亚国家不能用一个统一的视角，而必须具备多样化的思维，对各种文化和制度精神抱以开放包容的精神，尊重其特殊性和多样性，唯有如此，才能真正走进东南亚社会。

二、东南亚地区的多样性

东南亚地区幅员辽阔，地形复杂而分散，既有河流奔腾、山脉起伏的中南半岛，也有星罗棋布的群岛国家，复杂的地理环境组成这为该地区形成复杂多样的人文社会提供天然的条件。

（一）族群多样性

东南亚各国民族众多，大部分为黄种人，中南半岛族群多元，群岛国家和马来半岛国家则以马来族为主体民族。其中，位于中南半岛的越南有54个民族，其中京族是主体民族；老挝有老龙、老松、老听三大族群，其中主体民族老龙占总人口约60%。缅甸有135个族群，其中缅族为主体民族。在马来半岛和马来群岛国家中，除新加坡外，其他四国的主要民族可泛称为"马来人"，占总人口80%以上，具体可分为印度尼西亚的爪哇人，马来西亚的马来人，文莱的马来人，菲律宾的比萨扬人和他加禄人。

多种族群带来丰富多彩的语系，在中南半岛主要有汉藏语系、印地语系、南亚语系、南岛语系等，群岛国家和马来半岛国家则以印度尼西亚语和马来语为主，这两种语言十分相近，相互之间可以沟通，语法和词汇也大致一样。受地缘影响，中国与中南半岛南部和马来群岛山水相连，隔海相望，人员往来不断，许多中国广东、福建人下南洋谋生，来到现代意义的东南亚地区定居，为当地经济社会作出重大贡献。其中，新加坡以华人为主，马来西亚和印度尼西亚的华人人口也高达千万级别。

（二）文化多样性

族群的多样性带来了宗教文化和精神文明的多样性。中南半岛南部和马来群岛国家长期受印度文化、阿拉伯文化、中华文化、西方宗教和文化等外来文化的影响，总的来说，具有较大影响力的有佛教、伊斯兰教、天主教和中国儒家传统文化。位于中南半岛的缅、老、泰、柬四国均是佛教徒为主体的国家，主要信奉上座部佛教。位于印度尼西亚群岛和马来半岛的印度尼西亚、马来西亚和文莱以伊斯兰信众为主。菲律宾和东帝汶受西方殖民者的影响，以天主教信徒为主。由于新加坡70%以上民众为华人，因此以崇拜祖先和儒释道等中华传统文化为主。

精神文明多样性同样带来了文化与信仰之争，如低地社会的国家中心主义崇拜与高地社会的无政府主义之间的张力，泰国、缅甸等国内佛教信众与伊斯兰教信众或其他少数族群之间的信仰之争。文化与信仰的多样性塑造了东南亚地区丰富灿烂的人文社会景观，但在个别地区内，因宗教信仰不同而引发的冲突时有发生。

（三）社会制度多样性

曲折的历史发展背景、复杂的族群分布和灿烂的文化传承，让东南亚国家的社会制度呈现多样性，从东南亚地区11国社会制度的总体形态来看，既有资本主义制度，也有社会主义制度。从政治制度角度来说，既有君主制国家，也有共和制国家。在君主制国家中，既有绝对君主制国家，也有立宪君主制国家；在共和制政体中，既有总统共和制国家、议会共和制国家，还有社会主义制度国家。从经济制度来说，东南亚地区既有资本主义经济制度，也有社会主义经济制度，其中，大多数国家实行资本主义经济制度，越南、老挝两个社会主义制度国家实行社会主义经济制度。

由于东南亚地区以发展中国家为主，除新加坡外，其他10国均为发展中国家（东帝汶为最不发达国家之一），其政治制度的主要特点为复杂性和欠成熟性，经济制度体现为欠发达性。所谓政治制度的复杂性，体现在具体行为模式的差异性。自殖民时代以来，东南亚国家被动卷入西方国家主导的全球化进程，接受西方民主政治思想，在获得独立之后，往往在西方强国的干预和影响下建立起西方民主制度。由于缺乏必要的民主思想普及和公民政治素质的培养，加之东南亚国家政治制度的复杂性和欠成熟性，东南亚一些国家长期受政局不稳定的困扰，从而在一定程度上影响经济发展。东南亚国家大多已经进入市场经济体制，或者正处在向市场经济体制转型期。近年来，东南亚国家经济快速发展，工业化水平显著提升，农业、服务业、旅游业收入占东南亚地区生产总量的主体。但需要认识到，东南亚地区内有着东帝汶、缅甸、老挝等世界最不发达国家，大部分物资都要靠外国援助。多样的政治制度和经济制度共同构成了东南亚地区社会制度形态的多元性。

第二节 东南亚地区研究的学术范式

一、东方主义范式

早期东南亚的区域史研究者或者跨社会体系研究者对东南亚地区的研究带有深刻的东方主义视角，如赛代斯、卡迪和霍尔等。1944年，法国历史学家赛代斯（George

Coedes）出版的《东南亚的印度化国家》在更为广泛的地域范围内，研究了东南亚地区的文化和政治组织。在赛代斯看来，东南亚是一个以广泛的水稻种植为基础的内陆王国，在性质上是等级制的，支持这个社会的观念则是宇宙秩序和相应的秩序规则。印度在东南亚的影响是一个被持续讨论的问题，很多人认为印度的影响是贸易考虑、殖民化和征服的过程。但是，印度方面的史料则表明从来没有对东南亚进行过殖民征服。比如李尔就认为，外来文化对当地的影响仅仅是"一道薄薄的玻璃"，在这层玻璃的下面，古老的当地文化的形式继续存在。更重要的是，几乎所有战前关于东南亚的研究都是印度人、中国人、欧洲人等外来者做的，或者是西方教育的产物。

毫无疑问，近代以来东南亚受到了欧洲强大的影响，既包括文明的冲击，也包括学术意义上的演化，表现为赛义德所强调的"东方主义"。赛义德认为，西方观察亚洲存在着一个"东方主义"的框架，虽然认同东方是一个真实的存在，但西方人有一种根深蒂固的认识东方的方式，亚洲在欧洲人的想象和经验中有一个独特的地位，西方人的概念是用来陈述东方和经营东方的方式。东方主义是一种"复合的机制"，用来对付东方，"通过做出与东方相关的论述，对有关东方的观点进行权威裁判，对东方进行描述、教授、殖民、统治等方式来与东方打交道。"简而言之，东方主义是用以统治、重建和确立对东方权威的西方风格，在这一视角下观察的东南亚不过是西方人想象中的东南亚。

二、地区研究范式

第二次世界大战以后，在美国全球战略影响下，东南亚研究基本是在地区研究的名目下进行的。在研究主题上，这一时期主要集中考察外来影响的问题、传统权力和社会秩序的性质以及支持权力的思想根源问题等。比如美国社会学家斯科特所考察的东南亚山地社会无政府主义传统，以此来质疑国家中心的解释模式。斯科特通过给东南亚大陆山地地带赋予新的名称，主张将这一广阔的山地地带作为一个区域进行研究。所谓东南亚山地社会，即是指历史上"与国家抗衡的社会"，他大胆主张，正是这种无政府主义的历史才使得整个区域具有了世界史的意义。斯科特之所以在跨越两千年的宏大时间跨度内叙述无政府主义的历史，是因为他认为"国家"和"与国家抗衡的社会"必然拥有相同长度的历史。在东南亚，既然"国家"这一政治形态真正兴起于两千年前，那么东南亚的无政府主义也应拥有 2 000 年的历史。

到 20 世纪 70 年代，受历史结构主义的影响，学者们开始试图将东南亚社会放在历史长时段中进行考量，进而突出该地区自身社会文化的延续性。这种"东南亚中心观"在 20 世纪末受到了里德等学者的挑战。里德认为，东南亚经济社会的发展动力来自明朝的商业发展。

伴随着这个贸易趋势，东南亚的城市持续发展。港口贸易推动了一大批临海的港口城市出现，那些以劳动力和农产品为基础的旧式都市就衰落了。新兴的以贸易为基础的港口城市欣欣向荣，港口城市应贸易而生，但又要承担原来城市的功能。贸易的发展必然诞生商界精英，而在东南亚语言里，"权力和财富并非那么泾渭分明。财富只能通过权力来获得，而这种权力是指内在的力量以及与神灵世界的密切关系"。在广阔的历史背景和长时段的视角下，贸易时代的东南亚"变化翻天覆地，大致朝着更加商业化、城市化、中央集权化，以及皈依注重道德说教的外来宗教的方向发展"。那个时代留给东南亚的遗产包括：曾经成为全球贸易中纵横驰骋的主角；其地方特产是长途贸易的主要商品；其地理位置使其深深地卷入了海洋贸易的大潮；其政治制度方面则对外来影响呈现出罕见的开放性。也许是受到资助方的影响，这一时期的研究更多聚焦在政治经济问题的研究上，在方法上也更多是使用社会科学的方法。

总之，在20世纪90年代之前，东南亚国际问题研究基本上是描述性的，缺乏理论化，更多在现实主义世界观的指导下进行的，将东南亚地区作为外部大国的重力区，东南亚的外交政策在当时被视为中美苏大三角的因变量。在研究侧重点上仍然强调国别研究，而不是强调整个地区的规律研究。

三、全球研究范式

冷战后的东南亚研究开始关注经济问题，从地区研究回归母学科比如政治学、社会学、历史学、经济学、法学、考古学、地理学等。这在美国表现得尤为突出，近几年许多大学开始在政治学系聘请东南亚的讲席教授。在认识论上也有转变，是普遍主义与例外论之间的冲突产物。这一时期的研究主要遵循着两条路径：一些人集中在区域研究的旗帜下，把各种社会科学包括经济学、社会学、政治学、心理学、人类学与历史学、文学和哲学结合在一起，以集中研究东南亚地区。另外一些人继续强调学科本位，以提供明确的理论、知识、方法，其中一个杰出的代表是康奈尔大学教授本尼迪克特·安德森的《想象的共同体》。

随着东南亚金融危机的爆发，在关于内部因素和外部因素的辩论中，东南亚研究转向以中国崛起和印度崛起为主要研究对象的战略研究和全球问题研究。"9·11恐怖袭击事件"后，恐怖主义安全问题尤其是巴厘岛恐怖爆炸，使得东南亚研究关注恐怖主义和宗教极端主义威胁，伊斯兰化、族群冲突、暴力的经济学、分立主义和海盗成为讨论的主题，还有地区的想象等。总体上，东南亚研究的主题是碎片化的，理论上和方法论上均是如此。在1990年后，东南亚研究中的国际关系研究是非常强劲而有活力的，主要是东盟的发展、APEC的发展与活跃。其研究被三股趋势所主导。

一是新区域主义的研究。主要集中于多伊奇的交换理论和制度主义路径。但是，这些研究依然无法解释为何东南亚国家间的合作那么浅，且不那么稳固。康灿雄（David Kang）推动了亚洲区域主义理论化的趋势。早期的成果有哈夫滕多恩（Helga Haftendorn）、基欧汉（Robert O. Keohane）、沃兰德（Celeste A. Wallander）于1999年发表的研究，伊肯伯里（John Ikenberry）、马斯顿达诺（Michael Mastundano）于2003年发表的研究，以及稍微晚一些的《太平洋评论》期刊（*Pacific Review*）发表的相关论文，这些都引领着区域主义的研究。此外，南洋理工大学防卫与战略研究所的课题，以及赫特纳（Bjorn Hettne）、伊诺陶伊（Andras Inotai）、森克尔（Osvaldo Sunkel）与哈佛大学亚洲研究中心和魏德海国际事务中心（Weatherhead Center for

International Affairs）于 2001 年合作发表的成果，也推动了区域间主义研究。

二是比较研究。新区域主义的理论热潮驱动了比较区域研究，尤其是关于民主化的研究替代了 20 世纪 70 年代的依附性资本主义的研究。在第三波民主化浪潮的冲击下，学者们开始关注支持政治转型和转型过程的诸多条件。然而，与其他地区民主化研究中行动者维度和结构维度的争论不同，东南亚地区比较民主化的研究更多停留在文化主义的路径上。总体来看，东南亚地区的民主化研究集中在民主化的第二阶段民主巩固理论的研究上。比如格罗塞特关于"有缺陷的民主"（Defective Democracy）。近年来也出现了反思这些民主化的研究，一些学者开始认为，东南亚地区最有可能不是学习西方的自由民主，而是竞争性的威权主义，至少西方民主进入东南亚需要本地化。此外，还有很多集中于议会研究、选举、政党、民主与社会阶级的关系以及地方化的研究等。此外，关于移民、族群、宗教、非政府组织的研究也开始陆续兴起，比较政治研究出现了强劲的社会化趋势。

三是建构主义的研究。亚洲金融危机并没有激发现实主义的回归，相反地，在后危机时代，东南亚研究经历了社会哲学的文化转向，继而形成了对东南亚区域主义的弱认知主义解释路径，其中以阿查亚（Amitav Acharya）的安全共同体研究成果最为突出。社会建构主义学者认为，地区利益是由社会建构而来，地区内共同利益推动建立了地区认同，这一地区身份认同增进了地区凝聚力。建构主义的研究挑战了现实主义和制度主义的认识论基础，批评其既定的国家利益观。

总之，东南亚研究已取得较为丰硕的成果，但在未来仍面临一些挑战。德国全球与区域研究所（German Institute of Global and Area Studies）的鲁兰（Jurgen Ruland）提出东南亚区域研究的五个挑战：一是区域研究与母学科的融合发展，回归母学科的趋势；二是主流的普遍化研究和区域的、文化的特殊性研究之间也在走向融合，削弱了一些大概念的效力；三是亚学科不再作为国内问题的严格区分具有了国际影响，削弱了国家主权和管制能力；四是几乎所有领域都在趋向于系统的比较研究；五是东南亚研究急需机构性的创新。其实，东南亚研究最大的挑战是全球化趋势。面临新的时代浪潮，在未来，东南亚研究应不断丰富拓展研究内容，应构建全球化网络。

第三节　东南亚地区发展模式

20 世纪 90 年代以来，传统上主导东南亚的域外大国力量有所下降，在反殖民主义和民族独立浪潮冲击下，欧洲国家在二战后在东南亚的影响力已经大大削弱。苏联解体后，俄罗斯对东南亚地区的影响力也雄风不再，一度意图引领亚太地区"雁行模式"的日本因为"衰退的二十年"而日益衰微。冷战结束后，随着国际和地区局势的转变，亚洲地区内大国推动建立了多个地区和次区域合作机制，地区主义在这一地区内生根发芽，从一个完全的舶来品转变成推动东南亚地区国家发展的重要驱动力，形成了被学界称为"东盟方式"的发展模式。总的来说，以地区合作为主导的发展模式提升了东南亚次区域在整个亚洲地区的重要地位，维护区域内国家处理内部事务的独立性和自主性。

一、认同建构与东盟方式的雏形

认同建构是以东盟方式为核心的东南亚发展模式的重要基础。东南亚的地区主义意识发展较晚，起步曲折。在二战前，"东南亚"极少被看作一个单独的地区，一些文章用"远印度"（Further India）称呼东南亚的部分地区。地理学家用"亚洲季风区"定义东南亚，但这一概念中也包括中国南方地区、印度和斯里兰卡。中国在明清时期用"南洋"称呼位于南海的东南亚地区诸国，包括马来群岛、菲律宾群岛、印度尼西亚群岛，也包括中南半岛沿海、马来半岛等地。这些称呼的形成都建立在以中国、印度等地区性大国为中心的亚洲区域概念之上，而非将这个地区看作是一个具有独立影响力的整体。

学界普遍认为，东南亚的地区化趋势基于民族主义的发展。受殖民历史影响，东南亚地区的外部势力错综复杂，西方中心主义和文化殖民主义一度贬低东南亚地区本土的文化与风俗。二战期间，日本军国主义所谓"解放亚洲"的幌子却意外催生了该地区内一些民族主义势力，在二战结束后，东南亚地区民族主义情绪高涨，人民与试图卷土重来的前殖民者进行顽强的抗争并最终取得独立地位。此后，东南亚国家因相似的历史经历、文化环境形成了一定共识，在1962年吉隆坡举行的东南亚地学家年会上，区域内的地学家们正式将这一地区的名称定为"东南亚"。这帮助该区域内国家确立地理学范畴上的认同。但由于各国刚刚摆脱前宗主国，国内政治局势仍然十分不明朗，东南亚国家因未完全获得政治独立而受到国际大国的影响与施压。大国在这一地区的干预使得东南亚国家在战略上产生不同的分化，其中一些国家间创造了复杂的同盟体系。

冷战期间，随着意识形态阵营的斗争升级，东南亚国家被迫卷入美苏争霸的斗争之中，成为两个阵营竞争的前沿阵地，东南亚地区认同建构受到一定冲击。受美国杜鲁门主义的影响，在1954年9月，该地区域内的泰国和菲律宾签订由美国等西方国家阵营所主导的《东南亚集体防务条约》（又称《马尼拉条约》），随后于1955年2月19日在泰国首都曼谷正式成立东南亚条约组织（SEATO，简称"东约组织"），标志着这一地区内首次出现邻国间安全防务性国际组织。1961年，菲律宾、泰国和新加坡建立了东南亚联盟（ASA），核心同样是为了建立军事同盟关系，主要战略意图是捍卫民族独立和防止共产主义扩张。就东南亚地区性合作发展而言，这些军事同盟的建立是失败的，但这些尝试标志着东南亚国家开始进行地区合作的实验，并最终引导这一地区的主要国家走入了区域合作的轨道。1967年8月，印度尼西亚、泰国、新加坡、菲律宾四国外长和马来西亚副总理在曼谷举行会议，发表了《曼谷宣言》（《东南亚国家联盟成立宣言》），宣告成立东南亚国家联盟，开始了东南亚国家以合作促发展的探寻之路。

东南亚国家的区域合作发展模式最初是借助以华人网络为主导的企业网络推动的，在从日本海到印度洋之间的辽阔区域进行着。20世纪70年代，在日本企业的海外经济网络推动下，日本学者小岛清提出了环太平洋经济共同体的思想，推动成立了太平洋盆地经济委员会（PBEC）、亚太贸易发展委员会（PAFTAD）、太平洋经济合作委员会（PECC）等合作框架，但进展十分有限。

二、东盟方式的确立与发展

区域合作一直是东南亚国家推动发展的战略主线。1976年通过的《东南亚友好合作条约》（TAC）为地区合作设置了互相尊重独立、主权和平等、不干涉内政、和平解决争端与开展友好合作等制度规范。在冷战结束后，"东盟"这一冷战期间的复杂产物并没有退出历史舞台，反而在经济、社会和文化领域中实现了转型，以推进经济合作为中心，逐步从互惠关税区到自由贸易区到区域共同体，形成了一个覆盖所有东南亚国家的区域合作架构，即"东南亚国家联盟"（ASEAN）。目前，东盟组织共有10个正式成员国，分别是印尼、马来西亚、菲律宾、泰国、新加坡等创始5国，以及后来陆续吸收的文莱（1984年）、越南（1995年）、老挝（1997年）、缅甸（1997年）、柬埔寨（1999年）同时还有候选国东帝汶（2006年），观察国巴布亚新几内亚（1976年）。截至2022年9月，东盟总面积约449万平方千米，总人口约6.83亿，约占全球总人口8.58%，人口密度约为154人/平方千米，属于人口密集区。

政治方面，东盟形成了独特的组织和决策方式，即"东盟模式"（ASEAN Way），其决策机构和执行机构松散、灵活，执行机构十分庞杂而细致，其特点是非正式性、非强制性，核心是互不干涉原则，不谋求在地区内建立具有约束力的超国家权力机构以防侵犯主权国家权力，追求国家间的绝对平等。

经济方面，2021年东盟10国的GDP总量为3.4万亿美元，占世界生产总量的3.5%，位于世界第五，成为又一新兴的巨大经济体，其对于全球经济增长的贡献日益突出。在亚洲，东南亚是经济增速普遍较高的区域。

法律建设方面，东盟10国外长2007年11月20日在新加坡举行的第13届首脑会议上，签署了《东南亚国家联盟宪章》（ASEAN Charter），该宪章于2008年12月15日生效，这是东盟成立40多年后第一份具有普遍法律意义的文件。《东盟宪章》通过为东盟提供法律地位和体制框架，为建立东盟共同体奠定了坚实的基础。它还确立了东盟的规范、规则和价值观，为东盟制定明确的目标，并提出问责制和合规性。

在认同构建方面，东盟于2003年通过《东盟国家协调一致宣言Ⅱ》提出构建"东盟经济共同体"（AEC）、"东盟政治安全共同体"（APSC）和"东盟社会文化共同体"（ASCC）的设想，并最终于2020年建成"东盟共同体"（ASEAN Community）。

自东盟成立近半世纪来，尽管面临着越南入侵柬埔寨、东南亚金融危机等多场严峻考验，但创建一种基于维护国家主权、开展独立自主合作和灵活多样的区域合作，是贯穿始终的战略线索，被称为"东盟方式"。东盟方式的核心是一致性（Consensus）和不干涉（Non-interference），无论是《曼谷宣言》，还是《东南亚友好合作条约》都强调了尊重国家主权、不干涉内政和和平解决彼此争端的原则，成功地跨越了许多困难和障碍。冷战的结束和区域化进程催生了开放型的区域主义和新型区域主义的形式，不再追求政治一体化，而是旨在更好地融入全球化。考虑保留成员国的民族独立性，东盟更优先于推进经济一体化，并没有政治一体化的打算，这是东盟区域合作保持发展势头的一个重要原因。

总体来看，东南亚的区域一体化具有实用主义、渐进方式、经济优先和非正式的特征。然而，1997年的东南亚金融危机和南海争端，表明地区一体化的效力非常有限，暴露了低结构化机构、相互经济依赖不强、内部多样化和缺乏领导以及缺乏组织协调等缺陷。当然，受制于叠床架屋式的跨界次区域合作框架，以及东盟与其他大国的伙伴关系，东盟内部很难专心致志地推动自己的区域一体化。

除了东盟之外，1989年由澳大利亚倡议，获得美国支持的亚太经合组织是一个地区一体化的重要论坛。但是，这一俱乐部也并非要创建一个政治共同体，而是通过建设一个低水平机制化的经济论坛来应对全球贸易与投资自由化。在长期发展愿景上，是建立一个自由贸易区，还是维持一个经济论坛，还是不明确的，加上美国、中国、日本等国家间还有着很大的分歧，制约了这一论坛的发展。成立于1996年的亚欧首脑对话（ASEM）是对APEC的竞争回应，这是一个亚欧领导人会晤的场所，包括了东盟、欧盟和中日韩，致力于促进欧亚国家在政治、经济、社会和文化领域的合作，但随着欧盟建设进入困难期，这一跨地区主义架构的前景也非常黯淡。总体来看，除了1995年关于东南亚无核化的《曼谷宣言》取得了些许进展外，东盟在1999年的东帝汶危机、中国南海争端等问题上的成绩乏善可陈。近年来，东盟在推动区域合作方面不遗余力，但进展不快。

2011年11月，东盟提出"区域全面经济伙伴关系"倡议（Regional Comprehensive Economic Partnership，RCEP），旨在构建以东盟为核心的地区自贸安排。2012年11月，在第7届东亚峰会上，东盟国家与中、日、韩、印、澳、新（西兰）6国领导人同意启动RCEP谈判。2017年11月，首次RCEP领导人会议在菲律宾马尼拉召开。RCEP旨在通过削减关税及非关税壁垒，建立统一市场的自由贸易协定。2019年11月4日，谈判完成，但印度中途退出。2020年11月15日，以15个RCEP缔约方正式签署协定。由此，该协定超越欧盟自由贸易区成为世界上最大自由贸易经济体系。然而，随着中美战略竞争压力的上升，这一合作努力面临的障碍也越来越大。

三、东盟方式的挑战及应对

当今世界正经历百年大变局的风云变幻，中美战略竞争日益尖锐，东南亚地区各国面临的战略选择压力也在上升。根据传统现实主义的逻辑，中美战略竞争的加剧，必然会引发东南亚地区的分化甚至分裂，一些国家会在战略上选择倒向中国，另一些国家会在战略上倒向美国，走中间路线的"骑墙派"是不可能的。然而，迄今为止，东南亚国家事实上并没有进行明显的选边站队，也没有发生显著的战略分化，更多的国家采取了在中美之间进行战略对冲的路线，学界将其归结为对冲（Hedging）战略。同时，东南亚国家仍然恪守安全共同体的路线，坚持以"东盟方式"促进地区一体化和地区合作，并努力与中国、日本、韩国、印度、美国多个大国同时建立不同形式的经济伙伴关系和安全伙伴关系，努力维持地区的平衡。

对冲战略的基本逻辑是为了避免被迫"明确选择制衡、追随或中立"的局面出现，一些国家所采取的一系列战略组合，以产生相互抵消效果。归根结底来说，这一战略的要义在于风险管控，是一种双面下注的策略运筹。很多学者的研究表明，东南亚国家普遍在中美之间采取了对冲的战略。尤其是在中美战略竞争的包容性占主导地位的情况下，为东南亚国家采取对冲战略创造了很大的空间。

由于历史因素的影响，东南亚国家在战略上的确具有不同的分化。东南亚一些国家在冷战期间创造了复杂的同盟体系，核心都是为了建立军事同盟关系，主要战略意图是捍卫民族独立和防止共产主义扩张。所有这些选边站队的战略关系最终都没有持续下去，最终都走入了区域合作的轨道。在东盟国家之中，越南和老挝在冷战期间隶属于社会主义国家，在战略上与中国有着紧密的合作关系。尽管受到对越自卫反击战的影响，中国与这些国家的关系一度紧张，但在冷战结构的高压下，越南也没有倒向美国，更没有建立起反对中国的同盟体系。缅甸和柬埔寨与中国有着传统友谊，中国长期支持柬埔寨反对越南的入侵，有着很深的战略合作基础，但两国也没有追随中国建立起反对其他国家的同盟体系。

冷战结束以后，东南亚国家在中美之间普遍采取对冲战略，主要表现为"安全上靠美国、经济上靠中国"的"两面下注"策略，竭力在维持一种中美之间的平衡，极力避免在中美之间选边站队。在与外部大国关系上，东盟强调建立不同形式的伙伴关系，1994年创建了东盟地区论坛（ARF），致力于在亚太政治安全问题上与多个国家开展对话，推进包括建立信任措施、推进预防性外交和探讨解决冲突方式的合作，建立了涵盖官方和非官方的政治安全对话平台，覆盖了包括美、欧、日、中等27个国家和地区。1996年，东盟还积极推进亚欧会议，寻求更大范围的区域间合作平台。1997年亚洲金融危机之后，东盟还先后推进了"10+1""10+3""10+6"等合作框架，构建起了以东盟为中心的开放区域主义合作架构，既推动了区域内部的经济合作进程，也实现了防止某一域外大国主导地区安全合作框架的战略意图。冷战结束以来的30多年内，除了因为南海争端引发的矛盾，导致菲律宾在阿基诺三世执政时期一度采取借助美国平衡中国的政策外，大多数情况下东南亚国家还是谨慎地处理与中美之间的关系，避免卷入中美的斗争。越南、老挝、柬埔寨和缅甸等国家在巩固和拓展对华关系的同时，也没有采取与中国结盟的追随战略，而是积极与美国、日本、印度和其他东盟国家拓展安全合作，先后成为东盟国家的成员。菲律宾、泰国、新加坡等国家虽然长期维系着与美国的联盟关系，但也加强了与中国的经济合作与安全对话，中国成为很多东南亚国家的最大贸易伙伴。东盟国家与中国建立了不同程度的战略合作伙伴关系，高层政治交往十分热络，合作日益深入，2010年与中国建立了中国–东盟自由贸易区，2020年推进中国东盟自贸区升级版。马来西亚、印度尼西亚和文莱等国家，也在战略上努力维持大国平衡，重视不结盟运动和南南合作，积极推动东盟框架内的区域合作进程。

近年来，随着中美战略竞争的上升，东南亚国家受到战略竞争的压力也在加大。尤其是美国实施"亚太再平衡"战略和"印太战略"以来，对亚太地区的战略投入明显加大，与东南亚国家的同盟与安全合作伙伴关系日益巩固。同时，近年来中国也在加大推进地区合作步伐，随着"一带一路""澜湄合作机制""东部增长带"等倡议和机制的推出，中国与东南亚国家的务实合作日益深入。不过，所有这些进展并没有从根本上改变东南亚地区的战略格局，不仅冷战期间形成的战略同盟关系得以巩固，而且还在新的安全合作方面日益深化。对大多数东南亚国家来说，这些发展并没有改变其大国平衡的战略，无论美国在安全上多么极力争取，无论中国在发展领域多么积极推动，东南亚地区在中美之间对冲的基本战略方针没有发生根本性的变化。

相比之下，东南亚地区各国国内政治的民主化和经济的现代化进程普遍加快。在政治上，除了越南和老挝继续坚持共产党一党执政外，其余国家均走上了西式民主化道路，军人干政的问题（比如在泰国、缅甸）由于缺乏合法性，已经越来越不是常态。在经济上，东南亚国家普遍推行国家干预主义的政策，推进现代化进程，成为发展型国家。尤其是各国积极推广设立工业免税区、自由港的方式吸引外资，近年来又出现了跨国境的协作发展区，比如新加坡的资金、马来西亚的柔佛州和印度尼西亚的廖内省廉价劳动力的新柔廖增长三角（又称 SIJORI 增长三角）；再比如印度尼西亚–马来西亚–泰国增长三角（IMT-GT）。显然，东南亚地区的真正共识是区域政治民主化和经济现代化，在战略上极力回避选边站队，努力为政治经济发展构建一个和平稳定的地区环境，这才是对冲战略之所以具有韧性的原因所在。

总之，面对大国战略竞争，东盟国家积极推进地区合作框架，构建起了以东盟为中心的开放区域主义合作架构，既推动了区域内部的经济合作进程，也实现了防止某一域外大国主导地区安全合作框架的战略意图，走出了一条"东盟方式"之路。

第四节　南太平洋地区概述

南太平洋岛国是指分布在南太平洋的岛屿国家。南太平洋地区幅员辽阔，共有澳大利亚、新西兰等 27 个国家和地区，这些国家和地区由 1 万多个岛屿组成，分属美拉尼西亚、密克罗尼西亚、波利尼西亚三大群岛区。这一地区的小岛国都为袖珍国，国小人少，在历史上，太平洋岛国在国际舞台上处于边缘地位，长期受澳、新两个域内大国的影响甚至操控。自 21 世纪初以来，国际机制经历了民主化改革，地区主义的广泛兴起和全球治理议题的发展，促使太平洋诸岛逐渐建立起一系列次地区合作对话机制，提高地区内事务主导性，国际角色重要性显著提升，日益成为促进地区稳定与协作的重要沟通桥梁。

南太地区地理区位优越，战略价值重要。从地理位置上看，南太诸岛位于东西半球交汇处，沟通赤道南北，占世界总面积 15%，星罗棋布的小岛既包含美国域外小岛，又与东盟国家接壤，与中国隔海相望。该地区风景优美，资源丰富，支柱型产业为旅游业和渔业。

从国际影响力来看，随着南太地区主义的不断发展，南太诸岛在全球治理议题中发挥越来越重要的影响力。长期以来，澳大利亚和新西兰因其天然优势在南太地区扮演领导者的角色，在冷战后的初期阶段，这一地区所出台的《太平洋行动纲领》等地区主义纲领皆为澳新两国的意志，这一时期的地区主义表现被学者总结为"保护人－委托人地区主义"（Patron-client Regionalism）。在2008年之后，越来越多的次级国家参与到全球治理事务之中，为此，南太小岛国家组成了"小集团化"地区发展模式，以非正式性的小多边主义方式处理域内事务，以最低的成本实现外交沟通的最大化。全球治理的民主化进程大大提升了小国寡民的国家在国际事务中的话语权，《联合国气候变化框架公约》的一票否决程序真正提升了小岛国家的选择空间，在国际舞台上有了与大国较量博弈的筹码。尤其是随着中美关系走向战略竞争，南太地区成为大国关系的重要晴雨表。

作为东西方交汇的枢纽，该地区既是欧美国家盟国体系的重要支撑点，也是亚太地区共同发展不可缺少的重要组成部分。太平洋岛国是亚太地区大家庭的成员，是21世纪海上丝绸之路建设的延伸和亚太一体化的重要组成部分。

当下，整个世界正在发生百年未有之大变局，尤其是国际力量对比正在发生具有世界历史意义的变化，美国的霸权、中国的崛起和印度的动向，都从国际战略高度重塑着东南亚的政治地图。东南亚地区各国传统上的战略对冲和区域合作路线受到战略格局变动的强有力影响，东南亚地区将向何方前进，是值得研究的一个重大课题。作为该地区的一个重要大国，中国在东南亚地区应该扮演什么样的角色，需要将中国放到百年大变局的战略高度来认识，放到东南亚转型的大局中来把握，放到中国与东南亚地区的互动中来理解，真正做到顺势而为，积极有为，大有作为。因此，在当前和今后一段时期内，面对来自美国的战略压力，中国在东南亚地区应避免成为该地区的战略主导者，力争塑造一个地区和平的维护者角色。站在区域合作框架整体角度来看，中国在积极推动"一带一路"框架下的国际合作的同时，应该努力推动不同区域合作方案的对话和互通，努力塑造中国作为一个东南亚地区共同发展的建设者而非主导者的角色。无论面临什么挑战，出现什么样的麻烦，中国与东南亚地区不能"脱钩"，必须坚定不移地秉持亲、诚、惠、容的周边外交理念，坚持与邻为善、以邻为伴的方针，奉行睦邻、安邻、富邻的政策，永远做东盟国家的好邻居、好朋友、好伙伴。

<h2 style="text-align:center">思 考 题</h2>

1. 从地缘政治、文明交流的视角解释东南亚地区的"十字路口效应"。
2. 从国际战略竞争的视角分析东南亚地区的重要性和发挥的作用。
3. 东南亚地区区域合作有哪些特点，和欧洲地区一体化相比具有哪些优点、哪些缺点？为什么？
4. 在全球国际关系民主化背景下，如何理解南太平洋地区国家的自主性？

CHAPTER 9 第九章

中国周边地区研究（三）：南亚地区

南亚地区与中国地理邻近，文明相通，彼此社会和文化联系有2 000多年的历史，到16世纪之前一直引领世界文明发展的潮头。然而，近代以来，在欧美列强殖民扩张的压力下，南亚地区和中国遭遇相似，陷入了殖民地化的悲惨历程。经过长期的民族独立运动，最终在20世纪50年代实现了政治解放和民族独立，并在国际社会共同倡导和平共处五项原则，推动其成为规范国际关系的重要准则。从世界范围来看，一个和平稳定、发展繁荣的南亚，符合本地区国家和人民利益，也符合中国利益。

推进中国与南亚地区的真诚合作，需要确立强大的南亚地区知识支撑。与中华文明一样，南亚地区是印度文明的发源地，历史悠久，底蕴深厚，有着自成一体的文明体系，是东西方文明交流的枢纽。近代以来，在西方文明的冲击下，印度文明顽强地保留下来，并不断吐故纳新，获得了新的发展。当今世界正经历百年未有之大变局，中国与印度等新兴市场国家是推动这一变局的重要战略力量。展望未来，中国应尊重南亚地区的独特文化和历史传统，不断加强对南亚地区及南亚各国的研究，为推进中国与南亚地区的共同发展服务，为推动构建人类命运共同体提供精神动力和智力支持。

第一节 南亚地区概述

作为一个地理概念，南亚地区位于亚洲大陆的南端，介于东南亚、西亚和欧亚地区之间，地理位置十分重要。南亚地区整个海陆总面积约为930万平方千米，背靠兴都库什山、喜马拉雅山脉和喀喇昆仑山脉，与亚洲大陆相对孤立，面向印度洋及其海域，涵盖阿拉伯海、安达曼海以及孟加拉湾，也包括散布在印度洋上的近2 000个大大小小的岛屿。南亚地区包括阿富汗、巴基斯坦、印度、不丹、孟加拉国、尼泊尔、马尔代夫和斯里兰卡8个国家（当然也有一些学者在严格划分上将阿富汗排除在外）。尽管该地区族群杂居，宗教多样，但其文明基础十分巩固且充满韧性,是一个自成一体的文明体。

一、印度文明及其韧性

印度文明是四大古代文明之一,发源于由恒河(Ganges River)、印度河(Hindu River)以及布拉马普特拉河(Brahmaputra River)冲击形成的三角洲和平原地区。据可考据的遗迹显示,人类行迹最早出现在南亚次大陆为公元前 2 500 年。在当时,南亚次大陆已诞生出以大量精美、宏大的建筑以及繁荣的商业活动为代表的印度河文明,主要分布在印度河与萨拉斯瓦蒂河之间,集中在今拉贾斯坦的卡利班甘(大概是印度发现的最古老的城市遗址)、巴基斯坦旁遮普的哈拉帕和印度河下游的莫亨焦—达罗等地,故而人们常常也将古印度文明称作哈拉帕文明、印萨两河文明。顾名思义,印度文明与印度河及其支流有关,属于河流灌溉基础上形成的农业文明。粗略划分,印度文明发展主要经历了三个阶段:一是古代印度文明阶段(公元 10 世纪以前)。古印度文明创造了灿烂的文化,但从 7 世纪阿拉伯人入侵开始的近 300 年时间里,包括印度教和佛教在内的印度本土宗教文化式微,印度文明在受到外来冲击的同时也逐渐开始散发新的生机。二是中世纪文明阶段(公元 10 世纪至 17 世纪)。该时期内印度在科学、艺术、文学等领域都创造了辉煌的成就,王朝的领域版图也几乎和孔雀王朝相当,与域外大国间的贸易往来频繁,贸易规模庞大。17 世纪莫卧儿王朝受到西方殖民者的入侵而加速衰落。三是现代文明阶段(17 世纪以后),在西方入侵冲击下,印度文明开始步入现当代文明阶段,沿着西方文明冲击和本土模式发展并行不悖的方向前进。[1]

(一)印度文明的分散聚合

地方势力割据与小国林立的局面是南亚次大陆历史上的常态。印度北部真正意义上的统一出现在公元前 321 年,首次建立了强有力的中央集权,加强了对地方强有力的管控。但这种相对统一的状态只持续了 136 年,随着孔雀王朝的灭亡,南亚次大陆再次陷入地方小国割据的分裂局面。公元前 130 年,中国北方的大月氏在匈奴的驱逐下进入大夏并随即分为五个部族。公元 1 世纪中叶,贵霜部翕侯丘就却(Kujula Kadphises)统一五部,建立贵霜帝国。然而,在萨珊波斯兴起冲击下,一度鼎盛的贵霜帝国至公元 3 世纪已分裂为若干小的公国而日益衰落。

公元 4 世纪初,北印度小国林立,旃陀罗·笈多一世(Chandragupta Ⅰ)据华氏城建立笈多王朝(Gupta Dynasty,约 320 年至约 540 年)。旃陀罗·笈多一世及其子孙采取武力征服政策,统一了北印度,并通过海陆并进南下征服奥里萨、德干高原东部,向东征服了整个孟加拉地区,建立了笈多帝国,再一次结束了北印度混乱割据的局面,开创了印度文化发展的另一个黄金时期。随着笈多王朝的陨落,印度次大陆又再一次进入了地方小国林立的局面。公元 8 世纪,信德和木尔坦地区受到强大的阿拉

---

[1] 刘建、朱明忠、葛维钧:《印度文明》,22~31 页,北京,中国社会科学出版社,2004。

伯人的入侵，2个多世纪后突厥人古尔家族更大范围入侵南亚，并在随后100多年时间里相继攻克木尔坦、信德、孟加拉，最终由古尔副将库特布丁·艾·白克于1206年建立德里—苏丹国。德里苏丹实际上是对突厥语族人建立的5个王朝的总称，[①] 持续了320年。尽管在这320多年时间里，德里苏丹力图在南亚次大陆继续扩展其版图，但是其势力范围仍局限在中北部地区，南部包括泰米尔语族等多个地区始终保持着相对的对立和自主性，直到14世纪中叶其疆域才延伸至今南部泰米尔纳德邦的马杜赖，但不久后就遭到突厥化蒙古人的入侵。

莫卧儿帝国是由外族在印度建立的帝国。1510年时，蒙古贵族巴布尔就已经统治着印度北部。1525年，巴布尔南下进攻印度，次年攻占德里，屡败印度诸侯联军，征服北印度大部分地区，建立莫卧儿帝国。莫卧儿帝国的全盛时期，领土几乎囊括整个南亚次大陆以及阿富汗等地。莫卧儿帝国上层建筑是穆斯林，建立了君主专制的中央集权的政治体制及其一系列体系完善的土地制度、司法制度和军事官僚制度。同时，莫卧儿帝国的社会基础是印度教，通过采取宽容的宗教政策，扩大了莫卧儿帝国统治印度的社会、政治基础，一直持续到欧洲殖民主义者的到来。

（二）印度文明的吸纳与辐射

喜马拉雅山脉和三面环海的地理条件使得古印度文明处于相对封闭的状态，而这种独特且封闭的地理环境和丰富的自然地貌，使得印度次大陆成为了诸多宗教及哲学思想诞生的摇篮。从时间上来看，印度次大陆所孕育的印度教、佛教、耆那教等宗教远早于基督教和伊斯兰教。印度文明具有强大的吸纳与辐射能力，尤其在宗教文化上对亚洲（尤其是东南亚）其他地区有着十分深远的影响。

对印度文明而言，最大的外部挑战来自于西北部。坐落在印度西北部边缘地带的兴都库什山脉有许多重要山口，一直是外族入侵印度的一个门户，也是外来文明进入南亚次大陆的绝佳机会。无论是阿拉伯、波斯还是土耳其等民族，都曾一次次地突破这个边界。16世纪至17世纪莫卧儿王朝曾短暂地守住了西北边境地区的要道并维护了印度次大陆的安宁。自18世纪开始，外来的阿富汗人、东伊朗罗尔拉人再次入侵并与印度马拉提人共同挑战莫卧儿帝国，直到英国人殖民印度，以英属联邦（包括直接殖民的英属省以及间接统治的各印度土邦）的形式再次统一印度次大陆。即便如此，英国人完全控制印度西北边界的努力同样是失败的。尽管相比之前的战乱和分裂而言，这种统一至少在物质意义上有明显的进步，但长此以往，"本地人所统一的国家越来越受到国民的欢迎，而且对他们的生活来说，越来越被认为是唯一可能的社会结果。另一方面,外来人的统一国家则变得越来越不受欢迎。"[②] 不难发现,印度文明看似脆弱，却实则拥有极大的韧性。

印度文明对外来文明有着强大的吸纳和包容力。即便外来文明历经重重困难进入

[①] 德里苏丹国的5个王朝包括奴隶王朝（库特布沙希王朝）、卡尔吉王朝、图格鲁克王朝、赛义德王朝和洛迪王朝。
[②] [英]阿诺德·汤因比：《历史研究（上卷）》，郭小凌等译，419~420页，上海，上海世纪出版集团，2005。

该次大陆,但外来者最后往往选择留下并与当地文明相融合。倒三角地形的印度次大陆就像是一个巨大的海绵,能够完全吸纳和包容外来文化,且在不断与其交流互动过程中赋予外来文化以本土的特征,这也恰恰是印度文明的魅力所在。

二、印度文明的宗教基因

印度文明的核心基因是宗教文化的影响。印度向来被认为是宗教大熔炉,任何宗教都能在印度次大陆得以延续和发展。由于南亚早期史料的相对缺乏,到佛经出现之前,人们对南亚古代史的了解主要通过对四吠陀、梵书、往世书和《摩诃婆罗多》与《罗摩衍那》两大史诗的考据和理解,而无论是吠陀经典还是史诗,宗教是贯穿南亚历史的根本所在。

当代南亚文化具有以印度教和伊斯兰教文化为主,佛教、耆那教、锡克教等其他多种宗教文化多样共存的特点。南亚各国中,印度和尼泊尔是典型的以印度教文化为主的国家,巴基斯坦、阿富汗、孟加拉国是典型的伊斯兰教国家,不丹、斯里兰卡受佛教文化的影响深远,马尔代夫在文化上更多受到伊斯兰教的影响。被认为"最古老宗教"的印度教始终拥有完全的生命力,在印度次大陆占有着绝对主导。印度教起源极其复杂,受到包括原始宗教、婆罗门教以及反吠陀思想的影响,是一种具有高度民族性、血缘性限制的宗教,因而其各派教义都并未强调传教、布教的内容。即便如此,由于印度本土人口的向外迁徙,印度教思想及生活方式也得以向外传播。印度教在全世界约有超过 10 亿信徒,绝大多数生活在印度次大陆,且信徒数量还在不断上涨。尽管孟加拉国主体民众为穆斯林,占比超过 90%,但仍然有 8.5% 的印度教徒。

佛教诞生于印度内,灿烂于印度外。公元前 6 世纪佛教创始人释迦牟尼出生于今尼泊尔南部的兰毗尼,公元前 3 世纪阿育王时代佛教极为兴盛,而后南传锡兰(今斯里兰卡),东到中国、缅甸、泰国,西向埃及等国家和地区。不过,随着阿育王时代的落幕,婆罗门教中湿婆派、毗湿奴派的融合与转型后焕发出新的活力,而佛教在印度本土逐步式微,直到当代印度佛教在本土的发展几乎处于停滞的态势。当今 14 亿人口的印度,其佛教徒人数只有不到 1 000 万。但起源于印度的佛教文化却在南亚、东南亚其他国家生根发芽。公元前 3 世纪到公元 4 世纪的近 700 年时间里,佛教在斯里兰卡扎根,本土的大寺派、无畏山派和祇多林派成为了斯里兰卡佛教的三大教派。斯里兰卡于 2009 年结束内战后,政府甚至把复兴佛教作为一项政治目标,当今斯里兰卡的佛学研究已经位于世界前列。不丹的国教是佛教,佛教在不丹有着极高地位,对整个国家的政治和社会政策都有着巨大的影响。不丹佛教特点主要以藏传佛教为主,佛教信徒大多信仰白教—噶举派(Kagyu)和红教—宁玛派(Nyingma)。

三、印度文明的族群基础

印度向来被认为是一个"强社会、弱国家"的典型,最主要的原因是其强劲的社会活力,而国家很难对其进行有效的统合。社会活力体现在诸多方面,例如族群诉求、语言文化联结、乡村自治机制、种姓内部与外部间关系、市场机制与利益团体等。以上所述的每一个方面在印度都具有高度的灵活性、可变性，在选举中就进一步体现为高度的可动员性。印度社会的活力根源很大程度上来自其宗教所展现出的多样性与生命力。任何一种宗教都具有制定善恶是非等道德标准，从而进一步约束信众行为的功能，而这也成为了对信徒群体进行统合的根基。

（一）印度教社会中的种姓统合力

种姓制是印度教社会对人进行划分等级、类别的制度。印度教社会中，对社会秩序的看法直接明了，认为人生而不同，人与人之间存在着本质的区别，而不同群体类别的人就应完成不同的社会分工，这是每个人所需遵守的法则（Dharma）。当今人们所熟知的种姓制早已被印度法律所禁止，但延续千年的该制度却仍在印度政治和社会生活中发挥作用。简单来说，吠陀早期经典中指出的瓦尔纳制（Varna System）将人分为4个阶层（Class），婆罗门、刹帝利、吠舍和首陀罗，而前三种阶层为可再生阶层（Twice-born），可以举行成年礼等宗教仪式，而婆罗门则占有最高的宗教地位，拥有传经、司祭、受奉的特权。这里需要明确的是，瓦尔纳制并非严格意义上的种姓制，因为它对人的划分标准更多依赖教义理论，且"瓦尔纳"本意为颜色，当时吠陀时代主要用以区分雅利安人与土著民。印度实际社会中的种姓所体现的是其社会分工，依据的是"贾提制（Jati）"。贾提本意指出生，即出生决定了种姓，制铁、修鞋、屠宰等不同职业的子女也就继承了父亲的职业属性和种姓类别，因此实际生活中的种姓有成百上千个，彼此之间的定义和区分标准也较为模糊。面对印度教体系下以种姓为代表的社会等级制的制度安排，印度次大陆也曾孕育出了反抗"贱民制度"、等级制的其他宗教。种姓制度虽是社会发展的一种阻碍，但它似乎又是印度教赖以存在以及进行自我更迭的活力源泉。

作为一种严格的社会等级制划分与稳定社会秩序的机制，客观上讲，种姓制在印度历史进程中的确扮演着重要的角色。但另一方面，作为印度教社会统合力量或统合基础的种姓制度本身又缺乏统一的标准或行为准则。印度因其特殊的历史进程，族群极为多样和丰富，语言、习俗在各地差异极大，因而社会秩序的维护机制——"种姓法规"呈现出纷繁复杂的特点。印度教社会中关于婚丧嫁娶、赡养原则、财产继承等属人法领域极为多样，再加上伊斯兰教、耆那教、袄教、锡克教等其他宗教基于各自教义设置不同的属人法则，使得印度社会力量的统合变得更加困难。印度各届政府关于"统一民法典"的尝试就是一个很好的例证，然而直至当下，印度执政党印度人民党仍将统一民法典作为其核心政治议程之一。

（二）统一民法典的尝试

依托于宗教教义和自治团体的社会生活准则，构成了印度属人法实践中的主要内容。属人法（Personal Laws）是由在某个社会环境中依据特定宗教所规定人与人之间关系的一系列规则、规定组成的系统,一般来说包含婚娶、抚养、赡养、财产继承与分配等内容。英国殖民印度时期采用分而治之的策略,对一个个不同的宗教团体都赋予他们自行决策的权力,实质上也是刻意保持着英属印度处于分散、分裂的状态,服务于大英帝国的统治。受西方文化中普世价值观以及国际法中关于性别平等规则的推动影响,南亚诸国在实现民族独立后对社会统合力量的基础进行了不同程度的改革。

仍以印度为例,印度独立后尽管面临党内外传统印度教势力的阻拦,包括"宪法之父"安贝德卡尔(Bhimrao Ramji Ambedkar)和开国总理尼赫鲁(Jawaharlal Nehru)在内的国大党领导人,毅然积极推动在正式法律层面对印度教进行改革,实质也是进一步保护印度教社会中低种姓、女性等弱势群体。印度宪法第 25~28 条明确指出,宪法保证印度公民的宗教自由并且允许他们的宗教团体处理自身事务,且第 44 条指出,"国家应尽力在印度全境内为公民制定统一的民法典"。因此,针对不同宗教,印度属人法包括印度教法、穆斯林法、拜火教法、基督教法和世俗民法等内容,但由于印度教徒和穆斯林占据绝大多数,所以直观上印度教法和穆斯林法最常受到大家的讨论和关注。

尽管制宪会议期间所讨论的《印度教法典议案》最终宣告失败,但包括尼赫鲁总理在内的多届政府仍不断对印度教属人法进行一系列的改革尝试。20 世纪 50 年代起,国大党政府在议会陆续推动多项印度教属人法议案的通过。这些议案一方面从法律层面去除了传统印度教法中的糟粕,保证了女性等弱势群体的利益;另一方面也将印度各地区、各印度教派下纷繁复杂的宗教力量进行了一定程度的统合,也侧面推进了印度教在当代世界宗教中的正义性和正当性。尼赫鲁等历届国大党政府对于印度社会力量的统合始终坚持自由、正义的原则,在充分尊重宗教信仰的基础上,力图从法律层面保证印度公民所享有的合法权益。或许是尼赫鲁总理本身强调印度"多元统一性"以保护少数宗教群体,也或许出于对穆斯林等群体选票的诉求,国大党政府对穆斯林和其他宗教属人法的改革则相对消极。

印度人民党最早在 1998 年的竞选纲领中明确出现了对统一民法典的诉求,当 2014 年印度人民党以压倒性的优势获得全国大选,统一民法典依然是其竞选的三大承诺之一;2019 年再次以绝对优势获得大选后,印人党在联邦议会拥有了更大的控制力。同年 7 月 30 日,在印人党政府的大力推动下,联邦议会正式通过了争执近 3 年的《穆斯林女性婚姻权利保护法》,首次从法律上禁止穆斯林男性以书面、口头以及其他形式的对其伴侣进行即时离婚,并对该违法行为判处 3 年有期徒刑,在统一民法典的努力上迈出了一大步。可较为讽刺地是,印度人民党的精神指导组织印度国民服务志愿团(RSS),却不遗余力地强化印度教传统教法对公民社会的渗透和控制。因此,印人党对特定宗教的属人法改革招致很多质疑,无论是以"印度教特性(Hindutva)"意识形态为基础进行"国族"重构为目的,还是以压缩宗教少数裔群体的生存空间为目的,人们很难不去怀疑印人党政府最终选择强加给社会以印度教教义为基础的"统一"的属人法。①

第二节 南亚地区研究的学术范式

严格意义上来说，因南亚的地理概念在近现代以来才逐步形成和稳固，故18世纪以前对南亚地区的研究相对分散；更准确地说是一种关于南亚次大陆风土人情的历史性记录。例如，由玄奘口述、辩机执笔所编的《大唐西域记》为中外学者研究印度古代历史提供了大量的珍贵史料。

一、18世纪以来的东方主义

18世纪起，西方对南亚地区的研究范式以东方学或东方主义（Orientalism）为主，集中对南亚地区尤其是印度语言、族群、宗教等人文领域的研究。值得一提的是，东方学本质上也是伴随着西方世界持续性的殖民扩张而兴起的，东与西之间的划分以及"从西看东"，也一定程度上透露出西方在开展东方学研究动力中居高临下的傲慢。但是，18世纪末至19世纪初，一批强调东方神秘主义的学者随着对印度次大陆语言、风俗以及文化了解的深入，开始愈发强调印度文明在世界文明中的重要性。他们认为，通过对东方神秘文明的了解可以更好地反思和认识已有的西方文明，甚至一度出现了极力赞美、美化（Indomania）东方的观点倾向。然而，物极必反，这种对东方文明的过度美化后来也引发另一批学者对该地区的排斥与贬低（Indophobia）。

在东方主义的范式下，以德国学者学术研究路径为主的印度学（Indology）最为突出，主要包括对印度次大陆梵语文学、宗教哲学以及达罗毗荼语言的研究，根本目的还是通过了解该地区的历史人文而进一步为西方的殖民活动提供智识服务。首先，梵语研究在东方学研究中具有首要的地位。英国威廉姆·琼斯爵士（Sir William Jones）毕生对梵语和语言文献学进行研究且造诣极深，在担任孟加拉最高法院法官期间的1784年主导成立了"孟加拉亚洲协会"（The Asiatic Society），加强对东方学的深入研究。其在1786年孟加拉亚洲协会的演讲中系统性地阐述了"印欧语系"的理论，认为梵语、希腊语和拉丁语都有着共同的根源，与哥德族语、赛尔特族语和波斯语都有着深厚的渊源，琼斯爵士的研究与论断极大推动了西方世界比较语言文献学的研究。自此以后100多年时间里，以梵语为核心的语言文献学的研究成为东方学的主流范式，甚至一度成为了欧洲印度学最为核心的内容。以美国为例，耶鲁大学、哈佛大学分别于1844年和1869年正式开设梵文课程，芝加哥大学于1892年设立"印欧比较语言学系"（Department of Indo-European Comparative Philology）。而后不到10年时间里，美国包括加州大学、宾州大学等多个美国高校都纷纷开设梵文课程或设立印度学研究

---

① Choudhry G. Communalism, Nationalism and Gender: Bhartiya Janata Party and the Hindu Right in India.In Ranchod-Nilsson S, Tetreault M A. Women, States and Nationalsim: At Home in the Nation?. London: Routledge, 2000: 98-107; Srinivasan V. "Need for a United or Unified Code? Understanding the Implications of the Uniform Civil Code," Livelaw July, 2016, accessed October 19, 2020, https://papers.ssrn.com/sol3/papers.cfm?abstract_id=2757592.

中心,甚至多所高校还联合成立了"梵文俱乐部"(Sanskrit Club)。迄今为止,在对于南亚地区的研究中,梵语研究和印地语研究仍然是主流。

二、美国南亚研究的发展历程

二战后,美苏霸权之争体现在各个领域,竞争的路径和表现的方式尽管不同,但是加强对世界各个角落的了解成为了两大霸权共同的基本诉求,因为这是开展一切竞争的智识基础。美国区域研究的经济基础来自于民间力量,尤其是以福特、洛克菲勒和卡内基三大民间基金会为代表的社会力量。他们在战后召开了一系列会议,探讨如何快速地强化美国学界、政界对世界各区域的了解,以实现美国利益最大化。美国民间力量基本达成一个共识,即加强对大学的教育投入,突出高校在地区研究中的角色,依托高校开展地区研究人才的培养工作。

第二次世界大战前,美国南亚研究集中在人文领域,南亚地区的研究范式仍然受到欧洲印度学中所强调的文献学研究范式的影响,着重强调对宗教和语言的研究,大学课程设置也主要以梵语语言和南亚历史文化为主。二战以来,随着美国确立在全球范围内的领导力,学界逐渐发现社会科学方法和视角下的南亚研究成果较为匮乏。而后,在诸多大型基金会的支持下,依托于高校的南亚研究中心如雨后春笋般地冒了出来,在学科上通过引入政治学、社会学、经济学等社会科学和更加多元的现代语言的课程,极大地丰富了南亚区域的研究。二战后"美国式区域研究"最大的特点,就是结合了国家战略资源、私人基金会支持以及高校学院体制下的人才培养机制,短时间内就出现了迅猛的发展势头。

(一)1945—1957年:智识导向的南亚研究视角

二战后美国早期系统性开展南亚研究的高校主要是宾夕法尼亚大学和芝加哥大学。著名的印度学、梵语研究学者威廉·诺曼·布朗(W. N. Brown)毕生都在呼吁并推动南亚研究在美国的发展。他最早于1926年组织成立了"美国东方学会(American Oriental Society)";印巴1947年分治后,布朗更加呼吁美国政界和学界对南亚地区的关注,同年夏天在宾夕法尼亚大学开设了名为"印度:一项区域研究计划"(India: A Program of Regional Studies)的暑期课程。[①] 由于布朗在印度研究学界拥有极大的影响力,诸多二战时期效力美国的南亚研究专家也纷纷加入布朗团队,他们于1948年在宾夕法尼亚大学正式成立了南亚地区研究系(Department of South Asia Regional Studies),并逐步开始培养专注南亚研究的本科生和研究生。

20世纪50年代初,芝加哥大学逐渐成为继宾夕法尼亚大学后的另一南亚研究重镇。与宾大强调语言和历史研究不同,芝加哥大学更加侧重社会科学的研究方法,尤其是人类学所强调的长期经验性的田野调查。芝加哥大学著名人类学家雷德菲尔德(R. Redfield)同样在美国三大基金会的支持下,启动了名为"比较文明"的地区研究

---

① Alyssa Ayres. Beyond disciplines: India studios in the United States. India Review, vol.5, No.1, 2006, 14-36.

计划，推动了《文化与文明的比较研究》系列丛书的出版，其中他曾带领研究生前往印度进行了长期的田野调查研究，田野报告最终以《村落印度：小社群研究》一书呈现出来。芝加哥大学基于田野经验的南亚研究更强调一种人文关怀倾向的研究范式。

（二）1957—1991年：战略应用导向的南亚研究

美国学界似乎存在一个普遍的共识，即应用型或实用型的地区研究真正始于1957年。苏联于1957年成功发射斯普特尼克人造卫星，而美国政府受到极大刺激，担心苏联在科学技术、外国语言技能等人力资源上整体超过美国，因而开始以官方名义加大美国区域研究力度，尤其强调地区研究中的应用性和对策性。标志性的事件是美国基于早前的陆军专业训练计划（ASTP）、国家事务培训学校（CATS）等已经在大学赞助开展的一系列课程，于1958年推出《国防教育法案》，以法律的形式将联邦基金投入高等教育机构。

有趣的是，另一项极大推动南亚研究的法案为艾森豪威尔总统于1954年签订的《农业贸易发展援助法案》（PL 480）。该法案原本是为了减轻受援国在偿还贷款时的外汇储备压力，允许受援国通过图书出售的方式来偿还援助贷款，与150多个国家间建立了一种"以书换粮"的交换机制。影印本图书源源不断地运送回美国分发至各大高校，为美国从事印度研究的学者提供了丰富的素材，进一步极大地推动了美国南亚研究的发展。

冷战期间美国南亚研究跟随美国政府整体地区研究的发展思路，强调务实性，而不可避免的是对当地语言的习得并能熟练使用。无论是美国还是欧洲，早期的南亚研究学者（除梵语学者外）多数缺乏南亚本土语言技能，更多只是以英文为媒介了解当地的情况。当然，一方面是因为南亚次大陆长期处于大英帝国的殖民统治当中，英文写作成为了知识分子所必须拥有的技能，因而重要的学术著作都会同时出版对应的英文版本或直接采用英文进行写作；但另一方面，对于研究该地区的外来学者来说，长期以英文材料为主也会造成另一个问题，即对该地区了解的深入程度和准确度会出现偏差。而冷战期间美国与苏联在多个地区力量的竞争性渗透也使得双方都更加意识到一手材料与信息获取的重要性。因而在20世纪60年代美国政府的资助下，新一代南亚研究的学者开始系统性地接受对象国语言的训练，类似像芝加哥大学、加州伯克利大学等高校开始纷纷增聘南亚地区的语言专才。此外，布郎教授在民间基金会的支持下汇聚全美南亚研究人才，共同成立了"美国印度研究学会"（AIIS），除了定期进行学术探讨，还尤其支持南亚研究学者进行语言训练，并为该领域的老师和博士研究生提供奖学金，鼓励他们进行前往对象国进行田野调查。

因此，冷战期间美国南亚研究的另一个重要突破就是观察视角的转变。无论是早期东方主义学或是印度学的研究，其主要还是以一种"由西往东"的俯瞰姿态来切入对印度次大陆的理解与解释。但是在第二次世界大战结束后，美国的南亚研究学界整体出现了研究视角的转变，即从"他者看印度"到"印度视角看印度"。换句话讲，新一代印度研究的学者愈发认识到，只有充分了解对象国人文情况且站在当地人的角度去思考，才能更好地理解甚至解释该地区政治、文化或经济等领域的诸多政策。

（三）1991年至今：南亚研究的学术回归

冷战结束以来，南亚研究在美国始终处于一个边缘位置，热度整体呈现不温不火的态势。无论是美国开设南亚语言项目的数量，还是选择南亚诸语言的学生入学人数，整个都加起来也远远无法和德语、西班牙语等"大语种"相比。[①] 诚然，语言入学人数只是其中的一个参考指标，不排除很多从事南亚研究的学者通过自学或短期项目进行相关培训，但即便这样，与美国地区研究在冷战结束后整体弱化的趋势类似，南亚研究的发展势头面临诸多挑战。

美国地区研究在冷战后期逐步弱化主要有内部和外部两大因素，其中外部因素进一步包含美国政府的态度转变以及社会民间基金会的援助转向，而内部因素则是学界社会科学研究范式的整体转变。

首先，美国地区研究学界并不是一味服务于美国政府政策，反而常常对政府的地区性政策公开批评，导致双方时常出现紧张对立的情况。

其次是美国民间支持性力量的弱化。进入冷战后期，以新自由主义意识形态为主导的全球化趋势愈发明显，美国民间各大基金会自身在全球各地区逐步拥有更大的影响力，由于对跨区域或多区域联动的诉求加大，他们纷纷开始根据切实的利益诉求在不同重点国家建立自己的政策研究中心，因而大幅减少对美国本土的地区研究的依赖，随之对各大高校研究中心和项目的资金支持也不断减少。这一转向当然也极大地影响了力量本就相对较弱的南亚学界。尽管美国斯达基金会（Starr Foundation）和弗里曼基金会（Freeman Foundation）一定程度上填补了早前三大基金会改变其对地区研究资助方向后所留下的空白，继续支持包括印度、中国等国在内的亚洲地区研究，但是民间资本上弱化地区研究的趋势并未得到有效扭转。

最后，地区研究人才培养周期导致很难满足国家或社会的"现实期待"。尽管在冷战期间美国乃至整个西方学界愈发以社会科学的研究方法和视角切入地区研究，但是整体上地区研究的学者仍然拥有一定的"路径依赖"。以印度研究为例，尽管像民族志等人类学视角极大地丰富了印度研究的内容，但绝大多数学者仍是基于语言、宗教和文化的研究视角，而同时拥有语言等文化背景和社会科学视野的学者较少。无论是美国还是欧洲，地区研究的学者始终有较为清晰的学科依赖，真正经历跨学科培养路径并实际拥有跨学科研究能力的学者还是极少的。

三、中国南亚研究的发展历程

中国南亚研究历史十分悠久，大致经历了从传统印度学研究、类南亚研究及当下

[①] Goldberg D, Looney D, Lusin N. Enrollments in Languages Other than English in United States Institutions of Higher Education, Fall 2013.InModern Language Association. Modern Language Association. 26 Broadway 3rd Floor, New York, NY 10004-1789, 2015: 61~64; Ayres A. Beyond Disciplines: India Studies in the United States. India Review, 2006, 5(1): 21~23.

意义上的南亚研究三个阶段。传统印度学研究集中在佛教研究，包括佛经的翻译和古梵语研究，而中国南亚研究严格来说则指近现代中国学者对南亚次大陆及其周边相关国家开展的学术研究。1919 年，应蔡元培之聘，以梁漱溟先生为代表的一众学者在北京大学率先开设梵语课程和印度哲学课程，而这是近现代南亚研究的起源，也可称之为类南亚研究。1942 年，当时国民政府在云南呈贡建立了国立东方语文专科学校（简称东方语专），开设了四个语种，分别是印度语科、越南语科、缅甸语科和暹罗语科，形成了以语言教学为主的近现代南亚研究格局。

在整个 20 世纪的南亚研究发展历程中，以北京大学的南亚语言教学最为典型，形成了一批有着精神传承的大师级学者。最著名的当属生于 20 世纪初的季羡林先生，为中国近现代南亚研究奠定了坚实的基础。中国本土培养的偏重语言文学的印度研究学者中，出生于 20 世纪 20 年代前后的金克木先生、徐凡尘先生，主要从事翻译、文学和比较语言学研究，树立了中国南亚研究的旗帜；出生于 20 世纪 40 年代前后的刘安武先生、金鼎汉先生、黄宝生先生、薛克翘先生、邓殿臣先生等，受教于上一代学者严谨治学的精神和扎实的学术研究，可谓耳濡目染，为中国南亚研究做出了巨大的贡献。以林承节先生为代表的历史学家，毕生专注于印度次大陆史学研究，为人文社会学科视角研究南亚奠定了坚实基础。出生于 20 世纪 50 年代的马加力先生、唐仁虎先生、王邦维先生等，在国家紧要关头挽救了南亚语言和文化研究的延续；出生于 20 世纪 60 年代及以后的以姜景奎教授为代表的一众中青年学者，是我国当下南亚语言文化研究的中坚力量。

21 世纪以来，中国逐渐融入全球经济的发展体系，深度参与全球化进程。为更好地服务于中国"走出去"的战略需求，需更好地了解世界各地区和主要国家。在这一背景下，南亚研究也开始愈发强调问题导向的现实性和涉我性，而中国的南亚研究也开始逐步走入多学科发展的轨道，多所依托于高校和科研院所的南亚研究机构纷纷成立，也取得了突破性的进展。多年的耕耘努力下，中国社会科学院亚洲太平洋研究所形成了"一个中心、一本期刊和一个学会"的特色，一个中心指成立了专门的南亚研究中心；"一本期刊"指《南亚研究》，也是国内从事南亚问题研究中资历最老、目前影响力最大的一本期刊；"一个学会"指负责代管的中国南亚学会，聚拢了中国南亚研究人才，形成了中国南亚研究的学术共同体。

以云南省社科院为代表的地方性官方智库同样是南亚研究的一股中坚力量，其于 20 世纪 90 年代末成立了南亚研究中心，前身是以经济学研究为主的综合经济研究所，至 2000 年正式成立南亚研究所。近 20 年时间里，云南社科院南亚所人才济济，院主办期刊《南亚东南亚研究》（从早前的《东南亚》与《东南亚南亚研究》合并而来）发表了众多优质的研究成果。

高校智库中，成立于 1964 年的四川大学南亚研究所是中国较早的专门针对南亚的战略研究基地，为中国培养了一批极为优秀的南亚研究人才，其所主办期刊《南亚研究季刊》历史悠久，仍是当下中国南亚研究最具影响力的期刊；成立于 2011 年的云南财经大学印度洋地区研究中心，近10年时间里发展迅猛，其研究团队为学界贡献了诸多高质量的研究成果，主办期刊《印度洋经济体研究》也愈发得到学界的认可，影响力不断扩大。部委智库中，于1980年对外挂牌成立的现代国际关系研究所（2003年后更名为现代国际关系研究院）在2018年正式成立南亚研究所，其研究整体服务于国家政策战略。

除以上所提到的机构外，中国近年来还涌现了众多优秀的专门从事南亚研究的机构，无法一一详细介绍。从研究特点上来讲，中国的南亚研究发展势头迅猛，越来越强调基于社会科学的研究视角和方法切入南亚具体国别。当然，语言基础仍是当下及未来南亚研究人员的必备素质。目前，北京大学、北京外国语大学、北京第二外国语大学、上海外国语大学、天津外国语大学、西安外国语大学、西藏民族大学、四川外国语大学、云南大学、云南民族大学、广东外语外贸大学等一众高校，都已系统性地开设印地语等南亚语种课程，并授予正式学位。借用清华大学国际与地区研究院姜景奎教授对中国当下南亚研究的类别描述，政策类现状研究和语言文化等基础性研究的关系就好比荷花与淤泥的关系，要想长出美丽多彩的荷花必须要有长期大量的淤泥提供营养。因此，中国未来的南亚研究一方面要继续强调战略性的、对策性的现状研究，同时也需要有相当一批人踏实充当"淤泥"，继续做好语言、文化、历史等基础性研究工作，只有这样，中国的南亚研究才能稳定、健康发展。

第三节 南亚地区发展模式

独立后的南亚国家最为迫切的任务是确立自身基本的政治制度，但由于各个国家所经历的历史过程不同，在具体的政治制度设定与经济发展实践中各国都有一定的差异，存在君主立宪制、议会共和制、总统共和制以及混合体制等多种政治实践。[①] 同时，尽管独立后南亚诸国选择了不同的发展道路，但无论是历史因素还是现实境况，印度在该地区的影响力和示范作用极为显著，南亚其他国家无论在体量还是综合国力上都尚未能创造稳定、有效的发展模式，而不同程度上追随印度"老大哥"的脚步。

一、政治发展模式：外来与本土的杂糅

作为脱胎于殖民地废墟上的民族独立国家，南亚地区各国在政治发展上呈现为本土与外来杂糅的特征。以印度为例，本土的"婆罗门秩序"与外来的民主秩序杂糅在一起，形成了独具特色的政治制度和政治发展模式。

（一）根深蒂固的婆罗门秩序

殖民前的印度社会长期由一种"婆罗门秩序"所主宰。这种"秩序"并不是与当权者结盟，也不是将单一的信仰体系强加于社会，而是抽离出政权权力的利益王国，

---

① 何朝荣主编：《南亚概论》，252~272页，广州：世界图书出版公司，2015。

进一步培育了对多元信仰和宗教仪式高度包容的环境，着重对社会关系进行塑造。而正是在这个过程中，它自身成为了践行基本礼仪规范中不可或缺的一部分，同时为社会生活的方方面面提供了"法"的依据。[①] 因此，被殖民前的印度，"婆罗门秩序"才是其社会稳定的根本所在。这种秩序将政治权力孤立化，国王与官僚只是代表他们自身权威的至上性，他们很难渗透社会当中，也无法真正意义上调整社会的财富分配，很多时候只能依靠武力威慑追求短暂的经济利益。

从15世纪末葡萄牙航海家达·伽马驾驶船队绕过好望角抵达印度西海岸开始，印度从某种程度上就已渐渐步入近现代文明。而后，英国、法国、西班牙等西方列强纷纷抵达印度，在本地治里、果阿、马德拉斯、孟买、加尔各答等多个城市建立自己的根据地，以强迫的姿态与印度进行剥削式的贸易。1857年印度民族起义失败，[②] 大英帝国内阁政府正式接管东印度公司所占领地，维多利亚女王1877年同时加冕为印度女皇，正式开启了印度被殖民的时代。英属印度时期，西方文明对南亚本土造成了深远的影响。英国殖民者用标签化、类型化、标准化的管理形态给印度次大陆带来思想和实践上的冲击，用帝国殖民的逻辑强加于印度社会，不仅打破了印度次大陆本有的社会生态（"婆罗门秩序"），也留下种种社会割裂的痕迹。英国殖民者类型化地区分宗教群体并明晰地指出不同宗教、族群等差异与禁忌，以"教化者"的姿态和"分而治之"的策略逐步切入印度社会，使得其原有的力量被一步步分化，民族意识、现代国家、公民社会等概念也渐渐影响印度本土精英的认知。至此，西方外来的系统性思想和政治实践与本土传统的社会运转机制形成碰撞，以致于独立后印度的民主政治实践拥有十分鲜明的特点。

西方殖民者对印度次大陆影响最为深远的当属现代政治制度。尽管学界目前对于殖民者为印度带来了治理国家的基本政治制度的说法有诸多争议，但是不可否认的是，英殖民政府在殖民时期推出的多项政府法案，为独立后印度的政治发展模式提供了可参考的框架。《印度政府法案（1919）》最早提出了印度未来宪法的基本设想，包括联邦体制、行政官僚制度等。而后，英殖民者面对国大党带领的印度民众对于自治权不断扩大的诉求，推出的《印度政府法案（1935）》中更是进一步明确印度政治制度、地方政府自治、联邦思想、央地财政分权等多项内容。尽管这些政府法案充满了殖民者高度集权的傲慢姿态，本质上以应付印度民众为目的，但不得不说，印度独立后的政治制度的设定，基本上沿袭了这些政府法案所设定的基本框架和内容。

（二）民主制度的外来移植与嫁接

印度自诩为世界上最大的民主国家，其历史上呈现为松散、多元的印度次大陆并没有长期大一统的集权经历。因此，当印度以一个现代民族国家的形态出现时，其国

[①] Khilani S. The Idea of India. Gurgaon: Penguin Books, 2004: 19.
[②] 历史学家对此次起义有不同的称呼，例如印度起义（Indian Rebellion）、印度民族起义（Sepoy Mutiny）、第一次印度独立战争等。

家能力初期显得弱小,西方自由主义思想与本土思想相碰撞,其民主质量及民主效力表现都相对较差。福山在《政治秩序的起源》一书中用了三章的篇幅,从印度历史、社会的深层结构论述了印度从孔雀王朝第一次"统一"大部分印度,到国家独立前的近2 000年的时间里,印度从未实现真正意义上的大一统。哪怕是依靠外来的殖民者建构国家,四分五裂的印度社会被征服后也很难统治,从而不可能出现强集权国家的形态。罗宾德罗纳特·泰戈尔(Kabindranath Tagore)的自由主义思想对印度的影响是极其深刻的,但是他思想中的二重性也使得印度自由主义思想本身变得模糊和含蓄,这种二重性的思想对后来甘地(Mohandas Karamchand Gandhi)、尼赫鲁(Jawahara Nehru)等民族主义运动领导者也产生了深深的影响,体现了印度自由主义的实质特征。自国大党1885年成立到一战结束,其反抗英国统治、争取民族独立的话语中要求国家被赋予自由并实现自我决定的权利,而并不是要求个人拥有平等的权利,按照苏尼尔的话来说,"印度自由主义的概念一开始就是个跛子"。

1947年印巴分治及次年圣雄甘地遇刺后,尼赫鲁的民主思想给印度未来的国家建构创造了多种可能性和不确定性。面对在拉合尔、阿姆利则发生的印度人民相互残忍杀戮,面对党内印度教激进派呼吁明确印度教在印度的政治地位,面对仍选择留在印度的穆斯林生存危机,面对失去甘地这位强有力政治盟友的局面,尼赫鲁更加坚定了印度世俗、多元、民主的建国方向,力图保证印度以一个独立、统一的现代国家形态立足于世界。

(三)民族主义对本土与外来秩序的糅合

印度实现独立后,本土秩序与外来秩序的张力一直存在。从1947年开始,印度前后经历3年多的制宪会议,总共召开时间共165天,300多位代表参加,就独立后印度的基本政治制度设定进行了详尽的讨论。印度独立伊始,印巴分治的痛苦记忆仍在,面对500多个英殖民时期享有相对自治的土邦,丰富多样的族群文化以及差异极大的地区发展水平,最终印度开国之父们确立了一种以"多样统一性"为核心的中央集权式的政治制度。经过长达3年多的辩论与商讨,最终在1950年1月20日,印度宪法正式颁布实施。印度宪法确立了议会民主制的基本政治体制,就立法、行政、司法、央地权力与互动模式等各个领域进行了详细和清晰的界定,不得不说,对于印度这样一个疆域辽阔的国家来说,宪法以及其确立的政治制度保证了印度自独立后国家的统一与相对稳定,能更好地处理政治、经济、社会和文化之间的复杂关系。

与尼赫鲁等传统意义上的政治精英们对印度世俗、多元的、以社会为中心的国家构建设想所不同的,是另一股以宗教为核心并强调以国家为中心的印度教民族主义思想,而以印度国民志愿服务团(RSS)为核心的"同盟家族"则是这种思想的具体组织形式。尼赫鲁建国初期的民主思想在国家建构中较为模糊,没有成体系的意识形态理论,却给以RSS为核心的印度教民主义者提供了生存、成长的空间。成立于1925年的RSS,在历史上被政府禁令停止一切活动的记录多达3次,但每一次都能成功脱身,且解除禁令之后的RSS往往变得更加成熟和强大。目前其力量涉足印度的政治、经济、文化各个领域，而这不得不归功于其严密的组织体系和运行机制：在组织结构上，金字塔从上往下大致分为四个部分，最上层是称为"全印代表大会"的决策机构，其次是"全印执行委员会"，然后是"执行委员会分会"，最后是"基层支部"，处于金字塔最高层的全印代表大会作为政策制定机构。在组织的结构当中，最重要的结构当属国民志愿团，亦或说对国民志愿团的印象几乎都来自金字塔最底端的组织——"纱卡"（Shakha），这一最高意愿的最终执行者，其扮演的是整个金字塔结构中最底层的支柱角色。一直以来，志愿团的最高领导人都十分重视在全国各地乃至在世界上其他国家大力发展纱卡，而这些基层纱卡几乎每天都会进行相关组织活动。

除了 RSS 之外，世界印度教大会（VHP）、印度人民同盟（BJS）、印度工人协会（BMS）、全印学生联合会（ABVP）、部落原住民福祉庇护所（VKA）、印度人民党（BJP）、湿婆军（Shiva Sena）等具有鲜明民族主义色彩的民间团体或政党，有着类似 RSS 严密的组织结构，涉足印度社会的各个领域，它们中大多数秉持着印度教民族主义（Hindutava）的思想理论，在很大程度上充当了社会管理者的角色。尽管 RSS 从成立之初就宣称不直接参与政治，但在其指导和影响下的印度人民党，在特定的政治机会结构下活跃在政治舞台并借以宗教力量为载体正在重塑印度的国家构想。

2014 年 5 月，纳伦德拉·莫迪（Narendra Modi）所领衔的印度人民党在全国大选中获得了人民院 545 席中的 282 席，以压倒性的优势执政印度。2019 年大选，面临国内高失业率、经济持续低迷的挑战，莫迪所带领的印度人民党再一次强势获胜，其单个政党就斩获 303 票，所领衔的全国民主同盟（NDA）共斩获人民院 353 票。在强大的宗教民族主义情绪的推动下，莫迪执政以来在经济、社会文化、军事、对外政策等各个领域积极推动改革，同时也引发了国内外诸多争议。莫迪早期在经济上推动了一系列"运动式改革"，选择粗浅易懂、颇具吸引力的词汇作为各项改革运动的名字，继而将政府具体推出的政策划归到不同的改革运动下。自莫迪政府执政以来，较为重要的改革运动包括"数字印度（Digital India）""印度制造（Make in India）""智慧城市计划（Smart Cities Mission）""印度创业、印度崛起（Start-up India, Stand-up India）""清洁印度运动（Swachh Bharat Abhiyan）"以及"印度技术（Skill India）"。这些运动式改革的成效也受到了诸多质疑，被称更多只是用来吸引大众注意力、服务于竞选的华丽辞藻，印度经济自 2017 年后增速持续放缓。

在社会领域，莫迪政府似乎默许其背后的高意识形态化组织引发的各类宗教纷争。在印度人民党政府领导人中，莫迪似乎极力回避谈及具体宗教冲突的问题，但凡有所提及也只是更多抨击反对党，认为他们利用"社会悲剧制造了争议"。一直以来其印度教文化民族主义有三大目标或支柱：阿约提亚罗摩庙争端、统一的民法诉求以及印控克什米尔地区的特殊宪法地位议题，而这些也是印度人民党长期以来的大选承诺。截至 2020 年来看，印度人民党已经几乎完成了这三大目标，以"印度教徒民族特性"为核心思想的的"国族再造"运动正大力推进，至于最终印度是否会出现新的政治发展路径还有待观察。

二、印度独立后经济发展模式

南亚国家争取民族独立以来,经济发展的具体方式及发展速度各不相同,但印度因其国家体量和地区影响力常常被其他南亚国家当做效仿或追随的对象,因而实际上也能观察到,南亚国家内部经济改革方向、经济结构、产业结构、管理模式等都拥有较大的相似性,因而,在谈论经济发展形成"模式"时,更多时候指代的就是印度模式。毋庸置疑,除印度外,不同南亚国家在生产要素、经济改革方式、政策内容等方面仍存在具体差别。

(一)独立后印度不同阶段性经济发展模式

当我们在讨论"模式"时,本质是试图寻找印度经济发展过程中一些固定元素或重复可预测的规律。然而,学术界针对独立后印度是否形成了鲜明的、可区别于其他地区的经济发展模式仍存在争论,也有学者认为至少印度形成了印度式经济发展模式的雏形,并从经济增长要素、增长规律、轨迹,产业结构演化特征以及经济管理模式等分析视角,对所谓的"印度模式"进行了探讨。[①] 倘若简单以独立后不同历史时期的"阶段性模式"来概括印度经济发展经验,则大致可以分为"尼赫鲁模式""混合经济模式""自由化模式"三种。

"尼赫鲁模式"指印度独立之初,尼赫鲁执政时期实行的以"公营经济为主导推动工业化,私营经济辅助小商品服务业"的经济发展道路,而控制外来商品进口、行业准入和资本流动方向则依靠许可证制度(Licence Raj),即印度联邦政府严格审核和控制产业的发展力度和方向以及私有企业的经营活动范围。"混合经济模式"主要指英迪拉·甘地政府后期以及拉吉夫·甘地整个执政时期,印度联邦政府逐步弱化许可证制度、放宽行业准入标准,鼓励私有资本积极参与新兴行业,信息技术及相关服务业(IT&ITeS)正是在该时期得到了快速的发展。此外,该时期从"尼赫鲁模式"的"重工业、轻农业"思路转向工业与农业并重的发展方向,推动了以高产变种类种子(HYV)、多种化肥以及现代化耕地工具和灌溉系统为代表的"绿色革命(Green Revolution)",帮助印度粮食产量连年增长,基本实现了粮食自给自足。

印度"自由经济模式"更准确地说是一种对市场经济逐步探索的模式,主要指拉吉夫·甘地后期逐步开始尝试的而在拉奥政府时期明确提出的经济自由化改革实践。20世纪80年代末,面对全球化进程的深入、印度国内经济增速缓慢的现实困境,拉奥政府借本国国际收支危机的机遇,开始推行一系列的经济改革,包括大幅降低国营经济的比重,进一步扩大私有资本的经营活动范围,除一些特殊工业领域仍需许可证外,绝大多数工业领域都取消了许可证限制。彻底改变"进口替代"的发展思路而是愈发强调出口导向,并逐步借鉴中国经济特区经验,在20世纪90年代中后期,开始尝试通过设立经济特区来吸引国内外投资并促进出口。自1992年起,在1992—

---

① 杨文武、邹毅:《印度经济发展模式的研究现状及其维度探析》,载《南亚研究季刊》,2009(1),38页。

2010 年近 20 年时间里印度 GDP 平均增长率为 6.44%，2003—2007 年更是一度高达 8.5%。

当谈论印度不同历史阶段经济发展模式时，我们都无法避免地尤为关注该阶段内执政者的政策内容或策略选择，因为经济模式的成形并不是依靠社会多中心或多元力量自下而上所推动产生的，至少在印度独立后近 60 年时间里，执政党的施政方针甚至是领导人的个人倾向对经济模式的定型产生了决定性的影响。因此，认识并解释印度不同阶段经济发展表现，能进一步帮助我们了解所谓的"印度模式"。

（二）印度经济发展模式的解释与争论

印度独立伊始，一方面受制于因殖民历史记忆所带来的对自由流动资本或经济发展道路全盘西化的忧虑，另一方面不得不承认独立之初国内也已存在相当体量的私营经济的现实，尼赫鲁所带领的国大党选择了一条"中间道路"，既不同于苏联等共产主义国家的经济发展战略，也不完全否定私有资本参与国家经济建设的角色。一直追寻做"有声有色"大国的印度，独立之初重工业基础薄弱，因此以公共资本投资重工业、本土私有资本从事轻工业的组合形式是尼赫鲁时期最大的特色。

就整体经济表现而言，印度自 1947 年独立以来经济增速迟缓，从 20 世纪 50 年代到 80 年代，GDP 平均增长率约 3.5%，人均收入增长率约为 1.3%。印度一些经济学家早期认为印度经济的低迷表现与其宗教理念及经济活动方式有关，米斯拉（Vikas Mishra）、克里希那（Raj Krishna）等经济学家将印度独立以来缓慢的经济增长，称作"印度教式增长率（Hindu Rate of Growth）"，通过比较多种宗教团体及其经济表现，认为印度经济低迷与印度教徒关于宿命、轮回、易满足性等宗教观念有着极大的关联。尽管此类观点随着印度在 20 世纪 90 年代经济自由化改革后受到挑战和质疑，但是近年来又再次被反对党用来攻击莫迪政府掀起的印度教民族主义浪潮与低迷的经济表现。

尼赫鲁本人笃信国家主导的经济现代化建设能真正造福印度人民，且对技术官僚、经济学家和科学家的专业知识与认知有着相当程度的信任。尼赫鲁对印度经济发展方向的笃定以及对任用技术官僚的信心，根本上还是来自其政党在中央和地方执政地位的稳固性。尼赫鲁去世后，英·甘地则（Indira Gandhi）立即受到来自党内外的挑战，其首先需要解决的是执政连续性的问题，其次才是经济发展，抑或说经济发展模式根本上服务于其政治策略选择。英·甘地在政治上选择了一条绕开党内制度化竞争机制的道路，无论是在地方领导人的推选还是具体政策的制定上，都试图采用民粹主义的决策模式，所有社会经济政策改革都明确服务于其集权目的。1975 年英·甘地推动印度实行紧急状态前，他更倾向与大资本保持距离，"消除贫穷（Garibi Hatao）"的巨大号召、银行国有化的激进政策，似乎延续着其父亲社会主义国家道路建设的目标。但经历两次选举失利后，1980 年再次当选的英·甘地对私有资本采取更加温和的政策，而后印度受拉吉夫·甘地（Rajiv Gandhi）市场化改革思想的影响，逐步开始改变经济发展的轨迹。

20世纪70年代印度经济低迷表现的主要解释有3种。第一种来自自由经济学派的观点,他们认为造成印度经济疲软的根本原因是印度令人窒息的官僚制度,以及所造成的经济低效运转;第二种观点来自更为激进的经济学家,他们认为印度经济无法实现高速增长的两个根本原因,分别是全球化资本积累过程中印度始终依附资本主义的固有弱点,以及因国内大众贫困导致的工业产品有效需求规模受限;第三种观点来自印度观察和评论人士,他们更倾向于关注人本身,认为印度个性和传统价值观念的丢失、缺乏职业道德观念以及腐败横行是制约印度经济发展的根本所在。美国加州伯克利大学著名印裔经济学家巴尔坦(Pranab Bardhan)教授,针对印度20世纪70年代前后诸多社会经济指标(包括贫困线以下人数、婴儿死亡率、基础设施水平、收入不均、家庭收入水平)进行研究后指出,印度社会经济表现的关键在于,政府在农业和工业基础设施投入中扮演的角色以及资本的公共管理的作用。[1]

拉奥政府于20世纪90年代初正式开启了印度经济自由化改革的征程,也开启了印度经济快速增长的时代。面对拉奥开启的"自由化经济模式",引发我们思考的问题包括,为什么拉奥政府能做到?为什么印度的自由化经济改革能突破传统力量的束缚,虽然是渐进式的,但总归不断向前而不是昙花一现?自印度经济自由化以来,面临来自国内外巨大的政治阻碍,为什么印度政治体系始终能持续推进经济政策改革?诚然,以上每一个问题都值得深入的思考,但学界也没有一致的回答。

拉奥政府"自由化经济模式"能够持续深入存在两大动力。一是印度各层级的执政精英被经济自由化所带来的潜在红利深深吸引,这些红利可作为政治庇护的新资源,以替代政府渐渐弱化的对市场的控制权。因为他们终究明白自由化的过程并非遵循严格的、一成不变的路径,而改革的内容、方向甚至最终形成的模式恰恰又由他们来定;二是印度利益集团的内在流动性和易分化性,从而给执政精英带来更多的操作和博弈的空间。任何一项经济改革政策总会给特定的利益集团带来潜在利益,但是同时也可能会损害另一些利益团体利益,而持续的经济自由化改革似乎发挥了"分而治之"的策略效果,相对于政府来说的商业利益集团内部很难形成铁板一块,而对执政精英来说执政成本也会大大降低。[2] 此外,印度联邦体制的基本制度设计,将联邦中央和地方省邦的权力进行划分,地方省邦拥有相对自主性,而经济自由化改革引发的争议、民众怒气往往被限制在邦一层级,换句话说,自由化改革带来的负面影响及时被邦层级所消化了。

瓦什尼(Ashutosh Varshney)强调通过区分"大众政治(Mass Politics)"和"精英政治(Elite Politcs)",来解释印度20世纪90年代以来经济改革过程的持续性和改

---

[1] Bardhan P. The Political Economy of Development in India. New Delhi: Oxford University Press, 1984: 8.
[2] Jenkins R. Democratic Politics and Economic Reform in India. Cambridge: Cambridge University Press, 1999: 5.

革领域所取得效果的差异性。精英政治典型地体现在官僚体系、议会或内阁等制度性框架下进行的辩论和博弈；而大众政治往往出现在大街上，受特定议题的影响民众走上街头释放个人情绪，形式上包括大范围骚动、游行示威以及非暴力不合作等。在瓦什尼看来，不同于族群政治等极易进入大众政治视野的议题，经济改革类议题绝大多数时候只是限定在精英政治范围。此外，在拉奥政府的渐进式改革中，所改革的领域更多仍停留在牵涉精英政治利益的领域，而在涉及普通民众的产业领域仍然受到许可证制度的保护。从这点来看，印度20世纪90年代初的经济改革在未经充分讨论并得到大众回应的情况下，仅仅由政治精英所决定。

自由化是一个开放式的、无限制行进的过程，政策环境与政策内容都将持续变化。因此，1991年印度正式开始自由化改革后，无论执政党的政治意识形态倾向如何，自由化的势头都并未减弱或衰退，而是随着一届届大选进行，经济改革的势头反而更加强劲。倘若再将时间拉长对比同一政党，1998年印度人民党凭借"反自由化经济改革"的政党纲领上台短暂执政，但2014年莫迪所在的印度人民党以"发展引领者"的形象执政印度后，推出了更加激进的自由化经济改革议程。

2014年大选前，"古吉拉特模式（Gujarat Model）"是印度讨论最为热烈的词汇之一。"古吉拉特模式"本质上指代莫迪于2002—2003年以及2011—2012年，古邦经济增长率经历了一个大幅度提升的时期。诸多学者对该模式进行了相关讨论，总结起来其特点为"高度集权+自由化经济政策"。具体来讲，莫迪所在的印度人民党在古邦立法会拥有绝对统治力，且莫迪本人在党内也拥有较高地位，其高度集权的执政方式使得任何经济政策能较有效地"自上而下"进行落实。但是从印度人民党2014年执政至今，"古吉拉特模式"在全国范围内推行的设想至少在当下看来是失败的。

印度作为一个国家，实际上是一种"分化的利维坦"，一个个地方的"小利维坦"在引领当地发展中扮演着令人惊讶的角色。因此，无论是印度早期经济发展模式的失败，还是自由化改革后经济迅速增长的现象，都无法仅仅归因于联邦政府的表现，地方省邦间经济改革的进程和政策表现差异极大。因此，需要聚焦地方政府并全面梳理他们之间的异同，从而才能更好地认识印度发展式治理的轨迹。印度联邦主义的基本制度框架也使得包括像土地、劳工等生产要素在很大程度上由地方各省邦来决定，因而也不难理解，仅仅使用一个省邦的"古吉拉特模式"却难以适用于全国，更不谈最终能否成为印度经济发展的一种模式了。

自印度独立以来，始终呈现出一种"印度式发展张力"。无论在政治实践还是经济发展道路中，联邦中央的集权意愿始终与地方分权诉求相抗衡，国家统合的尝试却始终遭受多元社会力量的抵抗，因而印度式发展表现为，国家内部张力强劲，同时国家实力整体缓慢增长。

思 考 题

1. 解释南亚地区的概念。
2. 说明宗教对印度社会制度安排的影响。
3. 如何理解印度本土文化与外来制度之间的融合与张力。

CHAPTER 10 第十章

发展中国家研究（一）：中东地区

中东地区地处亚欧非三个大洲的交汇处，自古以来就是东西方交通枢纽，地缘战略极为重要。中东地区覆盖西亚北非诸国，为方便划分与讲解，本章所指的"中东地区"包含 22 个阿拉伯国家和伊朗、土耳其、以色列、塞浦路斯、阿富汗等共 27 个国家。中国与中东各国的友好关系源远流长，陆上丝绸之路和海上丝绸之路将中华民族与中东各民族紧密联系在一起，结成"丝路天然伙伴关系"。随着中国经济社会的发展和对外开放程度的提高，与中东地区的交流不断深入，中东研究因此得到蓬勃发展，成为中国区域国别学研究体系的重要组成部分。深化与中东国家战略伙伴关系，促进地区和平、稳定、发展，推动构建人类命运共同体是新时代开展中东地区研究的应有之义与必然之举。

第一节 中东地区概述

中东是人类文明发源地之一，孕育了世界上最早的城邦和诸多古老文明，建立过地跨亚、欧、非三大洲的庞大帝国，推动不同文明交流互鉴。但在 17 世纪后期，奥斯曼帝国在对外战争中频频失败，军事态势由战略进攻转入战略防御，中东逐渐沦为欧洲列强的半殖民地。受长期殖民掠夺与地区内部民族矛盾、宗教冲突的影响，中东国家发展程度较低，被迫卷入资本主义世界体系。两次世界大战结束后，中东各国相继独立，但在政治、经济、思想等领域仍受西方大国的干预与影响。时至今日，中东地区现代化进程迟滞，地缘政治冲突迭起，各种矛盾盘根错节，是全球最动荡的地区。维护国家主权独立与地区和平，反对霸权干涉，加快国家和地区现代发展进程，改革国际秩序体系是中东各国政府与民众共同面临的艰巨任务。

一、中东文明及其特征

中东地区位于东半球大陆中心，联结亚、欧、非三大洲，陆地总面积达1 500万平方千米,约占全球陆地总面积10.1%;周边环绕着里海、黑海、地中海、红海、阿拉伯海等国际海域,并有博斯普鲁斯海峡、达达尼尔海峡、苏伊士运河、曼德海峡和霍尔木兹海峡等联通各海域。中东自古就是东西方海陆交通要道,是"丝绸之路"的重要枢纽和组成部分,具有极高战略价值,被誉为"三洲五海之地"。

中东地区地貌复杂,差异较大,地形以高原为主,由东向西、由北向南分布着伊朗高原、安纳托利亚高原和阿拉伯高原,高原边缘大多环绕着更高的山地;沿海地区有少量平原,但沙漠居多,绿洲面积狭小。全境河流稀少且分布不均,尼罗河位于非洲东北部,是世界第一长河,主要支流有白尼罗河和青尼罗河,由南向北流经苏丹、埃及等国家,注入地中海东端;幼发拉底河和底格里斯河源于土耳其东部的安纳托利亚高原,分别为西亚最长和水量最大的河流,于伊拉克境内汇合,改称阿拉伯河,注入波斯湾。死海位于以色列、巴勒斯坦和约旦交界的约旦裂谷,是世界上最低的湖泊,海水盐度极高,是世界上第三大咸水湖。

中东大部分区域气候炎热干燥,年降水量不足200毫米。阿拉伯半岛大部、埃及南部和美索不达米亚平原南部为热带干旱与半干旱气候,全年温差不大,冬暖夏热,降水量小;伊朗高原和美索不达米亚平原北部为亚热带干旱与半干旱气候,冬季温和,夏季炎热,降水稀少;小亚细亚南部及地中海南部、东部沿岸地区为地中海气候,冬季温和湿润,夏季炎热少雨,年降水量较多;土耳其安纳托利亚高原为温带大陆性半干旱气候,冬冷夏热,全年降水量少。

中东地区资源种类较多,但地区分布不均衡。中东被誉为"世界石油的大宝库",地区石油储量占全球石油储量48.3%,[①] 主要集中在波斯湾及周边地区,如沙特、阿联酋、科威特、卡塔尔、伊朗等国家,其中沙特的加瓦尔油田是世界最大的陆上油田,可采量超百亿吨。近年来,随着勘探技术的进步,东地中海地区相继发现多个新油田,可采量达1 288万立方米。除石油外,中东地区的自然资源还包括天然气、煤等能源资源,铝、铅、铬、铜、铁、锰、锡、镍、金等金属资源以及磷酸盐、硫、天青石等非金属矿产品。中东各国资源分布差异较大,土耳其、埃及、伊朗是中东地区自然资源相对丰富、种类较多的国家,而约旦、黎巴嫩、巴勒斯坦等国拥有的资源却相对匮乏,难以满足本国经济社会发展需求。

中东地区独特的自然环境创造了多种灿烂的文明。西亚幼发拉底河和底格里斯河流域冲击形成的美索不达米亚平原位于今伊拉克境内,地势平坦,土壤肥沃,气候炎热,河水定期泛滥。苏美尔文明、阿卡德文明、巴比伦文明、亚述文明等古老文明相继诞生。北非的尼罗河孕育了古埃及文明,包括今埃及南部至苏丹边境尼罗河河谷地区的上埃及和埃及北部、尼罗河三角洲地区的下埃及。随着埃及文明和两河流域文明的发展,周边地区也相继出现新的文明,相互影响,相互融合。公元7世纪,伊斯兰教诞生于阿拉伯半岛,在向外传播过程中与中东地区其他文明相互作用,极大地丰富了人类社会文明成果。

---

① 英国石油:《BP世界能源统计年鉴(2021)》,16页,https://www.bp.com.cn/content/dam/bp/country-sites/zh_cn/china/home/reports/statistical-review-of-world-energy/2021/BP_Stats_2021.pdf。

二、近代以来的殖民化与反殖民化

16 世纪末至 17 世纪初，奥斯曼帝国内部军事采邑导致苏丹权威衰落，分封割据严重；各地经济发展很不平衡，民族、宗教问题复杂，境内多地爆发反抗起义和独立运动。与此同时，地理大发现开启欧洲人的海权时代，催生工业革命和欧洲新兴资产阶级成长，将日暮途穷但幅员辽阔的奥斯曼帝国视为潜在"猎物"，"东方问题"一时间成为欧洲政治外交的主要话题。18 世纪至 19 世纪，英国、法国、俄国等先后对奥斯曼帝国发动战争，蚕食肢解帝国领土。1798 年，法国拿破仑横跨地中海入侵埃及，控制欧亚之间的海上商路，随后占领阿尔及利亚、突尼斯等北非地区；英国于 1840 年攻入亚历山大港，1869 年修建苏伊士运河，1878 年在塞浦路斯建立海军基地，保护苏伊士运河正常通行；俄国于 1877 年向奥斯曼帝国发动第十次俄土战争，迫使后者签订《圣斯特凡诺条约》，承认罗马尼亚、塞尔维亚独立，保加利亚成为俄国管辖下的自治国家。

20 世纪初第一次世界大战爆发，土耳其奥斯曼帝国因误判国际形势而参与战争的行为则加速其衰落。一战期间，英国、法国、俄国、意大利先后秘密签署《君士坦丁堡条约》《伦敦条约》《赛克斯－皮科协定》和《圣让－德莫里耶讷协定》，瓜分中东各地。一战结束后，英国、法国成为"凡尔赛－华盛顿体系"的实际操控者，在中东建立委任统治，对曾经的奥斯曼帝国实行分而治之，英国控制巴勒斯坦、外约旦、伊拉克、也门、埃及、苏丹等地，法国控制叙利亚、黎巴嫩地区，意大利则得到利比亚管辖权。为更好地管理殖民地，英法等国刻意制造伊拉克与科威特的领土纷争，库尔德人与阿拉伯人、犹太人与阿拉伯人之间民族冲突，伊斯兰教、犹太教、基督教以及伊斯兰教逊尼派与什叶派之间的宗教教派矛盾等，为今天的中东乱局埋下祸根。

英法等国对中东几近疯狂的瓜分激起中东人民的强烈反抗。19 世纪中期的奥斯曼帝国坦齐马特改革客观促使土耳其民族资本主义发展。1919 年，青年土耳其党军官凯末尔发动土耳其资产阶级革命，于 1923 年与协约国签订《洛桑条约》，确立现代土耳其疆域，并于同年 10 月成立土耳其共和国。埃及的反殖民主义运动可追溯到 19 世纪上半期埃及总督穆罕默德·阿里击退入侵的英国军队。一战后，为摆脱英国的"保护"，埃及华夫脱党成立并领导声势浩大的独立运动。1922 年英国承认埃及独立自治。1952 年，纳赛尔领导的自由军官组织发动军事政变，推翻依靠英国的法鲁克王朝，次年废除君主制成立埃及共和国，实现真正意义上的独立。沙特家族是阿拉伯半岛势力最强的家族，1902—1926 年，相继征服利雅得、内志和汉志等地，1927 年与英国签署《吉达条约》，脱离英国统治，1932 年正式建立沙特阿拉伯王国。第二次世界大战后至 20 世纪 90 年代，中东地区民族运动风起云涌，黎巴嫩、叙利亚、约旦、利比亚、苏丹、摩洛哥、突尼斯、阿尔及利亚以及伊朗、以色列等国家实现独立，走上现代化道路。

实现独立后，中东各国纷纷在农业、工业、教育、卫生、服务等领域采取改革，促进国家经济社会发展，开辟国家现代化进程，但现代化进展缓慢。一方面，对外部势力存在较强依赖性，导致自主发展能力和条件欠缺。冷战期间，美国将中东战略置于全球战略中考虑，把海湾国家石油与国家安全紧密联系在一起，确保石油供给路线安全，遏制苏联在该地区的石油扩张。虽然这些中东国家现代化实践取得一定短期成效，但对石油资源和外部势力的过度依赖，导致本国经济结构单一、工业化程度不高，制约着国家长期发展。另一方面，中东国家的现代化进程具有鲜明的宗教特色。与其他地区相比，大多数中东国家都信仰伊斯兰教，宗教思想已融入国家制度、政治、经济、外交等各个领域，但宗教教义与现代化的不协调与不适应，却在不同程度上影响国家现代化进程。

冷战结束后，特别是进入 21 世纪，中东地区经历深刻转型与动荡，发展与安全仍是重点，但局部危机却持续发酵，地缘政治博弈不断加剧。在中东地区内部，沙特、阿联酋、卡塔尔、巴林、埃及等国的"2030 愿景"、约旦的"2025 愿景"、阿尔及利亚的"2035 愿景"等都致力于改变单一的经济模式，实现产业多元化，为国家及地区经济发展注入活力。但 2010 年中东剧变爆发以来，不少国家陷入政权更迭、内战、经济发展缓慢的漩涡，2020 年起新冠肺炎疫情持续蔓延带来的医疗危机，更加剧了中东地区的社会经济震荡。国际货币基金组织表示，中东地区 2020 年经济发展紧缩约为 6.6%，虽然 2021 年该地区经济发展已实现 3% 增幅，但远低于全球 5.5% 增长速度。与此同时，外部势力广泛插手中东事务的现状仍未有实质性转变，从参与和扩展战略、大中东"民主改造"，到巧实力战略再到"美国第一"，美国历届政府始终将中东视为维护其全球领导权的关键要素。俄罗斯重返中东，欧盟积极介入中东事务，更加增添了中东局势不确定性与不稳定因素。

三、中东文明的特性

中东地区接榫三洲，幅员辽阔，不仅是世界交通的重要枢纽，也是世界文明的有机组成部分。尼罗河流域、两河流域、新月沃地、阿拉伯半岛等地都曾孕育出璀璨的文明形态。虽各地早期历史发展道路与文明化进程存在差异，但相较于世界其他地区的文明，中东地区的文明显现较强的整体性，不同地域的文明都有一定共性。

首先，鉴于中东地区重要的地理位置、自然环境和相对单一的物产，商业贸易在该地区各文明发展中居于重要地位。阿卡德人曾在小亚细亚建立了商贸驿站。古巴比伦人曾在叙利亚、海湾地区、印度、小亚细亚、埃及等地从事木材、椰枣、宝石、象牙、农产品等转口贸易。阿拉伯半岛的奈伯特王国、马因王国等开辟了阿拉伯半岛通向埃及、叙利亚等地的商道，从事香料、手工业品贸易等。倭马亚王朝和阿拔斯王朝在中国、印度、欧洲等地都建立了稳定的商贸网络，成为东西方文明交往的重要桥梁。

其次，宗教对中东文明发展产生重要影响。中东地区是犹太教、基督教、伊斯兰教以及琐罗亚斯德教、摩尼教等多种宗教的诞生地，且宗教渗透到社会生活方方面面，深刻影响中东地区文明进程。其中，伊斯兰教对中东文明的影响尤为显著。自公元 7 世纪在阿拉伯半岛创立，阿拉伯穆斯林在对外军事扩张中将伊斯兰教传播到阿拉伯半岛之外的中东其他地区,建立政教合一的伊斯兰帝国,哈里发为帝国最高元首、军事统帅和宗教领袖,拥有宗教和世俗大权,控制着从中央到地方的军政、税收和宗教三大权力系统。[①] 帝国内原来信仰其他宗教的居民大多都皈依伊斯兰教,坚持认主独一的价值观,按照《古兰经》和《圣训》组织管理各项事务。同时,由于伊斯兰教在传播过程中形成众多教派支派,教派差异引发的冲突矛盾成为中东地区文明进程中不可忽视的因素之一。

再次,不同民族间交流互动极大地推动中东地区文明发展。得益于中东所处的特殊地理位置,各民族以和平或武力方式与其他民族文化接触碰撞,在相互影响、相互冲突、相互渗透的过程中融合吸收,不仅使伊斯兰帝国的民众更了解周边文明成果,丰富了阿拉伯伊斯兰文明内涵,也保存了古希腊古罗马的文明精髓,推动了欧洲文艺复兴发展,实现了东西方文化全面融合。

最后,近代中东反抗西方殖民主义的斗争中涌现出的新思潮,正在深刻影响中东现代文明进程的步伐。近代以来,奥斯曼帝国的衰退与欧洲新兴资产阶级的迅猛发展形成鲜明对比,中东地区各领域发展严重失衡,刺激中东人民在摆脱西方殖民统治斗争中探索新的发展道路,由此产生诸多新的社会思潮。这些思潮在中东社会发展不同阶段此消彼长,都对当今中东地区的政治、经济、社会产生重要影响,成为中东文明的重要组成部分。

四、中东研究的主要问题

中东地区地处亚欧非交汇处,孕育了灿烂的人类文明,具有重要战略意义。二战结束后,世界对中东油气资源需求猛增,中东国家现代化进程曲折迟缓,大国在该地区的博弈延续,导致矛盾冲突交织,力量分化组合,区域性冲突事件频发,引发国际社会高度关注。

(一)巴勒斯坦问题

巴勒斯坦问题是阿拉伯国家与以色列关于占领与反占领问题的集中表现,持续半个多世纪,但未能得到有效解决,是中东问题的核心和该地区长期动荡不安的重要根源。由于巴以之间围绕耶路撒冷地位问题、边界问题、难民问题、犹太人定居点问题、水资源问题等核心问题的矛盾不可调和以及巴勒斯坦和以色列的政局变化,巴勒斯坦问题陷入"边谈边打、不打不谈"的怪圈。此外,美国总统特朗普在执政期间将美国驻以色列大使馆迁至耶路撒冷、承认以色列对戈兰高地主权等一系列倒向以色列的主张,进一步增加了中东和平进程的不确定性。学界关于巴勒斯坦问题的研究,包含巴勒斯坦问题的历史背景、演进发展、矛盾冲突、和平重建的可能性、中东和谈进展与难点、国际与地区力量的态度变化等。

---

① 周明博:《全球通史从史前时代到二十一世纪》,117 页,北京,当代世界出版社,2015。

(二）伊朗核问题

伊朗核问题虽是国际核不扩散的重要议题之一，但本质上是美伊关系问题。[①] 20世纪50年代，伊朗在美国、德国的技术支持下进行核能源开发。1979年伊朗伊斯兰革命后，美伊关系恶化，美国多次指责伊朗以和平利用核能为借口秘密发展核武器，2001年"9·11恐怖袭击"事件后，伊朗核问题成为影响美伊关系的主要问题。随着2003年签署《不扩散核武器条约》附加议定书、2006年建立关于伊核问题的六国磋商机制、美国奥巴马总统连任和伊朗总统鲁哈尼上台，美伊关系有所缓和，并于2015年达成伊朗核问题全面协议。但由于特朗普任期内美国退出伊朗核问题全面协议、恢复对伊朗全面制裁、将伊朗伊斯兰革命卫队列为"恐怖组织"，伊朗核问题再度升级，直接影响海湾地区和中东地区安全与稳定。作为国际和地区热点话题，学界主要关注伊朗核问题的症结与表现、伊朗核计划的动机与目标、伊朗核计划对中东地缘政治格局的影响、伊朗和谈进程、伊朗与美国的博弈等问题。

（三）中东国家民主化问题

中东地区的民主化进程可追溯到19世纪中期，奥斯曼帝国改革派为巩固帝国统治摆脱西方殖民主义而推行的"坦齐马特"改革运动，但相较于世界其他地区，中东地区普遍存在政治体制僵化，民主化程度较低，进程时断时续等问题，诸多制约民主化进程的因素仍需彻底解决。2010年底爆发的中东剧变席卷突尼斯、埃及、利比亚、也门等中东国家，虽推翻了部分国家长达数十年的强权统治，通过民主投票选举新政府，但实际上并没有建立现代民主制度，个别国家陷入经济停滞、政局动荡、恐怖主义横行的乱局。部分学者的研究着眼于中东地区民主化进程缓慢的原因、中东国家政权产生方式、美国等域外大国对中东地区实施的"颜色革命"等问题；还有部分学者则围绕具体国别或区域的民主化进程进行剖析，如也门、利比亚、叙利亚、埃及、突尼斯、海湾地区等都是重点研究对象。

（四）安全问题

从国际体系转型和全球安全体系构建来看，中东地区是全球安全体系的最大"短板"。[②] 长期以来中东一直是群雄逐鹿的场所，面临严重的安全赤字，传统安全和非传统安全威胁交织，新旧安全问题交织，大国博弈、域内国家权力角逐、国家安全治理能力缺位等严重影响该地区的和平与发展。学界对中东地区安全问题的研究大致分为三类，从现实主义等国际关系理论范式分析中东安全问题的根源、实质、摆脱安全困境的方式；从具体的领土问题、军备问题、水资源问题、族群问题、恐怖主义问题、难民问题、重大传染性疾病等问题入手，分析中东地区安全问题的复杂性与治理可能性；从叙利亚、也门、利比亚等相关国家切入剖析中东安全问题的特点与安全利益、

[①] 唐志超：《伊朗核问题的大国博弈及其影响》，载《当代世界》，2019(08)，42页。
[②] 王林聪：《中东安全问题及其治理》，载《世界经济与政治》，2017(12)，5页。

诉求等。

（五）宗教教派冲突问题

在世界各大宗教中，没有一个宗教不存在教派分化。[①] 中东地区的主流宗教包括伊斯兰教、基督教、犹太教等，各宗教内部包含诸多教派。随着宗教、教派与权力的密切结合，中东地区宗教冲突不断，教派矛盾尖锐，逐渐演变为争夺地区话语权的重要工具，如犹太人与穆斯林因耶路撒冷地位、阿克萨清真寺归属等问题引发的冲突；黎巴嫩基督教马龙派与伊斯兰教什叶派、逊尼派之间因政治权力分配不公引发的文化、族群隔阂；沙特为代表的逊尼派与伊朗为代表的什叶派利用叙利亚问题、也门问题等地区热点问题，展开代理人战争；沙特、埃及、土耳其等，同为逊尼国家为争夺穆斯林世界领导权展开激烈斗争。学界对中东教派矛盾的研究主要从本体主义和工具主义两个视角剖析宗教、教派冲突与权力、利益之间的关系。

第二节 中东地区研究

随着15世纪末地理大发现与新航路开辟，欧洲资本主义对偌大奥斯曼帝国的垂涎客观上推动了对中东地区开展系统全面研究。经过数百年的发展与转向，中东地区已成为当今多国高度关注的研究领域。如今，中东研究已成为中国国别和区域研究的重要内容。

一、欧洲资本主义扩张时期的中东地区研究

欧洲航海家的地理大发现极大地开拓了欧洲人的视野，彻底打破了欧洲大陆与世界相互隔绝的局面，推动欧洲进入资本主义大发展时期。伴随着欧洲新兴资产阶级不断壮大，亟须在世界各地寻找新的原料生产地与产品市场，东方世界也不再是欧洲人想象中的神秘世界，逐渐沦为资本主义殖民扩张的目的地，"正像它使乡村从属于城市一样，它使未开化和半开化的国家从属于文明的国家，使农民的民族从属于资产阶级的民族，使东方从属于西方。"[②] 日渐式微的奥斯曼帝国成为欧洲资本主义的"猎物"。为破除对神秘东方的幻想，瓜分奥斯曼帝国势力范围，对抗沙俄南下扩张，"东方问题"由此产生。解决"东方问题"成为这一时期欧洲国家开展中东研究的重要原因，并为此提供方案。

在弗朗索瓦一世的外交需求与其开办的法兰西学院开放精神影响下，法国成为开展中东研究最活跃的国家。17世纪中期，法国政治家让·巴蒂斯特·柯尔贝尔（Jean Baptiste Colbert）开设青年语言学校，招收学生学习土耳其语、阿拉伯语、波斯语、亚美尼亚语等，后逐渐形成系统化的培训模式。该校学生多是曾在奥斯曼帝国工作的外交官或商人的孩子，他们通常在君士坦丁堡和巴黎完成有关中东语言、社会文化的

---

① 王宇洁：《教派主义与"阿拉伯之春"后的中东政治》，载马晓霖：《中东观察 2011—2016》，153 页，北京，中国民主与法制出版社，2016。
② 《马克思恩格斯选集》第 1 卷，254~255 页，北京，人民出版社，1972。

课程，毕业后在法国驻中东地区的领事馆工作。该校为法国培养了大量东方研究学者。1795年，法国政府在巴黎开设东方语言专校，并于1873年与青年语言学校合并。专校成立初期以教授具有政治和商业效用的东方语言为主，如阿拉伯语、土耳其语、克里米亚语、波斯语、马来语等。拿破仑远征埃及进一步推动法国对中东地区的研究。19世纪20年代，法国亚洲学会成立，研究范围西起马格里布，东至东亚，与巴黎开设的东方语言专院（后更名为"巴黎东方语言文化学院"）、法兰西文学院等联系密切，出版了推进亚洲研究的《亚洲学报》（Le Journal Asiatique）。

由于17—18世纪英国殖民扩张主要据点在位于南亚的印度，英国的中东研究主要集中在波斯，整体水平落后于法国。但随着19世纪中期先后占领阿拉伯半岛南部的亚丁－波斯湾等中东地区，英国的中东研究后来居上。1823年，英国梵文学者亨利·托马斯·科尔布鲁克（Henry Thomas Colebrooke）创立大不列颠和爱尔兰皇家亚洲学会（Royal Asiatic Society of Great Britain and Ireland），次年受到了乔治四世国王颁发的皇家特许，以表"对与亚洲有关的科学、文学和艺术的研究和鼓励"；1916年伦敦大学成立了亚非学院。二战期间，英国政府意识到掌握地区语言的重要性和开展社会文化有助于开展政治外交活动以及本国相关语言专家人数不足。1944年，英国外交大臣安东尼·艾登（Robert Anthony Eden）设立跨部门政府委员会，检查并指导英国大学和教育机构开设东方、斯拉夫、东欧、非洲等地区语言和文化课程，扩大其优势并提出必要改进建议。该委员会于1947年对外发布首个中东研究、亚洲研究以及非洲方案，极大地推动英国高校开展中东研究。

同一时期，除英国、法国外，其他欧洲国家也相继开展中东研究。沙皇俄国多所高校都开设波斯研究、突厥研究等。德国东方学者于1845年在莱比锡成立德国东方学会，旨在丰富对相关亚洲国家的认知，了解其文学、历史、近现代发展历程等，涵盖语言、文学、历史、宗教、哲学、法律、考古、社会等多个领域。自1921年起，协会每隔3至5年举办"德国东方学者大会"（DOT），大会对研究该领域的德国和其他国家的所有学者开放。

二、冷战期间的中东地区研究

美国的中东研究是区域研究的重要组成部分，反映出美国了解和掌握海外领地语言和地区知识的迫切需求。第二次世界大战使美国走出本土，先后控制波斯走廊、伊朗等中东地区以及波斯湾的石油资源。为更好地管理新占领的海外地区，美军方与高校于1942年合作设立应对战争需求的"陆军特别训练班"（Army Specialized Training Program），曾开设针对中东地区的相关课程，如印第安纳大学开设土耳其语、密西根大学开设波斯语、宾夕法尼亚大学开设摩洛哥方言等教学课程。参加培训的士兵还被要求学习阿拉伯伊斯兰文化史课程，以弥补对中东研究知识储备的"绝对缺乏"。

成立于1946年的中东研究所（Middle East Institute）是美国华盛顿地区最早的专门研究中东地区的非营利性机构，旨在增加美国公民对中东地区的了解，深化双方理解，为美国的中东政策制定提供信息。中东研究所定期出版《中东期刊》（Middle

East Journal）以及东方学者、阿拉伯学者的著作，举办关于美国中东政策、冷战中的中东等主题会议，结合冷战局势发起各类项目，向中东地区渗透美国价值观。1947年，美国普林斯顿大学开设跨院系近东研究项目，设置东方语言文学专业，让学生通过学习语言、文学、历史、宗教等方式了解伊斯兰文化。1951年，美国社会科学研究理事会成立中东委员会，统筹协调美国国内中东研究，在私人基金会赞助下开展近东书籍翻译、国际训练与研究等工作。1958年，美国联邦政府通过《国防教育法》（National Defense Education Act）加强重点非通用语训练，其中包括大量中东地区的语言，通过发放奖学金等形式为在海外参加中东地区的语言学习者提供资助。在美国政府主导，高校、社会机构、智库等广泛参与下，美国对中东地区的语言、政治、经济、社会认知在短时间内得到极大提升，培养了大批中东研究学者、政策制定者，产出诸多具有影响力的学术成果，帮助美国通过军事援助、经济援助以及意识形态输出等方式，加强中东国家对美国的依附，有效遏制苏联在中东地区扩张。

随着二战结束后国际格局发生变化，英法等国的中东研究重心发生相应转移。20世纪中期起，英国的中东研究强调国家的贸易投资和外交等现实利益与学术理论研究之间的平衡，语言研究与历史、宗教、社会等学科研究平衡。在此指导下，英国的中东研究产生群聚效应，伦敦大学亚非学院、牛津大学、杜伦大学、埃克塞特大学、剑桥大学、曼彻斯特大学、爱丁堡大学和圣安德鲁斯大学的中东研究中心取得长足发展。1973年英国中东研究协会成立，吸纳各地学者、专家、外交人员、媒体人士等从事中东研究人士，出版《英国中东研究杂志》，刊登英国国内外最新的中东研究成果。尽管二战结束后法国对中东地区的影响力日趋减弱，但法国高校对中东地区的学术研究却未受影响，特别是"五月风暴"后，巴黎高校纷纷开设中东语言、考古、社会、历史、宗教等相关课程，如巴黎政治学院（The Institute of Political Studies of Paris）开设北非地理、北非发展进程、近东研究、伊斯兰教研究等课程；巴黎第一大学开设伊斯兰教历史、伊斯兰艺术入门等课程。此外，法国其他地区的高校也纷纷参与中东研究，如普罗旺斯大学开设阿拉伯语、土耳其语、希伯来语、中世纪地中海地区文明等课程。

二战期间，特别是美苏冷战爆发后，出于政治和外交考虑，苏联积极开展针对中东地区的系统研究。苏联政府认为，所有在外国工作的苏联人，无论是在东方国家还是西方国家，无论是技术人员、贸易代表还是苏联文化的倡导者，都应该掌握所在对象国家语言，了解其历史与特点。1947年，苏联首次明确提出东方研究领域拓展至语言、政治、经济和文化方向，并于1955年制定中东研究发展规划。20世纪50年代起苏联的中东研究集中于中东古典研究和现代中东事务，以加强与中东国家各领域关系，鼓励中东国家进行"民族解放运动"。

三、冷战后的中东地区研究

20世纪90年代初，随着冷战结束，世界战略格局向多极化过渡，越来越多国家认识到中东地区的战略意义，中东研究逐渐变为一门国际性学科。日本虽与中东地区相距较远，但是从事相关研究的历史可追溯到 19 世纪明治维新时期，并在 20 世纪后半叶取得发展。1960 年，日本中东调查会成立，旨在向日本外务省提供政策咨询报告；1964 年，东京外国语大学亚洲文化研究所成立，以语言为依托，以地区研究为导向，加强日本与中东国家学术交流，并在黎巴嫩设立中东研究日本中心。冷战结束后，随着日本对中东外交的基点从"单纯的经济利益驱动型"向"经济与政治利益并重型"转变，日本的中东地区研究从伊斯兰文明研究逐渐转为纯学术研究与政策咨询并重，1991 年完成出版《蒙古人统治下的伊朗》《伊斯兰世界的形成与国际贸易》；1992 至 1993 年完成《日本中东·伊斯兰研究文献目录：1868—1988》，系统梳理日本的中东地区研究脉络。1994 年，日本区域研究中心成立，汇集包括中东地区在内的区域研究学者，共同推动日本区域研究发展。此外，日本与周边以及中东国家开展广泛交流和合作，推进本国中东地区研究，如 1995 年，中日韩三国中东学会共同成立亚洲中东学会联盟，已连续举办过 8 次大会，吸引大批来自中国、日本、韩国和蒙古的中东问题专家、学者共享研究成果。1997 年，日本教育科学体育文化部资助启动"伊斯兰地域研究"项目，涉及领域不仅有中东、北非和东南亚等穆斯林世界，还有欧洲、美国、俄罗斯、中国和日本等非穆斯林世界，邀请国外学者参与研究，力图探寻穆斯林世界研究新视角，并研发了适用于多边伊斯兰地域研究的计算机系统，培养新一代伊斯兰研究学者。

新加坡是进入 21 世纪后中东地区研究的新锐力量。随着 2004 年时任新加坡总理吴作栋访问中东埃及、约旦、巴林等国，2005 年主办了首届亚洲—中东对话后，新加坡国立大学于 2007 年成立中东研究所，先后出版《变化世界中的海湾政治与经济》（Gulf Politics and Economics in a Changing World）和《搭帐篷：新加坡企业在海湾地区的入门手册》（Pitching a Tent: A Primer for Singapore Businesses with an Eye on the Gulf），为政府、企业机构提供咨询等，增进新加坡乃至东南亚地区与中东地区的经贸交流合作。

四、中国的中东地区研究

中国的中东研究伴随着中国与中东地区文明交往合作而发展。中国古代的中东研究历史，可追溯到元朝政府设立的中国最早的外国语学校——回回国子监，以及明末清初王代舆、刘智等中国学者开展的"以儒译经""以儒释经"等。

中华人民共和国成立初期，受美苏冷战的国际局势影响，中东研究以服务国家政治斗争需求为主。1961 年 4 月，毛泽东主席会见中东和非洲客人后提出，应建立非洲研究所。1963 年，周恩来总理访问亚非欧 14 国前与有关部门负责同志座谈如何加强研究外国工作问题，向中央提交《关于加强研究国外工作的报告》，指出研究外国问题的工作远远不能适应形势的需要，提出应加强并新建一批独立的研究机构、在有条件的高等学校内建立研究外国的机构、成立国际研究指导小组等 8 条改进措施。北京大学、北京外国语学院、上海外国语学院、北京语言学院等相继开设阿拉伯语、波斯语、希伯来语、斯瓦希里语等，培养精通中东地区主要语言的中东研究人士和外交工作者；中国科学院哲学社会科学部亚非研究所（后更名为中国社会科学院西亚非洲研究所）、北京大学亚非研究所、伊斯兰研究所（后更名为西北大学中东研究所）、云南大学西南亚研究所等国内第一批专门研究中东非洲机构也相继诞生，为中国中东研究发展奠定扎实基础。《苏伊士运河和苏伊士运河问题》《埃及近现代简史》《非洲手册（概况部分）》《非洲列国志》在阿拉伯联合共和国、突尼斯、苏丹等国以公开或内部交流等形式出版，集中展现了中国在建国初期的中东研究成果。

　　1978年改革开放后，中国的中东研究从服务政治斗争转向学术研究和政策服务。从事中东研究的机构数量增多，研究范围更加广阔。中国中东学会、现代国际关系研究所（2003年更名为中国现代国际关系研究院）、中国国际问题研究基金会先后成立，从事中东政治局势、经济发展、民族宗教、安全事务、对外关系及大国中东政策等研究。20世纪后半期，中国中东研究教学工作也取得长足发展，相关专业建设不断推进完善。北京大学、西北大学、南京大学、社科院等高校和科研机构相继启动中东研究硕士研究生、博士研究生培养工作，成立中东研究或中东专题研究中心，培养了高素质专业化中东研究后备力量。伴随着中国中东研究不断深入，从事相关研究人员的水平能力日益提高，学术成果逐渐增多，且不少著作开创中东相关领域研究先河，如《简明西亚北非（中东）百科全书》是中国学者编撰的第一部全面、系统阐述西亚北非地区各学科领域历史和现状的重要社科著作和大型工具书；《真主法度——伊斯兰教法》和《伊斯兰教义学》是第一部由中国学者撰写的研究伊斯兰教法的专著，也是中国首部系统论述伊斯兰教义学的著作；《阿拉伯史纲》是中国第一部阿拉伯通史著作。

　　进入21世纪，中国的中东研究体系日臻完备，特别是国别和区域研究工作的开展，快速推进新时期具有中国特色的中东研究工作。一是中东研究机构数量呈井喷式发展。目前，北京语言大学阿拉伯研究中心、北京第二外国语学院阿拉伯研究中心、宁夏大学阿拉伯研究中心为教育部高校国别和区域研究培育基地；29家教育部国别和区域研究备案中心从事中东研究，极大地消除了中国在该地区的"研究盲区"。二是中东研究咨政服务能力显著提高。国别和区域研究视域下的中东研究强调聚合各学科研究力量，形成整体性知识，[①]打破了传统中东研究的条块分割，规避实体研究对象抽象化、符号化，将学术研究成果转化为咨政报告，有效满足国家对外交往的现实需求，服务国家发展战略。三是中东研究范式不断革新、路径不断拓宽。目前，中国国别和区域研究视域下的中东研究趋向外国语言文学、世界历史、政治学三个一级学科协同交叉，探索"文史融通""外语+"两条发展路径，以跨学科、交叉性为特征，以外语、历史、政治为抓手，有效推动了中国中东研究范式革新。

　　当前，中国中东研究呈现出以下特征：一是研究内容丰富。中国国别和区域研究培育基地和研究中心中的中东相关研究机构基本实现中东地区全覆盖，且对重点国家（次区域）进行多维研究，涵盖反恐、宗教极端主义、中东社交媒体等话题，突破了

[①] 罗林、邵玉琢：《国别和区域研究须打破学科壁垒的束缚——论人文向度下的整体观》，载《国别和区域研究》，2019，4(1)，149页。

传统的区域国别研究范围限制,基本消除了中国中东研究空白,也凸显了中国对中东地区的密切联系与对区域形势变化的高度关注。二是研究方法创新。随着研究对象日趋复杂,跨学科研究方法和以计算机辅助的定量分析等突破学科划分对研究的限制,推动不同学科研究力量交叉融合,摆脱了国际问题研究的惯用思维和经验套用,得到越来越多中东研究学者推崇,有效弥补传统定性研究的不足。三是注重成果转化。中国的区域国别研究视域下的中东研究更注重学术成果的转化,通过重组整合分散在各学科内的相关知识,形成全面的知识体系,解答现实问题,为国家对外政策的制定和推进提供有力智力支持。四是国内外学术研究交流更加活跃。随着中国与中东国家关系日益密切,中东国家积极参与共建"一带一路",中国中东研究与中东相关国家的机构联系日益密切,建立起长期稳定、富有活力的合作机制,最大限度地汇集中东研究人才,实现资源共享,共同推动中国中东研究取得更加长久发展。五是重视中国特色的中东学派构建。中国的中东研究以服务国家发展为主要目标,经过数十年建设,研究体系日臻完善,逐渐构建起中国特色的中东研究话语体系,特别是在"一带一路"倡议提出来后,从学理上打破西方所谓的"中国新殖民主义""输出过剩产能""修昔底德陷阱"论调,力证中国始终是中东地区和平发展道路上最可信赖的朋友,在国际舞台上有力地提高了中国对中东问题的话语权与影响力。

无疑,当前中国的中东研究仍存在不可忽视的问题。在研究方法上,存在田野调查与实证研究较为薄弱的问题,表现为现有研究多基于前人成果和从有关档案文献中直接获取数据、资料的现象,长期深入中东国家、族群、社区进行全面、系统的实地调研能力不足。在研究视角上,存在多以宏观或主观研究为主的问题,微观研究较为薄弱,鲜有通过个案分析的微观视角认识中东局势的发展变化。在研究使用语言上,存在使用中东国家语言进行研究少的问题。近年来,精通中东国家语言的中东研究学者数量有所增长,但纵观中国中东研究整体发展情况,使用频率最高的仍是英语。虽然使用英语对于获取途径和交流传播更为方便,但一手材料的不足直接制约了研究结果的客观与公正。

总而言之,经过半个多世纪的探索发展,中国中东研究从萌芽走向发展,如今进入繁荣阶段,成为中国国别和区域研究的重要组成部分。随着中国与中东国家合作交流不断深化,中国的中东研究将得到系统化、专业化发展,呈现出更具学术水平与咨政水平的成果,为中国由地区性大国向全球性大国崛起提供有力的智力支持。

第三节 伊斯兰发展模式

18世纪以来,地跨亚欧非三洲的奥斯曼帝国逐渐沦为欧洲资本主义国家垂涎的"西亚病夫","东方问题"一时成为西方列强最感兴趣的话题之一。二战结束后,中东伊斯兰国家相继独立,尝试新的发展路径,但受域外大国干涉、地区矛盾、国内势力冲突等因素影响,中东伊斯兰国家仍在摸索适合本国国情的新发展模式。

一、殖民模式及影响

英国对中东的殖民统治范围最广，影响最深。作为老牌海权强国，英国相信"国家越小，就越要依赖强国，国家越小也越容易被掌控"。① 英国在中东采用传统的"分而治之"政策，通过不断蚕食、肢解、分裂等方式打破中东伊斯兰帝国的整体性，通过不断蚕食、肢解、分裂等方式，最终使阿拉伯人建立统一民族国家的愿望成为泡影。英国利用穆斯林世界各地区既统一又割裂的地缘政治弱点，以征服距离奥斯曼帝国政治中心较远的北非和阿拉伯半岛为起点，购买苏伊士运河大额股份、在塞浦路斯建立海军基地、占领尼罗河谷、在非洲之角索马里建立殖民地等，保护英国至印度交通生命线的安全。与此同时，英国加紧在海湾地区势力渗透，扶植建立诸多相互制衡的小国；在奥斯曼帝国政权的腹地区域，英国一方面以承诺建立统一的"阿拉伯帝国"为由，鼓动谢里夫·侯赛因发动1916年的阿拉伯大起义，撼动奥斯曼帝国统治根基；另一方面联手其他欧洲列强暗中操作，继续瓜分阿拉伯世界，如英国依据《赛克斯-皮科协定》得到伊拉克、外约旦，并从美国手中接管巴勒斯坦。此外，为进一步肢解中东，满足自身政治、经济、战略利益，英国还蓄意制造不同民族、不同教派间矛盾，将什叶派为主体的巴士拉、库尔德人为主体的摩苏尔、逊尼派为主体的巴格达整合建立伊拉克，导致伊拉克教派矛盾、政治暴力蔓延，与邻国边界争端延续至今。② 为抑制阿拉伯民族团结反抗殖民统治，英国利用犹太复国主义运动，默许犹太人在巴勒斯坦地区建立"犹太人的民族之家"，搅浑中东之水，制造中东地区分裂与混乱。

如果说英国在中东的"分而治之"是阻碍该发展的罪魁祸首，那么法国则是英国的主要帮凶。虽双方在埃及、叙利亚、巴勒斯坦等问题上有不同利益诉求，甚至是对抗，但在瓜分中东的整体方向上基本保持一致。18世纪末拿破仑入侵埃及，切断英国通往印度的贸易航线。一战前，法国先后征服阿尔及利亚，占领突尼斯、入侵摩洛哥、将奥斯曼帝国北非地区纳入自己殖民扩张势力范围；从《赛克斯-皮科协定》中获得提尔以北的叙利亚领土、阿达纳省和安纳托利亚西南部的西里西亚地区。③一战结束后，法国趁机吞并叙利亚，对《圣雷莫协定》划归法国的所有地区进行"委任统治"。同时，为巩固法国在该地区的影响力，将穆斯林逊尼派、什叶派和希腊东正教、德鲁兹教派纳入"大黎巴嫩"，④并增加对基督教马龙派的扶植力度，制造不同民族、教派间矛盾。

除英国、法国外，俄国以保护东正教为由，扩大在中东地区势力范围，控制黑海、君士坦丁堡以及博斯普鲁斯海峡和达达尼尔海峡；意大利在一战前凭借《洛桑条约》占领北非的利比亚。虽欧洲列强在中东地区攫取利益的出发点与手段各有差异，但对该地区战略、资源等需求保持高度一致。在各方势力或明或暗的瓜分、制衡与勾连下，

---

① 田文林：《英国在中东的"分而治之"政策及其后果》，载《西亚非洲》，2020(3)，47页。
② Baroud R. "Iraq Back at the Brink", Asia Times Online. February 16, 2013, accessed March 22, 2013, https://original.antiwar.com/ramzy-baroud/2013/02/15/iraq-back-at-the-brink/.
③ [美] 斯塔夫里阿诺斯：《全球通史：1500年以后的世界》，621页，吴象婴、梁赤民译，上海，上海社科院出版社，1992。
④ 田文林：《英国在中东的"分而治之"政策及其后果》，载《西亚非洲》，2020(3)，55页。

中东沦为欧洲的殖民地。

欧洲列强的殖民统治对中东地区的发展造成深重且难以逆转的影响。一方面，中东被卷入资本主义世界市场，成为西方资本主义国家的原料产地与商品销售市场，英国以分裂伊拉克领土为借口，获得摩苏尔地区的石油资源控制权。法国为缓解国内严峻的经济形势，将黎凡特地区变为棉花出口地；在叙利亚和黎巴嫩引入新的金融体系，使当地货币受到法郎剧烈波动和贬值影响；[①] 刻意扶植马龙派资产阶级，在贝鲁特修建大量基础设施、商业中心等，严重破坏中东地区传统的社会经济结构，造成该地区工业化进程缓慢，且被迫依附于欧洲列强，丧失独立发展的权利与能力。另一方面，殖民统治为中东地区长期动荡埋下祸根。欧洲列强为强化在中东地区利益，人为制造领土、种族、教派矛盾，打破中东地区本身的社会结构、政治结构、经济结构、地缘结构、文化结构。由于结构重塑带来权力、关系、规则等变化，造成中东地区有领导力的大国缺失，小国林立，区域内部纷争不断，影响地区长久和平与发展。

二、殖民统治结束后的探索

20世纪上半叶，民族解放运动蓬勃发展，中东各国相继取得民族独立，开始探索国家现代化发展模式。但美苏冷战爆发，中东被迫卷入冷战漩涡，成为资本主义和社会主义两大阵营争夺最为激烈的地区之一，国家发展路径也深受影响。

一部分中东国家选择借鉴苏联模式，探索具有中东特色的阿拉伯社会主义。[②] 20世纪五六十年代，在纳赛尔社会主义的指导下，埃及成为中东地区最重要的大国之一。1955年，贾迈勒·阿卜杜勒·纳赛尔在埃及执政党解放大会的纲领中提出"社会主义"，1962年创立"阿拉伯社会主义联盟"，在《民族宪章》中明确埃及信奉社会主义，走社会主义道路。20世纪中期，埃及先后将苏伊士运河收归国有，彻底摆脱英国殖民者的统治；发动社会主义革命，将全国银行、保险公司以及重要的重工业企业纳入国有范围；实施土地改革，消除大地主阶层，并在农村地区建立大量农业合作社，推动农业产业化经营；实施计划经济，不断完善工业结构，加快国家工业化进程。埃及的社会主义探索使得苏联调整对埃及政策，将埃及视为其中东地区的抓手，加强军事援助与经济援助。除埃及外，中东地区的阿尔及利亚、突尼斯、利比亚、南也门、苏丹等国家和地区也曾进行社会主义探索，但由于国家垄断生产资料，国有化程度过高，导致政府机构臃肿，职能僵化，政治基础脆弱，国有企业效率低，缺乏竞争力，国内市场狭小，市场机制无法充分发挥作用等问题，不少阿拉伯国家不得不放弃或调整社会主义发展模式。

一部分中东国家追随西方国家，参照资本主义发展模式全面西化。现代土耳其第一任总统穆斯塔法·凯末尔（Mustafa Kemal）认为，所谓的现代文明就是欧洲文明，全面学习西方成为土耳其建国初期的主要发展路径。土耳其相继废除象征代表奥斯曼

[①] 赵娜：《法国在中东的委任统治研究》，西北大学博士学位论文，2019，139页。
[②] 梁丽营：《浅议中东阿拉伯社会主义》，载《学理论》，2009(25)，68页。

帝国政治权力的苏丹称号和代表伊斯兰教权的哈里发制,彻底废除宗教立法权,废除神学法官参考《古兰经》进行审案的宗教法庭,[①] 确立土耳其国民议会的立法权,颁布土耳其首部以民主共和制为指导思想的《土耳其共和国宪法》(1921年),并陆续颁布以瑞士、意大利、德国等西方国家相关法律为蓝本的《民法》《刑法》《商法》《海商法》等,逐步建立土耳其现代法律制度;将国有土地和没收的寺院土地分配给无地农民,确立土地私有制等;[②] 在经济上实施民族国家资本主义,到20世纪30年代末,土耳其轻工业发展速度仅次于苏联和日本。冷战爆发初期,为抵御苏联的威胁,土耳其接受美国的"示好"加入北约,成为遏制苏联在中东地区扩张的桥头堡,更被土耳其政府视为"脱亚入欧"的重要跳板。1961年,土耳其国民议会通过更为自由民主的新宪法,引入两院制,推行多党制的政党政治模式,扩大公民自由权和社会权,成立宪法法院,以防政府违宪。同时,土耳其大力推动农村经济改革,鼓励农民将土地承包给地主经营,自己到城镇从事个体手工劳动或进入工厂工作等。土耳其通过一系列世俗化改革,初步建立起现代民族国家基本构架,成为中东现代化发展的"范本",客观上助推礼萨·汗(Reza Shah)在伊朗进行现代化改革。但在20世纪60年代之后,土耳其国内出现党派纷争激烈、经济增速放缓、社会贫富差距拉大等问题,伊斯兰教对土耳其政治、经济等领域影响上升,伊斯兰复兴运动呼声愈发强烈。

不可否认,伊斯兰教在中东国家发展进程中扮演着极为重要的角色。中东一些国家在坚持伊斯兰教立国的基础上融合西方的现代政治体制发展,建立起政教合一的君主国家。相较于沙特、阿联酋等君主制国家,伊朗在20世纪70年代伊斯兰革命中,走上一条极为特殊的政教合一的体制道路,即坚持"教法学家治国原则"。

欧洲对中东地区的殖民统治结束后,中东各国先后开启现代化发展的探索之路。受美苏冷战影响,不少中东国家一味模仿欧洲资产阶级民主发展模式或苏联社会主义模式,加快国家现代化转型,但由于与国家生产力水平不符,大多以失败告终,陷入转型与继续探索的困境,只有少数依据本国经济社会发展水平而探索出的发展模式取得一定成功。

三、探索新时期的发展模式

经历曲折的本土模式探索,越来越多中东国家认识到,照搬他国的发展模式并不能为自己国家带来发展,反而可能会引发国内动荡,只有走契合国情的发展道路,才是实现国家现代发展的唯一出路。20世纪90年代,美苏冷战结束,威胁中东地区安全的外部因素消除,给中东国家独立自主探索发展模式提供了新的国际和地区政治环境。

随着土耳其国内现代伊斯兰复兴运动蓬勃发展,土耳其的伊斯兰政党在国内得到前所未有发展。1994年,具有伊斯兰色彩的繁荣党(又译"福利党",Welfare Party)

---

① 彭树智:《论凯末尔的世俗化改革》,载《史学月刊》,1987(4),94页。
② Coşkun Üçok, Ahmet Mumet, Gülnhal Bozkurt, Ankara, 2002.

赢得安卡拉和伊斯坦布尔等6大城市、29个省和约400个城市、区的地方选举;[①]
1995年,繁荣党在土耳其议会选举中获得158个席位,获得组阁权,成为本届议会最大党,也是伊斯兰政党首次成为土耳其议会第一大党,更被视为土耳其伊斯兰政党发展史上的重要转折点,极大地冲击国内世俗化发展模式,加速政党分化重组。2001年,前繁荣党骨干成员雷杰普·塔伊普·埃尔多安(Recep Tayyip Erdogan)与部分改革派组建正义与发展党,倡导的改良主义得到土耳其各界保守民众广泛支持,连续赢得近年土耳其议会大选。正义与发展党推行"土耳其新模式",主导国家变革与发展。在政治上,土耳其政府加强文官在政府机构的权力,削减军队为代表的世俗主义在国家权力机关的优势;2016年7月军事政变失败后,土耳其议会通过宪法修正案,限制大国民议会对政权的制衡作用,改议会制为总统制,增强总统的行政权与立法权。在经济上,土耳其实行新自由市场经济改革,放宽对工业部门管制,削减公共部门事务;与国内金融寡头和大企业家结盟,创造新的经济增长点,壮大穆斯林中产阶级队伍。一系列政治经济改革促进了土耳其国内经济社会发展,土耳其被国际货币基金组织定义为新兴市场经济体,成为积极参与全球体系转型的重要参与者。

2010年底,由突尼斯失业青年大学生自焚事件引发的中东剧变席卷几乎所有中东阿拉伯国家,暴露了阿拉伯国家普遍存在的威权政治、民主化进程缓慢、工业化程度低、社会贫困分化严重等问题,对这些国家现代化进程产生不同程度地影响,促使各阿拉伯国家结合自身实际情况制定新的发展战略。凭借着杂糅宗教、历史、传统因素的统治合法性,石油经济带来的高社会福利以及国内、地区和国际上相对广泛而稳定的政治同盟,中东剧变对中东君主国家的影响相对温和,未造成暴烈、广泛的反政府运动。但个别国家的示威抗议和民众对民主改革、政治参与的诉求,也在一定程度上冲击了君主国家政权,迫使这些国家做出相应调整。

总体来看,中东剧变发展至今,多数中东国家都逐步回归正轨,坚持独立自主的发展模式,在走与本国国情、民众诉求相适应的现代化发展路径上取得一定成果。但由于国内民主化与工业化基础薄弱,且易受域外大国以及地区民族、宗教冲突等因素影响,中东国家的发展模式仍在不断探索与调整中。

思 考 题

1. 分析中东地区内现代化发展和西方文明输入之间的张力。
2. 分析族群冲突、宗教冲突对中东地区发展的影响。
3. 分析中东地区合作机制发挥有效性的可能途径。

---

① Hale W, Özhudun E. Islamism, Democracy, and Liberalism in Turkey: the Case of AKP. New York, Routledge, 2009:4.

CHAPTER 11 第十一章

发展中国家研究（二）：非洲地区

在中国的区域国别知识体系中，非洲地区是一个"想象的异邦"。尽管在郑和下西洋时期就已经建立了中国与非洲的联系，但中国对非洲的认识主要受到近代西方世界的影响。非洲现有60个国家和地区，涵盖了北非（7个）、东非（22个）、西非（17个）、中非（9个）和南非（5个）。① 大多数国家长期处于低发展水平状态，全非洲一年的贸易总额仅占全世界的百分之一。作为当今世界上最大的发展中国家，中国与广大非洲国家在历史上的命运是相同的，心灵是相通的，共同面临着摆脱束缚、谋求发展的艰巨任务。长期以来，中国高度重视对非关系，基于相似遭遇和共同使命，坚持把发展同非洲国家的团结合作作为中国对外政策的基石，与非洲国家巩固和加强传统友谊，真诚友好、平等相待，全面加强各层次各领域的交流，走出了一条特色鲜明的合作共赢之路。中国和非洲有着浓厚的传统友谊和良好的合作关系，经受住了时间和国际风云变幻的考验，堪称发展中国家间关系的典范。如何进一步巩固与非洲国家的传统友谊，如何建设契合时代需要的全面战略合作伙伴关系，是新时代中非关系高质量发展面临的重大课题。

第一节 非洲地区概述

非洲是世界古人类和古文明的发源地之一，公元前4 000年便有最早的文字记载。自1415年葡萄牙占领休达以后，非洲是遭受西方殖民统治最严重的地区，约有95%的非洲领土遭到列强瓜分，资源遭到疯狂掠夺。由于受到殖民压迫，加上种族冲突、热带疾病和工业化引发的环境破坏，非洲长期处于发展落后状态。直到二战结束，非洲殖民地陆续独立，在20世纪60年代普遍实现了独立，但独立后腐败盛行、经济上依然没有摆脱西方主导的国际政治经济秩序，非洲国

---

① 联合国地理方案，https://unstats.un.org/unsd/methodology/m49/，访问日期：2022年9月14日。

家成为发展中国家最集中的地区。因此，非洲国家在历史上有着类似的遭遇，面临着共同的现实挑战。如何反对霸权干涉，维护主权独立，实现经济发展，变革国际秩序，成为非洲国家长期面临的共同任务。

一、非洲文明及其特征

非洲的全称为阿非利加洲（Africa），寓意阳光灼热之地。非洲位于东半球西部，东濒印度洋，西临大西洋，纵跨赤道南北，陆地面积大约为3 020万平方千米，占全球陆地总面积的20.4%，是世界第二大洲。截至2020年，非洲人口规模已超过13亿。非洲人口以年均2.3%的速度增长，预计到2050年将达到20亿。非洲的年龄中位数只有18岁，15~24岁的青年人口占总人数的20%，是人口结构最年轻的一个大洲。

非洲幅员辽阔，地形地貌复杂。大陆北宽南窄，呈不等边三角形状。整体地势东高西低、南高北低，平原散布在沿海地带，高大山脉坐落于西北和东南边缘，高原分布面积广大。主要高原有南非高原、东非高原、埃塞俄比亚高原，被称为"高原大陆"。非洲盆地广布，刚果盆地、乍得盆地、尼罗河上游盆地等点缀其间。沙漠面积约占大陆面积的1/3，占地900多万平方千米的撒哈拉沙漠是世界上面积最大的沙漠。乞力马扎罗山最高峰海拔5 895米，号称"非洲屋脊"。东非大裂谷为世界著名裂谷带，深度达1 000~2 000米，宽度为30~70千米，素有"地球伤疤"之称。

非洲气候带分布大体呈南北对称状态，中间赤道地区属于热带雨林气候，赤道南北两侧为热带草原气候，再分别向南和向北推进则进入热带沙漠气候区，北部邻近地中海地区和南部印度洋与大西洋交汇地区则为地中海气候。非洲热带气候区面积远超其他大陆，年平均气温在20度以上，因而又被誉为"热带大陆"。

非洲自然资源丰富，地大物博。资源种类多，储量大，石油、天然气的探明储量均占世界的10%以上。铁、锰、铬、钴、镍、钒、铜、铅、锌、锡、磷酸盐等矿物储量可观，盛产黄金、金刚石。非洲拥有富饶资源，人口众多，蕴藏着巨大的发展潜力。

非洲是世界文明的发源地之一，为人类社会发展作出了重大贡献。早在远古时代，人类就在非洲大陆繁衍生息。关于人类究竟源自何地，"走出非洲说"较为受到学术界认可。虽然仍有人类起源一元论与多元论之争，但非洲在考古发掘、基因测试和语言溯源三方面存在优势。[①] 约公元前4 000年，非洲北部尼罗河流域孕育了埃及文明，是世界古代四大文明之一。除北非地区外，东非以及西非等地区也出现了比较先进的文明。东非努比亚和阿克苏姆等古国发展程度较高，广泛同非洲内陆和西亚等地区开展贸易。西非地区诞生了兴盛一时的加纳、马里和桑海帝国，中非的刚果和南部非洲的津巴布韦等国都曾有辉煌的历史。令人震撼的大津巴布韦遗址等保存至今，映照着非洲创造的璀璨文明成果。20世纪的考古证实，非洲是世界上较早掌握冶炼技术的地

---

① 李安山：《世界历史与非洲发展的互动：探源与辨析》，载《西亚非洲》，2020(2)，50—51页。

区，农业生产曾经较为发达。有学者认为，非洲似乎不但是人类本身的起源地，而且也是早期人类史前史中的远古世界的很多技术革新的起源地。[①] 总的来看，非洲的生产力水平日益提高，社会发展逐渐向前演进。直至欧洲殖民者的入侵，最终打断了非洲的自我发展进程，非洲人民开始遭遇殖民奴役的命运。

二、近代以来的殖民化与反殖民化

15世纪前后，欧洲资本主义国家走上海外扩张道路，与欧洲毗邻的非洲被纳入世界殖民体系。葡萄牙率先侵占非洲，拉开了殖民非洲的序幕。1415年葡萄牙殖民者攻占非洲北部地中海沿岸的要地休达。葡萄牙以休达为基地，逐渐在西非等地区建立殖民据点，开启大航海时代。1580年西班牙从葡萄牙手中夺取休达，1688年两国签署《里斯本条约》正式将休达划归西班牙。继葡萄牙、西班牙之后，荷兰、英国、法国等欧洲列强接踵而至，主要以蚕食的方式对非洲沿海等地区进行殖民统治，掠夺原材料和推销商品。从15世纪开始，欧洲殖民者还在非洲开展罪恶的奴隶贸易。殖民者用欧洲廉价的商品换取或以不正当手段获取非洲奴隶，然后将奴隶贩运到美洲交换当地的农矿等原材料或产品，最后再带回欧洲出售，形成跨大西洋的"三角贸易"。据不完全统计，至少有1 000多万非洲奴隶被贩运到美洲，因反抗殖民者被捕获及运输途中丧命的非洲人更是难以计数。奴隶贸易延续长达四个多世纪，给非洲带来了深重的苦难，产生了遗留至今的严重后果。

到19世纪，英法等主要资本主义国家相继完成工业革命，进一步刺激了对原料产地和商品市场的需求。西方列强掀起瓜分世界的狂潮，重新分配非洲殖民地的归属。1884年11月至1885年2月，英国、法国、德国、比利时、葡萄牙、意大利等十多个国家在柏林召开会议，约有95%的非洲领土遭到列强瓜分，标志着欧洲对非洲的殖民统治达到巅峰。殖民者强权的触角从非洲沿海向内陆延伸，非洲遭受殖民统治的压迫日益加深。除埃塞俄比亚、利比里亚保持名义上的独立外，整个非洲成为任由列强宰割的黑暗大陆。在殖民主义和资本主义推动下，非洲大陆被迅速纳入资本主义世界体系之中，殖民主义对非洲造成严重的政治压榨和经济剥削，同时也推动非洲社会发生剧烈变迁。[②] 经过一战的洗礼，非洲人民的民族意识觉醒，在"泛非主义"引领下掀起民族独立运动。1922年，英国允许埃及独立，但保留国防、外交等重大事务的处置权，事实上埃及仍被英国控制。塞内加尔、坦桑尼亚、肯尼亚等国通过游行、罢工、武装暴动等多种方式反抗殖民统治，表达出要求民族解放的强烈呼声。

二战结束以后，欧洲列强建立的非洲殖民体系走向瓦解。战后代表旧殖民势力的大国衰落以及冷战秩序为民族解放运动提供了条件。因为战后新秩序的主导者美国与

---

① [英]希林顿：《非洲史》，赵俊译，1页，北京，中国出版集团，2012。
② 李鹏涛、陈洋：《殖民地国家的基本特征与当代非洲国家治理》，载《西亚非洲》，2020(3)，31页。

苏联都不是过去殖民主义运动中的主要既得利益者；而且为了争夺"中间地带"，美苏两国都在第二次世界大战后（更早在第一次世界大战后）不同程度上支持了反殖民主义运动。① 世界民族解放运动兴起，非洲人民奋起反抗殖民统治。随着国际形势变化，英法等殖民宗主国也开始有所保留地推行"非殖民化"政策。北非国家率先寻求独立，打开了摆脱殖民统治的突破口。1951年，利比亚宣告独立。1952年，纳赛尔领导埃及"自由军官组织"发动政变，推翻英国控制的政权，建立埃及共和国。1954年，阿尔及利亚开展争取独立的武装斗争。1956年，摩洛哥、突尼斯相继独立。在北非独立运动的鼓舞下，撒哈拉以南非洲的民族解放运动走向高潮。1957年，加纳成为撒哈拉以南非洲率先宣布独立的国家。在1960年的一年之内，喀麦隆、多哥、马达加斯加、索马里、尼日尔、乍得等17个非洲国家宣告独立，当年被称为非洲独立年。非洲民族解放运动持续推进，肯尼亚、毛里求斯、津巴布韦等国陆续独立。1990年，非洲最后一块殖民地纳米比亚实现独立，标志着非洲大陆殖民统治的彻底终结。1994年，南非种族隔离制度走向终结，象征着非洲反种族压迫的斗争取得胜利。至此，非洲大陆的民族解放事业最终完成。

实现独立以后，非洲国家将实现民族振兴作为首要任务。各国制定出台经济社会发展计划，寻求改变贫困落后的国家面貌。需要指出的是，非洲国家虽然实现独立，但并未从根本上获得国家命运的自主权。一方面，新生的非洲国家大都缺乏自主发展所必需的条件和能力，独立后仍然与前宗主国在政治、经济、安全、文化等诸多方面维系着千丝万缕的联系；另一方面，由于殖民化的遗产效应，加之在"非殖民化"进程中的精心安排，法国、英国等国依然在非洲维系着巨大的利益存在和力量存在。② 尽管非洲国家致力于本国发展，但单一的经济结构，高度依赖外部世界等弊端未得到根本改变。20世纪80年代，非洲大部分国家陷入发展危机，被迫采用世界银行、国际货币基金组织等提供援助的附加条件，开始所谓的以市场化、私有化、民主化为特征的结构性改革，非洲发展进入震荡期。直至冷战结束，非洲的发展仍处于停滞状态。这一时期，原先美苏争霸掩盖下的民族、宗教、边界等矛盾激化，地区不稳定因素增多，安全状况恶化。贫困、冲突、战乱、疾病等各种问题丛生，严重影响了非洲的发展进程。

21世纪的曙光降临后，非洲迎来和平发展的新阶段。地区局势总体稳定，经济快速增长。2000—2010年，世界上经济发展速度最快的10个国家有6个在非洲。2010年，南非加入"金砖国家"，标志着非洲成为全球治理不可或缺的一支新兴力量。非洲保持稳定发展势头，地区城市化加速推进。联合国预测，到2035年，非洲将有约近半人口居住在城市。③ 2019年，整个非洲地区的经济增速达到3.2%，生产总值约2.4万

---

① 李滨：《百年政治思潮与世界秩序变迁》，载《中国人民大学学报》，2021(1)，39页。
② 张宏明：《大国在非洲格局的历史演进与跨世纪重组》，载《当代世界》，2020(11)，32页。
③ 《联合国非洲经济委员会：非洲的快速城市化可以成为工业化的驱动力》，载联合国网站，访问日期：2022年9月1日，https://news.un.org/zh/story/2017/10/284362。

亿美元。新冠肺炎疫情暴发以后，非洲的发展再次遭遇严峻挑战。非洲医疗卫生体系总体脆弱，经济结构较为单一，疫情对非洲经济社会发展冲击尤为严重。根据世界银行统计数据显示，该地区 2020 年经济负增长 3.9%，2021 年该地区经济增长率为 4.3%，低于全球经济 5.5% 的增长速度。[1] 撒哈拉以南的非洲国家积极采取应对措施，努力推动经济发展走上复苏之路，2021 年该地区经济增长率达 4.1%。[2]

三、非洲文明的特性

非洲创造了璀璨的文明成果，是世界文明的重要组成部分。由于自然条件、历史经历等因素不同，非洲各个地域、各个国家的文明各具特色，彼此之间存在明显差异。北非和撒哈拉以南非洲的文化截然不同，构成特色鲜明的两大文化体系。但是，相对其他大洲的文明而言，非洲的整体性特征又比较突出，多样的非洲各国文明蕴含着同质性。尤其是就撒哈拉以南非洲而言，历史上班图人的大迁徙，将班图文化从西非传布到非洲东部和南部地区，造就了非洲传统文化的内核。可以说，非洲文明兼具统一性和多样性的特征。

非洲自古就与外部世界保持着各种联系，其文明具有开放性的特征。在缓慢的发展进程中，非洲本土文化不断与外来文化碰撞、融合，形成兼收并蓄风格的非洲文明。非洲素有宗教博物馆的称号，传统宗教、基督教和伊斯兰教交相辉映。传统宗教在非洲本土成长发展，经历了长时期的历史演化，直至今日仍具有广泛社会基础，是别具非洲特色的信仰体系。公元 1 世纪，基督教以埃及为始点向非洲地区传播，逐渐实现埃及、苏丹、埃塞俄比亚、地中海沿岸国家等非洲地区基督教化。公元 7 世纪，伊斯兰教传至非洲，北非地区实现伊斯兰化。基督教在非洲的发展遇阻，仅留下埃及科普特教会以及埃塞俄比亚和厄立特里亚等地的少数教会。此后，伊斯兰教继续向撒哈拉以南非洲地区扩张，西非、东非沿海等地区也出现伊斯兰化。等到欧洲殖民者入侵非洲，基督教得以在非洲再次大规模传播，遏制了伊斯兰教扩张的势头，中南部非洲基本上实现基督教化。非洲与隔印度洋相望的西亚、南亚等国交往历来密切，阿拉伯文化和印度文化对非洲文明的发展产生了较大影响。东非地区濒临印度洋，当地文化与阿拉伯文化、印度文化相互交融，孕育了独特的斯瓦希里文明。非洲文明的一些元素也传到外部世界，丰富了其他文明的内涵。比如，美欧流行的爵士乐就受到非洲音乐的启发。非洲文明不是孤立封闭的状态，而是始终在与外界的交流互动中发展。

整体而言，非洲文明追求物质与精神、整体与个体融为一体。有学者指出，在非洲文明中，精神与物质并未截然分开，人与人、人与自然、人与神之间是相互作用的，

---

[1] 世界银行数据库 https://data.worldbank.org/region/middle-east-and-north-africa?view=chart，访问日期：2022-09-01，https://news.un.org/zh/story/2017/10/284362。
[2] 世界银行数据库 https://data.worldbank.org/region/middle-east-and-north-africa?view=chart，访问日期：2022-09-01，https://news.un.org/zh/story/2017/10/284362。

它们是一个用力串联组合起来的整体。至高神创造了宇宙万物，并通过各种神与人与其发生联系。这些神本身可能就是抽象了的自然存在。人不可能脱离自然而存在，同样也不能脱离社会，因为人体内蕴涵的力是相互作用的。祖先的灵魂通过寄附于自然界和头人而时刻护佑现实生活中的人。因此，非洲文明强调人是具有整体性和统一性的人。一个家庭、氏族、部落的所有成员都把自己视为同一个人，在语言和行动上要保持一致。① 受此文化熏陶，非洲国家形成了"意见一致"的议事习惯，被称为"大树底下的民主"。非洲文明的存在形式多种多样，音乐和舞蹈反映了非洲文明的独特魅力。音乐和舞蹈是非洲鲜明的文化艺术表现形式，至今在各种仪式、农耕等活动中占有重要位置，节奏、旋律充盈着非洲人民的精神世界，发挥着教育、宗教等功能，世代传承着非洲文明。

欧洲殖民者踏入非洲土地，非洲步入发展的黑暗期，非洲文明走向衰落。殖民者疯狂侵略掠夺非洲的同时，严重摧残了非洲传统文化，并将西方文化移植到非洲大陆。长期以来，受欧洲中心论等西方思想的影响，非洲文明未得到国际社会应有的重视。按照西方学者的观点，非洲一直处于黑暗和停滞状态，非洲文明也无从谈起。欧洲列强贬低非洲文明的价值，旨在为殖民统治提供合理性支撑。自殖民时期始，西方以创新的历史意识和政治思维，一如既往地将非洲固有的价值观念和行为习惯排斥在国际进程之外，精心发明了与非洲传统不相一致的"文化"，彻底颠覆了非洲本质主义意义的价值观、世界观。②

欧洲殖民者漠视乃至压制非洲文明，并未销蚀非洲人民对自身文化的信心，反而进一步激发了非洲人民实现文明复兴的斗志。被誉为"非洲民族主义之父"的爱德华·威尔莫特·布莱登（Edward Wilmot Blyden）和"泛非主义之父"的威廉·爱德华·伯格哈特·杜波依斯（William Edward Burghardt Du Bois）等人发挥了重要引领作用。其中，布莱登反对欧洲殖民者把非洲人视为劣等民族，提出了"非洲个性"的思想。所谓"非洲个性"就是指非洲人有不同于其他民族的同一性、价值观，有自己的能力和成就，也有自己的历史和前途。非洲人并不比世界上其他种族差，各种族都是神的整体的不同方面的表现，是平等的。虽然由于生活的环境不同，产生了一些差异，但这不是造成非洲近代以来落后的原因，相反是欧洲殖民者进行的奴隶贸易和殖民统治致使非洲停滞不前。③ 非洲文化复兴运动的兴起，有力激励了反抗殖民统治、争取民族解放斗争的深入发展，奠定了非洲实现"非殖民化"的思想基础。

四、非洲地区研究的主要议题

近年来，随着非洲成为发展热土，非洲的战略价值日益凸显。大国争相同非洲拓

---

① 马克垚：《世界文明史（第二版）》，1320页，北京，北京大学出版社，2004。
② 马燕坤：《理性实践与神话生产：近现代非洲与西方的撞击》，载《南京政治学院学报》，2013(4)，62页。
③ 马克垚：《世界文明史（第二版）》，1333~1334页，北京，北京大学出版社，2016。

展合作，非洲研究日益成为全球区域和国别研究的重点对象。总的来看，国际社会关于非洲研究的议题广泛，体现了对非洲认知的深化。

（一）殖民遗产问题研究

自非洲挣脱殖民统治枷锁以来，有关殖民遗产问题的探讨一直是非洲研究的重点领域。学术界关注殖民统治对非洲国家政治制度、社会结构和发展道路的影响，以及对非洲社会历史进程的塑造作用。非洲国家取得独立地位之后，普遍在经济发展和社会稳定等方面遭遇失利，引起学术界对"数百年的殖民统治带给当代非洲发展何种影响"这一话题的兴趣。欧洲殖民者不同统治方式产生的衍生效应、奴隶贸易的后果、殖民地与宗主国联系强弱、殖民地社会变迁等等，都成为殖民遗产问题研究的重要方面。

（二）国家转型研究

国家转型研究主要探讨非洲国家从传统走向现代化的发展转型问题，涉及政治、经济、社会等多个维度。非洲的国家观念源自外部移植，部落、族群、地域等认同根深蒂固，现代国家的认同建构远未完成。冷战结束以后，绝大多数非洲国家采用西方民主制度，但在政党建设、选举制度适用性等方面出现各种病症，背后的因素受到学界关注。非洲国家实施工业化战略，力图改变单一的经济结构，实现包容性增长，发展转型的有效路径有待深入探求。学界还从比较研究的视角出发，对比非洲、拉美、中东、中东欧等地区的不同转型进程，力图从中发现影响国家转型的共性和差异因素。由于非洲国家的历史经历并不完全相同，国别层面的国家转型研究各有特点。南非的国家转型研究是国别研究的热点，主要是探讨种族隔离制度终结以后南非发展面临的一系列挑战。尼日利亚、埃塞俄比亚、卢旺达等国也是国家转型研究的重点对象，聚焦发展模式转变、政治制度变迁等领域研究。

（三）区域合作研究

非洲国家虽然独立建国时间较晚，但地区一体化建设取得的成就引人注目。"泛非主义"思想的萌发，促进了非洲人联合自强意识的形成，区域合作早于并贯穿非洲国家独立的历程。非洲统一组织的创建，及其后来向非洲联盟的转化，推动了地区一体化建设不断向前发展。在国家建构和非洲集体身份观念建构并行的前提下，非洲一体化建设的模式、路径、挑战，以及区域比较视野下非洲一体化进程的特点，逐渐进入非洲研究的视野。

（四）安全问题研究

非洲曾长期面临战乱、冲突等各种安全挑战，安全问题历来在非洲研究中占有突出位置。进入21世纪以来，虽然非洲安全问题总体上趋于缓和，但是安全形势仍然严峻复杂，新的安全威胁不断涌现。非洲大陆传统安全与非传统安全问题相互交织，恐怖主义、族群冲突、跨国犯罪、粮食危机等非传统安全因素逐渐凸显。安全与发展的内在关联，成为非洲学界研究的重点。非洲安全问题突出的一些次区域，更为吸引学界关注的目光，诸如非洲之角、大湖地区、萨赫勒地区等成为重点研究对象，形成了由聚焦安全问题演化而来的非洲次区域研究集群现象。

（五）文明研究

作为世界文明的重要组成，非洲文明日益引起关注和重视。非洲文明本身是集大成者，融合本土传统文化、外部文明等各种元素。大国对非合作日益密切，纷纷重视探究影响非洲国家行为的文化根源，从历史、现实等多个层面开展对非洲文明的研究。非洲国家采用外部发展模式屡遭挫折，也促使国际学术界关注非洲发展与本土文化之间的关联，关注传统的社会文化因素在发展中的作用。

第二节 非洲地区研究的发展

国际社会最早系统开展非洲研究，肇始于欧洲殖民宗主国。非洲研究离不开欧美发达国家对非洲研究的影响，存在着"东方主义"的问题。如何在西方的非洲研究基础上，构建中国特色的非洲研究是一个重要的研究使命。

一、传统殖民宗主国的非洲研究

出于了解殖民地情况的现实需要，英、法等欧洲列强开展对非研究。殖民主义时期，欧洲的非洲研究主要基于对未知地域的探知，认识非洲的地理环境、自然资源、语言文化、族群构成等情况，为殖民扩张、传播基督教等提供知识指引。1901年，英国创办皇家非洲学会，从学术层面加强对非洲的研究。英国重点研究与英联邦有密切联系的非洲国家，主要包括肯尼亚、加纳、尼日利亚、南非、坦桑尼亚、乌干达、赞比亚、津巴布韦等国。英国的非洲研究主要涉及人类学、历史学、地理学、政治学、经济学、社会学、农业学等方面，较早展现出多学科多领域研究的特点。法国的非洲研究几乎与英国同步，以地理学、人类学、语言学等人文社会科学为主。到20世纪初，法国开始将非洲研究视为一门独特的学问，主要以撒哈拉以南非洲的法属殖民地为研究对象。至于北非地区则归入阿拉伯世界研究范畴，甚至将埃及单独作为一门学科进行研究。由于19世纪晚期才加入欧洲列强殖民非洲的行列，德国的非洲研究在不同时期的转向色彩鲜明。初始阶段，聚焦非洲当地语言和地理，主要源自学者个人兴趣。学术界自发研究非洲的成果积累，为后来德国殖民非洲提供了必要的知识储备。德国1871实现统一后，迫不及待迈出了殖民非洲的步伐。1884年柏林会议的召开，标志着德国成为非洲殖民体系的重要一员。至此，非洲研究正式走入德国学界议程，服务国家的对外政策需要。

殖民统治时期，欧洲的非洲研究深受"欧洲中心论"影响。欧洲学者往往从"东方主义"思维研究非洲，忽视非洲悠久文明的客观存在，宣称非洲人是没有历史的民族。非洲大陆成为欧洲文明的他者之镜。[①] 欧洲学界开展非洲研究所基于的立场，反映了强烈的殖民主义史观。从俯视的视角观察非洲，将"先进、发达的欧洲"和"落后、愚昧的非洲"进行对照，既是殖民者固有的白人优越论和欧洲中心论在学术上的反映，也是为了巩固宗主国殖民统治的必然之举。

欧洲早期的非洲研究重视资料分析，资料来源日趋多样。初始阶段，鉴于缺少非洲本土的文字资料，非洲研究的开展主要有两大资料来源。一是直接的田野调查材料，包括非洲探险家获取的当地语言、地理、民族等方面的资料。二是官方的档案文件，包括殖民政府档案、殖民官员通信和回忆录中有关非洲风土人情等方面的记述。后期，为弥补官方材料带有的信息失真、立场偏见等缺陷，非洲研究逐渐重视采用非洲本地的资料，比如司法记录、口述访谈以及非洲文学作品等，更加深入了解非洲本土文化、族群构成、社会运作等情况。

二、冷战期间的非洲研究

二战结束以后，全球区域和国别研究的重镇由欧洲转向美国。与之同步，非洲研究开始成为美国学术界的研究重点。相对于欧洲，美国的非洲研究起步较晚，但处于后来居上的地位。二战之前，美国学界已经开始涉及非洲研究，主要是一些高校开展非洲人类学、语言学、地理学等方面的学术研究。随着冷战的开启，美国同苏联争夺第三世界的斗争日益激烈。当时，美国深感对非缺少认知，研究力量不足，难以满足美苏争霸形势下对非外交需要。为此，美国加强对非研究，扶植高校、智库等科研力量开展非洲研究。1948 年，卡内基基金会赞助西北大学创立"多科性非洲研究计划"。此后，波士顿大学、霍华德大学等高校陆续成立了非洲研究中心之类的研究机构。为协调各非洲研究机构之间的关系，1957 年美国成立全国性学术团体非洲研究协会。协会宣称其宗旨和主要任务是："加强非洲学者之间的联系，与其他非洲问题研究单位协调研究项目；搜集、整理和提供有关非洲问题的文献、情报和资料；定期召开年会，交流学术成果。"协会通过其活动，不仅在美国的非洲学研究、教学和出版事业中发挥着重要的作用，同时也在美国政府制定对非政策中扮演了智囊的角色。[②] 不难看出，协会本身虽强调民间身份，实际上与美国官方联系密切。美国政府、财团、基金会等通过拨款、资助等多种途径，深度影响着美国非洲研究的方向和领域。20 世纪 50 年代末期和 60 年代初期非洲非殖民化运动的快速发展，特别是冷战的升级，提升了非洲在美国地缘战略上的重要性。[③] 1958 年，美国国务院设立非洲局，加紧同苏联争夺非

---

① 宋敏生：《从东方主义到世界主义：纪德的非洲旅行与书写》，载《西安外国语大学学报》，2020(3)，112 页。
② 张毓熙：《美国非洲研究协会的建立及其发展》，载《西亚非洲》，1980(4)，71 页。
③ William G. Martin.The Rise of African Studies (USA) and the Transnational Study of Africa.African Studies Review, 2011,54(1):63.

洲。1961年,美国向非洲派出和平部队,以志愿活动的方式向非洲传播美国的价值观念,抵制共产主义意识形态在非洲的渗透。非洲战略地位的提高,促进了美国非洲研究的繁荣发展。可以说,冷战时期美国的非洲研究重视实用价值,对美国制定和实施对非战略提供了政策参考。

随着非洲殖民体系的瓦解,欧洲殖民宗主国的非洲研究发生重要转变。适应非洲实现非殖民化的现实,英法等国调整非洲研究的方向和内容,试图继续对独立后的非洲国家施加影响,维护先前殖民统治遗存的各种利益。由于来自官方的经费减少,英国的非洲研究出现萎缩现象。1977至1982年,英国社会科学研究会用于非洲的研究预算从23个百分点下滑到0.8个百分点。① 面对新的形势,英国学界努力开辟新的研究路径,将发展、文化等新兴议题作为非洲研究新的增长点。法国则重视继续推进非洲研究,强调非洲各地区紧密的内在联系,转而将非洲研究的范围扩展至整个大陆,并不断优化整合非洲研究的资源配置。1960年,法国创办专门研究非洲问题的期刊《非洲研究手册》(季刊)。时隔20年后,又创办了另一专业期刊《非洲政治》(季刊)。与殖民时期非洲研究的重点不同,英法等国开始更多关注非洲的经济、政治、社会、安全等议题,以往列入重要议程的人类学、地理学、历史学等领域的研究转向边缘化。相对美国的非洲研究服务美苏争霸的战略需要而言,欧洲的非洲研究越来越重视关注非洲独立后的发展变化,聚焦具体的现实问题,总结殖民时期的经验教训,为重构宗主国与原殖民地之间的关系提供思考建议。

西方学界重视非洲发展研究,主要是试图探索非洲国家独立后现代化探索失败的原因。西方学者把这种失败归咎于非洲国家低劣的发展判断能力和错误的指导思想与政策;或归咎于没有能力克服根植于非洲社会中的文化障碍。② 从西方学者的逻辑分析来看,非洲现代化探索遭遇挫折,并非现代化理论的无效,而是非洲自身原因使然。西方学界强调将发展困境归因于非洲内部因素,为国际货币基金组织等为非洲制定的"结构调整方案"提供了学理支撑。"依附论"的问世,为研究非洲提供了新的理论视角。根据"依附论"的观点,非洲的发展受到不平等的国际体系制约。帝国主义不仅使非洲进入全球经济体系之中,而且在结构上是以不平等的方式进行的。用这种观点来分析,非洲陷入了一个不是自己制造的泥坑,而自身却无法从中摆脱。除了革命或全球结构性变革之外,依附学派为非洲大陆发展提供的可能性指导原则非常之少。③ 尽管如此,"依附论"重视从外部因素解释非洲发展难题,启发非洲国家认识探索自主发展道路的必要性。

冷战期间,苏联的非洲研究别具特色。苏联开展非洲研究,主要出于同美国争夺全球霸权的战略考量。早在1958年,苏联外交部就专门设立负责非洲事务的机构。

---

① [英]麦克莱肯:《英国的非洲研究走向》,孙晓萌编译,载《西亚非洲》,2010(1),62页。
② 唐宇华:《西方对非洲发展研究的理论和方法》,载《国外社会科学》,1995(5),14页。
③ 唐宇华:《西方对非洲发展研究的理论和方法》,载《国外社会科学》,1995(5),15~16页。

1959 年，苏联科学院创建非洲研究所，负责协调国内高校、科研机构的非洲研究工作。苏联积极支持非洲民族解放运动，侧重从反殖民化的视角观察、研究非洲。苏联强调重视非洲的历史、文化、语言价值，出版《非洲各族人民》《现代非洲史》等著作，激励非洲国家反抗殖民统治的斗志。非洲国家独立以后，苏联积极鼓励非洲国家走所谓的"非资本主义道路"。苏联借帮助非洲国家发展经济为名进行扩张、渗透，逐步加强了对非洲经济问题的研究，强调在非洲研究中"特别要关注非洲的经济发展和苏联与非洲的经济合作问题"[①]。

三、冷战后的非洲研究

冷战结束以后，非洲研究逐渐由西方拓展至全球，演化为一门国际性学科。美苏在非洲争霸的历史宣告结束，非洲的国际战略地位下降。大国对非关注和投入力度下降，非洲研究的战略价值弱化。美欧等国非洲研究的热度有所降温，而日本、印度等国对非研究兴趣增加。国际上研究非洲的温差明显，与非洲国际合作对象的变化密切相关。非洲的发展潜力日益引起国际社会重视，日本、印度等国纷纷加大对非投入。就日本而言，实现本国的国际议程需要非洲国家的支持，拓展发展空间同样需要非洲的资源、市场。成立于 1964 年的日本非洲研究协会是全国性研究团体，一直发挥着协调整合日本非洲研究资源的平台作用。此外，日本的京都大学、东京外国语大学等机构都有从事非洲研究的学者。1993 年，日本倡议主办首届东京非洲发展国际会议（TICAD），带动日本学界加大对非洲援助理念、发展转型等方面的研究。日本的非洲研究重点关注主要合作对象坦桑尼亚、肯尼亚、乌干达、赞比亚、埃塞俄比亚、尼日利亚、南非、津巴布韦、加纳、塞内加尔等国，注重实地考察以及与非洲学者的联合研究，实用主义色彩突出。在日本的非洲研究队伍中，研究人类学的学者占有相当大的比重，并且也是在日本非洲学术界相当活跃的一个群体。在日本的人类学科得到发展的同时，日本的政府和企业也可从中获得有关非洲国家最翔实的资料。[②] 印度与非洲隔印度洋相望，双方有着悠久的交往历史。印度驶入快速发展时期以后，对非洲的能源资源、市场等需求上升，印非关系逐渐密切。印度的非洲研究服务对非合作的实际需要，重点关注非洲投资、能源等领域。日本、印度等国各具特点的非洲研究，一定程度上改变了美欧对非研究力度下降后国际上非洲研究式微的态势，扩展了非洲研究的框架和内容。

进入 21 世纪，非洲复兴进程加快推进，非洲研究受到的重视程度进一步提高。国际社会对非洲的认知发生重大转向，贫困、动荡、落后等悲观的论调弱化，发展、稳定、进步等乐观的论调趋升。2011 年，国际知名《经济学人》刊发封面文章，称非

---

① 张毓熙：《苏联非洲研究工作的发展与变化》，载《西亚非洲》,1980(1)，71 页。
② 李智彪：《非洲研究在日本》，载《西亚非洲》，2000(4)，67 页。

洲为"崛起的大陆"。各国普遍加大对非关注和投入力度，深化同非洲诸多领域的合作，非洲研究在全球范围内呈现升温趋势。全球性热点问题层出不穷，各种各样的发展和安全等问题均在非洲得到不同程度的呈现，拓宽了学术界研究非洲的领域。值得注意的是，无论是从传统学科还是跨学科方面来看，非洲本土学者有关本地区的研究日益具有活力。[①] 当前，国际上关于非洲地区一体化、经济发展、移民、减贫、恐怖主义、气候变化、公共卫生等方面的研究逐渐增多，非洲研究议程更为深入细化。

四、中国的非洲研究

中非关系的日益深化，引领中国的非洲研究逐渐走向成熟。历史上，中国的典籍中就有关于非洲的记载。唐代的杜环曾辗转到过非洲，在所著《经行记》中留下了关于北非诸国地理概貌、人文风情等方面的记载。中华人民共和国成立以后，中国的非洲研究事业日益走向专业化、系统化。为了支持非洲国家的民族解放运动，了解非洲殖民地的历史和现状成为非洲研究的重点。在毛泽东主席的指示下，中国科学院哲学社会科学部亚非研究所于 1961 年 7 月成立。[②] 此后，北京大学于 1964 年 4 月成立亚非研究所，同年 7 月南京大学成立非洲经济地理研究室。国内多家非洲研究机构的陆续创建，标志着中国非洲研究进入轨道化的学科建设阶段。由于需要填补认识非洲的知识空白，《非洲史》《非洲内幕》《非洲概况》等一批介绍非洲基本情况的译著或著作得以出版。20 世纪 60 年代，北京外国语学院（北京外国语大学前身）等国内高校还开设了斯瓦希里语和豪萨语等非洲语言类专业，培养了宝贵的非洲外语人才。当时的非洲研究具有鲜明的政治导向，主要是服务支持非洲国家反殖反霸的需要。

改革开放以后，中国的非洲研究进入重视学术取向的新时期。1979 年，中国非洲问题研究会创办。1980 年，中国非洲史研究会创办。两家学会的职能各有侧重，前者重视现实问题研究，后者较为关注非洲历史。它们的创办搭建了中国非洲学术界的交流平台，有力推动了非洲研究事业的发展。此外，北京大学、上海师范大学等高校成立非洲研究中心，湘潭大学创建非洲法研究中心，北京外国语大学等外语类院校还逐渐扩展非洲语言的教学。除翻译《非洲原始宗教》《东非酋长》等国外著作外，国内关于非洲研究的成果不断问世，包括《非洲通史》（三卷本）《非洲经济社会发展战略问题研究》《非洲华侨华人史》等。非洲研究领域不断拓展，涵盖历史、经济、社会、文化等方方面面，从侧重知识普及转向具体领域的专业分析。中国的非洲研究正在逐步由政治取向向学术取向转变。[③] 20 世纪后期，由于中国对外合作主要面向美欧等发达国家，非洲研究处于边缘化的位置。

[①] Bundy C. Prospects for African Studies in the 21st Century. African Affairs, 2002, 101(402), 72.
[②] 1964 年 10 月，中国科学院亚非研究所正式更名为西亚非洲研究所。1981 年 1 月，西亚非洲研究所划归中国社会科学院。
[③] 李安山：《20 世纪中国的非洲研究》，载《国际政治研究》，2006(4)，122 页。

进入 21 世纪以后，中国非洲研究的学科建设日益完善。特别是 2006 年中非合作论坛北京峰会的召开，推动国内非洲研究热潮的兴起。中非全面战略合作伙伴关系快速发展，国内对非洲研究的需求急剧增加。政府、企业、社会等不同层面均存在对非知识需求，提升了非洲研究在中国区域国别学中的价值意义。部分国内高校、科研部门重新组建或新增非洲研究机构，浙江师范大学非洲研究院、中国传媒大学非洲传媒研究中心、天津职业技术师范大学非盟研究中心等挂牌成立，从事非洲研究的队伍不断发展壮大。中国社会科学院西亚非洲研究所主办的期刊《西亚非洲》、北京大学非洲研究中心主编的年度报告《中国非洲研究评论》、浙江师范大学非洲研究院主办的期刊《非洲研究》等刊物或报告，已成为国内非洲研究领域的重要载体。在政府的推动下，中非联合研究交流计划、中非智库论坛、中非智库"10+10"合作伙伴计划等涉非研究平台或机制建立，非洲研究获得国家层面的支持力度明显加强。2018 年 9 月，中国政府宣布设立中国非洲研究院。自创办以后，依托中国社会科学院雄厚的研究力量和对非合作良好基础，中国非洲研究院以多种方式和渠道组织开展工作，呈现融研究、交流、培训、传播于一体的工作格局。新时代的中国非洲研究更加注重将学术研究与政策实践有机结合，将基础理论与对策研究相互融合，致力于为加强中非文明互鉴、深化中非全面战略合作伙伴关系、推进中非共建"一带一路"等提供智力支撑。

具体来看，新时代中国的非洲研究呈现以下几个新特点。一是研究方法的创新。研究方法立足优化传统的定性研究，逐渐引入定量研究，日益重视实证研究和个案研究。国内非洲研究范式的革新，有助于补充宏观战略分析的不足，更为细致全面获取非洲知识。二是研究议题的多元。除传统的历史、政治、经济等学科外，还涉及考古、文学、军事、传媒、移民等学科。非洲研究涉及的领域日益多样化，学科边界逐渐被打破，形成了跨学科融合的研究趋势。三是重视话语权建设。中国的非洲研究议程日益重视与国际话语权建设紧密结合，通过阐释中非命运共同体等重要理念的内涵、意义，回应西方散布的所谓"中国新殖民主义论""掠夺非洲资源论"及"债务陷阱论"等不实指责，提高中国外交政策的国际话语地位。四是研究队伍的国际化。一批矢志研究非洲的青年加入非洲研究队伍，为中国的非洲研究事业注入新活力，形成老中青相结合的较为完整的学术梯队。青年学者接受过专业系统的学术训练，大多有海外学习经历，有的还曾在非洲研究对象国实地调研，同国外学术界交流密切。国内一些科研机构还吸引非洲学者加盟，有的与海外研究机构建立机制化的协同合作关系，以坚持中国特色为基础，逐渐注重从全球视野特别是非洲视角研究非洲，促进国内非洲研究国际化水平的提升。

毋庸置疑，中国的非洲研究还存在一些不容忽视的短板。研究方法总体上坚持历史和人文研究方法，定量研究和实证研究有待加强。注重宏观层面研究，微观研究尚显薄弱，缺少对次区域、国家、族群等细分领域和对象的深入研究。区域层面研究资源配置不平衡，重点关注北非和南部非洲，对非洲之角、大湖地区、萨赫勒地区等次地区的研究力度不够。国别层面的研究资源主要投向南非、埃及等地区大国，欠缺对其他非洲国家的专门研究。语言工具方面则主要使用英语、法语等国际通用语，鲜少直接使用当地语言直接获取一手的文件资料或访谈素材，罕有长期在非从事实地调研的研究人员。

总体而言，中国的非洲研究正处于蓬勃发展时期，成为国内区域和国别研究领域日显重要的板块。随着中非关系的不断深化，中国的非洲研究也将更趋专业化、系统化，推出更多高水平、前沿性、创新性的研究成果，服务构建更加紧密的中非命运共同体。

第三节　非洲地区发展模式

尽管非洲地区发展滞后，且受到欧美发达国家殖民化的强烈影响，在发展模式上无法摆脱殖民模式的影响，但非洲国家自独立以来，也在积极寻求本土政治经济发展模式，并推动了联合自强的发展努力，非洲地区的发展模式也在成长之中。

一、殖民模式及其遗产

自遭受殖民统治后，非洲的发展历程深受外部世界影响。欧洲列强殖民统治方式的差异，形成了对比鲜明的非洲殖民地发展道路。英国倾向实行"间接统治"制度，注重利用当地的酋长、部落首领等传统权力机构维持秩序。英国将非洲纳入"日不落帝国"的庞大殖民体系，积极培育殖民统治的"代理人"实施管制，从而减少控制殖民地的人力和资源投入。英国在非洲的每个殖民地都设有总督，各殖民地保留各自的运作体系，彼此间的差别比较明显。在西非的尼日利亚、塞拉利昂等殖民地，英国主要依靠土著精英进行统治。而在东部的肯尼亚和南部的罗得西亚等殖民地，英国则重视支持白人移民自治，以有效维持与殖民地的联系。英国实际上是对非洲殖民地"分而治之"，很大程度上保留了传统的部落管理模式。与英国殖民者不同，法国殖民者并不是将其殖民地视作一个个互不隶属的领地，而是视为"大法兰西"的组成部分。①法国力图全面控制殖民地的经济、政治、军事、文化等方面，大力向当地推广法语，"直接统治"的方式导致殖民地的"法兰西化"，至今影响着法属非洲殖民地的发展进程。殖民宗主国统治方式迥异，导致非洲国家在语言、交通、管理制度等方面的内部差异，包括人为划分族群、边界等问题，对非洲国家团结合作和区域一体化建设造成的不利影响遗留至今。

殖民者虽然采取不同的统治方式，但对非洲发展进程也产生了一定的共性影响。欧洲列强的殖民统治，中断了非洲的自主发展进程。从此，非洲被纳入资本主义世界

---

① ［美］马丁·梅雷迪思：《非洲国：五十年独立史》，亚明译，11页，北京，世界知识出版社，2011。

体系，失去了本国发展道路的主导权。一方面，非洲成为"奴隶贸易"的受害者，成千上万的青壮人口被贩运到美洲等地，致使本土的劳动力资源匮乏。另一方面，破坏了非洲传统的社会经济结构，非洲成为宗主国的原料产地和制成品市场，造就了单一的畸形经济结构和严重的外部依赖性，至今仍然是制约非洲发展的重大障碍。出于殖民统治的需要，欧洲列强在非洲启动实施带有工业化进程色彩的措施，投资开办工厂、银行等现代机构，开展铁路、航运等建设，架设电报线路，经营采矿业。现代生产生活方式的出现，剧烈冲击着非洲落后的自然经济形态，积累了非洲经济社会变革的因素。经过两次世界大战的冲击，世界殖民体系的统治基础动摇，非洲国家反殖民化的诉求高涨。同时，非洲殖民地的商品经济出现加速发展态势，导致传统的政治社会结构面临解体局面。最终，非洲民族解放运动在整个殖民地范围内兴起，殖民统治的发展模式逐渐走向终结。

二、本土模式的探索

挣脱殖民统治的枷锁以后，非洲国家发展道路的选择又受到当时国际主流发展观的束缚。非洲国家在发展政策上接受了西方发展学家的"现代化理论"，用现代化透视分析非洲国家不发达的状态，研究非洲国家与发达国家之间的差距，简单地把发展视为仿效西方现代化的模式。[①] 为了迅速实现现代化，非洲国家寻求推动经济快速增长，加快工业化建设。但是，采取何种具体的发展模式，非洲国家面临两种截然不同的道路选择。实际上，非洲国家独立伊始便被卷入冷战的漩涡。美国和苏联都试图对非洲国家施加影响，将其纳入自己的阵营，导致非洲国家在政治意识形态或国家发展道路的取向上各有归属：部分非洲国家追随西方国家走资本主义道路，同时也有近半数的非洲国家效仿"东方国家"走"社会主义发展道路。[②] 可以说，两种主流发展道路并存成为非洲国家独立后发展模式的基本特征。一是资本主义道路，由于长期受到殖民统治，加上一些独立运动的领导人西化思想浓厚，尼日利亚、卢旺达、乌干达、肯尼亚等国选择采取资本主义国家的制度模式，直接移植西方多党选举制度。二是社会主义道路，坦桑尼亚前总统尼雷尔、加纳前总统恩克鲁玛、塞内加尔前总统桑戈尔等主张以非洲传统村社为基础建设社会主义。在尼雷尔的领导下，坦桑尼亚曾一度开展声势浩大的"乌贾马运动"，寻求把分散的农户集中到组织起来的村社大家庭之中，把社会建设成为扩大了的家庭。坦桑尼亚在全国范围实行国有化政策，废除了私有制度，国家经济命脉基本上由政府掌握。独立后初期，非洲国家发展道路选择不同，但都普遍以追求经济增长为目标，大多采取了国家主导的工业化路线，实施进口替代战略。非洲国家的生产力从长期的殖民主义束缚中解放出来，涌现了一定的发展活力，各国

---

① 唐宇华：《非洲国家不同时期的发展理论与模式》，载《世界经济与政治》，1994(9)，20 页。
② 张宏明：《大国在非洲格局的历史演进与跨世纪重组》，载《当代世界》，2020(11)，31 页。

在现代化建设方面取得了初步成就。但是，过度的国家干预、盲目的工业化、忽视农业等政策措施所造成的弊端也逐渐显现，非洲国家的经济发展形势趋向恶化。

按照依附论理论等学说的解释，非洲不发达状态的根源在于对不平等国际体系的依附。非洲必须摆脱不平等的国际体系束缚，在自力更生的基础上实现国家发展。1971年5月，非洲经委会和非统组织召开非洲国家工业部长会议，通过了《70年代亚的斯亚贝巴工业化宣言》，提出了自力更生和相互合作的原则。1973年非洲统一组织又通过了《非洲合作、发展和经济独立宣言》，首次明确提出了"集体自力更生"的概念，确定分阶段在非洲建立区域经济集团，同时强调发展基础设施和重要经济部门，迅速实现工业化，努力将单一经济结构改造为多元经济结构。[1]

20世纪80年代，受世界经济危机影响，非洲的发展困境加剧。非洲国家思考外部发展模式的弊端，自主发展的意识有所深化。1980年，非洲统一组织主导制定《非洲经济增长：拉各斯行动计划》。该计划的前言明确提到，发达国家相继的发展战略并没有促进非洲大陆经济形势的改善，相反带来了发展停滞，乃至潜在的经济和社会危机。然而，非洲寻求自主发展的努力，遭到了西方国家的集体打压。当时，新自由主义发展思潮盛行，成为西方国家向发展中国家兜售的"灵丹妙药"。西方国家控制的国际金融机构制定非洲结构调整方案，强制推行以新自由主义为基础的结构化改革方案。国际货币基金组织和世界银行在与非洲国家谈判中要求缩减政府规模、实行私有化、货币贬值、开放市场，这被证明是对非洲经济致命的打击，"经济结构调整计划几乎毁掉了非洲经济"，加上干旱、饥荒、艾滋病和疟疾蔓延等自然灾害，非洲国家经历"失去的十年"。[2] 尤为严重的是，非洲国家独立后大规模的外部债务到期，偿债压力集中爆发。非洲国家脆弱的经济状况雪上加霜，陷入贫困衰败的泥潭。

冷战结束以后，西方国家加紧向世界输出民主，民主化浪潮席卷非洲大陆。在内外多种因素影响下，非洲国家普遍采用了多党选举制度。大部分国家政治上的全盘西化，加速了经济体制向市场化转轨，包括全面推行国有企业的私有化，放宽外资进入本地资本市场的限制，实施贸易及汇率自由化等等。非洲国家经济改革措施，一定程度上使经济出现了复苏迹象，但经济增速仍然缓慢。这一时期，非洲多党制的推行，并未带来稳定局面，反而增加了动荡因素。"逢选必乱"现象凸显，部族冲突、宗教矛盾等固有矛盾激化，非洲发展的稳定环境遭到破坏，拖累了经济复苏的步伐。

三、后殖民时代自主发展模式的探索

自独立以后，非洲国家长期受到被动接受外部发展模式的困扰。进入21世纪，非洲寻求自主发展的意识增强。国际发展模式出现的新变化，为非洲国家的发展转型

---

[1] 唐宇华：《非洲国家不同时期的发展理论与模式》，载《世界经济与政治》，1994(9)，21页。
[2] 周玉渊：《从被发展到发展：非洲发展理念的变迁》，载《世界经济与政治论坛》，2013(2)，54页。

提供了新的参考和借鉴。国际力量对比呈现"东升西降"的态势,以中国为代表的一大批新兴经济体群体性崛起,打破了发展模式方面"华盛顿共识"的神话。面对常年停滞不前的发展状况,特别是中国特色社会主义道路取得的巨大成就,非洲有识之士深刻反思照搬照抄西方发展模式的弊端,更加深刻认识到探索适合本国国情发展道路的重要性。非洲涌现"向东看"的潮流,学习借鉴中国等一批新兴经济体的发展经验,成为越来越多的非洲国家的抉择。非洲国家不再盲目模仿其他已有的发展模式,而是采取参考借鉴的方式,结合自身的实际条件制定国家发展战略。

从国际格局演变来看,非洲国家自主发展的空间增大。冷战期间及结束后的一段时期,非洲国家获取的援助、投资等主要来自西方国家,经济结构调整等受制于西方国家发展模式。21世纪以后,随着新兴国家的群体性崛起,中国、印度、土耳其、韩国、巴西等国纷纷加入国际对非合作事业,改变了非洲过去较为单一的贸易体系、投资体系、援助体系。非洲对外交往呈现出伙伴多元化趋势,一定程度扭转了以往被动参与国际体系的局面,日益朝着主动塑造的方向演进。非洲国家自主选择发展道路的国际压力减弱,探索符合本国国情发展道路的可能性上升。

非洲在实现自主发展方面,各国结合本国国情采取了不同的发展模式。其中,埃塞俄比亚、卢旺达、安哥拉等国的发展模式较有代表性。埃塞俄比亚地处东非,全国约1亿多人口,经济结构曾长期以农牧业为主。自1991年以来,该国长期实施由政府主导的发展战略,充分发挥劳动力充足优势,大力发展基础设施和制造业,推广工业园区建设,经济保持较高增长势头。从2006年到2021年的15年间,埃塞俄比亚经济年均增速达到10.1%。埃塞俄比亚被联合国誉为实现千年发展目标的典范,该国力争2025年进入中等国家行列。卢旺达处于非洲大陆心脏地带,全国人口共约1200万,1994年的"卢旺达大屠杀"事件曾给该国的发展蒙上了一层阴影。卡加梅领导的"卢旺达爱国阵线"上台执政以后,以种族和解政策实现国内政治稳定,努力提高政府的治理能力,制定国家重建和经济发展规划,积极吸引海外投资。2002年到2012年,卢旺达的经济年均增速超过8%。经济快速增长的同时,营商环境持续改善,社会治安状况明显好转,卢旺达的发展被称为非洲经济奇迹。2021年,卢旺达经济增长速度达到10.9%,为近10年来最高。安哥拉位于南部非洲,人口规模约3000万,油气资源尤为丰富。2002年安哥拉内战结束以后,执政党"安哥拉人民解放运动(MPLA)"将工作重点转向经济恢复和社会发展。安哥拉曾向国际货币基金组织等多边金融机构和发达国家寻求资金援助,但拒绝接受减少政府开支、国企私有化等附加条件。最终,安哥拉选择不附加政治条件的中国优惠贷款。安哥拉以石油资源为担保获取贷款以后,将资金投入基础设施、医院、学校、通信等领域建设,较好地改善了民生。2001年到2021年,安哥拉经济年均增长率为5.21%,成为非洲乃至世界快速增长的国家之一。总的来看,非洲国家在坚持自主发展方面取得积极进展,但由于各国经济体量偏小，容易受到内外环境变化的影响，现有发展模式均未定型，仍然处于调整演变阶段。

思 考 题

1. 如何看待非洲在人类社会发展史上的地位及非洲传统文明的当代价值？
2. 如何评价西方殖民统治对非洲发展的影响？
3. 分析非洲区域合作的特点、成就与未来走向。

CHAPTER 12
第十二章

发展中国家研究（三）：拉美地区

拉丁美洲和加勒比海地区（简称"拉美地区"）由33个独立国家和15个未独立或有争议的地区组成。拉美地区面积2 070万平方千米，截至2022年底，人口超过6.5亿，印欧混血种人占绝对多数，其他还包括黑白混血种人、印第安人和白种人等，共有5种官方语言，大多数国家主要信奉天主教。拉美地区是拉美文明的主要发源地，从早期的玛雅文明、阿兹特克文明和印加文明到近代以来历经殖民化和民族独立斗争，拉美国家逐渐展现了独特的发展模式与政治文化，成为新兴经济体和发展中国家的重要组成部分。

第一节 拉美地区概述

拉丁美洲是一个复杂的文化概念，拉美文明的内涵与其从殖民到独立的历史背景密不可分。归结起来，学界对拉丁美洲范围的界定存在狭义、次狭义和广义三个取向：从狭义上来讲，拉美仅仅指使用西班牙语和葡萄牙语的所有美洲国家和地区的总称，它们曾经都属于西班牙殖民帝国或葡萄牙殖民帝国的一部分；次狭义指代以拉丁语族（主要是西班牙语、葡萄牙语和法语，注意英语和荷兰语不属于拉丁语族）语言为官方语言的美洲国家和地区，包括了使用法语的国家和地区（比如海地以及法属圭亚那等），但不包括加拿大的魁北克省（法语为官方语言）以及美国的路易斯安那州（法语为常用语言）；广义则包括了美国以南的全部美洲国家与地区，和狭义相比多了使用英语和荷兰语的国家或地区，包括使用英语的圭亚那、伯利兹、牙买加等等，使用荷兰语的苏里南等等。不管作何理解，拉美地区承载了一种特殊的文明形态，对拉美地区的研究也必须从理解拉美文明出发。

一、拉丁美洲文明及其内涵

从联合国的政治划分来看，拉丁美洲的通用所指受到了盎格鲁-撒克逊美洲相对性立场的影响，泛指地理上以美墨边境格兰德河为界对美洲大陆的南北之分，将美国以南的美洲地区，包括墨西哥、中美洲、西印度群岛和南美洲等 33 个国家和地区划入拉丁美洲，还包括仍处于美、英、法、荷统治下的 10 多个殖民地。

在地理范围划分之外，拉丁美洲地区的界定同时是文化概念。与欧洲人界定的亚洲、中东等概念不同，拉丁美洲是移民到南美的欧洲后裔确立的。拉丁美洲的概念，在历史上首次由智利政治家弗朗西斯科·毕鄂鲍尔（Francisco Bilbao）提出。1856 年，在巴黎的一场题为"美洲倡议"的会议上，毕鄂鲍尔呼吁在拉丁美洲共和国间形成联邦式结盟，消除政治和经济壁垒，来实现共同的防御目标并寻求共同发展。次年，哥伦比亚作家何塞·盖伊塞多（Jose Caicedo）发表题为"两个美洲"的长诗。与毕鄂鲍尔倡议和"两个美洲"概念直接相关的历史背景涉及两个历史事件：一是 1846 至 1848 年因德克萨斯共和国边境之争而爆发的美墨战争，美国的胜利使得墨西哥失去了相比 1821 年独立时超过三分之一的领土；二是 1856 年，美国人威廉·沃克（William Walker）成为尼加拉瓜共和国总统，其试图在尼加拉瓜建立以英语殖民地的政治行为，受到时任美国总统富兰克林·皮尔斯（Franklin Pierce）的支持。两个历史事件均被认为是美国扩张主义带来的直接威胁，催生了拉丁美洲概念的形成。显然，拉丁美洲的形成，与美国有着不可分割的内在联系。无论是字面意义上对使用语言的划分，还是通用意义上与盎格鲁-撒克逊美洲对立，拉丁美洲概念的形成与美洲殖民的背景密不可分。

无论是英国历史学家汤因比，还是美国政治思想家亨廷顿，在对文明进行区分的时候，都倾向于把南北美洲分开来，认为北美洲属于西方普世文明，拉丁美洲属于另外一种独立的文明，理由是他们的宗教信仰不同，社会制度差别很大。比较政治学家霍华德·威亚尔达教授（Howard J. Wiarda）在其《拉美的精神：文化与政治传统》（The Soul of Latin America: The Cultural and Political Tradition）一书中也认为，拉美文明不同于北美，拉丁美洲与它的宗主国西班牙、葡萄牙共同形成了具有自身特色的伊比利亚-拉丁美洲文明，伊比利亚与拉丁美洲原本同气连枝，自成一体。因此，理解拉美文明，存在着以下三个维度的内涵。

一是拉丁美洲文明的根基是古代文明。"古代文明"是指 1492 年哥伦布航行至美洲大陆以前，美洲大陆已经形成了灿烂的古代美洲文明：阿兹特克文明、玛雅文明和印加文明。古代美洲文明决不是无足轻重，拉丁美洲前殖民时期的文明至少是理解欧洲殖民的必要条件。比如，查尔斯·曼恩（Charles Mann）的《1491：前哥伦布时代美洲启示录》从人类学、考古学等多个角度，阐释美洲原住民文化在欧洲殖民者到达前已发展出了高度复杂的文明，这些文明在不同程度地依然对拉丁美洲产生着重要影响，至少依然维系着拉丁美洲与北美洲文化差异的重要基因。

二是拉丁美洲文明的背景是近代文明。"近代文明"是指自 15 世纪末哥伦布发现新大陆后，欧洲人在西半球的殖产兴业几乎重新界定了这一地区，使得欧洲对拉丁美洲的殖民历史成为当代拉丁美洲的发展基础。拉丁美洲古代文明与欧洲文明的相遇、交流、融会，孕育了拉丁美洲近代文明的初创状态，其中还包括部分非洲文明和亚洲文明的成分。拉丁美洲近代文明的发育状态首先接收了欧洲启蒙思想的传播和实践，后逐渐经历了盎格鲁-撒克逊文明、法兰西文明和美国文明对拉丁美洲文明的撞击。新型的文化形式和内容导致了拉丁美洲文明的发展和变革。

三是拉丁美洲文明的主体是现代文明。"现代文明"主要是指20世纪，这是拉丁美洲文明发展的新阶段，文化自我意识的强化，呈现出思想变革、理论创新、文学艺术流派纷呈的新局面。呼应拉美文明内涵在学术上最典型的例子是对印第安语言和拉美文学的研究，包括印加帝国的通用语、今主要分布在秘鲁的克丘亚语（Quechua Language），与之相近的是现玻利维亚官方语言之一的艾马拉语（Aymara Language），分布在中美洲和墨西哥一带最重要的是玛雅语系（Mayan Languages）。印第安语言和拉美文学的研究对于型塑拉美人的历史记忆、维系其特色鲜明的人文风格以及界定其共同社会想象，都具有潜移默化的重要影响，使得如此广袤多样的拉丁美洲地区存在高度相似和默契。

二、殖民体系及独立革命

拉美国家在独立前经历了300多年的殖民阶段，殖民阶段构成了拉丁美洲文明的重要历史背景。西葡王室对美洲的殖民活动，始于西班牙皇室于1492年所资助的克里斯托弗·哥伦布（Cristoforo Colombo）航行，起初是为了寻找一条前往印度及中国的新通道，但却跨越了大西洋来到美洲。伴随着探险者们成功开辟新航路，西班牙征服了美洲并建立了第一个殖民王国。在成功地将穆斯林驱逐出伊比利亚半岛之后，西班牙成为第一个试着殖民美洲的国家。其中一个关键因素是传染病。西班牙人登陆美洲，带去了如麻疹、黄热病等传染病病原，一方面这些传染病导致美洲原住民大量感染病亡，另一方面具有免疫能力的西班牙人不受疾病影响。这给当地人造成了神化的错觉，强化了宗教传播的条件，而宗教打开了在美洲大陆西班牙语得以被使用、拉丁语言书写系统得以被建立的局面。

从1492年哥伦布踏上新大陆开始，西班牙就陆续在加勒比海和美洲沿岸设立据点并向内陆推进。1519年西班牙人建立了哈瓦那并控制了加勒比海最大的岛屿古巴岛，同年登陆墨西哥并建立韦拉克鲁斯、在巴拿马地峡南岸建立巴拿马城，并开始侵入了南美太平洋沿岸地区。此后西班牙殖民者科尔蒂斯（Hernando Cortes）带兵深入内陆并于1521年征服了阿兹特克帝国。1533年，印加帝国被皮萨罗（Francisco Pizarro）征服，两年后西班牙人在秘鲁建立利马城并以此作为逐步控制南美其他地区的基地。1534至1535年，西班牙北上北美西岸地区并将之命名为加利福尼亚，开始逐步深入北美内陆。为了统治西属美洲，西班牙先后建立四个总督区：新西班牙总督辖区，首府墨西哥城，1535年设立，管辖新西班牙（今墨西哥）、中美洲及加勒比海诸岛、菲律宾等地；秘鲁总督辖区，首府利马，1542年设立，管辖整个西属南美。18世纪西班牙在南美又设立两个新总督区，分别是新格拉纳达总督辖区，首府波哥大，1718年设立，管辖今哥伦比亚、委内瑞拉和厄瓜多尔地区；拉普拉塔总督辖区，首府布宜诺斯艾利斯，1776年设立，管辖今阿根廷、乌拉圭、巴拉圭和玻利维亚等地。此外，有的总督区下设置有都督府，在南美洲共有4个都督府：危地马拉（1527年）、古巴（1777年）、委内瑞拉（1773年）和智利（1778年）。西属美洲的独立战争后，相应的总督区和其他行政区划分不复存在，但却深刻影响到了各新独立国之间的边界和行政区划分。

在西班牙统治的几个世纪里，西属美洲的原住民不断遭到西班牙殖民者的驱赶和屠杀。但是，和英国殖民地不同，西班牙并不发展殖民地的加工业，而只把其作为原料产地加以掠夺，所有西属美洲的特产和资源都会通过船只运回本土。这也造成了后来从西班牙殖民地独立出来的国家都是较落后的农业国的情况，这和独立自英国的美国形成鲜明对比，也被称作西半球的历史大分裂。早期殖民者的政府主要是在沿海和交通方便之地，在那里建立殖民城市和据点，广大内陆地区仍然为印度安人所控制，内陆的政府活动遭到居住分散的印度安人顽强抵抗，在后期的征服过程中，天主教会起着更重要的作用。尤其是西班牙以美洲为基地，建立起"欧洲第一个真正的殖民地帝国"。西班牙最初并没有打算移民新大陆，"我不是来这里种地的！"西班牙的意图是在新大陆建立商业据点，通过垄断贸易和海盗式的劫掠大发其财，然后衣锦回乡。然而，西班牙人很快发现，新大陆没有什么可以贸易的产品，印第安人也没有贸易的兴趣，西班牙开始致力于建设永久性的移民殖民地模式，或曰"拓殖榨取型"的殖民地模式：

一是殖民地的经济结构。西班牙殖民地土地制度的典型形式是大地产制以及宗主国经济体系，主要用于种植谷物的地产被称为大庄园，以种植经济作为主要生产方式的地产被称为大种植园。大庄园的兴起，主要是为了满足矿区和城市对食品的需求，改变了土地的占有关系，大片土地由印第安村社所有转入西班牙殖民者私人所有，给拉美社会发展造成严重阻碍，成为拉美各国长期贫困落后的根源。

二是殖民地的政治结构。国王是最高统治者，殖民地官员由王室任命，但殖民地官员有很大的灵活性，"我服从但不执行"。在征服初期，王室授予哥伦布、科尔特斯和皮萨罗等远征队首领以广泛政治权力，后来逐步采取措施予以限制。表面上的中央集权与实际上的地方有效权威之间的矛盾，是拉美殖民地的主要遗产之一。在很大程度上，西班牙之所以能够对遥远的美洲殖民地保持长期统治，主要原因不在于其军事力量，而在于王室对地方精英的让步和包容。

三是殖民地的社会结构。西班牙人和印第安人的双社区模式，催生了城市与庄园的二元结构。殖民地的城市呈现规则状的棋盘分布，通常是一个大型中心广场分布着大教堂、政府办公大楼和其他公共建筑。以广场为中心（比如武器广场），延伸一条条宽阔的街道，整齐化一的各个街区呈现几何形状交错相连，体现了帝国的统治意志，是"帝国与教会秩序的缩影"。与城市相比,在迅速解体的印第安市镇基础上,西班牙人建立了大庄园。大庄园通常都是一个比较完备的社会单元,是一个完整的殖民地社会,直到今天仍然可以找到庄园式社会的片区。

四是殖民地的教会和文化。美洲的殖民化,既是一个军事和政治征服的过程,也是一个精神征服的过程,天主教扮演了精神征服工具的角色。西班牙和葡萄牙都是信奉天主教的国家。西班牙和葡萄牙建立起来的殖民制度是王权和教权相结合的制度。在殖民地建立起来独立的教会系统和教阶制度,大主教和主教基本上是国王任命。教会不仅是一个政治机构,也是一个拥有巨大财产的经济实体,还有一定的社会职能,也出现了本土化现象,尤其是在落后的山谷丛林地带,教会扮演着殖民先锋的角色。拉丁美洲文化也是欧洲文化、印第安文化与外来非洲文化碰撞融合形成的新型拉美文化。

拉丁美洲独立战争是18世纪末至19世纪在拉丁美洲发生的一系列西属美洲对西班牙帝国的战争。这些冲突的特点是内战和独立战争,独立战争中的将领和士兵大多是西班牙裔的美洲人,他们的目标是使美洲的西班牙殖民地独立。拉丁美洲独立战争受到了美国革命和法国革命的影响,战争波及面广,参加人数多,斗争时间长。战后建立了一系列资产阶级性质的近现代民族独立国家,确立共和制和代议制,拉美式的资产阶级共和国普遍建立,废除天主教会的宗教裁判所,削弱教会势力,大部分国家废除了奴隶制、徭役制和人头税,废除了限制工商业发展的殖民垄断制度,为拉美各国的独立发展创造了必要条件。但土生白人、大地主和教会势力仍霸据各方,军人独裁政权迭出,成为制约拉美地区发展的一个重要因素。

三、拉美研究的主要问题

研究拉美地区以及地区内主要国家的几个核心关切在政治问题上体现为对政治制度变迁的研究,在经济问题上体现为对经济发展动力的研究,最后在社会文化领域体现在对本土性问题的反思。

(一)政治制度变迁问题

拉美制度变迁的历程、政治变革的动力,是拉美政治研究的核心关切。拉美独立以来的政治发展大致可以分为以下几个阶段,19世纪80年代至20世纪20年代的寡头统治阶段,20世纪30年代至20世纪70年代的民粹独裁阶段,20世纪50年代至20世纪80年代的革命运动年代,20世纪80年代至今的民主复兴阶段。拉美各国政治制度的变迁在这几个阶段的具体表现,是理解拉美政治发展的重要经验支撑,在每一个阶段所反映的政治变革的主要矛盾,也勾画了拉美地区政治变化的丰富图景。具体来看,每个阶段的主要研究关切如下所述。

19世纪80年代至20世纪20年代的寡头统治阶段的突出特征即上层阶级以经济或军事路径垄断政权。欧洲工业革命的爆发促进了19世纪拉丁美洲地区经济结构的形成与发展，进出口业的发展壮大了上层阶级的经济力量。上层阶级追求政权垄断体现在两种路径。一种是经济路径，通过土地产权或特定经济产业霸权，借由表面温和的党派斗争形式，完成对政权的实际控制，比如在阿根廷和智利，政权更迭并不具有独立性。另一种是军事独裁路径，通常是由军官牵头借由特定的法律程序，建立和维持垄断的政治秩序，为上层阶级经济利益的保障服务，比如在墨西哥、委内瑞拉和秘鲁可以观察到这样的情况。无论是哪种路径，其目标都在于稳定和控制社会整体，建立中央集权，确保地方考迪罗势力的进一步发展，巩固国家权力。

20世纪30年代至20世纪70年代的民粹独裁阶段的初始导火索是经济大萧条。大萧条给拉丁美洲带来了灾难性的影响，进出口模式的可行性受到打击，军队干预成为了1930年前后的一个阶段内，拉美政治动态中频繁出现的现象，武装部队重新确立了他们在拉丁美洲政治中起到主要作用的传统角色。随着早期工业化进程发展和城市工人阶级力量的增长，多阶级的民粹主义联盟的建立是这一阶段拉美政治发展的突出特征。结合企业家、工人阶级利益的新的产业联盟，成为国家领导下的新的政治资本团体，国家权力直接巩固了特定领导人的个人权力。这些政权的共同特点是能够最大化地动员工人阶级力量，并且同时利用民族主义、反帝国主义等口号，加以个人领袖魅力，形成全包式的政治模式，巴西的瓦尔加斯政权和阿根廷的庇隆政权都是典型案例。

20世纪50年代至20世纪80年代的革命运动主要爆发于地区内欠发达国家。在地区内主要大国的民粹主义试验火热进行时，欠发达国家的政治局面则从寡头民主阶段直接让位于个人独裁统治，其原因在于殖民时期遗留、建国早期存续的种植园社会无力适应工业化的节奏，没有资源、资本、技术、市场的支持，只能更新农业生产以不断适应出口需求。社会经济产业结构的单一性助长了个人独裁政权的发展，在比如危地马拉、萨尔瓦多、尼加拉瓜、多米尼加以及古巴等地，发家于武装势力的军人独裁政府激起了社会中的反抗，即马克思主义的革命运动，反抗者以暴力革命的形式夺取政权。只有在古巴和尼加拉瓜，革命运动实际上取得政权，在其他国家，武装游击队势力在地理上割据一方，与独裁政权长期处于对立状态。

20世纪80年代至今的民主复兴阶段是在蔓延至整个地区的经济危机刺激下，被迫开启的大规模的政治民主浪潮，在绝大部分国家建立的民主制度框架一直运行至今。经济危机的爆发从根本上解构了支持民粹主义试验的社会联盟，政权合法性受到重创，社会抗争压力不断上升，冷战的结束弱化了意识形态对抗的色彩，新自由主义改革所代表的技术官僚化趋势在政治经济改革中占据主导地位。然而在这一阶段，民主概念的范畴在拉丁美洲依然相当宽泛，一边是能够确保进行自由公平选举、广泛尊重言论自由的自由主义民主政体，另一边是在个别国家仍然存续的威权传统和军人干政模式。在两个极端之间也有相当国家处于不完全的民主政体状态，一方面能够确保选举竞争形式，另一方面又对民主政权有各类制约，其中超级总统制所带来的立法、司法系统力量不足也是造成不完全自由民主体制的原因。

（二）经济发展策略问题

拉美经济发展的动力、经济政策调节的后果是拉美经济研究的核心关切。拉美独立以来的经济发展大体上可以分为以下几个阶段，19世纪80年代至20世纪20年代的自由主义阶段，20世纪30年代至20世纪70年代的进口替代工业化阶段，20世纪50年代至20世纪80年代的社会主义替代方案，1980年代至今的有争议的新自由主义阶段。拉美各国经济发展的历程在这几个阶段的具体表现，是理解拉美经济发展至当今阶段所具有的结构性特征的重要历史参考，在每一个阶段所反映的经济改革的主要阻力，也与政治发展的各个阶段密切相关。具体来看，每个阶段的主要研究关切有以下不同侧重点。

19世纪80年代至20世纪20年代的自由主义阶段，主要受到欧洲自由主义思想的启迪，经济活动被从教堂或国家权力强制计划和执行的模式中解放出来，工业革命的大势也给拉美大陆带来了新的经济机会，农业产品、矿产品等原材料和初级制成品的需求不断增加，比较优势思想主导下的国际分工格局逐步建立起来。比如阿根廷成为农业和畜牧业产品的主要出口国，包括羊毛、小麦、牛肉等；智利出口铜矿藏；古巴生产烟草、咖啡和蔗糖；墨西哥出口龙舌兰和铜锌矿藏。尽管如此，这一阶段的自由主义经济发展并不具有严格意义的现代特征，因为开放型经济得以形成，离不开开放型国家权力的决定性措施，包括开放的移民政策，对人力资本分布不均的调节和在地区内各国之间实现的生产资料调配等。随之发展起来的不仅有各国主导产业，还有中产阶级社会阶层的成长、工人阶级的壮大，这一切都为后来工人结社、工人政治的发展奠定了最初的基础。

20世纪30年代至20世纪70年代的进口替代工业化阶段，始于自由主义经济模式营造希望的破灭，产业收入的普遍下降，国家权力的威信受损，工业基础的薄弱，社会动乱的增加，这使得革命活动开始在拉美地区蔓延。1910年的墨西哥大革命开启了南美洲国家民族革命的浪潮，并在初始工业发展的基础上，催生了一系列民族资产阶级政党，这些政党在此后拉美政治经济变局中都发挥了至关重要的作用。进口替代工业化政策，是依附论在拉美经济实践中的理想化尝试，坚持拉美地区只能在经济自给自足和独立的基础上，才能取得真正的政治自主权，因此经济独立是这一阶段经济发展的主要目标。其概念是，通过建立自己的工业体系，拉丁美洲可以更少依赖欧洲和美国的制成品。但是，地区内主要大国的经验都令这一政策尝试的效用折损，阿根廷、墨西哥、巴西的经济轨迹显示了进口替代工业化政策的短期刺激效果，但继续要求大量资本投入的长期模式无法实现，超过应该水平的生产成本分摊到消费者身上，技术垄断的局面提高了技术投资的门槛，高补贴、关税庇护等措施进一步增加了维持这一政策模型的财政压力。

20世纪50年代至20世纪80年代的社会主义替代方案是对自由主义方案和进口替代工业化方案均作出替代的尝试，主要实现方式有彻底的革命运动、温和改革进程和解放神学运动。其中，代表温和改革进程的拉美左派政党在这一时期尤为活跃。社会党在拉美战后的政治进程中，将马克思主义对阶级斗争的分析与自身对民族主义及主权至上的坚持混合起来，在谴责帝国主义的同时，没有完全跟随苏维埃的方针路线，比共产党的执政纲领更加灵活，更好地与当地现实结合起来，具体的案例包括危地马拉和智利。解放神学运动将马克思主义理论和天主教教义进行了看似不可能的结合，其关键目标是以社会公正的名义鼓励公民参与，从而缓解社会不平等。然而，随着冷战结束和苏联解体，社会主义的经济发展思路受到挑战，并几乎全盘被后续的新自由主义改革所取代。

20世纪80年代至今的新自由主义阶段饱受争议。在经济危机爆发的大背景下，国际多边金融机构提供以强纪律性经济改革为条件的优惠贷款，迫使大多数拉美国家进入新自由主义改革阶段。其中被统称为华盛顿共识的改革方案最重要的目标即支持私营部门的发展，确保贸易投资自由化，削减政府对经济运行的干预。1980年至2000年初是新自由主义改革在拉美各国坚决推行的阶段，然而2008年全球金融危机暴露了自由化改革下掩盖的问题，以社会不平等和金融脆弱为典型，对新自由主义改革的继续推进产生了阻力，拉美各国在政治上不同程度的反应，也不断对新自由主义改革的合法性和效用提出质疑。拉美的经济发展，经过多轮政策尝试、自由发展的轮回，仍然摆脱不了对外部市场、外部投资、外部技术的高度依赖，出口导向型的经济结构从本质上决定了拉美经济的脆弱性。

（三）社会文化层面的本土性问题

拉美的本土性问题是拉美社会文化研究领域愈演愈热的研究话题。本土性争论首先反映在种族问题的研究上，拉美印第安人群体和梅斯蒂索混血群体尽管在一些国家的人口组成中占有重要比例甚至绝对多数，但在社会地位、文化意义上的重要性无法同等比较，不同群体对待多元民族构成、多元文化主义的相异态度，反映了拉美社会在本土性问题上的历史遗留矛盾。印第安社会运动在墨西哥、玻利维亚、厄瓜多尔的发展引人注目，莫拉莱斯的政府、墨西哥南部瓦哈卡州的社会运动，为拉美本土民族问题引来新的关注度。在文化、文学和艺术方面也可以看到对本土性越来越明显的观照，在拉美各国盛行的涂鸦文化，反映出居住在城市关键区域的人们对自身种族身份的反思，大众媒体越来越多地打破局限审美，将多元文化主体纳入到日常传播的对象覆盖范围中。

第二节　拉美地区研究的发展

拉美研究是中国区域国别学的重要组成部分，涵盖了对拉美地区各国综合性、跨学科的研究，在政治、经济、社会等方面各有侧重。同时，拉美政治与经济变革环环相扣，若干轮政治实验、经济实验，提供了丰富的经验研究空间，拉美地区也被誉为"宏大理论的试验场"。拉美地区研究作为区域国别学的分支，其兴起具有特定的历史背景。在拉美地区研究的发展历程中，先后涌现出普遍主义、相对主义和全球主义三个阶段的范式。其中，以美国的拉美研究为主导的国际拉美学界的发展，对中国的拉美研究具有重要的启示意义。

一、拉美地区研究的兴起

作为区域国别学的一个领域，拉美研究就是对拉丁美洲区域/国别进行的研究。拉丁美洲研究最初是指对拉丁美洲殖民历史的研究，尤其关注从1492年哥伦布发现美洲到19世纪初拉丁美洲国家独立的历史。国际学界早期的拉美研究主要集中在欧洲的历史和文学、古典作品和比较宗教研究上，关注非欧洲地区的研究非常少。进入20世纪后，拉丁美洲国家纷纷实现了独立，拉美研究将重心转向独立后的拉丁美洲国家，涵盖政治、经济、社会、文化等众多方面，包括拉丁美洲国家的独立和国家形成、外敌入侵与边境冲突、经济发展与现代化进程等重要议题，相关的研究主要集中在历史学界。

宽泛来说，对拉丁美洲最早的关注应从1492年哥伦布发现美洲大陆开始，对独立的拉丁美洲国家的研究应从19世纪上半叶算起。但拉丁美洲研究实际上作为一个学术领域直到20世纪以后才开始成形和发展。拉丁美洲研究是对拉丁美洲地区历史、文化、政治、经济等方面研究的总称，是一个跨学科的学术领域，包括政治学、社会学、历史学、文学、地理学等。同时，拉丁美洲研究也处于灵活开放、不断发展的状态，延伸至与拉丁美洲、拉丁美洲人相关的所有话题，比如对美国拉丁裔族群的研究等。

拉丁美洲区域研究发展进程中的主要动力并不在知识界内部，而在于知识和社会需求的互动当中，尤其是美国扮演了至关重要的角色。美国是拉丁美洲最重要的地缘政治伙伴，拉丁美洲研究作为地区研究的兴起，很大程度上是由美国对拉美的战略需求主导的。1942年珍珠港事件的爆发，空前地激励了美国国际研究的发展，战略情报工作与学术研究产生了直接联系。战后，美国获得的历史性教训是，必须摆脱孤立主义，美国国内的国际学者联合起来，从国家利益的角度，向联邦政府论证加强地区研究的必要性。作为二战后地区研究崛起浪潮的一部分，拉丁美洲研究姗姗来迟。1959年古巴革命的爆发和胜利，对于美拉关系的走向以及美国的拉美研究发展产生了决定性的影响。古巴革命后，拉丁美洲对于美国的战略地位空前提升，为了限制苏联在拉丁美洲的影响进一步扩大，美国对该地区采取了所谓"楔子战略"。在该战略指导下的各项经济、政治乃至军事手段，包括经济制裁、经济援助、政治结盟、武力干涉等，对拉丁美洲研究在美国地区研究学界的发展提出了全面的要求。

显然，拉美区域研究的发展与现实需求、政府支持之间存在着密切联系，除美国外，其他国家也有类似体现。1965 年，英国大学拨款委员会发布的《派瑞报告》（Parry Report）标志着英国拉丁美洲研究的诞生。随后，牛津大学、剑桥大学、伦敦大学、利物浦大学、格拉斯哥大学分别成立了专门的拉丁美洲研究中心，也作为"派瑞中心"被熟知，同时设立研究生奖学金用以支持研究拉丁美洲的学生和学者。1978 年，位于多伦多的约克大学成立了加拿大首个拉丁美洲研究中心（Center for Research on Latin American and the Caribbean, CERLAC），中心成立的现实背景是 20 世纪 60 年代进入加拿大的拉丁裔移民潮，其中起到关键作用的群体是南美军事独裁政府流放的政治难民和知识分子。德国伊比利亚美洲研究所（Ibero-Amerikanisches Institut, IAI）位于柏林，是拉丁美洲地区外最大的非高校类拉丁美洲研究中心，同时拥有欧洲最大的拉丁美洲研究专门图书馆。研究所于 1930 年成立，1962 年加入普鲁士文化遗产基金会（Prussian Cultural Heritage Foundation）。

总体来看，所谓拉美研究的国际学界主流，就是围绕在拉丁美洲研究协会周围的学术机构和学者社群，考察国际拉美研究的发展趋势，就是考察这一社群的学术产出和对话网络。

二、拉美地区研究的范式变革

总体来看，拉美研究的国际社群整体在 20 世纪经历了重大的范式变革。其中，对拉美政治经济的研究成果，是观察拉美研究范式演进的重要窗口。拉美的政治经济研究主要致力于解释拉美政治发展的动力（比如民主化、民主巩固）、政治制度的变迁（比如联邦主义、总统制）、政治行为体的角色（比如国际组织、政府机构）及其对公共政策制定，尤其是社会经济政策的影响。通过梳理拉美政治研究在美国的发展历程，反思拉美研究作为区域国别学的重要组成部分所面临的瓶颈和挑战，从而对拉美研究的未来做出审慎展望。从不同历史时期的核心议题和方法论指标区分，20 世纪以来的美国拉美政治研究先后经历了三个阶段，分别是普遍主义范式下的现代化理论、相对主义范式下的依附理论和全球主义范式下的多元理论，下面将依次就每个阶段的核心理论及代表人物做回顾与分析。

普遍主义范式主导下的拉美政治研究的核心关切在现代化进程。拉美地区在发展问题上，长期受到美国的现代化理论和单线发展模式的影响，呈现出普遍主义的范式景观。这一景观的核心特点是关于社会单向演进的共识，即以发达国家工业化成果为蓝本，重视检验现代化进程的一般规律和发展模式，认为导致拉美发展滞后的主要根源在于拉美国家的"内部障碍"，拉美国家应积极对内改造并全面追随单线的现代化道路。普遍主义范式下的现代化理论和民主化理论的重要假设是，发展中国家通过借鉴发达国家的成果经验完成现代化转型、从传统国家走向现代国家，存在的仅是时间上的先后次序，而不存在本质上的道路差异。第二次世界大战结束后，美国拉美政治研究的普遍主义研究范式开始受到挑战,重要的历史背景是,拉美早期工业化的成果本应有力推动经济结构、社会结构和民主制度从传统向现代的转型,但可观察的实践经验呈现出有违理论设想的趋势,即更严重的社会混乱和更保守的威权政治。

以依附论为代表的理论成果标志着对拉美的研究朝着相对主义的范式景观发展,其核心关切在于欠发达问题。依附论认为,导致拉美国家落后的根源不是来自现代化理论所主张的"国内障碍",而是来自拉美被卷入世界经济体系之中后承受的不合理国际分工和不平等国际交换。在依附论看来,当拉美国家照搬欧美现代化道路,"中心"国家不成比例地获得经济利润,是导致"边缘"国家有限发展或欠发达的一个根源,结果上表现为拉美国家经济不发展、社会不平等、政治不稳定和结构性的威权政治传统巩固。20世纪70年代末开始,现实经验是依附论理论指导下的进口替代工业化的政策和社会民主主义的主张,不仅未能从根本上助力拉美国家摆脱发展困境,反而使其深陷债务危机的泥潭。

全球主义范式下拉美政治研究的发展,显示出对单一范式有限性的超越。美国的拉美研究呈现出全球主义观照下的多元研究景观。尤其是拉美政治经历了本世纪初的"粉色浪潮"后,美国学界围绕拉美研究的前进方向展开激烈讨论,反思区域研究分别关注相互独立的各个单元,而忽视更大的全球和跨区域过程对单个国家产生直接影响的因素。区域研究的全球路径提供了理解拉美区域的宏大视角,比如气候变化、大规模移民、帝国扩张运动、跨文化贸易、生物交换、技术转移、观念拓展,以及宗教信仰和文化传统的延展等议题。

三、拉美地区研究的启示

国际拉美研究中,美国占据不可否认的主导位置。美国拉美研究成果的突出表现在于其理论贡献,以拉美现实经验为对象的研究丰富了对宏大理论的检验和批判。然而受到美国霸权立场的决定性影响,国际拉美研究学界在一定程度上可以说是美国对拉美的研究,美国学界及政策界在拉美地区的影响力短期内未见衰退可能。美国的拉美研究难以避免地存在价值立场偏见和历史视角偏差。直到今天,拉美研究已经发展成为多学科、跨地区的研究领域,仍面临同样的南北不平衡局面。

尽管如此,对中国拉美研究的启示表现在:一方面,作为拉美研究的后来者,中国的拉美研究需要在以我为主的基础上,积极融入国际拉美学界的主流学术社群,博采众长、为我所用,尤其是开展与已有拉美理论的对话交流,在交流中缩小与国际学界的差距,提升拉美研究的国际话语权和影响力;另一方面,拉美研究也要精准定位,与国际拉美学界保持一定距离,客观中立地看待拉美地区的社会现象,努力摆脱其他拉美研究主流理论的束缚,积极构建自成一家的拉美研究。具体来说,可能需要重视以下几个方面。

(一)平衡特殊主义视角和普遍主义视角的关系

在研究范式上,普遍主义视角和特殊主义视角的论争,是拉美地区国别研究长期存在的一个学术现象。就拉美政治研究来说,核心是要回答拉美政治有什么特别之处(如果不是"拉美例外论"的话)的问题。拉美研究要平衡普遍主义视角和特殊主义视角,努力走中道研究之路,重视吸取国家之长,融会贯通。首先,拉美研究有一个国别视角的问题,国别视角本身就是特殊的,拉美研究的他国视角意味着更多会聚焦他国学界感兴趣的话题,比如他国与拉美国家的比较研究、双边关系研究,拉美国家在国际事务上的态度和作为研究等,在这些议题区域研究毫无疑问将作出重要贡献;其次,拉美研究也不能忽视普遍主义的研究,尤其是在对于理解拉美历史和文明基础具有重要价值的领域,比如印第安人的组织历史和政治文化、拉美社会中存在的周期性和结构性问题等。区域与国别研究原本就是以"他者"研究为支柱的,对"他者"认知的关键在于真正洞悉拉美国家的普遍逻辑与特殊文化,故而平衡普遍主义的研究和特殊主义的研究,对推进拉美研究的发展尤为重要,有助于形成"不一样的拉美研究"。

(二)平衡学理研究与政策研究的关系

在研究选题上,拉美政治研究要平衡拉美学理与拉美政策的关系,重视加强有理论使命的政策研究和有实践感的学理研究。任何研究都是受现实需要推动的,美国拉美研究的崛起最初也是服务于冷战时美国的战略需求,古巴革命的胜利更是直接刺激了美国拉美研究的兴起。时下,拉美研究一方面表现出"咨政"或"咨商"的目的,无论是推进双边合作,还是深化国际发展,都迫切要求加强有拉美实践研究。若干拉美研究中心及相关智库的兴起,贡献了大量研究课题和研究报告,构建起了围绕某一政策的多学科领域专家合作共进的网络,在对话中推进拉美研究的发展,这些努力对服务政策制定起到了不可忽视的作用。与此同时,拉美研究应当加强学理研究。学理研究意味着提供一些经得起学术检验和历史检验的研究发现。在加强学理研究中,既要鼓励各个学科推进学科内的拉美研究,又要鼓励拉美研究的跨学科对话,推动学科交叉渗透、融合发展。地区研究是跨学科综合研究的理想试验田,拉美研究应在跨学科合作的趋势之中开拓新的空间。

(三)平衡解释性研究与描述性研究的关系

在研究方法上,拉美政治研究要平衡解释性研究与描述性研究的关系。拉美研究作为区域与国别研究并不排斥任何一种研究方法,也不特别尊崇某一类研究方法,目标是推进针对区域与国别的学理研究。拉美研究在方法上应当平衡描述性研究的利弊:一方面,对于地区研究尤其是国别研究,打破语言壁垒而开展深入的描述性研究具有重要价值;另一方面,过于偏重描述性研究、形势报告和政策评论,则缺乏有深度的学理贡献。

(四)平衡"拉美研究"和"对拉美的研究"

在研究路径上,拉美政治研究要平衡"拉美研究"和"对拉美的研究"。在拉美学界,对拉美研究也有着不同的理解。粗略归类,拉美地区的学者倾向于偏重对拉美特性的内向研究,强调理解拉美地区的语言、文化、历史、族群等文化特性的"拉美研究"(Latin America Studies),是一个旨在从更宽广的人文意义上理解拉丁美洲的跨学科领域。而其他国家的拉美研究则更多体现为一种"对拉美的研究"(the Study of Latin America),较易倾向于政治、经济、文化、社会等带有策论意义的综合研究,核心是为本国如何同拉美国家处理关系提供战略参考。其实,两种类型的拉美研究各有其合理之处,拉美研究要注意平衡"拉美研究"和"对拉美的研究"两条路径,全面拓展拉美研究的学术领域。

"对拉美的研究"首先意味着对拉美各国进行翔实深入的国别研究/比较国别研究,只有对这些国家内部的情况分别有深入研究,对拉美地区各国之间展开全面的比较研究,才能从整体上理解拉美地区的文化特质。"拉美研究"路径要求推进拉美地区与其他地区的比较地区研究。没有比较,就没有鉴别。在加强对拉美内部国别研究和比较国别研究的基础上,还应重视加强拉美研究与北美研究、亚洲研究、中东研究、欧亚研究和非洲研究之间的比较研究,在比较研究中深化对拉美地区背后的普遍规律和地区特色的理解。此外,欧洲的拉美研究、东亚的拉美研究,以及世界各地的拉美研究也在迅速崛起,拉美研究朝着美国的拉美研究与非美国的拉美研究日益平衡的方向发展。

总之,国际拉美研究的发展带来的启示中,最需要警惕的是先入为主的价值观念;其次是对拉美国别历史中的特殊性缺乏重视、从而对现实发展形成误判。最后,应当充分在全球化语境下考察拉美国家政治制度的发展,重视外来因素及拉美区域间合作对政治经济产生的影响,这是拉美研究值得汲取的教训。

第三节 拉美地区发展模式

如果存在一种拉美模式的话,其在政治、经济和社会各方面的突出特征如何,对于这个问题,本节分别从政治上的超级总统制、经济上的出口依赖和社会构成上的多元民族及文化角度,对可能存在的拉美模式提供一个速描。

一、拉美政治及其发展

当下,拉美模式在政治方面的集中表现是超级总统制。拉丁美洲是世界上总统制最为集中的地区,在33个独立国家中,有20个国家实行总统制,其中绝大多数是总统制政府和比例代表制议会的组合。在除了古巴以外的32个国家之中,有20个国家实行立法、行政和司法三权分立制度，委内瑞拉创立了五权分立政治模式，加入选举权和公民权。二战后新独立的12个加勒比国家实行议会与行政合一的混合型体制。巴西、墨西哥、阿根廷和委内瑞拉的国家结构是联邦制度的，拉美其他国家绝大多数都是实行中央集权制度的。立法机构方面也呈现差异，19个国家采用两院制，14个国家采用一院制。如果将拉丁美洲和加勒比地区分开考虑，可以看到拉丁美洲大陆国家绝大多数采用的是总统制政府与两院制议会的政治制度。

拉美国家已经普遍建立起周期性的竞争性选举制度。拉美国家目前实行的选举制度主要有三种类型，即简单多数票当选制度、两轮投票制度和比例代表制度。[①] 在第三波民主化中，拉美国家推行重要的政治改革，许多国家在总统选举中放弃简单多数当选制度，而替换为绝对多数当选制度，以增加当选总统的合法性基础。与此同时，在议会选举中，越来越多的国家放弃简单多数当选制度，而是选择比例代表制度，以增加立法机构代表性和包容性。

以周期性的竞争性选举为标志的代议制民主制度在拉美政治发展史上并非常规形态。三权分立的宪政体系在拉丁美洲遭遇到抵抗，首先表现在独立以后军事首领以军队为支持、武力操控政权并实行独裁统治，西班牙语中称为考迪罗（Caudillo）。考迪罗政权的现象在20世纪初仍普遍存在，军人频繁干涉政治、与文人争夺政权是拉丁美洲政治发展的一个显著特征。到20世纪中叶，军人政府在数个南美国家上台，主张围绕技术官僚组建国家权力的行政分支，负责制定各项宏观政策并推行，在美苏两大阵营对峙的国际背景下，技术官僚和军人组成的政府，主要打击的就是共产主义和泛左翼政治力量，这一现象被奥唐奈归类为"官僚威权主义"。从军事考迪罗到官僚威权主义，拉美政治的发展集中反映了复制欧美模式与经验在当地语境中产生的变体，以及持续且复杂的"不适应"过程。因此，民主政治制度的普遍建立，不意味着拉美各国的民主制度已经趋于完善和稳定，事实上仍面临着许多挑战。最突出的一点，是总统制政府中，行政权力通常较大，制衡机制缺失或失效，立法和司法所应发挥的作用受限，因此民主化中政治改革的重要内容即议会和司法改革。加强权力监督、完善司法独立性、控制腐败并提升体制效率，是拉美政治改革的紧急议程。

二、拉美经济和社会发展

当下，拉美模式在经济方面的集中表现是出口导向型。20世纪90年代以来，随着全球化进程的加快，资本主义自由市场模式进一步主导了全球经济。拉美国家经济结构最突出的特征是出口导向型，依附论就是建立在初级产品出口与技术产品、资本产品进口的不对等关系之上。出口导向型生产结构、收入分配不均的经济结构特征，在民主化以来的拉美社会中没有明显变化。拉美各国经济依然高度依赖出口，社会不

[①] 多数国家采取简单多数票和两轮投票制来进行总统选举，采用简单多数票和比例代表制度来进行议会选举。

平等水平仍然高居世界前列。

冷战结束后，意识形态对立局面瓦解，多元身份认同的政治化倾向成为全球化背景下政治发展的新动力。拉丁美洲因在殖民时期前是美洲三大古文明——阿兹特克文明、玛雅文明和南美印加文明的发源地，并且土著人口在殖民过程中并未遭到大规模清洗，而是逐渐与殖民者通婚，使得拉美成为当今世界上族群构成最复杂的地区之一。外来的欧洲裔族群、本土的印第安裔族群以及彼此之间混血形成的新族群，是拉美社会人口构成的基本结构，多元化是拉美社会发展的基础。

族群因素在拉美政治发展的历史上并没有扮演明显的核心角色，族群身份的标识程度往往在阶级身份、宗教身份之后，甚至在一些情况下与种族身份相斥。随着苏联解体，资本主义市场模式在全球扩张，国际结构被美国等西半球国家所主导，拉美社会中接连不断地爆发抗议活动，对单一发展模式提出质疑，倡议政府扩大对多样性的认可与保护。同时，将民众的不满情绪与多元诉求动员起来的各类新兴社会运动组织，许多以族群认同为基础，与左翼政党保持密切联系，并且在左翼领导人上台以后，仍作为活跃的政治群体不断传递民众诉求，成为与当权政府协商的重要中介。族群身份作为拉美政治中新兴活跃群体的标签，显示出政治发展的新动力。

族群因素和文化因素，是拉美社会相对稳定的结构性因素。族群离散程度较高的国家有玻利维亚、哥伦比亚、厄瓜多尔、秘鲁、巴西、墨西哥等，与这些国家的印第安人口组成相关。同时，种族离散指数和文化多样性指数不一定具有一致性，比如哥伦比亚、巴西和委内瑞拉，这些国家虽然种族离散程度高，但各种族群体之间文化距离接近，融合程度高。种族离散程度反映了拉美各国种族多样性的程度，而拉美国家作为种族多样及文化多元的结构性特征，是拉美模式在社会方面的集中体现。

总体来看，拉美国家历史起源复杂，发展历程曲折，在发展中国家中属于较为独特的一个分支。一方面拉美国家面临着诸多共性难题，比如经济依赖性、政治波动性，另一方面拉美地区内部的显著差异使其呈现多元景观。本章概述了拉美文明的主要发展阶段，尤其是殖民时期对拉美地区发展的主要影响。基于拉美文明的独特基因，当下拉美研究的核心关切，在政治问题上体现为对政治制度变迁的研究，在经济问题上体现为对经济发展动力的研究，在社会文化领域体现在对本土性问题的反思和进步。围绕拉美研究的重大议题，国际拉美学界经历了范式的演变，其丰硕成果为中国发展自己的拉美区域国别学提供了重要参考，平衡"对拉美的研究"和"拉美研究"，是学界进一步确立中国视角下的拉美研究发展路径以及中拉关系对策研究的关键分野。如何克服拉美模式中存在的内生困境，突破自我重复的周期，不断修正完善舶来的制度和政策，令其更好地与拉美社会现实相适应，是拉美学界正在并将继续推进的研究议程。

思 考 题

1. 如何看待殖民体系对拉丁美洲制度安排的影响？

2. 从拉丁美洲国家现代化进程的角度，如何理解"拉丁美洲是社会科学的实验场"这句话？

3. 如何认识普遍主义范式、相对主义范式、全球主义范式视角下拉丁美洲研究的特点？

CHAPTER 13 第十三章

地区化、地区主义与地区学

在区域国别学中，国别（International）是一个比较明确的政治概念，它是由民族国家的明确疆域所确定的政治单元，国家边界和主权是识别国别空间的明确标准。相比国别的明确概念，区域（Area）概念则具有很大的弹性，它是指超越国家疆域之外的更大空间，这一空间可能是基于地理特征（比如海岛、半岛、内陆、沿海等），也可能是基于文化特征（部落、族群、宗教等），还可能是根据地缘政治和地缘经济的势力范围。究竟采取什么样的标准，完全取决于研究者的偏好或者战略意图。因此，区域是一个不太明确的概念，既包括国家的（National）存在，也包括地区的（Regional）存在。如何界定区域没有统一的标准，往往随着研究者的意图和偏好而有所变化，在使用起来有比较大的弹性。从中国的国家利益和战略需要出发，中国近年来把整个世界界定为大国及其周边地区、中国周边地区、发展中国家和地区三类，基本上覆盖了区域国别学的全部地区。值得追问的是，对中国来说，为什么要将一些国家的组合纳入一个共同地区？地区化的内在逻辑是什么？不同地区之间的关系以及地区与全球的关系如何？为了进一步理解界定地区的意义和规律，有必要对地区化、地区主义和地区间主义的逻辑进行比较研究，并探讨地区学与全球学之间的内在关系。

第一节 地区化研究

为什么一些国家的组合被界定为一个共同地区？除了地理邻近之外，有没有其他的逻辑？对于这一问题，主要有两种解释：一种解释认为，一个地理区域之所以被界定为一个地区社会，主要是自下而上的地区一体化之客观逻辑决定的，是区域内的商品、货币、资本、劳动、信息等要素跨国流动的产物。另一种解释则认为，地区社会的形成，主要是自上而下的地区主义的主观逻辑建构的，是区域内的各个国家共同身份认同或价值观的结晶。前者被学界称为地区化现象，后者被称为地区主义现象。事实上，两条逻辑在已有的地区合作实践中都不同程度地存在。之所以做上述区分，完全是为了理论分析的需要。

一、地区化与地区一体化

为什么一个地理空间在政治上是有意义的？这是地区化和地区一体化围绕的核心问题。当然，严格来讲，地区化和地区一体化是有区别的，地区化是经济和社会因素在特定地区内优化配置的客观运动，地区一体化则不仅包含市场和社会的运动，也包括来自政府自上而下的主动制度建构和政治推动，而后者往往被视为地区主义的范畴。考虑到地区化的进程在现实性上很难做到完全客观，在此使用地区一体化来概括地区化的多样性。

（一）地区一体化的概念与特征

地区一体化是一个重要的经济现象，最早为经济学家所关注。1954年，诺贝尔经济学奖获得者、荷兰经济学家廷伯根（Tinberge）在《国际经济一体化》中提出了这一概念，认为地区一体化是通过国家或区域之间相互协作与统一，将阻碍经济活动有效运作的因素加以弱化、消除，以创造出最优的国际经济结构。[1] 美国学者斯蒂芬·哈格德（Stephen Haggard）也认为，地区一体化是一个过程，是指地区内生产要素流动、集中，提升区域经济效率的过程，是一个经济自然发展的客观过程。[2] 迄今为止，被广泛接受的概念是美国经济学家巴拉萨（Balassa）在1961年提出的，他认为地区一体化不仅是一个过程，也是一种状态，既是采取旨在消除区域内各国之间差别待遇措施的过程，又是上述差别待遇消失的一种状态。尽管学界对区域一体化的界定存在差异，各有侧重，但基本上都是停留在经济领域。[3]

随着欧洲经济共同体和此后欧盟的创立，地区一体化不仅仅是一个经济学概念，更成为一个政治学概念，重心也从强调地区化转移到强调一体化上来。在政治学家看来，一体化是指多个原来相互独立的主权实体，通过某种方式逐步在同一体系下彼此包容，相互合作，在地区和国际范围内形成一个相对独立的单一实体。一体化过程既涉及国家间经济，也涉及政治、法律和文化，或整个社会的融合，是政治、经济、法律、社会、文化的一种全面互动过程，并最终成为一个在世界上具有主体资格的单一实体。因此，地区一体化不同于一般意义上的国家间合作，涉及的也不仅仅是一般的国家间政治或经济关系，而是涉及超越民族国家的政治建构过程。一体化的基本特征在于自愿性、平等性和主权让渡性，其核心是国家主权的让渡，是一个长期的、渐进的过程，在这一过程中制度化和法律化就成为实现一体化的基本前提和保障。当今世界一体化程度比较高的地方包括欧盟、北美自由贸易区和东南亚国家联盟。

---

[1] Tinbergen J. International economic integration. Amsterdam: Elsevier, 1954.
[2] Haggard S. Developing nations and the politics of global integration. Washington, D.C.: Brookings Institution Press, 1995.
[3] Balassa B. The theory of economic integration. Homewood, IL: Richard D. Irwin, 1961.

（二）地区一体化的不同形式

地区一体化具有不同的表现形式。美国学者巴拉萨认为，地区一体化主要存在四种形式，根据一体化程度由低到高分别是优惠贸易安排（PTA）、自由贸易协定（FTA）、关税同盟（CU）、共同市场（CM）、经济联盟（EU）。[①] 首先是建立自由贸易区，在该地区国家之间取消贸易壁垒。在此基础上，发展共同对外的关税同盟。共同市场则意味着成员国之间取消了生产要素的壁垒，实现资本、劳动力等自由流动。经济联盟是发展到经济政策的协调对接，包括预算、货币、社会政策的一体化等。迄今为止，欧盟是一体化程度最高的制度形式，各成员国之间建立起了经济同盟。

1. 优惠贸易安排（PTA）

优惠贸易安排（Preferential Trade Arrangement）是指区域经济一体化中最低级的和最松散的组织形式，成员国之间通过贸易条约或协定，规定了相互贸易中对全部商品或部分商品的关税优惠，对来自非成员国的进口商品，各成员国按自己的关税政策实行进口限制。1932年英国与其成员国建立的大英帝国特惠制、第二次世界大战后建立的东南亚国家联盟、"非洲木材组织"都属于此类。

2. 自由贸易协定（FTA）

自由贸易协定（Free Trade Agreement）是指两个以上的国家或地区，通过签订自由贸易协定，相互取消绝大部分货物的关税和非关税壁垒，取消绝大多数服务部门的市场准入限制，开放投资，从而促进商品、服务和资本、技术、人员等生产要素的自由流动，实现优势互补，促进共同发展。有时它也用来形容一国国内，一个或多个消除了关税和贸易配额、并且对经济的行政干预较小的区域。这里所指的贸易壁垒可能是关税，也可能是繁杂的规则等等。在世界贸易组织文件中，自由贸易协定（FTA）与优惠贸易协定（PTA）、关税同盟协定（CUA）一道都纳入区域贸易协定（RTA Regional Trade Agreement）的范围，FTA、RTA也指基于一定贸易协定的自由贸易区或准自由贸易区。

3. 关税同盟（CU）

关税同盟（Customs Union）是指成员国之间彻底取消了在商品贸易中的关税和数量限制，使商品在各成员国之间可以自由流动。另外，成员国之间还规定对来自非成员国的进口商品采取统一的限制政策，关税同盟外的商品不论进入同盟内的哪个成员国，都将被征收相同的关税，如早期的"欧洲经济共同体"和"东非共同体"。关税同盟的主要特征是：成员国相互之间不仅取消了贸易壁垒，实行自由贸易，还建立了共同对外关税。

4. 共同市场（CM）

共同市场（Common Market）是指成员国之间废除了商品贸易的关税和数量限制，并对非成员国商品进口征收共同关税；还规定生产要素（资本、劳动力等）可在成员

---

① Balassa B. Types of economic integration.In Machlup F.Economic integration: worldwide, regional, sectoral. Palgrave Macmillan, London, 1976: 17~40.

国间自由流动。其特点是成员国间完全取消关税壁垒，并对非成员国统一关税，成员国之间资本、劳动力自由流动。

5. 经济同盟（EU）

经济同盟（Economic Union）是指实现商品、生产要素的自由流动，建立共同对外关税，并且制定和执行统一对外的某些共同的经济政策和社会政策，逐步废除政策方面的差异，使一体化的程度从商品交换扩展到生产、分配乃至整个国民经济，形成一个有机的经济实体。

（三）地区一体化的理论解释

地区一体化引发了经济学、政治学、社会学等众多学科学者的兴趣，相关的理论解释非常多。总体来看，关于地区一体化的理论，主要以西方一体化实践为主，包括基于国际贸易理论发展而来的关税同盟理论、经济一体化阶段发展理论、基于最优货币区理论而来的货币一体化理论，以及功能主义、新功能主义、联邦主义、政府间主义等。

一是解释地区一体化的经济学理论。加拿大经济学家瓦伊纳（Jacob Viner）的关税同盟理论是地区一体化研究的核心。在关税同盟理论基础上，西托夫斯基（T. Scitovsky）和德纽（J. F. Deniau）提出大市场理论（Theory of Big Market），认为通过共同市场或贸易自由化条件下的激烈竞争，诱导出现一种积极扩张的良性循环，但该理论无法解释国内市场存量相当大的国家，也在同其他国家实行国际经济区域一体化。20世纪80年代以来，以保罗·克鲁格曼（Paul Krugman）为代表的一批经济学家提出新贸易理论模型，将规模经济、不完全竞争、多样化偏好以及产品的异质性等加入到传统的贸易模型中来，发展成为以规模经济和非完全竞争市场为两大支柱的完整的经济理论体系，将地区一体化理论研究引入到量化研究的轨道。此外，一些经济学家还将目光锁定在发展中国家的一体化实践中，提出了"中心—外围"理论、依附理论，以及基于拉丁美洲一体化实践经验的开放地区主义理论，强调对外部世界的低保护和区域内国家间互惠理论等。总体来看，经济学家对地区一体化的理论解释，更看重市场、贸易和投资等经济因素，认为地区一体化主要是经济因素作用的产物。

二是解释地区一体化的政治学理论。对地区一体化的经济学解释过于强调市场因素，对政治、社会和安全领域中的一体化缺乏解释力。为此，一些政治学家先后提出了联邦主义、功能主义、新功能主义、政府间主义和自由政府间主义等政治一体化理论。作为一种地区一体化理论，联邦主义起源于康德等一批思想家对欧洲联合的构想，主张自上而下建立一个超国家性质的"欧洲联邦"，通过政治一体化推动经济一体化。联邦主义解决了一体化的最终目标问题，缺点在于没有回答过程和机制问题。相比联邦主义自上而下的目标设计，功能主义和新功能主义侧重解释自下而上的一体化动力机制，强调首先推动各国间在功能领域的合作，建立一个基于解决共同功能需要的、与国际性问题相一致的独立性的国际功能机构，然后自动扩散和外溢（包括功能性外溢和政治性外溢）到其他领域的合作，最终实现主权共享的一体化目标。功能主义和新功能主义对低级政治领域具有明显解释力，但对高级政治领域缺乏解释力。为此，霍夫曼为代表的政府间主义，强调通过政府间的谈判和讨价还价来推动一体化进程，一体化是国家理性行为和政治决策的结果。以安德鲁·穆拉维斯基（Andrew Moravcsik）为代表的自由政府间主义则认为，国家的优先选择取决于国内政治，理解国内层面的讨价还价是一体化的起点，但国际层面政府之间的要价还价决定着一体化的进程，进而构建了一个双层博弈的模型，成为地区一体化理论的三大主流理论路径。进入21世纪以来，新型的地区一体化实践不断涌现，一些基于南南合作、南北对话性的地区一体化组织不断涌现，进一步扩大了政治一体化理论解释的范围。一些学者开始从国际结构、战略博弈、制度构建和文化认同等领域延展对地区一体化的解释。新马克思主义、社会建构主义、英国学派、治理理论、国际政治经济学，以及新制度主义等视角下的地区一体化理论也有了很大发展，不断丰富着地区一体化的理论解释。

二、地区化与全球化

20世纪90年代以来，世界的地区化和全球化并行不悖，也引发了两者之间关系的争论，地区一体化究竟是全球化的"绊脚石"还是"垫脚石"，学者们意见不一。一种观点认为，地区化的趋势导致了形形色色的区域保护集团，违背了自由贸易的原则，加剧了不同地区集团的竞争和对抗，成为全球分散化的重要力量。在这一观点看来，地区一体化的制度安排总体上是一种歧视性、排他性的制度安排，成员内部之间的优惠促成了贸易转移效应，降低了生产效率，与世界贸易组织的自由贸易规则相矛盾，进而阻碍了全球化的深入发展，甚至会在地区内部造成贫富差距扩大。另外一种乐观的观点则认为，地区一体化和集团化与全球化是内在一致的，前者是后者的表现形式和过渡形式，甚至是后者的必要阶段。有学者对二战后的经验研究表明：尽管区域一体化可能会造成资源和要素的地区重组，但也没有降低世界的总福利水平，地区一体化的最终形式是全球一体化。总体来看，尽管学界对此存在争论，但多数学者倾向于认为，地区一体化与全球化之间的关系是兼容的，应该辩证地看待两者之间的关系。

（一）地区一体化与经济全球化之间的联系

事实上，地区一体化与经济全球化之间不是单纯推动或阻碍的关系，而是相互促进、彼此制约的关系，在不同的条件下，会产生不同的关系模式。在地区一体化进程中，国家仍然保留着建构国际体系的权力，经济上相互依赖的跨国经济和社会行为体也十分活跃。在这一进程中，地区一体化是否会成为应对全球化的保护者、缓冲器或者加速器，完全取决于地区各方之间复杂的政治互动，所有各方行为体都在根据自身能力应对着一个混杂交错的局面，国家行为体尤其是大国在其中的角色仍然十分关键。在欧洲地区一体化进程中，尽管法国和德国的和解就为欧洲一体化注入了强大的动力，但法国与德国在一体化目标上并不一致。同样，在北美地区一体化和亚太地区一体化上，美国捍卫霸权的战略决定了其消极的角色。俄罗斯在不同历史时期所采取的"亲西方"、欧亚并重和全方位地区一体化的不同战略,导致了其对经济全球化的参与立场变化。因此,理解地区一体化与全球化关系,关键是考察大国对地区一体化的态度,当大国以地缘政治和地缘经济的视角来理解地区一体化时,地区一体化就是经济全球化的障碍。

从更大范围来看,地区一体化与经济全球化在一定条件下还可以相互转化,彼此成为对方的助力。一方面,地区一体化与经济全球化都体现了人类经济和社会活动跨越民族国家的内在趋势,只不过地区一体化的范围要比经济全球化的范围要小一些,涵盖的成员数量要少一些,反映了横行互联互通的规模和水平;另一方面,地区一体化在跨越的深度上要比经济全球化要更深入,合作水平要更高,更具实质性,反映了垂直互联互通的深度合作趋势。对此,有学者提出了全球在地化(Glocalization)的概念,"全球思考、本土行动"(Think Globally, Act Locally)。地区一体化的核心是国家力量驱动下的地区制度重构,比如自由贸易区、关税同盟、共同市场、经济共同体等不同制度安排,而经济全球化则意味着在全球范围内的互联互通和规则共享。从这个意义上说,经济全球化反过来也为地区一体化创造了必要的前提和基础,没有经济全球化的强大推动力量,也不会有地区集团化的日益活跃。

(二)世界地区化与区域国别学的关系

对区域国别学来说,地区化的世界创造了一种超越民族国家的新疆域,这一新疆域使得在国家治理体系和全球治理体系之间出现一个地区化的网络治理体系。这一地区化的网络治理体系呈现为纵横交织的特征:从横向上来看,地区内的各个成员之间对外形成了不同于民族国家疆界的新边界,在一些问题(而不是全部问题)上对外形成了"保持一个声音讲话";从纵向上来看,地区内的各个成员成了基于地理、经济、社会、文化、制度等众多因素支撑的一体化网络,确立起了类似于国家治理体系和全球治理体系那样的区域治理体系。冷战结束以来,地区一体化组织发展迅猛,在世界各地均有不凡表现,阿查亚等学者研究了全球19个区域一体化组织,这些组织相互交叉、重叠、耦合,被研究区域贸易协定的经济学家称为"意大利面条碗"(Spaghetti Bowl)效应。在不同领域,这一"面碗效应"的表现是不同的。比如在经济和贸易领域,区域化和全球化是并行不悖、齐头并进,两者之间不是不能兼容的,且需要社会权衡两者利弊。在政治层面,两者的关系则比较复杂,低层次的、缺乏互助精神和重新分配机制的一体化组织,在面对危机时往往变得十分脆弱。只有在欧盟模式中,真正的政治化进程才刚刚开始,而且步履蹒跚,受到了保守派和反建制主义的围攻。

总之,地区一体化的意义在于为全球化世界重新界定了新疆域,这一新疆域通过区域一体化组织和制度安排建构了一种经济社会意义上的网络边界,从而使得区域治理成为可能。此种重新划定经济社会网络边界的过程,往往通过国家力量干预与调控区域内部和外部贸易联系进行"再领土化"。这一过程并没有消除传统的国家领土边界,但拓展了国家之间的经济社会联系,它既是经济全球化的一个阶段,也是经济全球化的一种助力。随着参与世界程度的加深,中国也正在从地区一体化的被动接受者转变为地区一体化的主动参与者和积极引领者,尤其是"一带一路"倡议的提出、亚洲基础设施投资银行等国际金融组织的创建,都要求确立更加清晰的地区合作架构,建立立足周边、辐射"一带一路"、面向全球的高标准自由贸易区网络,是中国推动地区化世界建设的重要战略。

第二节 主要的地区化模式

地区化是 20 世纪中后期世界发展的一个主要特征。自 18 世纪以来,整个世界在经历了民族国家的普遍化浪潮之后,到 20 世纪 60 年代已经确立起了覆盖全球的民族国家体系。在先后经历了第一次世界大战和第二次世界大战的重创之后,国际和地区组织开始如雨后春笋,在世界各地蓬勃发展起来。比如 1948 年建立的美洲国家组织,1957 年建立的欧洲经济共同体以及此后的欧洲联盟,1967 年建立的东南亚国家联盟等,推动了多样化的地区化进程。

冷战结束后,在经济全球化浪潮推动下,地区一体化速度明显加快。据世界贸易组织统计,截至 2021 年底,向世界贸易组织通报的已生效区域贸易协定有 353 份。到 2021 年底,中国和 27 个国家或地区签署了 20 个自由贸易协定,并致力于构建立足周边、辐射"一带一路"、面向全球的自由贸易区网络。所有这些地区化形式的共同特征,就是主权国家开始自愿放弃某些主权权力,在更大的范围寻求建立合作治理的框架,构成了多样化的地区化景观。

一、政治建设:欧洲地区一体化模式

欧洲地区一体化是开始最早、取得进展最大的地区一体化模式。事实上,早在 19 世纪开始,欧洲就有联合起来的声音,也进行了一些欧洲联合的计划,但都没有成功。第二次世界大战结束后,面对冷战对抗的高压,欧洲社会贤达构想超越经济合作和超越国家对抗的欧洲共同体蓝图。

在半个多世纪内,欧洲一体化建设从低级政治领域到高级政治领域取得很大的进展,其中,进展最大的领域是经济和货币方面。欧盟先后建立了关税同盟,实行了共同贸易政策、农业和渔业政策,统一了内部大市场,建立了经济与货币联盟,在欧元区内统一了货币。20 世纪 60 年代,欧洲一体化主要集中于农业、渔业、运输以及与第三国贸易等共同政策。20 世纪 70 年代,主要解决了科技、教育、卫生医疗、环境和地区政策,80 年代则基本实现了商品、人员、资本和服务的自由流通。20 世纪 90 年代尤其是 1992 年《马斯特里赫特条约》签订以后,欧盟宣布成立,一体化建设逐步向外交、安全、司法、内务等领域拓展,并不断取得进展。欧盟通过《阿姆斯特丹条约》和《尼斯条约》,陆续将"申根协议"纳入欧盟法律框架,把民事领域司法合作纳入欧盟机制。市场管理(支柱 1)的任务被赋予了欧盟委员会和欧洲议会;共同外交和防务(支柱 2)和司法和内部安全(支柱 3)交给了理事会,但需要欧盟成员国全体一致同意方能通过。此外,明确了欧盟负责做出决定,各成员国政府负责执行

的分层授权原则，导致欧盟的行动取决于各成员国在相互竞争领域所采取的行动。20世纪90年代以后，欧盟推出了共同外交与防务政策，制定了在军火工业、警务合作和军事合作等方面的计划，着手筹建一个军事参谋部，但这一努力不仅遭受了成员国的激烈争议，也遭到了美国的反对。

欧洲一体化进程的最主要特征就是复杂的机构设置。其中，欧盟委员会代表欧盟的整体利益，是欧盟的主要行政机构，维护欧盟宪章，相对独立于各成员国政府，委员会执行共同体政策。欧洲议会代表成员国的民众。欧洲理事会由各成员国轮流担任主席，推动和指导欧盟的政策。部长理事会制定并协调欧盟的共同标准。欧洲法院通过制定大量的规范规则来统一欧洲的法律。欧洲中央银行是独立的负责欧元事务的机构。此外，工会、游说团体、地方当局和地方或跨境区域等众多利益集团，左右着欧盟的决策过程。2009年《里斯本条约》生效后，欧盟机制改革陆续启动，欧债危机爆发后，欧盟进一步推动相关改革，包括积极推动银行联盟、资本市场联盟、能源联盟和单一数字市场建设，加强安全防务等领域合作。目前，欧盟是世界上地区一体化程度最高的国家集团。

总之，欧洲民众接受欧洲共同价值的人数在增加，缓慢地建构一个欧洲公共空间，地区化正在扩展着新的边界。尽管也有人存在着欧洲悲观论，认为欧盟难以走得更远，尤其是其运作方式不透明和民主赤字，但欧盟的存在本身就是地区一体化进程的成就。当然，近年来，欧洲国家的内部差异和高度地区化的决策也令人们对欧盟的前景存有顾虑，英国脱欧和各成员国内部的反建制主义思潮，都为欧盟的一体化前景蒙上了阴影。

二、经济社会合作网络：东亚地区一体化模式

东亚地区作为人类文明的重要起源地之一，具有悠久历史与辉煌文化。在历史上以古代中国为中心逐渐通过文化辐射和经济往来建立起一套松散的朝贡体系。随着西方文化在近代以来强势占据主导地位，以西方的话语体系去考量东亚的历史逐渐成为主流。现代东亚一体化起源于20世纪90年代，在东盟逐渐发展起步后，时任马来西亚总理马哈蒂尔在1990年提出建设"经济集团"。1997年亚洲金融危机后，东亚各国更加意识到了推进地区经济合作，共同发展抵御风险的重要性。自此东亚地区在一体化的道路上开始了新的探索与尝试，逐步建立起了包括中日韩领导人峰会、中韩自贸区和其他领域的合作框架等在内的东亚地区一体化的新体系。

在东北亚地区，中日韩峰会是东亚地区合作的重要载体。中日韩三国一衣带水，文化相通，经济合作密切，具有巨大的经济发展潜力。1999—2019年，中日韩三国间贸易额从1 320亿美元增长到6 220亿美元，20年间增长了370%，而相较于三国与欧盟、北美自贸区的贸易，三国域内贸易占比仍然不足，根据全球贸易分析模型（GTAP）对中日韩贸易协定的预测，在协定签署后，三国都会在贸易规模、复利效应、生产结构效应、经济增长效应等方面有所收益，中日韩三国作为东亚地区最具活力与最发达

的经济体,有着极为广阔的发展空间。2002年中日韩三国领导人峰会上首次提出了中日韩自贸区这一概念,并在后续开始民间论证与学术探讨;2007年三国成立中日韩自贸区联合研究委员会并开始进行初步的贸易谈判;2011年时任中国国务院总理温家宝、日本首相野田佳彦、韩国总统李明博在印度尼西亚巴厘岛,再度就中日韩自贸区达成共识,希望在2011年底完成对自贸区的研究并开启谈判。中日韩自贸区自2002年开始研究,2011年完成研究并开启谈判,前后历时十余年,在推动与发展的过程中面临过诸多问题。东北亚地区的一体化水平依然落后于欧盟与北美地区,如何进一步推动地区经济发展与共同体建设,面临着众多有待解决的问题。

在东南亚地区,东盟国家同样是东亚地区一体化的有力竞争者。东盟国家通过小国之间的抱团与渐进式一体化,"东盟方式"逐渐成为推动东亚地区一体化进度最为可观的一种路径。东盟在制度化与一体化程度上虽然较欧盟相距甚远,但是东盟自建立起就秉承了"开放式"的"软性地区主义":合作边界开放、合作过程与制度较为灵活,逐步将区域内大国纳入到对话、论坛等机制当中。通过东盟"10+1""10+3""10+6"等对话机制,逐渐完成社会化与制度化,"东盟中心"也逐渐成为争夺东亚一体化主导权的一个重要声音。

无论是东北亚地区合作,还是东南亚地区合作,都呈现了开放型地区主义的基本特征,与欧盟重视政治建设和制度建设的道路形成鲜明对比。东亚在推进一体化进程中,由于缺乏一个统一的国家或行为体作为领导者,各国在数十年间推出一系列相互重叠的合作制度与对话机制,形成了国际制度间的复杂关系。在中日韩之间,推动地区一体化的机制与组织便有中日韩自贸区、中韩自贸区、东盟"10+1"、东盟"10+3"、区域合作伙伴关系协定、跨太平洋合作伙伴关系协定等繁杂的国际机制,加之中日韩三国领导人与高层间的对话与合作,繁多的合作机制在合作的过程中需要妥善应对相互之间的关系。

值得注意的是,制度的复杂性并不一定意味着制度间的竞争与制度过剩,合理地安排地区内各项合作机制与国际制度,依然能够起到"各司其职"的良性互动效果。中国在未来推进东亚地区一体化的进程中,应随着中国经济的进一步发展,合理应对日本与东盟对中国崛起的担忧,谨慎进行制度选择,充分理解东亚地区各国关切,妥善处理美国与东亚各国的传统军事同盟关系,共同推进开放包容、互惠互利的地区合作主体制。同时使各个领域的平行体制与嵌套体制充分发挥作用,谨慎避免制度重叠可能引发的竞争性关系、冗余制度带来的交易成本与内耗过高的问题,鼓励制度间相互协作,开创东亚地区合作制度建设新方式。

三、地区内合作的尝试:南亚地区一体化

不同于东南亚成功推行的区域经济一体化的合作模式,南亚区域的一体化进程走得稍显艰难。在国际关系中,成员实力相差悬殊的地区性组织,容易被某个实力强大的成员操纵成为工具;而那些组织结构较为松散的全球性国际组织,更多的时候则是

为其成员提供聚集合作的舞台。① 对于区域内小国来说，为了最大程度地削弱区域性霸权的绝对影响力，最佳选择是通过形成小国联盟，团结力量增加谈判筹码，进而通过多边协商机制解决区域内问题和冲突。南亚区域合作联盟最初的成立背景和意图同样如此。南亚区域合作的构想最初由孟加拉国前总统齐亚·拉赫曼（Ziaur Rahman）于1977—1980年访问不丹、印度、马尔代夫、巴基斯坦和斯里兰卡等国时提出。除印度外的南亚国家对这一提议显示了极大的热情。它们希望借助南盟，共同应对不利的国际和地区形势，通过集体的力量与地区大国印度达成较为有利的协议。②

1980年5月2日，拉赫曼在致南亚其他六国首脑的信中详尽阐述了南亚区域合作构想，他认为南亚地区应当例照东盟的模式实行区域合作，并强调这种合作需要一种机构安排才能有效进行。③ 而另一方面，印度则担心南亚其他领国联合起来，借用多边组织框架提出双边问题。南亚地区国家的地理特征十分独特，南亚其他国家分居印度东西南北，其周边各国都互不相邻。这也在一定程度上解释了印度为什么一直奉行双边主义，利用自身的地理条件一对一解决问题。因此，从1980年倡议的提出，印度曾一度持冷淡态度。最终，经过几轮谈判，南亚七国——印度、不丹、孟加拉国、马尔代夫、尼泊尔、巴基斯坦和斯里兰卡的国家元首或政府首脑于1985年12月7日在孟加拉国首都达卡，举行了南亚历史上第一次首脑会议。具有标志性意义的《南亚区域合作宣言》和《南亚区域合作联盟宪章》在会议通过，南亚区域合作联盟（South Asian Association Regional Cooperation，SAARC）正式成立。《南亚区域合作宣言》中写道，"基本目标是通过最有效利用人力、物力资源加速各自国家的经济和社会发展，从而促进区域内各国人民的福利和繁荣，并改善他们的生活质量"。④

南盟成立后，与诸多小国希冀多边平台增加与印度议价能力期许恰恰相反的是，在印度的干预下，南盟宪章中却规定禁止各级会议讨论双边争议或冲突问题。换句话说，双边问题双边解决，而不应该通过多边机制来协商。但事实是，南盟几乎所有国家都存在双边争议或冲突，双边议题双边解决的思路不仅影响了南盟的运作，在很大程度上，也是导致各国社会、经济发展迟缓的主要原因之一。最初使南亚小国凝聚在一起的力量，正是来源于一种希望通过多边框架有效地管控与印度的双边冲突。

南盟对自身定位更像是朝着区域经济合作的方向发展。从实际效果来看，南盟的经济一体化却进展缓慢。第二次（1986年）和第四次（1988年）南盟首脑会议都只是重申了经济合作的决心，第六次首脑会议（1991年）才提出了有步骤地使区域贸易自由化的设想，直到1993年4月11日才取得最大合作成果"南盟特惠贸易安排"（SAPTA）协定。2004年的会议批准通过了《南亚自由贸易区框架协定》，该《自贸协定》参照东盟自由贸易区，将地区内的国家分为发展中国家和前发展国家两类，按照不同的时间表进一步实现区内贸易自由化。

---

① 杨广、尹继武：《国际组织概念分析》，载《国际论坛》，2003(3)，56页。
② 马孆：《印度与南亚区域合作联盟关系的演变》，载《南亚研究》，2006(1)，22页。
③ 高鲲、张敏秋：《南亚政治经济发展研究》，327页，北京，北京大学出版社，1995。
④ 王宏纬：《南亚区域合作的现状与未来》，340页，成都，四川大学出版社，1993。

不难发现，无论是 1993 年还是 2004 年，南盟的两次"昂首迈进"都是建立在南亚政治环境较为平缓的基础上（2003 年末印巴双方军队结束了在克什米尔地区长达 14 年的相互炮击），同时每一次的加速发展都是印度态度的积极转变。南盟宪章中"不讨论成员国双边的和有争议的问题"的规定，使得南盟组织身份依然缺乏政治维度的调适，从而直接造成了自成立以来争端解决机制的缺失，南盟表现出"雷声大，雨点小"的结果。此外，南盟峰会还常常出现因印度和巴基斯坦矛盾而被迫取消或推延的情况。

因此，南盟最初既没有明确定性为区域经济一体化的组织，同时又鲜明地反对成为管控冲突的组织，组织学视角下独特性属性和结合力属性的缺失，使得组织身份概念不完整，而南盟似乎"可有可无"，作为地区性组织的意义和影响力都被极大地弱化了。由于印度洋地区涵盖国家众多，国家间异质程度极高，地区性组织纷繁复杂，且这些地区性组织的根本目标并不是类似欧盟、东盟的一体化，而是更注重地区的内部的自治与合作。从长远来看，印度洋地区如果要真正实现地区能动性，则必须确立地区根本议题并确立一个主导机制，且存在一个或多个能够并愿意以资金、技术、人才等不同形式提供地区公共产品的国家，否则，南亚地区只会越来越受到域外大国的影响，地区整体影响力只会愈发减弱。

四、安全与经济合作：中东地区一体化

近代泛阿拉伯主义思想产生于 19 世纪下半叶，是中东地区阿拉伯人对奥斯曼土耳其帝国末期腐朽统治和欧洲列强殖民扩张的回击，也是对西方先进思想在中东地区传播与青年土耳其党泛突厥意识形态兴起的本土化回应。阿拉伯民族主义精神之父、叙利亚人萨提·胡斯里倡导建立统一的阿拉伯国家，或建立一个政治、经济和文化的统一体，第一次将整个北非列为阿拉伯民族的组成部分。

20 世纪三四十年代，中东多个阿拉伯国家先后建国，由国家独立转向实现阿拉伯民族统一成为各国关心的话题。1945 年 3 月，埃及、伊拉克、约旦、黎巴嫩、沙特阿拉伯、叙利亚和也门在开罗签署《阿拉伯国家联盟公约》，标志阿拉伯国家联盟（League of Arab States，以下简称"阿盟"）正式成立。目前，阿盟共有成员国 22 个，总部设在埃及开罗。

作为泛阿拉伯主义思想的重要产物，阿盟积极参与并维护成员国国家独立和主权。其中，巴以问题是中东问题的核心，也是阿盟自成立至今的工作重点，几乎在历次首脑会议、部长级会议都提及该议题。1947 年 11 月，联合国大会通过巴勒斯坦分治决议后，阿盟随即在反对声明中明确表达阿拉伯人决战至最后胜利的信心。1974 年，阿盟第 7 次首脑会议强调，巴勒斯坦人民返回家园和民族自决是不可剥夺的权利。[①] 2002 年 3 月第 14 届首脑会议通过《阿拉伯和平倡议》，成为与以色列谈判、最终解决阿以争端的基本原则。2018 年 4 月在沙特达兰举行的第 29 届首脑峰会更名为"耶路撒冷峰会"，意在警醒巴勒斯坦及其人民仍是阿拉伯世界的核心。2020 年 2 月召开阿

---

① 尹崇敬主编：《中东问题年》，568 页，北京，新华出版社，1999。

盟部长级紧急会议，宣布拒绝接受美国针对巴勒斯坦问题的"中东和平新计划"（"世纪交易计划"）。除巴勒斯坦问题外，阿盟全力支持约旦摆脱英国委任统治、埃及苏伊士运河收归国有、阿尔及利亚反法殖民斗争、阿曼人民解放斗争等。但自第四次中东战争后，埃及与以色列单独媾和，阿拉伯世界内部分裂之势日趋显著，阿盟在地区和国际事务的话语权与影响力有所降低，难以在捍卫成员国独立问题上发挥实质性作用。

为推动阿拉伯政治统一，阿盟不断完善内部机制建设，增强集体决策与行动力。首脑级理事会是阿盟最高权力机构，商讨地区性重大问题，掌握实质决策权与终审权。部长级（外长）理事会由全体成员国外长组成，负责讨论、制定和监督执行阿拉伯共同政策、制定阿盟各机构的内部条例并任命阿盟秘书长，协商一致通过的决议对所有成员国具有约束力。每年3月和9月举行部长级例会，若两个以上成员国提出要求，也可随时召开特别会议或紧急会议。秘书处为阿盟常设行政机构和理事会及各专项部长理事会的执行机构，秘书长负责处理阿盟内部各项事务并有助理秘书长及其他官员予以协助。随着阿拉伯国家相互关系的发展和合作领域的扩大，阿盟共成立13个专项部长理事会，负责制定有关领域的共同政策，加强成员国间的有关协调与合作。此外，阿盟还设有联合防御理事会、经社理事会等机构，推动阿拉伯国家间军事、经济、社会等领域合作。

阿盟致力于推动阿拉伯国家经济一体化发展，在成立初期就非常重视加强成员国经济合作，实现国家间经济互补。1950年阿盟成员国签署《联合防御和经济合作条约》，并在阿拉伯商会联盟成立大会上提出"阿拉伯共同市场"概念。1964年，阿盟成立阿拉伯经济一体会理事会，指导成员国经济一体化进程。20世纪70年代，阿拉伯经济及社会发展基金会、阿拉伯货币基金会先后成立，保障成员国经济、社会等领域均衡发展。1985年，第11届阿拉伯国家首脑会议明确要求设立专门解决投资争端的机构——阿拉伯投资法院，[①]通过司法渠道推动阿盟内部经济一体化发展，解决相关各方投资争端。在阿盟的不懈努力下，大阿拉伯自由贸易区于1998年1月1日正式启动，并于2005年1月1日正式生效，为推动阿拉伯国家经济一体化迈出重要一步。

阿盟主张建立集体安全机制，维护阿拉伯世界和平与稳定。《阿拉伯宪章》规定，"采取必要措施抵御某成员国遭到或可能遭到的侵略；用和平方式，比如协调仲裁，解决成员国之间的争端；确定与国际组织的合作方式，维护民族的和平与安全"；《阿拉伯国家联合防御条约和经济合作条约》进一步明确了阿盟集体安全的具体内容与对应军事机构。两项文件共同构成阿盟集体安全体系的理论支撑。但随着恐怖主义在中东地区发酵，阿盟的集体安全重心逐渐转向反恐，1998年出台《阿拉伯国家联盟制止恐怖主义公约》；2004年第16届首脑会议，通过了旨在促进阿拉伯国家改革和打击国际恐怖主义等13项内容在内的计划；2016年第27届首脑峰会提出促进地区和平安全，鼓励对话，化解仇恨与恐怖主义。但囿于成员国国情不同、国家利益不同、社会发展程度不同，难以建立统一的反恐集体安全机制。

[①] 刘亚军、魏德红：《阿拉伯投资法院作为ISDS机制的经验与启示》，载《西北民族大学学报（哲学社会科学版）》，2020(6)，94页。

此外，伊斯兰合作组织、海湾阿拉伯国家合作委员会（Gulf Cooperation Council，简称"海合会"）、阿拉伯石油输出国组织（Organization of Arab Petroleum Exporting Countries）、阿拉伯马格里布联盟（Union of the Arab Maghreb）、土耳其–阿拉伯合作论坛（Turkish-Arab Cooperation Forum）等，在中东地区治理方面也发挥着十分重要的作用。

总体而言，中东地区合作机制建设正处于上升期，发展潜力巨大。但是，中东地区的区域和次区域组织整体水平较低，难以应对内外部多重挑战，包括合作机制不够成熟、中东各国国情社情差别较大、域外大国干涉中东事务等，使区域一体化建设"名大于实"，制约各类区域和次区域组织发挥积极作用。

五、落后国家的复杂组合：非洲地区一体化模式

相比欧洲地区的区域制度化趋势、亚太地区的开放地区主义等地区主义实践，非洲的地区主义发展比较羸弱，受制于政治经济发展水平的约束，总体上是一种低水平的地区主义实践。然而，无论是泛非主义实践，还是形形色色的地区主义和次地区主义实践，都推动了非洲国家联合自强的进程。

早在19世纪末，被称为"非洲民族主义之父"的布莱登就大力倡导非洲人的团结，以维护世界各地非洲人的利益。布莱登首先提出以"非洲个性"为中心的民族主义思想，他将黑人看作一个整体，提出共同命运说，主张世界各地的黑人联合起来。[①] 在1897年，"泛非主义之父"杜波依斯明确提出了"泛黑人运动"的概念，指出共同受奴役、受压迫和受歧视的经历使非洲人民必须冲破种族部落界限，以共同的肤色为基础形成黑人种族意识，塑造非洲人的区域意识。取得独立地位以后，非洲国家高举联合自强旗帜，谋求实现区域合作。围绕非洲大陆的发展走向，形成了主张建立非洲合众国的卡萨布兰卡集团，以及在主张尊重各国主权基础上开展区域合作的蒙罗维亚集团。

从非洲统一组织到非洲联盟的转型，两种路线的分歧与调和主导着直至今日的非洲一体化进程，实质上是独立后仍处于进行时的国家建构任务与跨越国家边界基础上的区域认同之间的角力。通过卡萨布兰卡集团和蒙罗维亚两大集团的相互妥协，1963年5月25日，非洲统一组织（简称"非统组织"）宣告成立。非统组织实际上是一个松散的国家间组织，而不是凌驾于非洲各主权国家之上的超民族权力机构，更不是恩克鲁玛等激进泛非主义者所设想的非洲合众国。[②] 诚然，非统虽是两种地区合作路线妥协的产物，但在支持非洲国家摆脱殖民统治、反抗种族压迫的斗争中发挥了不可替代的重要作用。非统诞生于非洲民族解放运动蓬勃发展时期，在地区一体化路径探索、区域合作组织建设、深化联合自强意识等方面作出了开创性贡献。非统机制的先天不足，导致其最终被取而代之。

冷战结束后，非洲处于国际社会边缘，经济发展困难重重。政党纷争、民族对立、

---

① 张忠祥：《非洲复兴：理想与现实》，载《探索与争鸣》，2013(6)，83页。
② 罗建波、刘鸿武：《地区认同与非洲一体化》，载《亚非纵横》，2009(3)，42页。

宗教分歧等矛盾集中爆发，艾滋病、疟疾等传染病高发，地区安全形势日趋恶化。贫困和动荡交织的局面，促使非洲有识之士深刻思考地区的未来发展走向，重新认识到联合自强的重要性。1997年，时任南非副总统的姆贝基率先提出"非洲复兴"的概念。"非洲复兴"是对泛非主义在新时期的全新诠释，也是非洲领导人为克服危机的一种战略。它要求非洲国家领导人再次高举泛非主义的旗帜，解决非洲面临的经济困难。具体而言，当非洲大陆面临"边缘化"的威胁时，非洲国家必须团结起来，增强非洲大陆的政治经济实力，提升非洲大陆在国际社会的地位，以此摆脱"边缘化"并走上自强发展的道路。[①] "非洲复兴"思想的提出正值新旧世纪交替之际，强调非洲人民曾共同拥有辉煌的历史，理应在新的千年里以"联合自强"实现大陆振兴。作为曼德拉的继任者，姆贝基倡导"非洲复兴"思想，实质上还是南非领导人对种族隔离制度结束后本国未来发展之路思考的产物。新南非诞生以后，曼德拉等领导人深刻思考南非与整个非洲的关系，认为摆脱不了非洲人属性的南非必须与大陆的命运紧密相连，只有回归非洲大家庭才能获得长久发展。"非洲复兴"契合了当时非洲人民寻求发展的迫切愿望，得到了其他非洲国家领导人的积极响应。1999年9月，非统组织第4届特别首脑会议通过《苏尔特宣言》，决定成立非洲联盟（简称非盟）。2000年7月，第36届非统首脑会议通过了《非洲联盟章程草案》。2001年7月，第37届非统首脑会议决定正式向非盟过渡。2002年9月至10日，非盟举行第一届首脑会议，正式取代非统组织。非盟的成立，标志着非洲一体化建设进入新的阶段。

在推动非统向非盟转型过程中，南非同尼日利亚、塞内加尔、埃及、阿尔及利亚等国还共同推出"非洲发展新伙伴计划"。2001年7月，第37届非统首脑在通过非统正式向非盟过渡决议的同时，一致通过"非洲发展新伙伴计划"。该计划是非洲自主制定的第一个全面规划非洲政治、经济和社会发展目标的蓝图，强调非洲国家对大陆发展的主导权，通过集体努力解决地区贫困落后等问题，提出"在15年内实现全非洲国内生产总值年均增长7%以上、贫困人口减半"等目标，最终实现非洲在21世纪的可持续发展。2008年4月，非洲国家领导人决定将"非洲发展新伙伴计划"并入非盟，从而避免两个机构并存而造成的重叠和混乱，更加有效落实非洲发展规划。2010年"非洲发展新伙伴计划"正式成为非盟下设机构，2017年改名为非盟发展署。

在借鉴反思非统运作模式的基础上，非盟更加注重机制化建设，增强集体决策和行动能力。首脑会议为非盟最高权力机构，原定每年召开两次例会，从2019年起仅在年初举行，年中首脑会议改为非盟与次区域组织协调会。执行理事会对首脑会议负责，由成员国外长或指定部长组成，每年举行两次例会，落实首脑会议通过的有关政策并监督决议的执行情况。若某国提出要求并经2/3成员国同意，首脑会议或执行理事会均可召开特别会议。非盟委员会为非盟常设行政机构，负责处理非盟日常事务，总部设在埃塞俄比亚首都亚的斯亚贝巴。泛非议会为非盟的立法与监督机构，总部位于南非约翰内斯堡，目前只具有咨询、建议和预算监督职能。和平与安全理事会负责

---

① 舒运国：《泛非主义与非洲一体化》，载《世界历史》，2014(2)，35页。

维护地区安全、预防地区冲突、战后重建、人道主义和灾难救援等事务，由15个成员国组成，其中5国任期3年、10国任期2年，均可连选连任。成员国权力平等，无否决权。此外，非盟还设有经济、社会和文化理事会和非洲法院等专门机构。非盟还提出设立金融机构的设想，未来将创办非洲中央银行、非洲货币基金、非洲投资银行。

在安全理念上，非盟对非洲集体安全原则进行了重大创新，以"非漠视"原则取代了非统时期长期坚持的"不干涉"原则。[①] 1994年卢旺达大屠杀事件发生，当时非统因坚持"不干涉"立场而饱受批评。除创设非洲和平与安全理事会外，非盟还将建设非盟常备军和快速反应部队提上日程。非盟倡导"非洲人以非洲方式解决非洲问题"，反对大国干涉非洲国家内政。自成立以后，非盟对布隆迪内战、苏丹达尔富尔冲突、科特迪瓦内乱、索马里内战等非洲国家内部冲突进行干预介入，发挥了地区集体安全机制的积极作用。由于非洲地区安全形势复杂多变，传统安全和非传统安全相互交织，恐怖主义、部族冲突等问题依然突出，非盟在维护地区和平与安全方面仍任重道远。

非盟关注提高非洲国家治理能力，积极推行"非洲互查机制"。这一机制最早设立在"非洲发展新伙伴计划"框架下，要求加入的国家必须将其政府管理、经济政策以及人权等方面的情况公开，接受其他成员国按照既定标准进行检查和评估，目的是敦促各国政府改善治理水平，推动落实非洲发展新伙伴计划，实现政治稳定和经济社会发展。2014年6月，第23次非盟大会通过决议，将非洲互查机制作为自主实体纳入非盟体系，由非盟大会对非盟《2063年议程》的实施进行监督和保障。"非洲互查机制"的创设和推行，反映了非洲国家力图基于自身力量提高大陆的治理水平。非洲互查机制坚持自愿原则，非盟各成员国可根据本国意愿选择加入。最初有10个国家参与该机制，近年来成员数量有所增加。作为非盟正式体系的重要组成部分，"非洲互查机制"不但有助于促进非洲国家提高治理能力，也在推动区域合作方面发挥了积极作用。在互查过程中，各国共同解决有关跨国基础设施建设项目、流行病应对等方面的问题，一定程度上推动了区域合作进程。不过，由于"非洲互查机制"缺乏强制性的纠正和惩治措施，审查过程繁琐耗时，执行力和落实效果受到明显制约。

非盟坚持以发展为导向，积极推动地区经济一体化进程。2015年1月，非盟首脑会议通过《2063年议程》，描绘了非洲未来50年的发展蓝图。《2063年议程》明确提出，要实现"基于泛非主义理想和非洲复兴愿景的政治上团结的、一体化的非洲"的发展愿景。《2063年议程》由非洲自主制定，体现了非洲坚持走自主发展道路，以及实现包容性增长与可持续发展的路线选择。《2063年议程》着重强调整体协调的原则，代表了整个非洲大陆层面的发展方向，确保大陆层面的规划在次区域和国家层面得到贯彻落实。2012年1月，非盟第18届首脑会议通过"促进非洲区域贸易和快速推进非洲大陆自由贸易区"的决议。2015年6月，非盟启动非洲大陆自由贸易区谈判，将其纳入《2063年议程》。2018年3月，非盟专门举行非洲大陆自由贸易区特别峰会，通过《非洲大陆自由贸易区协定》。非洲大陆自由贸易区秘书处设于加纳首都阿克拉，

---

① 罗建波：《非洲一体化进程中的非盟：历史使命与发展前景》，载《当代世界》，2014(7)，54页。

该自由贸易区覆盖约 12 亿人口的大规模市场,构建国内生产总值约 3.4 万亿美元的区域经济体。2021 年 1 月,非洲大陆自由贸易区正式启动,成为非洲一体化进程中又一重要里程碑。

除了非盟之外,非洲区域合作遵循分层推进的路径,形成大陆、次区域和国家多层互动的一体化架构。非盟共认可 8 个次区域经济共同体,分别是东非共同体、南部非洲发展共同体、西非国家经济共同体、马格里布联盟、政府间发展组织(伊加特)、中非国家经济共同体,东南非共同市场和萨赫勒-撒哈拉国家共同体。目前,东非共同体、南部非洲发展共同体、西非国家经济共同体建设取得明显成效,是非洲大陆一体化发展水平较高的区域性合作组织。

总的来看,非洲区域合作颇具潜力,未来非洲区域合作建设还面临一些不容忽视的挑战。比如区域互联互通水平亟待提升、成员国经济结构有待优化、区域非关税壁垒亟待打破等。面对新冠肺炎疫情蔓延的严峻形势,非洲国家注重开展全非层面的区域抗击疫情行动,包括各次级区域组织内部和相互之间的融合,非洲区域合作的水平将不断提升。

六、南北对话与南南合作:美洲地区一体化的模式

泛美主义思想的起源与南美解放者西蒙·玻利瓦尔(Simon Bolivar)之名密不可分。美洲一体化倡议最早来自美洲会议。1890 年 4 月 14 日,美国同拉美 17 个国家在华盛顿举行第一次美洲会议,决定建立美洲共和国国际联盟及其常设机构——美洲共和国商务局,这也是后来美洲国家组织的前身,4 月 14 日同时被定为"泛美日"。此后美洲国家大约每 5 年举行会议一次,初步形成美洲国家间体系(The Inter-American System, IAS)。1910 年在布宜诺斯艾利斯举行的第 4 次大会上,改名为美洲共和国联盟。1923 年在圣地亚哥举行的第 5 次大会上改名为美洲大陆共和国联盟。1938 年美洲国家第 8 次大会在秘鲁首都召开,决定如遇有美洲各国安全遭受威胁时,各国外长应会商对策,因而产生泛美外长会议。1948 年在波哥大举行的第 9 次会议上,通过了《美洲国家组织宪章》,改称为美洲国家组织。

美洲国家组织宗旨之一是促进各国间经济、社会、文化的合作以及清洁组织社会,加速美洲国家一体化进程。但值得注意的是,作为美国盟友的加拿大在冷战期间并无加入美国主导的美洲国家组织,认为加入会削弱加拿大较为独立性的外交政策,加拿大直至 1990 年冷战结束才加入。这从侧面反映了美国在主导西半球一体化进程中的角色,美洲国家组织是美国实现对美国以南拉美地区控制的组织机制方式之一。冷战期间在美国主导下,1962 年美洲国家组织宣布中止古巴的会籍,2009 年美洲国家组织以民主改革为条件同意古巴可以重新申请入会,但古巴拒绝重新入会。2009 年 7 月 4 日,美洲国家组织宣布中止洪都拉斯的会籍,以抗议该国反对派通过军事政变推翻洪都拉斯总统曼努埃尔·塞拉亚(Jose Manuel Zelaya)。委内瑞拉总统尼古拉斯·马杜罗(Nicolas Maduro)多次指责美洲国家组织干预该国内政,在委内瑞拉总统危机中,美洲国家组织以任命国家代表的形式干预。2019 年 4 月 27 日,马杜罗宣布已完成所

有退出手续，彻底退出美洲国家组织，并表示永远不会重返。

美洲自由贸易区是南北对话型一体化组织的首个尝试。从1994年起，34个美洲国家（仅古巴除外）就建立自由贸易区展开谈判。但美国与拉美之间的差距是巨大的。北美自由贸易区（North American Free Trade Area，NAFTA）是在区域经济集团化进程中，由发达国家和发展中国家在美洲倡导建立的，建立初衷是减弱美加两国在国际经济竞争中优势地位。1988年6月2日，美加自由贸易协定正式签署，1989年1月1日，该协定正式生效。北美自由贸易协议是在1989年美加自由贸易协定基础上的衍生。北美自由贸易区自1994年1月1日正式成立后，成为全球最大自由贸易区，至2000年，美国与墨西哥两国进口贸易总额每年均显著成长，其中，墨西哥对美出口受惠最大。美国总统特朗普自2017年上任以来曾多次批评北美自贸协定造成美国制造业岗位流失，并主导开启了北美自贸协定的重启谈判，旨在服务于美国重新谈判争取自身权益的意图。2020年1月29日，签署修订后的"美国－墨西哥－加拿大协定"（简称美墨加协定）正式生效，新协定涉及全球最大的自贸区之一，每年贸易额超过1万亿美元。总的来说，美洲地区的治理是一种建立在发达国家与发展中国家垂直合作基础上的治理形态，其治理效果受到美国霸权强有力的制约。NAFTA的确推动了免税加工区的发展，但冷战后遭遇了来自中国和亚洲其他国家更加低廉的劳动力竞争。《美墨加三国协议》的签订，为北美地区的工人、农民和公司提供高标准的贸易协议，进一步促成更加自由的市场、更加公平的交易以及更可持续的经济增长。《美墨加贸易协定》在劳工、知识产权、市场准入、争端解决机制这四个领域进行了改革。总体来看，美国是最大的赢家，墨西哥退让最多。

拉美地区次区域一体化探索的实践，集中体现在一批南南合作型地区组织的建立。拉丁美洲地区内部的一体化进程，伴随着民主制度的回归和经济政策的变化，各国重新界定并推动安第斯共同体、南美共同市场、拉美加勒比国家共同体等，其重要特点是没有美国参与。相较于试图推动比如美洲自由贸易区的地区一体化计划，拉美各国开始更多讨论区域联合的自强策略。然而，由于缺乏合作基础，拉美地区的一体化效果比较有限，且仍然无法摆脱美国的战略影响。展望未来，拉美地区一体化仍然是前路漫漫。

第三节　地区主义研究

将一组国家界定为某一地区的另一解释路径是地区主义（Regionalism）。相比强调技术、经济和社会因素自下而上构建的地区化逻辑，地区主义强调政治和文化因素自上而下的理念建构和政治建构。相比之下，地区主义在中国学界是一个冷战结束之后才出现的晚近概念。此前较长一段时间内，对地区化、一体化和地区经济合作等概念并不做严格的区分，直到中国参与亚太经济合作组织进程之后，地区主义才从英美学界介绍到中国学界，比如庞中英1999年在《欧洲》期刊发表《地区主义与民族主义》，解释了地区主义问题的形成和发展，以及地区主义和民族主义的关系。2000年，袁正清、肖欢容和郎平译介了赫特等人的《地区主义崛起的理论阐释》、阿查亚的《地区主义和将出现的世界秩序：主权、自治权、地区特性》、莫尔的《地区主义和全球主义：相互矛盾还是相互推动的过程》等文献，对地区主义的基本概念、研究议程、最新进展有比较充分的介绍。进入21世纪以来，对东亚地区主义、欧洲地区主义以及其他地区的地区主义的研究，越来越成为学界研究的热点。

一、地区与地区主义

如果说一体化是地区化（Regionalization）的核心概念，那么地区就是地区主义的核心概念。地区绝不仅仅是一个地理概念，而是有着明确经济、政治、社会和文化内涵。约瑟夫·奈（Joseph S.Nye）提出了以国家为中心的地区概念，在国际关系中，地区就是由一种地缘关系和一定程度的相互依存性联结到一起的有限数量的国家。卡尔·多伊奇（Karl Wolfgone Deutsch）则从相互依存的角度界定地区。被广泛接受的概念是瑞典学者赫特（Bjorn Hettne）和索特伯姆（Fedrik Soderbaum）对地区的界定，他们认为地区是一个开放的系统，有地区区域、地区复合体、地区社会、地区共同体、地区国家等不同层次的存在形式。庞中英和肖欢容等基本上接受了这一界定，将地区界定为国家之间互动形成的功能单位和观念建构。对地区建构重要的努力，就是地区主义的理论和实践。

将地区视为一种理论观念和政策实践的"地区主义"，严格起来讲是二战后的事情。此前尽管也有学者提及以国际贸易为中心的地区主义，甚至有人将东亚朝贡体系、门户开放政策和"大东亚共荣圈"也视为地区主义，但此种由一国强权确立的"强加的地区主义"与当下人们谈及的地区主义大相径庭。尽管学界对地区主义（Regionalism）的界定纷繁复杂，但其核心都是强调地区主义是国家的一种有意的自上而下的地区政策和实践，推动在地区基础上形成代表地区的地区组织或国家集团，它是一个多层次、多行为体、主动协商互动的过程。因此，地区主义可以界定为地理上相邻或相近的一组国家，为了特定的共同目标进行宏观政策的协调合作，建立某种地区性国际组织或某种非机制性安排的国际关系现象。

与地区化的自然过程相论，地区主义是一个社会建构的过程。严格而言，地区主义需要满足三个条件：一是地区利益是地区主义的基础。利益是国家行为的基础，也是一切社会行为的根本。地区主义首先意味着确立了地区共同利益，商品、资金、技术、人员、信息等经济要素在特定国家集团内的流动速度，要比在该国家集团以外的流动速度要快，已经存在着地区社会化共同利益的事实。一旦出现违背或者损害地区利益的行为，地区各国的众多行为体都会受到影响。二是地区价值是地区互动的载体。志同道合是伙伴，求同存异也是伙伴。地区主义要想夯实基础，必须具备共同的价值观念。一旦地区各国建立起共同的价值观念，就可以在基于共同价值基础上，实施地区内国家之间经济、社会、安全领域的政策协调，建立机制化的官方正式联系渠道。三是地区责任是地区主义的功能。地区责任意味着地区各个成员都承担了地区的权利和义务，为权威性分配地区资源，地区内国家需要确立共同的政策框架，对地区外国家和地区恪守共同的政策立场，呈现了一定程度的"一个声音讲话"。只有满足上述三个条件，才能称其为地区主义。近年来，地区主义已经引发了众多学科领域的兴趣，呈现出跨学科发展的势头。

按照这一标准，作为一种理论主张的地区主义产生于20世纪50年代至60年代，兴起于70年代后期。在欧洲一体化过程中，在20世纪50年代开始建立欧洲煤钢联营、欧洲经济共同体和欧洲原子能共同体，不仅具有地区内互动的事实，也具有地区互动的机制和一定程度的共同地区政策，标志着地区主义的确立。当然，当时欧洲地区主义的范围还非常有限，主要集中于功能领域、经济领域等低级政治领域，在政治、安全等高级政治领域还非常有限。冷战结束之后，欧洲的地区主义大规模复兴，尤其是欧盟成立后，东欧国家申请加入欧盟，并建立了一系列对话和入盟机制，地区主义在欧洲达到顶峰。欧洲地区主义的成功实践，激励了地区主义在东亚、拉美、非洲、海湾地区等世界其他地区的扩散，地区主义不胫而走，呈现出了多样化的形态。迄今为止，真正确立相对完整形态的地区主义主要存在两种模式：

一是基于欧洲经验的政府间主义模式。欧洲的地区主义源自对历史上国家间血腥对抗惨痛经历的反思，这种对抗引发了两次世界大战，导致了欧洲文明的自我摧毁，产生了超越威斯特伐利亚体系的欧洲联合思想。尤其是第二次世界大战之后，源于欧洲煤钢联营的努力，最终形成了形形色色的地区主义思想。欧洲地区主义的特征是一体化的制度和机制，强调采用成熟的、健全的、具有超国家性质的制度化框架来推动地区主义发展。这些制度化框架在组织结构上主要包括欧洲联盟理事会、欧洲理事会、欧洲委员会、欧洲议会、欧洲法院等主要机构，这些机构分别掌管管理、行政、司法等执行权力，具有相对独立的职权范围。其中，欧盟的地区法律高于成员国国内法，这是政府间地区主义的最大特点所在。

二是基于东亚和拉美地区发展经验的"开放型地区主义"或"新地区主义"模式。与欧洲经验强调制度建设和政治建设不同，新地区主义模式建立在低水平的制度化基础上。地区主义往往充分释放企业、社会、非政府组织等社会网络的积极性，鼓励跨国之间的对话和交流，通过比较松散、对成员国的约束力也相对较小的会议和论坛来建构地区身份认同，在尊重和包容不同国家差异基础上推进地区合作框架建设。比如亚太经济合作组织、东盟地区论坛、东盟－中日韩首脑非正式会晤等，相比欧盟的"委员会""议会""法院"等高层次制度化，东亚也只是"论坛""非正式会晤""会议"等低层次制度化。新地区主义最大的特征是开放性，强调保持对外开放，不制定区别性的宏观政策，主张以广泛的非歧视性作为区域合作的基本原则，更加符合世界多边贸易体制的宗旨，有利于进一步推进全球多边贸易体制的不断完善。

尽管世界各地的地区主义形态各异，其本质是一致的，都是传统"国家中心主义"的突破，是在公共事务治理上"国家失灵"的一种补救，它致力于解决国家解决不了又解决不好的国际公共问题。说到底，地区主义是同一地区内各种行为体基于共同利益而开展地区性合作的一切思想和实践活动的总称。[①] 除了纯粹自下而上的地区化的

---

① 耿协峰：《新地区主义与亚太地区结构变动》，37页，北京：北京大学出版社，2003。

自然过程之外，一切主观的地区意识和认同建构、国家之间的地区合作和协调的机制和过程，都是地区主义的重要组成部分。地区主义和全球主义、民族主义并行不悖，它既不是全球主义的派生物，也不是民族主义的替代品。地区主义的逻辑是把地区作为思想和行动的出发点和基础，致力于寻求提供区域公共产品，捍卫地区共同利益，建构地区共同价值，履行地区共同责任，是地区利益、地区价值和地区责任的统一体。因此，地区主义是一种与全球主义共生、与民族主义相互补充的新型意识形态或思潮，日益在全球主义和民族主义之间扮演一种"桥梁"和"中介"的角色。

二、从老地区主义到新地区主义

地区主义是一个晚近现象，但其雏形可以追溯到久远的过去。耿协峰教授将地区主义追溯到近代之前。他援引罗伊·金（Roy Kim）和希拉里·康罗伊（Hilary Conroy）的观点。他认为东亚地区曾经有三个传统的体系：一是儒家体系；二是门户开放政策；三是日本的"大东亚共荣圈"，认为在东亚地区分别形成了三个老地区主义的体系，分别是以"华夷体系"为特征的东亚体系、以"门户开放"为特征的远东和太平洋体系、以"大东亚共荣圈"为特征和以冷战共处为特征的亚太体系，认为所有这些东亚体系都可以称为老地区主义的实践，被称为"强加的地区主义"。事实上，在国际上有不少学者将20世纪50年代欧洲地区主义的理论和实践均为老地区主义，其基本特征是以国家为中心的地区主义，国家是地区主义的推手，地区利益是国家共同利益，地区价值是国家共同价值，地区责任是国家共同责任，基本理论范式是政府间主义和自由政府间主义。

新地区主义是相对于老地区主义而言的，其基本背景是20世纪50年代的地区主义浪潮在经历了一段沉寂阶段后，到20世纪80年代尤其是冷战后重新复兴，在世界各个地区向着多层次、多领域、多维度方向发展。为了与20世纪50年代的欧洲地区主义浪潮相区别，学界将20世纪80年代后的地区主义称为新地区主义或者开放性地区主义。新地区主义一词是由美国宾夕法尼亚大学政治系荣誉教授诺曼·D.帕尔默（Norman Palmer）在《亚洲和太平洋地区的新地区主义》一书中提出的，瑞典哥德堡大学教授赫特、美国学者詹姆斯·米特尔曼（James H. Mittelman）、牛津大学教授安德鲁·赫里尔（Andrew Hurrell）等，也对新地区主义研究做出重要贡献。在伯恩·赫特看来，新地区主义是包括经济、政治、社会和文化层面在内的多层次地区一体化进程，尤其是在政治和安全方面，并提出了地区融合度的概念。赫特和索特伯姆还认为，新地区主义由宏观地区主义和微观地区主义两部分组成。总体来看，新地区主义不仅包括政府推动的地区合作进程，也包括其他社会行为体推动的地区合作进程。新地区主义是指为了更好解决区域公共问题，由区域内地方政府、非营利组织和市场主体所构成的治理主体及其组织形态，也包括这些主体在治理区域公共事务过程中所共同遵守的治理理念和相关制度设计。新地区主义的核心是区域治理，是作为应对政治决策过程复杂性不断增加的一个研究过程。

与老地区主义相比，新地区主义具有三个方面的基本特征：一是开放性。新地区主义不仅注重推动地区内的合作，也重视加强地区外和地区间的合作，基本上没有合作门槛。新地区主义鼓励地区间合作，提倡开放的多边主义，反对建立排他性的地区经济集团，强调从国际关系的整体来探求地区主义的原则与价值，是一种开放型的地区主义，这被认为是新地区主义最显著的特征。二是非正式性。新地区主义更看重非机制化的合作框架，并不反对各个国家的意识形态、社会制度和民族特色，甚至也不反对民族主义的存在及其作用，强调地区主义与民族主义同步发展，并不追求建立共同的正式制度规则，更看重各方面的关系网络和共享平台。三是渐近性。新地区主义是一种过程导向的合作，并不追求制度的完美，更看重各方合作共处的渐近过程，尤其是非官方机构与官方机构之间的协调和沟通，是一种众多利益相关者共同参与的多维互动过程。新地区主义主张多元治理和多级治理（Multi-level Governance System），主张在地区发展的过程中打破传统政府单一主导的方式，构建合理的参与机制与互动网络，引入公民社会和私人部门等主题，实行政府、社会组织、公民社会、私营部门的联合治理（Joined-up Governance），形成一种嵌入式经济和政治发展新模式，推动非政府组织及私人部门参与。

新地区主义的实践主要发生在东亚地区和拉美地区。在东亚地区，推动新地区主义的构想开始于20世纪60年代，形形色色的民间区域合作倡议开始启动。比如1960年代关于建立亚洲经济合作机构的倡议，1965年日本一桥大学教授小岛清关于建立"太平洋自由贸易区"的建议，1967年"太平洋盆地经济理事会"的成立，1967年东南亚国家联盟的创立，1968年一些学术界人士推动的"太平洋贸易和发展会议"，1971年南太平洋论坛的创立，1979年时任日本首相大平正芳提出的"环太平洋合作构想"等。一直持续到亚太经济合作组织进程的创办，形形色色的新地区主义思想和实践不断涌现，甚至出现了"制度过剩"的局面。在拉美地区，20世纪90年代以来，美国对外贸易政策的转变为开放型地区主义创造了条件，拉美的民主化进程和实行新自由主义经济改革是其产生的内在推动力。为此，拉美经委会在总结以往拉美一体化新特点的基础上，提出了"开放的地区主义"战略思想，以指导拉美继续朝着具有"开放性"的地区一体化方向发展。在拉丁美洲一体化过程中，拉美区域组织发挥着重要的作用，几乎所有拉美次地区都达成了一体化协议，几乎每个国家都以某种形式加入了一个或多个区域性组织。其中，南方共同市场是拉美一体化发展中最有前景的区域一体化组织。总体来看，无论是东亚新地区主义，还是拉美开放型地区主义，所有这些努力都与欧洲的地区主义存在很大差异，它们主要发生在经济领域，且具有与众不同的新型特征。

毫无疑问，新地区主义之所以在冷战后加速发展，甚至活跃程度超过了欧盟主导的地区主义实践，其中的主要原因在于它具有更大程度的包容性，不追求整齐划一的制度形式，更看重地区合作的过程和效果，从而释放了包括国际体系、国内政治和地区各方面的积极性和创造性。长远来看，随着新地区主义政策和实践的展开，地区的性质也将发生重要变化，逐渐从一个纯粹的国家化的地区转变为社会化的地区，通过经济合作带动安全与政治合作，促成有关国家间合作的全面化，为协调和化解地区内有关各方的分歧和冲突、为维护整个世界的和平与发展作出重大的贡献。

三、从新地区主义到地区间主义

伴随着新地区主义的成长,以多层次地区间关系为主要形式的地区间主义也在 20 世纪中后期得到壮大。如亚太经济合作组织、亚欧会议、欧洲-拉丁美洲峰会(1999 年)、非洲-欧洲峰会(2000 年)和于 2001 年启动的东亚-拉美合作论坛(EALAF)等。其实,最早的地区间主义的载体是跨大西洋联盟——北大西洋公约组织,涵盖了北美地区和西欧地区的安全合作。之后,欧洲共同体与非洲、加勒比和太平洋地区国家之间的集团对话与合作、与拉美国家之间的对话与合作、欧盟与东盟的对话机制、亚欧会议机制等,跨地区之间的对话合作渐成潮流,相关研究也在不断拓展,形成了地区间主义的研究路径。

所谓地区间主义,是指世界上不同地区之间的国家或非国家行为体,在政治、经济、社会等领域不断深化的互动合作和相互关系。制度化与论坛化是地区间合作中的两种主要形式:一是制度化合作,此种形式的地区间主义建立了机制化的对话平台,比如北大西洋公约组织框架内的跨大西洋联盟关系。有学者在界定地区间主义的时候强调制度的重要性,将不同地区国家之间的机制性联系称为地区间主义。瑞典哥德堡大学教授赫特就认为,地区间主义是调节地区间关系的制度和组织。① 二是论坛化合作,此种形式的地区间主义并没有建立机制化的平台,仅仅强调定期举行论坛和会议。不少学者强调保持地区间主义灵活性的重要意义,认为非制度化对话和合作有助于一些新议题、新行为体在其中发挥积极作用。比如中非合作论坛推动的论坛化地区间合作,就是论坛化地区间主义比较有代表性的案例。

地区间主义的研究者认为,地区间主义包括三类国际关系:一是地区之间的国际关系(Inter-regionalism),主要是两个截然不同且彼此分割的地区之间的关系,如欧盟与东盟、南方共同市场(Mercosur)、南部非洲发展共同体(SADC)的对话机制。二是跨地区的国际关系(Trans-regional),即两个地区以上的一组国家组成的对话关系,主要是建立地区间和跨地区的共同空间,各种行为体在其中活动且彼此有着紧密的连带关系,如亚欧会议、亚太经合组织等等。三是复合地区间的关系(Hybrid Inter-regionalism)又称准地区间主义,是主要地区组织与单一大国之间的互动关系,比如"10+1"对话机制、中非合作论坛等机制。地区间主义尽管形式多样,但核心还是地区治理,强调地区性(Regioness)之间的互动,它不以国家为单位,而是以地区的名义进行地区间、跨地区和复合型的地区互动,致力于寻求在更大范围内进行地区治理。

地区间主义的兴起,反映了当今世界地区集团化及其不同集团之间日益加强的互动趋势。代表性学者赫特、索特伯姆、赫尔纳·汉吉(Heiner Hanggi)在研究地区间主义时,主要聚焦与西欧、东亚和北美之间的三方互动关系(Triad),主要原因是欧洲、北美和东亚三个主要地区在 20 世纪 90 年代出现了强劲的地区集团化势头,也建

---

① Hettne B, Söderbaum F. Theorising the rise of regionness. New political economy, 2000, 5(3): 457~472.

立了多种形式的地区间安排，呈现出多样化发展的特点。迄今为止，北美和西欧之间建立了跨大西洋的安全联盟，其形成的主要原因是冷战，但在经济领域并没有建立制度性架构，且冷战结束后北约也并没有消失。相比之下，美国与东亚地区在20世纪90年代建立起了经贸领域的亚太经合组织框架，在推动贸易和投资自由化、地区经济合作进程上取得了重要进展。但美国在安全领域并没有建立起类似于北大西洋公约那样的制度框架，近年来推动的"自由而开放的印太"（FOIP），也没有建立起制度化的地区安全框架。亚洲和欧洲的对话合作在20世纪90年代以来有了快速发展，亚欧会议（ASEM）成立于1996年，是亚洲和欧洲间重要的跨区域政府间论坛，旨在通过政治对话、经济合作和社会文化交流，增进了解，加强互信，推动建立亚欧新型、全面伙伴关系。截至2022年6月，亚欧会议有53个成员，包括东盟10个成员国、东盟秘书处、中国、日本、韩国、蒙古、印度、巴基斯坦、欧盟27个成员国及欧盟委员会。亚欧会议成员国人口约占世界人口的60%，国内生产总值占世界总值的65%。此外，随着新兴市场国家的崛起，以金砖国家合作机制、中非合作论坛、中阿合作论坛、中国–拉美和加勒比国家共同体论坛、中国–中东欧国家领导人会晤等跨地区对话合作发展势头强劲，展现出新的活力。

在推动地区间互动的过程中，地区间主义的各种安排尽管存在很大差异，但仍然履行了一系列重要功能，是全球多边治理体系和多层治理体系的重要组成部分。地区主义的真正生命力并不在于构建完美的制度，而是创建保持对话和沟通的桥梁。相比之下，新地区主义比老地区主义更有活力，而比新地区主义更具包容和弹性的地区间主义比新地区主义更具生命力。地区间主义研究的核心问题是地区间制度设计在促进合作上的适应性，一切制度障碍都不会阻挡地区间对话和发展的势头，只要坚持对话，保持沟通，地区间主义对地区治理和全球治理的潜能就一定会不断得到释放和激发。

第四节 地区学与全球学

在对国别与地区、地区化、地区主义进行了系统梳理后，一个国家的域外知识体系已经初见轮廓。国别学、地区学、全球学是不可分割的人类学问，之所以做出不同的区分，完全是出于人类认识便利的需要，也是人类社会活动发展到一定阶段的必然产物。作为一项核心学术使命，区域国别学致力于域外知识的建构事业，一切努力的落脚点就在于建立地区学，与国别学、全球学一道，共同为人类观察和理解自身和世界提供智力支持。

一、国别学

在一国的域外知识体系中，国别学处于基础地位，只有明确了国别学，才能找到国别研究的方向。关于国别学的定义，除基本定义外，在具体的定义上，到目前为止，学术界尚未做出统一明确的界定，但是很多国家都有着本国研究的学术传统。比如，中国称中国研究为"国学"，顾名思义，为一国寻根立基之学。在商务印书馆出版的《现代汉语词典》中对"国学"一词的解释为:"称我国传统的学术文化,包括哲学、历史学、考古学、文学、语言学等。"

不过,中国的国学概念之形成,与西学东渐相关,在欧风美雨汹涌入侵的时代场景下,国学之滥觞实际上是对西学之回应。现"国学"概念产生于19世纪,当时"西学东渐"改良之风正值炽热,张之洞、魏源等人为了与西学相对,提出"中学"(中国之学)这一概念,并主张"中学为体,西学为用",一方面学习西方文明,同时又恢复两汉经学。因此,推进区域国别学,欲要治他国之学,也需首先通本国之学,只有贯通本国之学与他国之学,才能真正做到古今贯通,中外融汇,成大家之学。无论本国之学,还是他国之学,国别学研究从根本上来说都是关于一国过去的学问,核心是回答一个国家从哪里来的问题。

(一)通本国之学,为治他国之学之起点

在中国,治他国之学的起点是通中国之"国学"。一般来说,在中国,往往把"国学"又称"汉学"或"中国学",泛指传统的中华文化与学术,涵盖范围甚广,包括经、史、子、集等内容。

此外,学界也从内容属性来划分,将中国国学分为义理之学、考据之学及辞章之学。所谓义理之学,是指阐明事物道理,也就是哲学;所谓考据之学,是指历史研究,也就是史学;所谓辞章之学,是指从事诗词散文以及章奏、书判等实用文体创作的,就是文学。这些即今天所说的文史哲政经社等人文学科与社会科学。后来又有人在此基础上又加了两个以补其不足:一是经世之学,即治国驭民的政治、经济、法律等社会科学知识;二是科技之学,即声光化电等自然科学知识。迄今为止,关于国学之大端,莫过于以上之所述。也有学者强调着眼于学术文化,将国学分为经学、史学、文学、儒学、道学、佛学六大部分,以突出儒释道三教圆融之学,事实上也没有从根本上改变经、史、子、集之大类,也没有挑战义理、考据、辞章之根本。

(二)治他国之学,为通本国之学之镜鉴

当今世界约有200个国家,每一个国家都有其安身立命之道,也都不同程度地形成了自己的国学。择要言之,每一个国家的国学都是回答本国从哪里来的问题,涵盖语言、文学、历史、哲学、经济、政治、社会、法律、文化、教育、军事等各个领域的学问,对这些学问的研究,就是治他国之学的内容。

治他国之国学,核心是研究他国之语言、历史和文化,了解该国的来龙去脉,洞悉其内在的文化机理,因此,人文学科扮演更加显赫的角色。语言和文化是打开他国国别学之门的钥匙,只有熟悉他国语言,才能获得与他国学习交流的机会。当今世界的语言十分复杂,语系渊源错综复杂,归结起来,世界上主要的语系有七大类:(1)印欧语系,是最大的语系,下分印度、伊朗、日耳曼、拉丁、斯拉夫、波罗的等语族。(2)汉藏语系,下分汉语和藏、缅、壮、侗、苗、瑶等语族,包括汉语、藏语、缅甸语、克伦语、壮语、苗语、瑶语等。(3)阿尔泰语系,下分突厥语族、蒙古语族、

通古斯语族三个语族。(4) 闪含语系又称亚非语系，下分闪米特语族和含语族。前者包括阿拉伯语、希伯来语等，后者包括古埃及语、豪萨语等。(5) 德拉维达语系又称达罗毗荼语系，印度南部的语言都属于这一语系，包括比哈尔语、泰卢固语、泰米尔语、马拉雅兰语等。(6) 高加索语系，这一语系的语言分布在高加索一带，主要的语言有格鲁吉亚语、车臣语等。(7) 乌拉尔语系，下分芬兰语族和乌戈尔语族。前者包括芬兰语、爱沙尼亚语等，后者包括匈牙利语、曼西语等。此外，还有一些语系，如非洲的尼日尔－刚果语系、沙里－尼罗语系（尼罗－撒哈拉语系）、科依散语系，美洲的爱斯基摩－阿留申语系以及一些印第安语系，大洋洲的马来－波利尼西亚语系和密克罗尼西亚语系（也有将两者合为南岛语系的），中南半岛的南亚语系。需要指出的是，世界上有些语言，从谱系上看，不属于任何语系，如日语、朝鲜语等，就是独立的语言。还有一些语言至今系属不明，如分布于西班牙北部和法国西南部与西班牙接壤地区的巴斯克语、古代两河流域使用的苏美尔语等。总之，当今世界上查明的有 5 651 种语言。世界上使用人口最多的语言有 10 种，它们依次是：汉语、英语、俄语、西班牙语、北印度语、阿拉伯语、葡萄牙语、孟加拉语、德语和日语。要想跨越他国国别学之大门而登堂入室，语言是必备的功夫。

与他国治本国之学不同，中国治他国之学在视角、路径和方法上与众不同，从一开始就确立比较镜鉴的治学初衷。除了语言之外，历史和文化也是各国国学的核心课程，需要下大力气，洞悉其古今变化之逻辑。在了解其他国家历史、社会和文化的过程中，无时无刻不在与本国进行比较、镜鉴、叩问、求知。此种比较鉴别的过程，不仅是了解他者的知识构建过程，也是反求诸己的知识反思过程，以此来检验本国之国别学的优劣、特色、属性，从更广大的范围探求真知，开启智慧。从这个意义上可以说，越是强大的民族，越是重视治他国之学，而越是重视治他国之学的民族，本国的国别学才能越发放射出光芒和异彩，只有其国别学不断释放出新的光芒和异彩的民族，才是真正引领世界的民族。近代以来，西方国家之所以能够引领世界，与其历代学人苦心孤诣、前仆后继的区域国别学是密切相关的，欧美之汉学的鼎盛、梵学的玄妙、非洲学和斯拉夫学的博大，都是欧美国家强大的重要根源。

二、地区学

在一国的域外知识体系中，地区学处于主体地位，区域国别学所努力的一切，都围绕地区学而展开。一般来说，区域（Area）在英文中是指一个边界不明确的特定地理地区（Region），它往往服务于特别的目的或者根据人口特征、文化特征或地理特征进行区分识别。出于不同的国家利益或者战略需要，不同的国家对区域的界定不同，甚至同一国家在不同历史发展阶段上对地区的界定和分类也有很大差异，这一区域概念可能是局部的地区，也可能是覆盖全球的世界。一般来说，回答整个世界问题的学问，被称为世界学（World Studies）或者全球学（Global Studies），而探索某一个特定地区的学问，可以称之为地区学（Regional Studies）。

迄今为止，关于地区学的内涵还缺乏共识。有的学者称之为区域科学（Regional

Science）。区域科学是指将区域作为一个有机整体（自然、社会、经济综合体）进行研究的科学，着重揭示经济社会活动的空间分布、区域矛盾和区域分异规律。尤其是，区域科学受到经济学的开放经济学理论、新经济增长理论、克鲁格曼新经济地理学很大影响，导致一些学者将区域科学等同于空间经济学、区域经济学，主要探讨国内意义上的城市经济学、空间经济学、多区域经济学、区域结构与区域动力学、区域进化与创新、区域管理与公共政策、全球的或地区的地缘理论与和平科学等，甚至还引入了地理信息科学方法。显然，作为区域国别学的地区学并非国内意义上的区域科学，而是致力于探讨超越国家的更大范围的地区发生发展的规律，为了能与区域科学相区别开来，将其称为地区学或地区研究（Regional Studies），内容涵盖其他地区比较、地区化、地区主义和地区间主义等，与前面提及的区域国别学内涵大致类似。

与国学重点集中于本国过去之学不同，地区学侧重于其他国家和地区的现状之学，带有很强的经世致用的实践意图，这一界定与目前从事区域国别学的学者所从事的工作大致相当。从地区学的现状关怀角度出发，地区学更关注一国或者某一地区的经济、政治、社会、法律、公共事务、工商管理、国际关系等实用研究，满足国家、企业和社会各界对他国基本情况的了解需求，并提供政策咨询和社会建议。因此，社会科学各个学科对地区学的贡献是最大的，二战后美国服务冷战的区域研究（Area Studies）就是地区学的典型。在美国的区域研究中，通过锁定某一特定国家和地区进行比较研究，既重视不同地区的共性研究，也注意关注某一特定地区的个性和多样性，广泛研究该地区的政治、经济、产业、法律制度、社会、文化、民俗的学科。关于二战后美国的区域研究发展情况，在前面章节已有详细阐述，在此不再赘述。

俄罗斯所推动的区域学也是地区学的重要探索。根据俄罗斯联邦政府规定，由俄罗斯国际关系教育领域的权威高校专家组成区域学教学法委员会，制定区域学的国家标准，规定区域学专业研究地区或国家间和地区间，在政治、经济、社会、人口、语言、文化、宗教方面的发展进程，为外事交流、信息分析、编辑出版、文化教育、科研和教学活动，培养具备全方位专业素质的专业对口人才。莫斯科国际关系学院、莫斯科大学、圣彼得堡国立大学等大学都设立专门的区域学专业，在学习国际关系一般知识的同时，也针对某一些特定国家和地区进行专门知识的学习，并注重培养实践能力，为满足国家战略需要和社会需求服务。

地区学的一个重要特性是不确定性。与国学研究的确定性不同，地区本身是不确定的，选择哪些国家作为地区，本身带有很强的战略设计味道，而且地区不像国家那么具有确定性和合法性，地区始终处于不停的变化之中。在冷战期间，东欧地区、高加索地区、中亚地区是隶属于苏联的加盟共和国，对这些地区的研究被纳入苏联研究之中，统称为苏联学。随着苏联解体后，这些地区纷纷脱离苏联，努力探求本国自主发展之路。东欧国家在冷战后更多倾向于向西欧靠拢，很多国家陆续成为欧盟的成员国，从原来的苏联研究转移到欧洲地区研究的麾下。高加索地区和中亚地区也因为穆斯林世界的影响、中国的崛起而变得动荡不定，已经很难作为苏联研究的一部分而存在。同样，随着冷战的终结、经济全球化的发展、第四次工业革命等因素的变动，地区化的世界正在发生基础性位移。在未来较长一段时期内,哪些国家之间会抱团取暖而转型为一个有意义的地区,哪些原本是一个战略地区的国家会分崩离析,这一切都表明地区本身是不确定的,需要地区学或地区研究做出新的回答。

不难看出,地区学在本质上是战略之学和政策之学,政策研究、定量研究和社会科学相关研究方法是地区学的主力军。对从事地区学研究的学者来说,在知识结构上,他们是"国别通"和"地区通",他们必须忙于奔走于地区各地,及时跟踪和追踪热点问题,不仅是一个国家政府决策咨询会议上的座上宾和智囊团,更是在大众传媒各种评论席上喋喋不休的"铁嘴""铁笔杆",甚至还是众多企业、智库、媒体等社会机构的顾问专家。之所以地区学的学者如此风光八面,完全因为地区学是现状之学,问诊把脉、答疑释惑、引导舆论是地区学不可回避的社会责任。只有做到对目标对象国和地区无所不通、无所不晓,才能真正满足国家战略需要和多样化的社会需求。

三、全球学

在一国的域外知识体系中,全球学是新的学术增长点。尤其是随着经济全球化的发展和全球公共问题的日益增多,世界各国和各个地区越来越成为你中有我、我中有你的利益共同体,一荣俱荣、一损俱损的命运共同体,同舟共济、荣辱与共的责任共同体。面对这一时代发展的大趋势,原有以民族国家为轴心构建起来的人文社会科学的知识体系,越来越难以满足和适应全球化时代人类社会对新知识体系的需求。从这一意义上可以说,区域国别学的未来时是全球学,全球学是人类社会的未来之学。

20世纪中后期以来,世界各国的国际问题研究、区域国别学甚至整个哲学社会科学研究都越来越重视全球性问题的研究,全球学是一门时代新学,是回应全球化浪潮的知识建构需要产生出来的新学问。当今世界正在经历百年未有之大变局,这一大变局的重要特征是经济全球化趋势不可阻挡,新技术变革日新月异,数字化和智能化成为时代潮流,整个人类日益紧密地联系在一起。2020年的新冠肺炎疫情加速了百年未有之大变局的进程,人类社会越来越成为相互依存的命运共同体。同时,全球性问题不断涌现,恐怖主义、金融危机、气候变化、能源资源短缺、大规模传染病肆虐等跨国性问题,深刻影响着人类的社会生活,要求人们突破狭隘的民族国家视野来重新审视当今世界,在全球范围内建构与时俱进的新的知识体系。正是在这一背景下,全球学应运而生。从20世纪70年代开始,以罗马俱乐部的系列报告比如《增长的极限》和《人类处于转折点》为标志,世界各地从事全球学研究的机构和队伍越来越壮大,关于全球化的研究、全球治理的研究和全球政策的研究,成为人文社会科学学科关注的焦点。1995年,美国加州州立大学蒙特雷湾分校率先设立全球学本科专业;1997年,日本东京的一桥大学设立首个全球学硕士专业;2006年,美国罗格斯大学设立了首个全球学博士专业;2012年,中国政法大学设立全球学博士学位的培养项目,成为中国首个授予全球学学位的教育机构。蔡拓教授、俞可平教授、吴志成教授、杨雪冬教授等一大批学者,长期致力于耕耘全球学学科建设,取得了突破性进展。

全球学,又称全球研究,关注跨国、跨地区和全球现象和问题,综合运用国际关系学、社会学、政治学、经济学、历史学、哲学、文化学等理论和方法进行跨学科研究。根据中国政法大学蔡拓教授的解释,全球学以全球化和全球问题为产生前提和研究对象,致力于探讨全球化时代出现的全球现象、全球关系和全球价值,以探寻全球治理为研究归宿,以挖掘、解释全球性为学术宗旨,探究世界的整体性联系和人类作为一个类主体的发展特点、进程和趋势的新兴综合性学科。全球学包括三组14个范畴:(1)全球化与全球问题。它们是全球学的时代和学科前提、基础和历史背景,也是全球学的内核。(2)全球经济、全球政治、全球法律、全球文化、全球体系、全球秩序、全球治理、全球公民社会。它们是全球学的外在表征和基本内容,构成了全球学的骨架和主干。(3)全球进程、全球利益、全球伦理、全球性。和谐是全球学的价值追求和内在本质。全球学的上述三组14个范畴是一个有机整体,其中,全球化和全球问题是全球学的逻辑起点,全球经济、全球政治、全球法律、全球文化一起构成了全球学的第一级平台,全球体系、全球秩序、全球治理、全球公民社会则构成了全球学的第二级平台,全球进程、全球利益、全球伦理、全球性构成了全球学的第三级平台,构成了全球学的整体框架和内在逻辑。尽管全球学的体系和逻辑仍处于不断完善之中,但这一体系的确描绘出了全球学的基本脉络,逻辑连贯,浑然一体。

全球学是一门日益完善的交叉学科,与众多学科有着十分紧密的联系,是一门独立的、新兴的综合性学科。同时,全球学也确立了一系列研究方法。具体来说,全球学的研究方法主要包括方法论全球主义、复杂性科学方法、哲学方法、跨学科方法、比较方法、定性比较方法和定量研究方法等。所有这些研究方法与区域国别学的方法是相通的,完全可以在研究过程中协同推进。

总之,国别学、地区学和全球学构成了区域国别学的完整体系。其中,国别学研究是区域国别学的前提和基础,地区学是区域国别学的主干,全球学是区域国别学的新的增长点。上述三门学科分别解决了区域国别学从哪里来,现在在哪里以及往哪里去的问题,只要在研究过程中将上述三门学科有机结合起来,就一定能够走出一条区域国别学的康庄大道。

思 考 题

1. 概念辨析:"地区化"与"地区一体化"。
2. 如何理解"地区化"和"全球化"之间的关系?两者相辅相成还是互为阻碍?
3. 简要介绍地区主义的两种主要模式,各有哪些特点?

结　语

一个伟大的国家，必须建立强大的域外知识体系。随着中国日益走近世界舞台的中心，中国与世界的关系成为关乎中华民族伟大复兴战略全局的核心问题，中国对域外知识体系的要求比以往任何时候都要紧迫和强烈，要求建立强大的区域国别学一级学科，为中国社会各行各业培养一大批内知国情、外通世界的高素质人才。然而，中国的区域国别学仍然是一门正在成长的学科，中国与世界发达国家的同行相比还有比较大的差距，中国对世界各国和各地区的了解还不能满足新时代中国发展的需要，需要一代代人做出新的探索和更大的努力。

一、中国区域国别学进入新时代

观察当代中国区域国别学，需要有一个宽广的视角，需要放到世界和中国发展的大历史中去观察。历史表明，社会大变革的时代，一定是哲学社会科学大发展的时代。当下中国区域国别学的兴起，既是当今世界百年大变局的产物，也是中国与世界关系历史性变革的产物。

（一）世界正经历百年未有大变局，推动区域国别学步入新时代

无论对于任何一个国家来说，区域国别学都意味着对其他国家、地区乃至整个世界的知识体系建构。社会存在决定社会意识，域外知识是域外区域国别现象的内在规律的反映。近代以来，在欧美国家主导下，整个世界的知识构建先后被纳入了"东方主义"和"区域研究"的框架，要么服务于欧美发达国家殖民扩张的需要，要么服务于冷战战略的需要。冷战结束以来，整个世界的区域国别版图发生了很大变化，尤其是新兴市场国家和广大发展中国家的兴起，越来越深刻地改变着世界地缘政治经济的版图，加上族群、宗教、阶级、派别等各种社会群体的日益活跃，整个世界越来越复杂，对原有的区域国别知识体系形成了严重的冲击，长期由西方主导的区域国别知识体系已经越来越无法适应大变局的需要。

进入21世纪以来，当今世界正在经历百年未有之大变局，表现

为国际力量对比出现了"东升西降"的趋势,全球发展动能出现了"革故鼎新"的趋势,国际秩序出现了"礼崩乐坏"的趋势,国际思潮出现了"百家争鸣"的趋势,整个世界进入了动荡变革期,充满着复杂的矛盾和斗争,要求一国的区域国别知识体系进行学理回应。大流疫加速大变局,2020年新冠肺炎疫情全球大流行推动百年大变局加速变化,深刻地动摇了既有的区域国别知识体系,要求区域国别学进行与时俱进的变革,对不同国家和地区进行重新评估。因此,区域国别学进入新时代,是当今世界的一个普遍问题,无论是欧美发达国家,还是新兴市场国家和广大发展中国家,都需要进行区域国别学的知识重构,区域国别学在世界范围内进入了一个新时代。

(二)中国特色社会主义进入新时代,推动中国区域国别学步入新时代

党的十九大报告指出,中国特色社会主义进入新时代。这个新时代,是我国日益走近世界舞台中央、不断为人类作出更大贡献的时代。当代中国正处在从大国走向强国的关键时期,已不再是国际秩序的被动接受者,而是积极的参与者、建设者、引领者。环顾世界,中国综合国力和国际影响力日益壮大,成为影响世界前途和命运的重要力量,原来的区域国别学越来越不适应新形势的需要,也要求建立与之相适应的新区域国别知识体系。

长期以来,中国的区域国别学主要聚焦于比较研究和对策研究,表现为主要从事中国与其他国家和地区的比较研究、其他地区之间的比较研究以及中国对区域国别的对策研究等,服务于国家对外战略需要和政策需要。当代中国正经历着我国历史上最为广泛而深刻的社会变革,也正在进行着人类历史上最为宏大而独特的实践创新。这是一个需要理论而且一定能够产生理论的时代,也是一个需要思想而且一定能够产生思想的时代,推动区域国别学步入新时代。随着中国与世界的关系发生深刻变化,中国同国际社会的互联互动空前紧密,中国成为世界和平与发展的强大力量,要求中国区域国别学不仅要考虑自身利益的需要,更要考虑地区和全球共同利益的需要。尤其是随着"一带一路"高质量发展的推进,中国与沿线国家和相关国家的联系越来越紧密,要求不仅要建立以中国为中心的区域国别知识体系,也要建立以地区为中心和以世界为中心的区域国别知识体系,推动着中国的区域国别学步入了新时代。

无论从当今世界正在经历的百年未有之大变局来看,还是从中国日益走近世界舞台中央的现实来看,都在推动中国区域国别学步入新时代,要求探索建立新时代的中国区域国别学学科体系、学术体系、话语体系和教材体系。与此前对策性倾向的区域国别学相比,新时代的区域国别学更强调学科基础、学术基础、知识基础和话语基础,建设具有中国特色、中国风格、中国气派的区域国别学。

二、新时代中国区域国别学的学科景观

区域国别学是一个"奢侈品",并非所有国家都需要建立独立的区域国别学体系。然而,中国是一个区域国别学的大国,除了美国之外,中国的区域国别学在世界上属于排名第二的大国,无论从研究队伍、论文数量、政府投入等规模指标,还是在研究范围、研究领域和研究覆盖面上，都是位居世界前列的。随着中国与世界联系的日益紧密，中国对区域国别学的需求急剧上升，无论从中国国际战略的发展需要出发，还是从中国经济和社会各界走出去的现实需求来说，都对新时代的区域国别学提出了更高的要求。然而，中国区域国别学存在着发展不平衡和不充分的问题，在学术命题、学术思想、学术观点、学术标准、学术话语上的能力和水平，同中国综合国力和国际地位还不太相称，发展还不够充分。尤其是对发达国家和大国的研究相对比较有规模，对中小国家、发展中国家的研究还很不够，有的国家的研究甚至还刚刚起步，还不能满足中国现实发展的需求。

因此，新时代的中国区域国别学的主要矛盾，是一个具有全球影响力的中国日益增长的区域国别知识需要与不平衡不充分的发展之间的矛盾。这一主要矛盾的变化对区域国别学提出了许多新要求，要求着力解决好不平衡不充分问题，在继续加强发达国家和大国研究的基础上，重点加强发展中国家和中小国家和地区研究，更好地满足新时代中国发展的需要。

（一）坚持以习近平新时代中国特色社会主义思想为指导

坚持以马克思主义为指导，是当代中国哲学社会科学区别于其他哲学社会科学的根本标志，推进新时代区域国别学，必须旗帜鲜明坚持以马克思主义为指导，推进马克思主义中国化、时代化。习近平新时代中国特色社会主义思想是21世纪的马克思主义，新时代中国区域国别学要坚持马克思主义为指导，就是坚持以习近平新时代中国特色社会主义思想为指导。

一般来说，一个国家是否能够巍然屹立于世界民族之林，在学术上既取决于该国的自然科学发展水平，也取决于哲学社会科学发展水平，在社会主义国家还取决于马克思主义理论的发展水平。恩格斯指出："一个民族要想站在科学的最高峰，就一刻也不能没有理论思维。"新时代的中国与世界关系是中国从大国走向强国的时代，更是中国理论自立自强的时代，是中国理论超越地域性走向世界化的时代。习近平总书记指出："实现我们的发展目标，不仅要在物质上强大起来，而且要在精神上强大起来。"随着中国走近世界舞台中央，中国对世界的知识体系就必须跟上中国发展步伐与世界发展趋势，坚持以马克思主义唯物史观指导中国区域国别学。

坚持以马克思主义唯物史观指导新时代中国区域国别学，就是要坚持以习近平新时代中国特色社会主义思想为指导。党的十八大以来，习近平总书记高度重视对外工作，运筹帷幄，亲力亲为，频繁出访，实现了对重要地区、国家和国际组织的广覆盖。在波澜壮阔的外交实践中，习近平牢牢把握中国和世界发展大势，深刻思考人类前途命运，提出了一系列富有中国特色、体现时代精神、引领人类发展进步潮流的新理念新主张新倡议，比如构建人类命运共同体理念、"一带一路"国际合作倡议、构建新型国际关系、倡导共商共建共享的全球治理观、构建人类卫生健康共同体等一系列中国主张、中国方案，形成了习近平新时代中国特色社会主义外交思想。习近平外交思想的理论创造和思想贡献，为新时代中国区域国别学提供了根本指导思想，为推进区域国别学的学科建设、学术建设、话语建设和教材建设规划了前进方向。

（二）坚持以中国与世界的关系研究为中心

中国与世界的关系是中国区域国别学的中心问题。2012年11月29日，习近平总书记在国家博物馆参观《复兴之路》展览时表示："我坚信，到中国共产党成立100年时全面建成小康社会的目标一定能实现，到新中国成立100年时建成富强民主文明和谐的社会主义现代化国家的目标一定能实现，中华民族伟大复兴的梦想一定能实现。"实现两个百年奋斗目标在党的十九大上被确立为新时代中国战略目标，为处理中国与世界关系确立了根本目标，也为中国区域国别学确立了发展目标。

新时代的区域国别学必须统筹国际国内两个大局，坚持服务民族复兴、促进人类进步这条主线，在已有区域国别学基础上，从世界百年变局和民族复兴全局出发，规划和推进新时代的区域国别学，不断丰富和发展区域国别学的学科布局和学术方向，始终做世界和平的建设者、全球发展的贡献者、国际秩序的维护者，使中国的区域国别学有鲜明的中国特色、中国风格、中国气派。

（三）坚持建设区域国别学的四大体系

作为一门多学科融合发展的交叉学科，中国的区域国别学是中国哲学社会科学的一部分，只有不断推进理论创新和学术创新，提出具有主体性、原创性的理论观点，构建具有自身特质的学科体系、学术体系、话语体系和教材体系，中国的区域国别学才能形成自己基础厚实、逻辑连贯、系统完善的特色和优势。

一是建设区域国别学的学科体系。学科体系是区域国别学的重要依托，中国区域国别学涵盖历史、经济、政治、哲学、文化、社会、生态、军事、党建等各领域，是多学科融合发展的集群。要大力加强区域国别学的一级学科建设，将其作为交叉学科门类的一级学科，综合各学科的研究资源、研究方法、研究优势，形成自成一体、文理渗透的区域国别学学科体系。

二是建设区域国别学的学术体系。学术体系是区域国别学的重要基础，主要揭示区域国别学学科对象的本质和规律的成体系的理论和知识。要重视确立和发展区域国别学的一系列基本概念、基本理论、基本知识、基本思想，把区域国别学的学术语言和学术思想连接起来，解释区域国别的社会现象，陈述区域国别学的理论内容，不断形成边界清晰、理论完善、逻辑分明的区域国别学学术体系。

三是建设区域国别学的话语体系。话语体系是区域国别学的重要内容。区域国别学只有建立独立的话语体系，确立一系列具有专业性、系统性的概念、范畴、命题，揭示客观对象的本质和规律，才能称其为一个成熟的、健全的学科。要坚持一切从实际出发，重视完善区域国别学的一系列独特术语、独特范畴、独特命题，善于提炼区域国别学的标志性概念，打造易于理解、约定俗成的区域国别学新概念、新范畴、新表述，引导各方开展研究和讨论。

四是建设区域国别学的教材体系。教材体系是区域国别学的重要动力和育才关键。要紧紧围绕"教什么""教给谁"和"怎样教"的问题，深化各具体学科学术思想和学术观点的切磋交流，特别是要坚守百花齐放、百家争鸣、创新发展的原则，在教材建设上既要善于把握和吸收中国区域国别学的优秀文化传统和精神内涵，也要善于借鉴世界其他国家区域国别取得的有益成果，不断拓展中国特色区域国别学教材体系建设的新境界。

三、建设中国特色、中国风格、中国气派的区域国别学

习近平总书记指出，要坚持马克思主义在我国哲学社会科学领域的指导地位，建设具有中国特色、中国风格、中国气派的哲学社会科学。这一根本要求为繁荣发展新时代的中国区域国别学指明了方向，提供了根本遵循。在推进区域国别学过程中，要在指导思想、学科体系、学术体系、话语体系等方面充分体现中国特色、中国风格、中国气派。

（一）体现中国特色

中国特色是区域国别学的内在灵魂。每一个国家都应该建设自己特色的区域国别学，解决本国发展面临的实际问题，形成具有鲜明特色的区域国别知识体系。新时代的中国区域国别学必须具有主体性和原创性，跟在别人后面亦步亦趋，不仅难以形成中国特色的区域国别学知识体系，而且解决不了我国面临的实际问题。

长期以来，中国对域外知识体系的构建，受到了欧美西方发达国家的深刻影响，对区域国别的认识是通过西方人的视角进行的，尤其是通过英语和盎格鲁-撒克逊人的眼睛认识世界，在世界观、地区观、国别观上免不了受到其价值观和意识形态的影响，甚至一直在西方人的知识体系中被"思想殖民"。中国区域国别学要想在全球区域国别学中独立和强大起来，就必须体现中国特色，建设具有中国特色的区域国别学。

区域国别学体现中国特色，要从中国与世界关系面临的实际问题出发，在实践探索中逐渐形成。中国特色是时代特色、民族底色、文化本色的统一。中国特色的区域国别学要紧跟时代发展步伐，与时代发展同频共振，与世界潮流息息相通，实现中国区域国别学从"赶上时代"到"引领时代"的跨越。中国特色的区域国别学要服务民族复兴使命，绵延民族传统，助力民族复兴，实现中国区域国别学从"站起来"到"富起来"再到"强起来"的跨越。中国特色的区域国别学要扎根中国大地，弘扬中华文化优良传统，推动中外人文交流对话，实现中国区域国别学从"请进来"到"走出去"的跨越。

（二）突出中国风格

中国风格是区域国别学的外在气质。环顾世界，区域国别学是学术公器，每一个国家都应有自己风格的区域国别学，有着与众不同的利益追求、价值旨趣、道德理想、审美倾向，形成独具风格的区域国别学理论路径。新时代的中国区域国别学必须突出中国风和中国味，坚持人无我有、人有我特、人特我新的发展方向，努力成为世界区域国别学百花园中风格鲜明的学术流派。

迄今为止，中国的区域国别学与西方发达国家的区域国别学还存在一定的差距，尤其是还没有形成独具特色与风格的中国区域国别学流派。在经济全球化复杂调整的时代背景下，本土与外来、历史与时代、官方与民间等各种区域国别知识争奇斗艳，竞相成长。中国的区域国别学要想在世界区域国别学百花园中脱颖而出，就必须突出中国风格，培育中国气质，创立中国学派。

中国风格是一种博古通今的思想自觉和行动自觉，是过去、现在和未来一脉相承的文化风格，需要在实践中稳步推进不忘本来、吸收外来、面向未来的区域国别学。中国风格的区域国别学要不忘本来，不忘初心，立足中华优秀传统文化，坚持古为今用、除旧布新，实现中华优秀传统文化在区域国别学领域中的创造性转化和创新性发展。中国风格的区域国别学要吸收外来，面向世界，广泛借鉴其他国家和其他民族对区域国别学的有益成果，坚持中西融汇、古今贯通，实现中国区域国别学与他国区域国别学的取长补短、互通有无。中国风格的区域国别学要面向未来，牢记使命，坚持服务民族复兴、促进人类进步方向，不断实现中国区域国别学的新发展、新突破和新境界。

（三）彰显中国气派

中国气派是区域国别学的综合标识。中国是一个有着5 000年文明历史的泱泱大国，历史文化灿烂，具有大国担当和大国气派。中华人民共和国成立不久，毛主席就满怀信心地说，"中国应当对于人类有较大的贡献"。随着中国日益走近世界舞台的中央，中国也越来越强调为人类进步事业而奋斗，为人类做出更大贡献。因此，新时代的中国区域国别学必须彰显中国气派和大国责任，不仅要为中国人民的幸福而奋斗，更要为人类的进步而奋斗，努力为世界区域国别学贡献更多智慧，创造更多国际公共产品。

近代以来，面对西方世界的群体性崛起，中华文明遭遇千年未有之大变局，甚至沦为半殖民地半封建社会的悲惨境地。然而，中国人民并没有丧失信念和信心，经过历代仁人志士前赴后继的艰苦奋斗，最终实现了国家独立和民族解放，开辟了中华人民共和国的壮丽事业。在中国共产党领导下，近代以来久经磨难的中华民族迎来了从站起来、富起来到强起来的伟大飞跃，迎来了实现中华民族伟大复兴的光明前景，拓展了发展中国家走向现代化的途径，给世界上那些既希望加快发展又希望保持自身独立性的国家和民族提供了全新选择，为解决人类问题贡献了中国智慧和中国方案。新时代中国的区域国别学，要坚持高标准定位、高质量发展，不断彰显中国气派。

中国气派是一种自内向外的理想追求和责任担当，是中国与世界关系有机互动的学术气象和中华文明与世界文化融会贯通的学派气势，需要在实践中稳步推进建设以我为主、兼收并蓄、融会贯通的区域国别学。中国气派的区域国别学要坚持以我为主，精准定位，实现中国区域国别学在世界区域国别学中自成一派。中国气派的区域国别学要坚持剖破藩篱，兼收并蓄，实现中国区域国别学与世界各国区域国别学融为一体。中国气派的区域国别学要坚持融会贯通，立己达人，实现中国区域国别学在世界区域国别学中干在实处,走在前列,引领区域国别学为人类知识进步作出更大贡献。

总之,构建中国特色、中国风格、中国气派的区域国别学是一个系统工程,是一项极其繁重的任务。在推进学科建设的过程中,要坚持百花齐放、百家争鸣的方针,加强顶层设计,尊重学科规律,统筹各方面力量、整合国内外资源一起协同推进理论创新、方法创新和学术创新,不断走出一条创新驱动发展之路。

思 考 题

1. 中国区域国别学建设的时代意义是什么?
2. 中国应如何将区域国别学学科建设和中国特色社会主义事业建设相结合?
3. 结合时代背景,如何理解"中国与世界的关系是中国区域国别学的中心问题"这句话?

参 考 文 献

中文专著：

[1] 王恩涌等编著：《政治地理学：时空中的政治格局》，北京，中国社会科学出版社，1998。

[2] 张蕴岭主编：《国际区域学概论》，济南，山东大学出版社，2022。

[3] 周振鹤：《中国历史政治地理十六讲》，北京，中华书局，2013。

[4] 马克垚主编：《世界文明史（上下）》，北京，北京大学出版社，2004。

[5] 资中筠：《20世纪的美国》，北京，生活·读书·新知三联书店，2007。

[6] 胡国成：《透视美国：近年来中国的美国研究》，北京，中国社会科学出版社，2002。

[7] 陈乐民、周弘：《欧洲文明的进程》，北京，生活·读书·新知三联书店，2014。

[8] 王晓波、赵立新等：《东北亚各国关系概论》，北京，社会科学文献出版社，2015。

[9] 古小松：《东南亚民族：马来西亚新加坡印度尼西亚文莱菲律宾卷》，南宁，广西民族出版社，2006。

[10] 何朝荣主编：《南亚概论》，广州，世界图书出版公司，2015。

[11] 马晓霖：《中东观察 2011—2016》，北京，中国民主与法制出版社，2016。

[12] 耿协峰：《新地区主义与亚太地区结构变动》，北京，北京大学出版社，2003。

中文译著：

[1] [美]塞缪尔·P.亨廷顿：《文明的冲突与世界秩序的重建》，周琪等译，北京，新华出版社，2002。

[2] [德]奥斯瓦尔德·斯宾格勒：《西方的没落》，齐世荣、田农等译，北京，商务印书馆，1963。

[3] [英]汤因比：《历史研究》，曹未风译，上海，上海人民出版社，1997。

[4] [美]伊曼纽尔·沃勒斯坦：《现代世界体系》，尤来寅等译，北京，高等教育出版社，1998。

[5] [美]本尼迪克特·安德森：《想象的共同体》，吴叡人译，上海，上海人民出版社，2003。

[6] [美]塞缪尔·P.亨廷顿：《我们是谁：美国国家特性面临的挑战》，程克雄译，北京，新华出版社，2005。

[7] [美]法里德·扎卡利亚：《后美国世界：大国崛起的经济新秩序时代》，广成、林民旺译，北京，中信出版社，2009。

[8] [美]露丝·本尼迪克特：《文化模式》，王炜等译，北京，生活·读书·新知三联书店，1988。

[9] [美]斯塔夫里阿诺斯：《全球通史》，吴象婴、梁赤民译，上海，上海社会科学院出版社，1992。

[10] [美]塞缪尔·P.亨廷顿：《变革社会中的政治秩序》，王冠华等译，上海，上海三联书店，1989。

[11] [美]查默斯·约翰逊：《通商产业省与日本奇迹》，戴汉笠译，北京，中共中央党校出版社，1992。

[12] [美]J.艾捷尔主编：《美国赖以立国的文本》，赵一凡、郭国良译，海口，海南出版社，2000。

[13] [法]基佐：《欧洲文明史》，程洪逵、沅芷译，北京，商务印书馆，2009。

[14] [美]赛义德：《东方主义》，第2版，王志弘译，台北，立绪文化事业有限公司，2000。

[15] [美]康灿雄：《西方之前的东亚：朝贡贸易五百年》，陈昌煦译，北京，社会科学文献出版社，

2016。

[16] [韩]禹贞恩：《发展型国家》，曹海军译，长春，吉林出版集团有限责任公司，2008。
[17] [英]D.G.E. 霍尔：《东南亚史》，北京，商务印书馆，1982。
[18] [澳]王赓武：《南海贸易与南洋华人》，姚楠编译，香港：香港中华书局，1988。
[19] [新西兰]尼古拉斯·塔林主编：《剑桥东南亚史》，贺圣达等译，昆明，云南人民出版社，2003。
[20] [英]希林顿：《非洲史》，赵俊译，北京，中国出版集团，2012。

英文专著：

[1] Szanton D. L., ed. The Politics of Knowledge: Area Studies and the Disciplines. Oakland:University of California Press, 2004.

[2] Miyoshi M, and Harootunian H. D. Learning Places: The Afterlives of Area Studies. Durham:Duke University Press, 2002.

[3] Wiarda H J. Non-Western Theories of Development, Regional Norms vs. Global Trends, Singapore:Thomson Learning Asia Press, 2000.

[4] Acharya A, Johnston A I, eds. Crafting Cooperation: Regional International Institutions in Comparative Perspective. New York: Cambridge University Press, 2007.

[5] Balibar E, Wallerstein I M. Race, nation, class: Ambiguous identities. London and New York: Verso, 1991.

[6] Suh J J, Katzenstein P J, Carlson A. Rethinking Security in East Asia: Identity, Power, and Efficiency. Redwood City: Stanford University Press, 2004.

[7] Katzenstein P J. European identity. Cambridge: Cambridge University Press, 2009.

[8] Szanton D L, ed. The Politics of Knowledge: Area Studies and the Disciplines. Berkeley: University of California Press, 2004.

[9] Linz J J. Totalitarian and authoritarian regimes. Boulder, CO: Lynne Rienner Publishers, 1975.

[10] Palmer N D.The New Regionalism in Asia and the Pacific. Toronto: Lexington Books,1991.

[11] O'Donnell G. Bureaucratic Authoritarianism: Argentina 1966-1973 in Comparative Perspective. Berkeley: University of California Press, 1988.

[12] Scott J C. Weapons of the Weak. Yale University Press, 2008.

[13] Frank A G. Capitalism and underdevelopment in Latin America. NYU Press, 1967.

[14] Cardoso F H, Falctto E. Dependency and development in Latin America. Berkeley: University of California Press, 1979.

[15] Skocpol T, Theda S. States and social revolutions: A comparative analysis of France, Russia and China. Cambridge University Press, 1979.

[16] Apter D E. The Political Kingdom in Uganda: A Study in Bureaucratic Nationalism. Princeton, N. J.: Princeton University Press, 1961.

[17] Lijphart. Democracy in plural societies: A comparative exploration. New Haven: Yale University Press, 1977.

[18] Przeworski A. Democracy and the market: Political and economic reforms in Eastern Europe and Latin America. Cambridge: Cambridge University Press, 1991.

[19] Berry J M. The new liberalism: The rising power of citizen groups. Washington, D.C.: Brookings

Institution Press, 1999.

[20] Horwitz R P. The American Studies Anthology. Wilmington, DE: Scholarly Resources, 2001.

[21] Spiller R E. American Studies, Past, Present and Future.In Studies in American culture: dominant ideas and images. Minnesota: University of Minnesota Press, 1960.

[22] Treisman D. After the deluge: Regional crises and political consolidation in Russia. Ann Arbor: University of Michigan Press, 1999.

[23] Hori H. The Changing Japanese Political System: The Liberal Democratic Party and the Ministry of Finance. London: Routledge, 2006.

[24] Kim H A. Korea's Development Under Park Chung Hee. London: Routledge, 2004.

[25] Dixit J N. Indian foreign policy and its neighbours. New Delhi: Gyan Publishing House, 2001.

[26] Hanggi, H., Roloff, R., Ruland, J. Interregionalism and international relations. London: Routledge, 2006.